9급/7급 공무원 시험대비 **최신개정판**

동영상강의 www.pmg.co.kr

브랜드만족 1위 박문각

# 박문각 공무원

2024

# 박혜선 국어

## 콤단문 문법

콤팩트한 단원별 문제풀이

박혜선 편저

합격자 강력 추천, 최고 시그니처 콤단문!

박문각

PREFACE

# 이 책에 들어가기 전에

## 최단기 합격의 절대 공식 혜선 쌤과
## 합격자들이 최고 추천하는
## 전 직렬 최고의 수험서 콤단문 문법

안녕하세요. 여러분들의 합격을 누구보다도 간절하게 기원하는 혜선 쌤입니다.
여러 밤을 새워가며 전 직렬의 모든 문법 기출을 분석하고
책의 두께는 얇지만 기출에서 빠지는 것이 없는 가장 편리한 교재를 만들었습니다.

콤단문에서는 혜선 쌤이 정성스럽게 **중요도 평정을 나누어**
**'최빈출 - 중간빈출 - 난이도 조절용'**의 섹션을 따로 두고
**직렬에 따라 어느 섹션을 공부해야 하는지**까지 혜선 쌤이 모두 정해 드립니다.

안 그래도 양이 적은, 100프로 적중이 될 수밖에 없는 수험서인데,
여기에서 제가 직렬에 따라 공부할 섹션까지 정해 드려
공부 양을 줄여 드리니,

요즘같이 국가직, 지방직 시험에서 문법이 2-3문제밖에 나오지 않는 이때에
콤단문은 가장 최고로 효율적인 수험서가 될 수밖에 없을 것입니다.

만약 문법의 비중이 8문제 이상을 차지하면 기타 직렬의 경우에는
난이도 조절용까지 공부하면 되기 때문에
이 강의 하나면 전 직렬의 문법 공부까지 완료가 됩니다.

콤단문은 수석 합격자, 2관왕, 여러 단기 합격자들에게 검증된 최고의 학습서입니다.
합격한 亦功이들은 자신이 사서라도 후배 亦功이들에게 이 교재를 선물하고 싶다고 할 정도로 제가 정성을 들여 만든 수험서입니다.

최대한 적중에서 벗어나지 않으려 정말 철저하고 정성스럽게 집필한 교재인 만큼,
깊고 큰 지혜를 가진 우리 亦功이들이 세상의 중심이 되어 새로운 인재가 되는 발판이 되길 간절하게 기원합니다.

## 범접할 수 없는 단기 합격 신화, 최고 적중률로 만점 릴레이

### 혜선 쌤의 시그니처 강의, 콤단문 문법을 필수 수강해야 하는 첫 번째 이유

**방대한 기출의 양을 확 줄이되, 기출에서 빠지는 것은 없도록 만들어진 마지막 회독 교재**

수석 합격자, 여러 2관왕 합격자, 초시 합격자들은 마지막 문법 정리는 콤단문으로 효율적으로 끝냈다는 것으로 입을 모읍니다. 5과목의 밸런스를 맞춰서 최상의 결과를 내기 위해서는 양이 늘어나는 공부를 해서는 안 됩니다. 시험이 가까워질수록 기출에서 빠지는 것은 없지만 똑똑하게 줄여 놓은 최고의 교재와 강의를 들으셔야 합니다. 그래야 우리의 미래가 빠르게 합격으로 귀결될 수 있습니다.

### 혜선 쌤의 시그니처 강의, 콤단문 문법을 필수 수강해야 하는 두 번째 이유

**최빈출, 중간 빈출, 난이도 조절용까지 복습 시 혜선 쌤이 없어도 중요도 평정 쌉가능!**

기출의 양이 줄어들면서 어떤 것이 최빈출인지, 중간빈출인지, 난이도 조절용인지 파악이 안 되는 역공이들을 위해 혜선 쌤이 한 땀 한 땀 일일이 중요도 평정을 해드렸습니다. 최빈출 먼저 확실하게 알아간 후, 그 다음 중간 빈출, 난이도 조절용으로 외연을 넓혀 가는 교재와 강의가 단기합격의 key가 됩니다.

### 혜선 쌤의 시그니처 강의, 콤단문 문법을 필수 수강해야 하는 세 번째 이유

**꼭 알아야 하는 이론만 축약해서 확실하게 알고 가자!**

사실 나오는 최빈출 이론은 정해져 있습니다. 혹시 올인원에서 해결이 안 된 이론들은 콤단문 문법에서만이라도 무한 반복하여 더욱 확실히 뇌에 각인해야 합니다.

▼

PREFACE

# 이 책에 들어가기 전에

### 혜선 쌤의 시그니처 강의, 콤단문 문법을 필수 수강해야 하는 네 번째 이유

**각 단원의 출제 경향까지 한눈에 볼 수 있게 하여 머릿속에 전체적인 지도가 그려짐**

각 단원이 시작될 때마다 출제 경향을 미리 보여주어 전체적인 목차를 그려줌으로써 시험에 실제로 어떤 식으로 출제되는지 실질적으로 보여 드립니다. 출제 경향을 미리 보여주면, 자신의 약점 또한 파악할 수 있기에 정말 큰 의미가 있습니다. 합격을 위해서는 약점 보완이 필수입니다. 그 약점 보완이 가능한 섹션이 바로 '대표 출좋포 한눈에 보기'입니다.

### 혜선 쌤의 시그니처 강의, 콤단문 문법을 필수 수강해야 하는 다섯 번째 이유

**이 커리 뒤가 진짜다! 전문 출제 위원들이 합심한 동형 모의고사**

국가직, 지방직 대비의 동형 모의는 먼저 하는 사람이 이기는 게임입니다. 누가 더 동형 모의고사가 익숙해지느냐에 따라 단기합격이 결정이 되지요. 단, 실제 시험과 난이도, 지문 길이, 문제 구성, 선택지 구성이 동일한 양질의 시험을 잘 선택해야 합니다. 이러한 디테일까지 챙기는 모의고사가 바로 혜선 쌤의 파이널 적중 모의고사입니다.

시중에 없던 혁신적인 콤단문 문법 편을 통해 올해 또한 많은 亦功이들이 인생에서 잊지 못할 최고의 성과를 내길 기원합니다. 여러분들의 단기합격을 끝까지 기도하고 그때까지 최고의 지원을 아끼지 않겠습니다.

2023년 11월

박혜선 惠旋

# 亦功이들 필독!

## 필독!!! 합격자 최고 추천 콤단문 문법 편으로 단기 합격하는 방법!

**꼭 문제는 공책(혹은 포스트잇)에 푸시길 바랍니다.**
**풀다가 애매한 선택지를 답 옆에 표시하여 오답할 때 함께 복습하시길 바랍니다.**

❶

혜선 쌤이 콤단문 강의에서 풀어준 문제는 특히 당일에 바로 복습한다.

❷

나머지 문제는 1장씩 끊어 푼 후 한꺼번에 채점, 오답한 후
다음 1장씩 풀고 똑같은 과정을 반복한다..

❸

참고로, 오답은 틀리거나 헷갈리는 예시에 형광펜으로 표시하여
나중에 회독할 때에 틀린 것 위주로 더 집중하여 복습한다.

❹

3일 후, 일주일 후, 2주일 후 오답해야 하는 것을 플래너에 미리 적어 놓고
그대로 공부한다.

# 구성과 특징

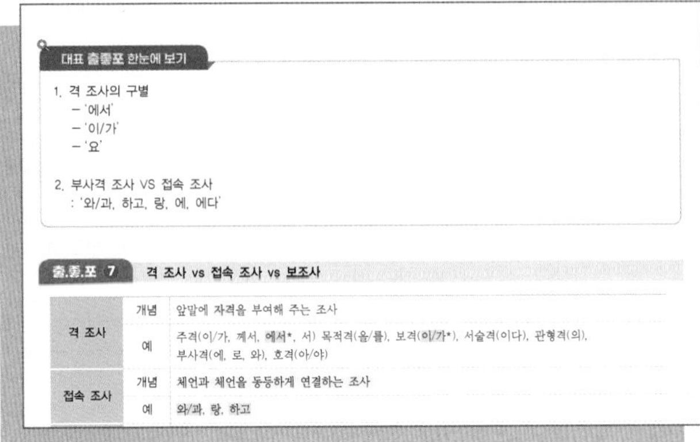

대표 출좋포 한눈에 보기

1. 격 조사의 구별
   - '에서'
   - '이/가'
   - '요'

2. 부사격 조사 VS 접속 조사
   : '와/과, 하고, 랑, 에, 에다'

출.좋.포 7 격 조사 vs 접속 조사 vs 보조사

| | | |
|---|---|---|
| 격 조사 | 개념 | 앞말에 자격을 부여해 주는 조사 |
| | 예 | 주격(이/가, 께서, 에서*, 서) 목적격(을/를), 보격(이/가*), 서술격(이다), 관형격(의), 부사격(에, 로, 와), 호격(아/야) |
| 접속 조사 | 개념 | 체언과 체언을 동등하게 연결하는 조사 |
| | 예 | 와/과, 랑, 하고 |

## 대표 출좋포를 통해 시험에 나오는 이론만 선택과 집중으로 똑똑하게 공부! 1

모든 이론이 시험에 출제되는 것은 아닙니다. 출제되지 않는 이론은 이 시기에는 과감히 버리고 '출제자들이 좋아하는 포인트'를 빈출 순위별로 체계적으로 구분하여 수록했습니다.

## 2 대표 출좋포 한눈에 보기로 실질적인 출제 경향을 한눈에 파악!

'출제자들이 좋아하는 포인트'가 실제로 어떻게 문제에 적용되어 나오는지 한눈에 볼 수 있게 하여 역공이들의 뇌에 전체적인 지도를 그려줍니다.

대표 출좋포 한눈에 보기

1. 용언(동사, 형용사)의 품사 구별
   - 어미로 구별하는 방법
   - 의미로 구별하는 방법
2. 용언(동사, 형용사)의 활용 양상
   - 규칙 활용('으' 탈락, 'ㄹ' 탈락, 동음 탈락)
   - 불규칙 활용
     • 어간 바뀜: 'ㅅ' 'ㅂ' 'ㄷ' 'ㄹ' '우'
     • 어미 바뀜: '여' '러'
     • 어간과 어미 바뀜: 'ㅎ'
   - 잘못된 활용 양상(한글 맞춤법)
3. '본 + 본' vs '본 + 보조'의 구별

赤功 최빈출

22. 국어의 불규칙 활용에 대한 〈보기〉의 설명과 그 예를 가장 바르게 짝지은 것은?

(보기)
(가) 불규칙 용언 가운데는 어간의 일부가 탈락되는 경우가 있다.
(나) 불규칙 용언 가운데는 어간의 일부가 다른 것으로 바뀌는 경우가 있다.
(다) 불규칙 용언 가운데는 어미가 다른 것으로 바뀌는 경우가 있다.
(라) 불규칙 용언 가운데는 어간과 어미가 함께 바뀌는 경우가 있다.

① (가) – 잇다, 푸다, 듣다

## 합격자들이 가장 신경 쓰는, 가장 중요한 최빈출 3

각 단원에서 출제자들이 사랑해서 미치도록 많이 나오는, 정말 양심 없이 그대로 나오는 문법 문제들은 최빈출 영역에 구분했습니다. 또 하나의 기준이 있지만 이것은 수업 때 풀 예정입니다.

**4** 최빈출까지는 아니지만 알아야 하는 중간빈출, 제 3빈출

각 단원에서 출제자들이 좋아하지만 최빈출까지는 아닌 영역에 구분했습니다. 또 하나의 기준이 있지만 이것은 수업 때 풀 예정입니다.

亦功 중간 빈출, 제3빈출

**11.** 다음 중 밑줄 친 단어의 품사가 나머지 셋과 다른 하나는?

① 그녀가 슬퍼서 울 듯하다.
② 당신이 하고 싶은 대로 해.
③ 그는 도망가는 듯 보였다.
④ 나를 사랑하는 만큼 웃어봐라.

亦功 난이도 조절용

**16.** 각 문장의 명사의 개수를 구하시오.

① 가능한 한 조건 내에서 생각해 보자. (　　)개
② 학기 말에는 날씨가 화창할 것으로 예상되고 있었다. (　　)개
③ 키 큰 순으로 서서 몇 명까지 가는지 확인해라. (　　)개
④ 감각적으로 꾸민 데가 마음에 드는 모양이다. (　　)개

**5** 합격의 당락이 갈릴 수 있는 난이도 조절용

많이 나오지는 않았으나 출제자들이 난이도 조절을 해야겠다는 의도가 있을 때 합리적으로 나올 수 있는 문제들을 넣었습니다. 또 하나의 기준이 있지만 이것은 수업 때 풀 예정입니다.

**6** 문제와 분리된 왼쪽 해설

해설을 모두 왼쪽으로 몰아 오른쪽에서 문제를 풀 때 정답에 영향 받지 않도록 편리하게 해설을 구성하였습니다.

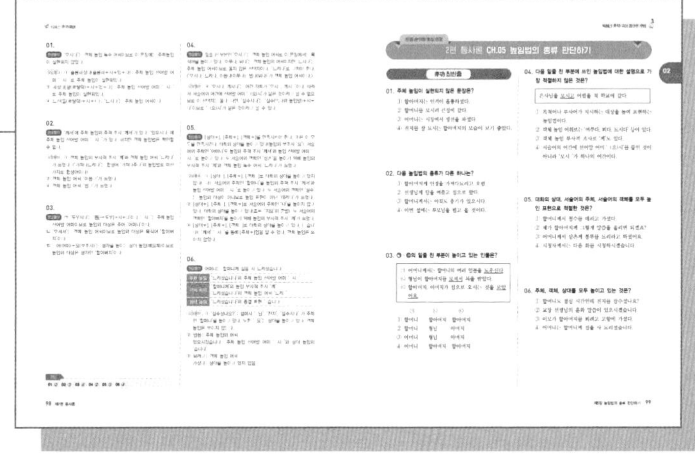

REVIEW

## 赤功 박혜선 국어 수강후기

### ★★★ 콤단문으로 정말 핵심만 압축해서 짧고 강하게 정리! 7개월 만에 2023 지방직 교육행정 수석 합격!

나우(네이버 카페)

콤단문 전용 교재의 내용을 보면 필수 이론 핵심요약과 기출문제들인데요. 이걸 빈출(출제자들이 좋아하는) 포인트 기준으로 나눠서 잘 짜여있기 때문에 공부하는 입장에서는 자신의 공부 상태에 따라, 또 중요도에 따라 전략적으로 파고들 수 있습니다. 거기에 이론도 핵심만 콕콕 집어서 1회독 할 수 있고 문제가 많진 않지만 정말 핵심만 압축해서 짧고 강하게 필요한 건 전부 접할 수 있습니다. 어떻게 이만한 교재에 이렇게 많은걸 담을 수 있을까 싶을 정도로 공부하는 입장에서 굉장히 편리하게 신경을 많이 쓰신 게 다 느껴질 정도입니다.

### ★★★ 콤단문 개강추. 이제 더 말하기도 입 아프다. 4개월 만에 23년 국가직(일반 행정직) 합격!

universe(네이버 카페)

콤단문 진짜 너무 좋고, 단기합격자들 유튜브를 봤을 때 가장 피해야 할 교재가 콤팩트 기출이었거든요…? 그래서 사실 처음엔 안 사려고 했는데 진짜 혜선 쌤 커리를 너무너무 타고 싶어서 그냥 사서 들었어요. 근데 이건 시중에 있는 다른 콤팩트 기출처럼 선생님이 임의로 몇 문제 골라서 그냥 갖다 넣은 게 아니라 선생님께서 직접 수작업(...)으로 문제를 아예 재구성을 하신 거 더라고요…. 그래서 너무 좋았어요…. 콤단문은 총 5회독 정도 한 것 같고, 2회독은 처음부터 끝까지, 그리고 마지막 3회독은 형광펜 색깔 바꿔가며 회독했고, 시험장에서도 회독을 했는데 그땐 회독 다 하는데 10분? 정도 걸릴 정도로 형광펜으로 아주 압축해서 칠해놨습니다!

### ★★★ 콤단문 이거 진짜 물건입니다. 4개월 만에 35점에서 국어 95점! 국가직(교정직) 합격!

깍두기맨(네이버 카페)

저는 작년 12월 15일에 시작해서 대략 4개월 정도 교정직을 준비했습니다. 수능 국어 6등급이었고 부끄럽지만 학교 다닐 때 국어책을 제대로 펴본 적도 없었습니다. 2022년 국가직 국어 시험지를 풀어봤는데 35점이었지만 2023 시험에서는 95점을 받게 되었습니다. 다들 아시겠지만 박혜선 교수님의 콤단문… 이거 진짜 물건입니다. 본인이 정말~~커리 탈 시간이 없다면 콤단문 7~10회독 하고 시험장에 들어가시는 걸 추천합니다. (정말 떠먹여줌) 수험생 입장에서 가장 중요한 게 시험에 나오는 부분 위주로 공부하는 것 아니겠습니까? 시험에 안 나오는 부분은 과감하게 제쳐 주십니다.

### ★★★ 혜선 쌤 커리큘럼의 하이라이트이자 꽃인 콤단문, 2023 지방직(부산) 일반행정 9급 합격!

시카오

저에게 만약 혜선 쌤 커리큘럼에서 단 하나의 강좌만을 허락한다면 저는 단연코 이 콤단문 강의를 선택하겠습니다. 참고로 이번에 콤단문 적중이 많이 되어 혜선 쌤 목소리가 제 귀에서 그냥 자동 재생이 되더라구여!! 이 교재에서 특히 최빈출, 중간 빈출, 난이도 조절용으로 나눠져 있는 게 학습하는 데도 도움이 많이 되었네여. 특히 회독할 때 최빈출 3회독 할 때 중간빈출 2회독 난이도 조절용은 1회독 해주는 방식으로 힘 조절(?)을 하는 방식으로 했네여. 콤단문은 수업 들으시면서 필기도 잘해두시고 틀렸던 문제들 표시하시면서 빈출 정도에 따라서 차등 있게 회독해주신다면 문법 문제들은 시험장에서 어렵지 않게 맞힐 수 있을 거라고 생각합니다. 저는 국가직 시험까지 최빈출 기준 6회독, 국가직 시험 후 지방직 시험까지 3회독 했네여.

### ★★★ 콤단문 회독만 잘하면 문법은 1초 컷으로 맞힙니다. 7개월 만에 지방직(하남시) 일반행정 합격!

주녀(네이버 카페)

콤단문은 정말로 문법에서 나올만한 예시들이 다!!!들어있는 책이라 정말 단권화하기 좋고 틀린 문제를 체크해놓으면 회독할 때도 효율적으로 회독할 수 있어서 좋습니다!! 이 책을 여러 번(최소 5번 정도?) 회독하다 보면 어느 파트에 어느 예시가 들어가 있고 틀리게 나오는 답이 뭔지까지도 외울 수 있습니다ㅎㅎㅎ 그래서 국가직도 그렇고, 지방직도 그렇고 문법은 정말 1초컷으로 풀었습니다 ㅎㅎ

### ★★★ 가장 큰 도움이 된 강의는 콤단문과 동형 모의고사! 95점으로 2023 국가직 초시 만에 합격!

엇(네이버 카페)

콤단문은 문제 푸는 형식으로 중요한 개념을 회독하게 해주는데 이 방식이 너무 좋았어요. 억지로 외우려고 노력하지 않아도 기억에 오래 남아서 빨리 빨리 부족한 부분을 채울 수 있었던 거 같습니다. 그리고 동형 모의고사는 난이도가 과하지 않고 실제 시험과 정말 비슷해서 현장 분위기를 연습하는 데 정말 많은 도움이 되었습니다.

### ★★★ 2023 국가직 지방직(서울시) 2관왕 합격! 정말 대성하실 혜선 쌤. 대강사 되실 거예요!

이○○

쉽게 쉽게 가르쳐 주시고 콤팩트하게 가르쳐 주시고 시험의 실전 팁들을(일명 야매) 알려 주시는데 실전 들어갔을 때 정말 도움이 많이 되었습니다. 요즘 수험 경향에 완전히 맞게 수업을 잘해주셔서 홍보 같은 것을 하지 않아도 자연적으로 수험생들을 끌어오실 거 같을 정도. 정말 한 땀 한 땀 정성스럽게 가르쳐 주셔서 합격하게 되었습니다. 한자의 경우에도 경기를 일으킬 정도로 공부하기 싫었는데 혜선 쌤과 함께한 후로는 그런 생각이 사라졌던 거 같아요. 항상 피와 살이 되는 강의 해주셔서 감사합니다.

### ★★★ 2023 지방직 일반 행정 평균 93점 합격! 합격 점수는 혜선 쌤을 만나기 전과 후로 나뉜다!

이○○

2022년 시험에 다 떨어진 후, 2023년 시험 대비 때 혜선 쌤 커리로 갈아탔습니다. 2022 지방직 때 예상외의 낮은 점수로 충격을 받았습니다. 안정적이지 않은 점수에 2023년에는 혜선 쌤 커리를 타게 되었는데 혜선 쌤 커리를 타고 2023년 국가직에서 100점을 맞았습니다! 2023년 지방직에선 하나 나간 게 아쉽네요 ㅠㅠ 점수가 올라가고 나서 제가 느낀 혜선 쌤 커리 장점은 다음과 같습니다. 첫째, 이해를 쉽게 만드는 간결하고 핵심만 정리된 교재들(중요도 평정이 이미 되어 있어 공부 부담이 적어요) 둘째, 양질의 문제들(기출, 동모 모두 실전과 동일합니다), 셋째, 넘치는 적중 무료특강입니다. (약점 위주로 뽑아 대비해 주십니다. 적중률은 보장!)

### ★★★ 2023 국가직 합격! 혜선 쌤은 푸시만 잘 받는다면 향후 전체 1타가 될 분명한 강사십니다.

나○○

현직이지만 다시 한번 도전했다가 2023 국가직에 합격했습니다. 어느 정도 합격 경험이 있어 짬바로 1타로 상승할 강사 그리고 실력이 있는 강사를 구분할 눈은 있는데 혜선 쌤은 푸시만 잘 받는다면 향후 전체 1타가 될 분명한 강사십니다. 지금 실강으로 듣는 게 행운인 시기일 수도 있습니다. 앞으로 행복한 일만 있으시기를 바라고 지금 열정 잃지 마시길 바라며 다재다능한 선생님과 짧은 기간이었지만 재밌게 공부했고 감사했습니다.

”

# 赤功 2023
# 국가직·지방직 9급 적중

## 2023 국가직 9급 9번

♥ 파이널 특강과 콤단문에서 선택지 완벽 적중 ♥

09 ㉠~㉣ 중 한글 맞춤법에 맞게 쓰인 것만을 모두 고르면?

> ○ 혜인 씨에게 ㉠무정타 말하지 마세요.
> ○ 재아에게는 ㉡섭섭치 않게 사례해 주자.
> ○ 규정에 따라 딱 세 명만 ㉢선발토록 했다.
> ○ ㉣생각건대 그의 보고서는 공정하지 못했다.

① ㉠, ㉡　　② ㉠, ㉢

③ ㉡, ㉣　　④ ㉢, ㉣

완벽적중

## 2023 박혜선 국어 적중 족집게 문법 특강 [1년 문법을 4시간으로 압축] 87번

**출.사.표 ⑥ 어간의 끝음절 '하'가 줄어드는 방식**

1. '하' 앞의 받침의 소리가 [울림소리]: 하'의 'ㅏ'만 탈락되어 거센소리가 되는 경우

예 무능ㅎ+다: 무능타 / 부지런ㅎ+다: 부지런타 / 아니ㅎ+다: 아니타 / 감탄ㅎ+게: 감탄케 / 달성ㅎ+게: 달성케 / 분발ㅎ+도록: 분발토록 / 실천ㅎ+도록: 실천토록

87 다음 올바르게 표기된 경우가 아닌 것은?

> • 어간의 끝음절 '하'의 'ㅏ'가 줄고 'ㅎ'이 다음 음절의 첫소리와 어울려 거센소리로 될 적에는 거센소리로 적는다.
> • 어간의 끝음절 '하'가 아주 줄 적에는 준 대로 적는다.

① 갑갑지 않다.　　② 공부케 두다.

③ 삼가치 않다.　　④ 절실치 못했다.

78. 맞춤법 사용이 올바르지 않은 것으로만 묶인 것은?

① 이면수구이, 사흗날, 베갯잇

② 닐리리, 남존녀비, 칼치구이

③ 적잖은, 생각건대, 하마터면

④ 홑몸, 밋밋하다, 선율

혜선 쌤의 넘사벽 적중 확인

## 2023 국가직 9급 15번

♥ 파이널 특강에서 선택지 여러 번 적중 ♥

15 **밑줄 친 단어가 표준어 규정에 맞게 쓰인 것은?**

① 저기 보이는 게 암염소인가, 수염소인가?

② 오늘 윗층에 사시는 분이 이사를 가신대요.

③ 봄에는 여기저기에서 아지랭이가 피어오른다.

④ 그는 수업을 마치면 으레 친구들과 운동을 한다.

완벽적중

## 2023 박혜선 국어 적중 족집게 문법 특강 [1년 문법을 4시간으로 압축] 45번

45 **맞춤법에 맞는 어휘로 짝지어진 것은?**

① 아등바등 – 도떼기시장 – 허구하다

② 황소 – 장끼 – 돐(생일)

③ 삵괭이 – 사글세 – 햇님

④ 오뚝이 – 아지랭이 – 찰지다

## 2023 박혜선 국어 적중 족집게 문법 특강 [1년 문법을 4시간으로 압축] 67번

67 **다음 중 표준어가 모두 옳은 것은?**

① 웃목, 웃옷  ② 웃기, 윗옷

③ 웃비, 윗국  ④ 윗눈썹, 윗층

## 2023 박혜선 국어 적중 족집게 문법 특강 [1년 문법을 4시간으로 압축] 63번

완벽적중

63 **맞춤법에 맞는 어휘로 짝지어진 것은?**

① 덩쿨 – 눈두덩이 – 놀이감

② 윗어른 – 호루라기 – 숫양

③ 마을꾼 – 눈커풀 – 닥달하다.

④ 주책 – 두루뭉술하다 – 허드레

'양, 염소, 쥐('양념쥐'로 외우기)'에는 '숫-'을 붙이므로 '숫양'은 표준어이다.

# 亦功 2023
# 국가직·지방직 9급 적중

## 2023 지방직 9급 3번

♥ 마지막 적중 특강에서 100% 적중! + 특강 아닌 일반 커리에서도 여러 번 적중 ♥

03 ㉠~㉣ 을 설명한 내용으로 적절하지 않은 것은?

> ○㉠지원은 자는 동생을 깨웠다.
> ○유선은 도자기를 ㉡만들었다.
> ○물이 ㉢얼음이 되었다.
> ○㉣어머니, 현지가 인제 이렇게 컸시?

① ㉠: 동작의 주체를 나타내는 주어이다.
② ㉡: 주어와 목적어를 요구하는 서술어이다.
③ ㉢: 서술어를 꾸며주는 부사어이다.
④ ㉣: 문장의 다른 성분과 직접적으로 관련을 맺지 않는 독립어이다

## 박혜선 문법 출좋포 80 파이널 특강 33쪽

③ → 보어

(3) 보어

| 개념 | 서술어 '되다, 아니다'를 보충해 주는 성분 |
|---|---|
| 표지 | 보격 조사 '이/가' (주격 조사 '이/가'와 헷갈리지 말기) |
| | 보조사 |
| | 생략 |

① 주어

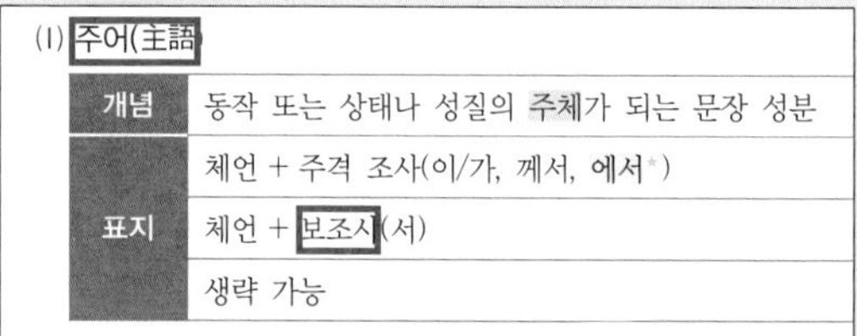

(1) 주어(主語)

| 개념 | 동작 또는 상태나 성질의 주체가 되는 문장 성분 |
|---|---|
| 표지 | 체언 + 주격 조사(이/가, 께서, 에서) |
| | 체언 + 보조사(서) |
| | 생략 가능 |

② 서술어

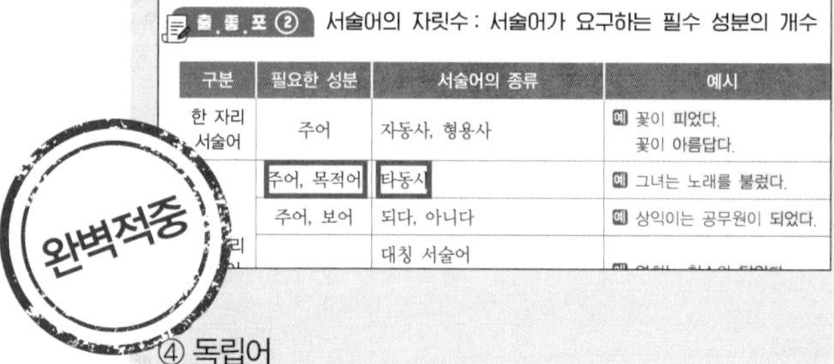

출.좋.포 ② 서술어의 자릿수 : 서술어가 요구하는 필수 성분의 개수

| 구분 | 필요한 성분 | 서술어의 종류 | 예시 |
|---|---|---|---|
| 한 자리 서술어 | 주어 | 자동사, 형용사 | 예 꽃이 피었다. 꽃이 아름답다. |
| | 주어, 목적어 | 타동사 | 예 그녀는 노래를 불렀다. |
| | 주어, 보어 | 되다, 아니다 | 예 상익이는 공무원이 되었다. |
| | | 대칭 서술어 | |



④ 독립어

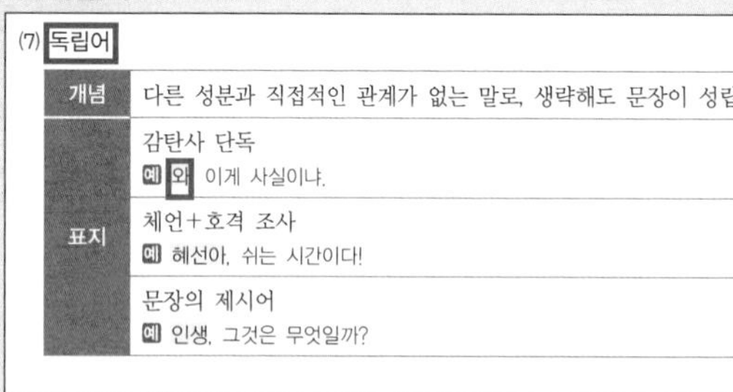

(7) 독립어

| 개념 | 다른 성분과 직접적인 관계가 없는 말로, 생략해도 문장이 성립 |
|---|---|
| 표지 | 감탄사 단독<br>예 와! 이게 사실이냐. |
| | 체언+호격 조사<br>예 혜선아, 쉬는 시간이다! |
| | 문장의 제시어<br>예 인생, 그것은 무엇일까? |

## 2023 지방직 9급 13번

♥ 마지막 적중 특강에서 100% 적중! + 특강 아닌 일반 커리에서도 여러 번 적중 ♥

13 밑줄 친 단어의 쓰임이 올바르지 않은 것은?

① 이 일은 정말 힘에 부치는 일이다.
② 그와 나는 전부터 알음이 있던 사이였다.
③ 대문 앞에 서 있는데 대문이 저절로 닫혔다.
④ 경기장에는 걷잡아서 천 명이 넘게 온 듯하다.

## 박혜선 문법 출좋포 80 파이널 특강 133쪽

④

걷잡다 : 걷잡을 수 없는 상태
겉잡다 : 겉잡아서 이틀 걸릴 일

①

부치다 : 힘이 부치는 일이다. 편지를 부친다. 논밭을 부친다.
빈대떡을 부친다. 식목일에 부치는 글. 회의에 부치는 안건.
인쇄에 부치는 원고. 삼촌 집에 숙식을 부친다.
붙이다 : 우표를 붙인다. 별명을 붙인다. 책상을 벽에 붙였다.

②

알음 : 전부터 알음이 있는 사이
앎 : 앎이 힘이다.

예시문까지 소름돋게 적중

③

다치다 : 부주의로 손을 다쳤다.
닫히다 : 문이 저절로 닫혔다.
닫치다 : 그가 문을 힘껏 닫쳤다.

# 메타인지 문법 숙제 관리

※ 1주에 4강씩 들으면 6주 안에 콤단문 강의를 완료할 수 있습니다.
1주에 6강씩 들으면 4주(한 달) 안에 콤단문 콤단문 강의를 완료할 수 있습니다.

| 주차 | 단원 | 학습 내용 | | 회독(색칠) | 세부 취약 파트 체크 |
|---|---|---|---|---|---|
| 1주차 | PART 01 형태론 | Day 0 | 콤단문 문법 편 사용법 OT (필수적으로 기억해야 하는, 혜선 쌤과의 약속) | ☆ ☆ ☆ ☆ | V ____ V ____ |
| | | Day 1 | CH.1 형태소<br>CH.2 단어의 형성 | ☆ ☆ ☆ ☆ | V ____ V ____ |
| | | Day 2 | CH.3 품사의 구별: 체언 | ☆ ☆ ☆ ☆ | V ____ V ____ |
| | | Day 3 | CH.4 용언 | ☆ ☆ ☆ ☆ | V ____ V ____ |
| | | Day 4 | CH.5 관계언<br>CH.6 수식언 | ☆ ☆ ☆ ☆ | V ____ V ____ |
| 2주차 | | Day 5 | CH.7 명사형 어미 VS 명사 파생 접사 '-(으)ㅁ/기'구별<br>CH.8 품사 복합 | ☆ ☆ ☆ ☆ | V ____ V ____ |
| | PART 02 통사론 | Day 6 | CH.1 문장 성분의 이해<br>CH.2 서술어의 자릿수 | ☆ ☆ ☆ ☆ | V ____ V ____ |
| | | Day 7 | CH.3 문장의 짜임새<br>CH.4 문장 종결법 | ☆ ☆ ☆ ☆ | V ____ V ____ |
| | | Day 8 | CH.5 높임법의 종류 판단하기<br>CH.6 잘못된 높임 표현 고치기 | ☆ ☆ ☆ ☆ | V ____ V ____ |
| 3주차 | | Day 9 | CH.7 시제<br>CH.8 부정 | ☆ ☆ ☆ ☆ | V ____ V ____ |
| | | Day 10 | CH.9 사동/피동 | ☆ ☆ ☆ ☆ | V ____ V ____ |
| | PART 03 언어와 국어 | Day 11 | CH.1 언어의 본질/국어의 특성 | ☆ ☆ ☆ ☆ | V ____ V ____ |

| 주차 | 단원 | 학습 내용 | | 회독(색칠) | 세부 취약 파트 체크 |
|---|---|---|---|---|---|
| 3주차 | PART 04<br>음운론 | Day 12 | CH.1 음운과 음절<br>CH.2 음운의 체계 | ☆ ☆ ☆ ☆ | V ______<br>V ______ |
| 4주차 | | Day 13 | CH.3 음운의 변동 | ☆ ☆ ☆ ☆ | V ______<br>V ______ |
| | PART 05<br>표준 발음법<br>표준어 규정 | Day 14 | CH.1 표준 발음법 | ☆ ☆ ☆ ☆ | V ______<br>V ______ |
| | | Day 15 | CH.2 표준어 규정<br>CH.3 표준어 규정 中 복수 표준어 | ☆ ☆ ☆ ☆ | V ______<br>V ______ |
| | PART 06<br>한글 맞춤법 | Day 16 | CH.1 띄어쓰기 제외한 한글 맞춤법 | ☆ ☆ ☆ ☆ | V ______<br>V ______ |
| 5주차 | | Day 17 | CH.2 문법과 관련된 표기들 | ☆ ☆ ☆ ☆ | V ______<br>V ______ |
| | | Day 18 | CH.3 띄어쓰기 | ☆ ☆ ☆ ☆ | V ______<br>V ______ |
| | | Day 19 | CH.3 띄어쓰기 | ☆ ☆ ☆ ☆ | V ______<br>V ______ |
| | | Day 20 | CH.4 문장 부호 | ☆ ☆ ☆ ☆ | V ______<br>V ______ |
| 6주차 | PART 07<br>로마자, 외래어<br>표기 | Day 21 | CH.1 로마자 표기: 기본 원칙 | ☆ ☆ ☆ ☆ | V ______<br>V ______ |
| | | Day 22 | CH.2 로마자 표기 용례 | ☆ ☆ ☆ ☆ | V ______<br>V ______ |
| | | Day 23 | CH.3 외래어 표기: 기본 원칙 | ☆ ☆ ☆ ☆ | V ______<br>V ______ |
| | | Day 24 | CH.4 외래어 표기 용례 | ☆ ☆ ☆ ☆ | V ______<br>V ______ |

赤功 박혜선 국어
커리큘럼

2024 출제자가 좋아하는 포인트만 배운다!

# 박혜선 국어 '만점 릴레이' 커리큘럼

2024 赤功 국어 박혜선

## 정규 커리큘럼

| 단계별 커리큘럼 | | 항상 실시되는 커리큘럼 |
|---|---|---|
| 최빈출 먼저 보고<br>시작할게요<br>**[1단계: 초보입문]** | 시작! 초보자들의 능력<br>up(초능력) | **[2단계]**<br>출좋포 어휘 한자<br>&<br>**[All In One 진도 맞춤]**<br>만점 릴레이 적중 하프<br>&<br>스파르타 일일 모의고사<br>(매일 10문제씩)<br>&<br>문법 출좋포 80 |
| 赤시 성功하는 기본이론<br>필수 커리<br>**[2단계: All In One]** | 만점 출좋포 (문법, 문학, 독해) | |
| 혜선쌤의 100% 적중 믿어요<br>**[3단계: 적중 특강]** | 만점 출좋포 짝수(문학, 독해)<br>최단기간 어문 규정<br>최단기간 고전 운문 | |
| 이론과 기출 분석을 한번에<br>잡아요<br>**[4단계: 기출 분석]** | 개념도 새기는 기출(문법)<br>개념도 새기는 기출(문학&독해) | |
| 이론 요약 및 문풀 단권화를<br>해줘요<br>**[5단계: 합격자 최고 추천]** | 콤팩트한 단원별 문제풀이<br>(콤단문) 문법<br>족집게 적중노트<br>(문법, 문학, 독해) | |
| 시간 절약 + 시험장 훈련<br>**모의고사 시즌** | 파이널 적중 동형 모의고사 | |

1년을 4시간으로 압축하는 전매특허 적중특강

## 테마별 약점 격파 특강

| 영역별 | 1년을 4시간으로 압축 |
| --- | --- |
| **적중률 최고**<br>문법 | 파이널 문법 출.좋.포 시즌 1,2,3<br>최고 적중 띄어쓰기 족집게<br>최고 적중 문법 문제 풀이<br>최고 적중 고전문법 족집게<br>최빈출 표준어 규정<br>최고 적중률 문장 고쳐쓰기 |
| **적중률 최고**<br>문학 | 최고 적중 고전운문 족집게<br>문학 출좋포 |
| **적중률 최고**<br>독해 | 최고 적중 독해 전영역 + PSAT 추론<br>추론 독해 (빈칸, 사례, 밑줄, PSAT 추론 등) |
| **적중률 최고**<br>어휘, 한자 | 최빈출 한자 성어<br>최빈출 고유어, 관용 표현<br>최빈출 2글자 한자 표기 |
| **적중률 최고**<br>군무원 필수 | 2022 기출, 외래어, 로마자, 띄어쓰기 적중 특강 |

CONTENTS

# 이 책에 차례

## Part 04 음운론



## Part 05 표준 발음법 / 표준어 규정



## Part 06 한글 맞춤법



## Part 07 로마자, 외래어 표기

박혜선 亦功 국어

**콤단문** 문법

콤팩트한 단원별 문제풀이

# 형태론

PART 01

관련교재 ⓨ 족집게 적중 노트에 없음
가 출좋포 문법 p.22~25

# Chapter 01 형태소

**대표 출좋포 한눈에 보기**

1. 형태소의 개수
2. 어간 : 실질 형태소이지만, 의존 형태소
3. 어근+접사 / 어간(동사, 형용사)+어미 / 체언+조사

## 출.좋.포 1 형태소의 개념과 종류

| 영희가 철수에게 책을 읽혔다. |
|---|

### 1. 형태소의 종류

(1) 분류 기준 1 : 자립성 유무

| | |
|---|---|
| 자립 형태소 | ① 혼자 쓰일 수 있는 형태소<br>② 명사, 대명사, 수사 / 관형사, 부사 / 감탄사 |
| | 예 영희, 철수, 책 |
| 의존 형태소 | ① 혼자 쓰일 수 없는 형태소<br>② 어미, 조사, 접사 / 용언의 어간 |
| | 예 가(조사), 에게(조사), 을(조사), 읽-(어간), -히-(접사), -었-(어미), -다(어미) |

(2) 분류 기준 2 : 실질 의미의 유무

| | |
|---|---|
| 실질 형태소 | ① 실질적인 뜻을 가진 형태소<br>② 동사·형용사의 어간 / 명사, 대명사, 수사 / 관형사, 부사 / 감탄사 |
| | 예 영희, 철수, 책, 읽-(어간) |
| 문법 형태소 (형식) | ① 문법적인 뜻을 가진 형태소<br>② '어미, 조사, 접사' |
| | 예 가(조사), 에게(조사), 을(조사), -히-(접사), -었-(어미), -다(어미) |

### 2. 형태소들의 이론적 특징

① 모든 체언은 자립 형태소이면서, 실질 형태소이다.
★② 모든 용언의 어간은 의존 형태소이면서, 실질 형태소이다.
③ 모든 접사, 조사, 어미는 의존 형태소이면서, 형식 형태소이다.
④ 자립 형태소는 항상 실질 형태소이지만, 실질 형태소가 항상 자립 형태소인 것은 아니다.

빈출 순위별 예상 문제

# 1편 형태론 CH.01 형태소



## 01.

정답풀이 '-님, -들'은 각각 높임의 접미사, 복수의 접미사이므로 실질적인 의미가 없는 형식 형태소(=문법 형태소)이다.

오답풀이 나머지는 모두 옳다.

## 02.

정답풀이 '울, 보, 들, 이, 들이, 닥치-, -었-, -다.'로 총 8개이다.

오답풀이 나머지는 모두 7개이다.
① '떡, 볶, 이, 를, 팔-, -ㄹ, -사람.'으로 총 7개이다.
③ '사자, 에, 먹-, -히-, -었-, -겠-, -지'로 총 7개이다.
④ '먹-, -이, 를, 가지-, -어, 가-, -아'로 총 7개이다.

## 03.

정답풀이 '덧, 신, 이, 뜨, 어, 내리, 어, 가, 았, 다'로 총 10개이다.

오답풀이 ① 형태소의 개수는 '저, 고기, 는, 아주, 기름, 지-(형용사 파생 접미사), -다.'로 총 7개이다.
② '그, 는, 성공, 하, 는, 사람, 이, 다'로 총 8개이다.
④ '놀, -이, 터, 에서, 부딪, 치, 었, 다'로 총 8개이다.

정답

01 ③ 02 ② 03 ③

## 亦功 최빈출

**01. 〈보기〉의 문장에 대한 설명으로 옳지 않은 것은?**

( 보기 )

선배님께서 후배들에게 밥을 샀다.

① '께서, 에게'는 조사이므로 형식 형태소이다.
② '주-'는 실질적인 의미가 있지만 혼자 쓰일 수 없으므로 의존 형태소이다.
③ '-님, -들'은 실질적인 의미가 있으므로 실질 형태소이다.
④ '선배, 후배, 밥'은 자립 형태소이다.

**02. 다음 문장에서 형태소의 개수가 다른 것은?**

① 떡볶이를 팔 사람
② 울보들이 들이닥쳤다.
③ 사자에 먹혔겠지.
④ 먹이를 가져 가.

**03. 형태소의 개수가 가장 많은 것은?**

① 저 고기는 아주 기름지다.
② 그는 성공하는 사람이다.
③ 덧신이 떠내려갔다
④ 놀이터에서 부딪혔다.

## 04.

**정답풀이** '드리셨을'은 용언 어간 '드리-'에 높임 선어말 어미 '-시-', 과거 시제 선어말 어미 '-었-'이 결합한 형태이다. 또한 관형사형 전성 어미 '을'이 결합하였다. 따라서 [어간+선어말 어미+선어말 어미+전성 어미]로 분석해야 한다.

**오답풀이** ① '건네셨을걸'은 용언 어간 '건네-'에 높임 선어말 어미 '-시-', 과거 시제 선어말 어미 '-었-', 종결 어미 '-을걸'이 결합한 형태이다.
② '나갔기'는 용언 어간 '나가-'에 과거 시제 선어말 어미 '-았-', 전성 어미 '기'가 결합한 형태이다.
④ '모시겠지만'은 용언 어간 '모시-'에 추측 선어말 어미 '-겠-', 연결 어미 '-지만'이 결합한 형태이다.
('계시다, 주무시다, 모시다'는 주체 높임 선어말 어미 '-시-'가 결합한 단어가 아님을 꼭 알아야 한다.

## 05.

**정답풀이** 어간은 어근과 접사를 결합한 것이다. 따라서 '㉠: 어간과 어근이 일치하는 경우'는 접사가 없는 단일어에 해당한다. '㉡: 어간과 어근이 일치하지 않는 경우'는 접사가 존재하는 파생어에 해당한다. '주무시다'는 단일어이므로 ㉠에 해당한다. '주무+시+다'로 분석이 되려면, '주무다'가 있어야 하는데 '주무다'는 존재하지 않는 단어이다. '옮기다'는 파생어(옮+기(사동 접미사)+다)로, ㉡에 해당한다.

**오답풀이** ② ㉠ 벌+리(사동 접미사): 파생어이므로 ㉠이 아니라 ㉡에 해당한다. '벌다'는 '틈이 나서 사이가 뜨다.'를 의미한다.
㉡ 먹+는(어미): 접사가 없는 단일어이므로 ㉡이 아니라 ㉠에 해당한다
③ ㉠ 숙+이(사동 접미사): 파생어이므로 ㉠이 아니라 ㉡에 해당한다. '숙다'는 '앞으로 또는 한쪽으로 기울어지다.'를 의미한다.
㉡ 참+답(형용사 파생 접미사): 파생어이므로 ㉡에 해당한다.
④ ㉠ 청(명사 어근)+하(동사 파생 접미사): 파생어이므로 ㉠이 아니라 ㉡에 해당한다
㉡ 애+되(형용사 파생 접미사): 파생어이므로 ㉡에 해당한다.

## 06.

**정답풀이** '간다.'의 'ㄴ'은 '현재 시제 선어말 어미'이므로 현재 시간 표현으로 유형을 분류할 수 있다. 참고로 현재 시제 선어말 어미는 'ㄴ/는'의 2가지 이형태가 존재한다. 앞의 용언 어간이 모음이나 'ㄹ'로 끝나면 'ㄴ'이 붙고 그 외의 자음으로 끝나면 '는'이 붙는다.

**오답풀이** ① '있으시겠습니다'의 '(으)시'는 – 객체 높임이 아니라 '주체 높임 선어말 어미'이다.
③ '먹히는.'의 '-히-'는 '당하다'를 의미하는 것이므로 사동 접미사가 아니라 피동 접미사이다. 목적어가 없는 경우에는 피동 접미사가 결합된 것일 확률이 높다.
④ '보아라'의 '-아라'는 청유형이 아니라 명령형 종결 어미이다. 청유형 종결 어미는 '-자'가 있다.

## 07.

**정답풀이** 다음 문장을 형태소 분석하면 '그+건물+의 짜-+ -이-+-ㅁ +-새(접미사)+를 보-+-면 지르-+-ㅁ+길+이 많-+-음+을 알+ㄹ 수 있+었+다'이다. 의존 형태소이면서 실질 형태소인 것은 용언의 어간(어근)이므로 '짜-, 보-, 지르-, 많-, 알-, 있-'이다.

## 08.

**정답풀이** 의존 형태소는 어미, 조사, 접사, 용언의 어간(어근)이다. '달(형용사 어간) / ㄴ(관형사형 어미) / 을(조사) / 먹(동사 어간) / 으며(연결 어미 / 살(동사 어간) / ㄹ(관형사형 어미) / 있(형용사 어간) / 다(어미)'의 총 9개이다.

**오답풀이** ① 달(형용사 어간) / ㄴ(관형사형 어미) / 팥(명사) / 죽(명사) / 을(조사) / 먹(동사 어간) / 으며(연결 어미) / 살(동사 어간) / ㄹ(관형사형 어미) / 수(명사) / 있(형용사 어간) / 다(어미)의 총 12개이다.
③ 자립 형태소는 혼자 쓰일 수 있는 형태소이므로 '팥(명사 어근) / 죽(명사 어근) / 수(명사)'의 3개이다. 참고로 의존 명사는 명사이기 때문에 자립 형태소로 본다.
④ 실질 형태소는 '달(형용사 어간) / 팥(명사) / 죽(명사) / 먹(동사 어간) / 살(동사 어간) / 수(명사) / 있(형용사 어간)'의 총 7개이다. 참고로 의존 명사는 명사이기 때문에 실질 형태소로 본다.

## 09.

**정답풀이** 잇(동사 어근)+따르(동사 어근)+아(연결 어미) / 부르(동사 어근)+어(연결 어미)+들-(동사 어근)+이(사동 접미사: '들게 하다'를 의미하므로 '이'는 사동 접미사이다.)+었(과거형 선어말 어미)+다(평서형 종결 어미) (9개)

**정답**

04 ③ 05 ① 06 ② 07 ① 08 ② 09 ④

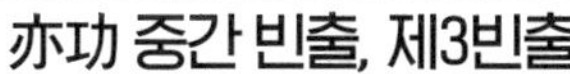


**04.** ㉠~㉣을 활용하여 사례의 밑줄 친 부분을 분석한 것으로 옳지 않은 것은?

> 어간과 결합하는 어미는 다음과 같이 분류될 수 있다. 먼저 실현되는 위치에 따라 ㉠ 선어말 어미와 어말 어미로 나뉜다. 다음으로 어말 어미는 그 기능에 따라 ㉡ 연결 어미, ㉢ 종결 어미, ㉣ 전성 어미로 나뉜다.

| 사례 | 분석 |
|---|---|
| ① 어머니께서 지난밤에 선물을 건네셨을걸. | 어간+㉠+㉠+㉢ |
| ② 철수가 집을 나갔기 때문에 오랫동안 찾아다녔다. | 어간+㉠+㉣ |
| ③ 할아버지께 좋은 선물을 드리셨을 텐데. | 어간+㉠+㉠+㉡ |
| ④ 아버지께서 잘 모시겠지만 마음이 안 놓인다. | 어간+㉠+㉡ |

**05.** 〈보기〉의 ㉠과 ㉡에 해당하는 단어로 적절한 것은?

> 〈보기〉
> ㉠: 어간과 어근이 일치하는 경우
> ㉡: 어간과 어근이 일치하지 않는 경우

① ㉠: 주무시다 ㉡: 옮기다
② ㉠: 벌리다 ㉡: 먹는다
③ ㉠: 숙이다 ㉡: 참답다
④ ㉠: 청하다 ㉡: 앳되다

**06.** 다음 중 밑줄 친 문법 요소들에 대한 유형 분류가 옳은 것은?

① 교장님 말씀이 있으시겠습니다. – 객체 높임 표현
② 역공녀는 집에 간다.(가+ㄴ+다) – 현재 시간 표현
③ 벌레들에게 조금씩 뜯어 먹히는 꿈 – 파생적 사동 표현
④ 같이 참여해 보아라. – 청유형 종결 표현

**07.** 의존 형태소이면서 실질 형태소인 것만으로 묶인 것은?

> 그 건물의 짜임새를 보면 지름길이 많음을 알 수 있었다.

① 짜-, 보-, 지르-, 많-, 알-, 있-
② 보-, 많-, 알-, 있-
③ 의, 면, 이, -음, 을, -었-
④ 임, -음, -었-, -다

**08.** 〈보기〉의 형태소를 분석한 것으로 적절하지 않은 설명은?

> 〈보기〉
> 단팥죽을 먹으며 살 수 있다.

① 형태소의 개수는 모두 12개이다.
② 의존 형태소의 개수는 8개이다.
③ 자립 형태소의 개수는 3개이다.
④ 실질 형태소의 개수는 7개이다.

**09.** 다음 문장을 형태소 단위로 나눌 때, 적절한 것은?

> 잇따라 불러들였다.

① 잇따르/아/ 불/러/들이/었/다
② 잇/따르/아/ 불/러/들/이/었/다
③ 잇/따르/아/ 부르/어/들이/었/다
④ 잇/따르/아/ 부르/어/들/이/었/다

관련교재 [ 요 족집게 적중 노트 p.20~21 / 기 출좋포 문법 p.26~35 ]

# Chapter 02 단어의 형성

**대표 출좋포 한눈에 보기**

1. 단일어, 파생어, 합성어 파악하기
2. 접사의 기능 파악하기
3. 합성어의 종류 파악하기

## 출.좋.포 2 단일어, 합성어, 파생어

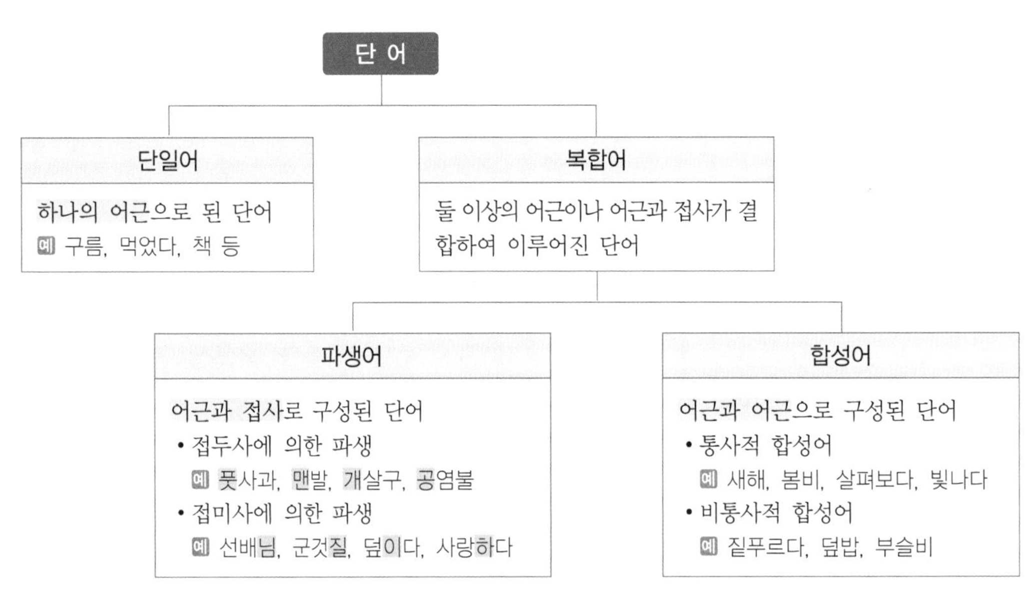

단 어
단일어
하나의 어근으로 된 단어
예 구름, 먹었다, 책 등
복합어
둘 이상의 어근이나 어근과 접사가 결합하여 이루어진 단어
파생어
어근과 접사로 구성된 단어
• 접두사에 의한 파생
예 풋사과, 맨발, 개살구, 공염불
• 접미사에 의한 파생
예 선배님, 군것질, 덮이다, 사랑하다
합성어
어근과 어근으로 구성된 단어
• 통사적 합성어
예 새해, 봄비, 살펴보다, 빛나다
• 비통사적 합성어
예 짙푸르다, 덮밥, 부슬비

빈출 순위별 예상 문제

# 1편 형태론 CH.02 단어의 형성



## 亦功 최빈출

**01. 〈보기〉의 ㉠~㉣에 대한 설명으로 적절한 것은?**

(보기)
- 그는 ㉠ 슬픔에 젖었다.
- 그는 그를 힘차게 ㉡ 밀쳤다.
- ㉢ 한겨울에 그녀가 찾아 왔다.
- 그는 은근하게 ㉣ 알부자이다.

① ㉠은 어근과 접미사의 결합으로 이루어진 파생어로 품사가 형용사에서 명사로 바뀌었다.
② ㉡은 문장 구조를 바꾸는 접미사가 사용되었다.
③ ㉢은 어근과 어근의 결합인 '관형사+명사' 형태의 통사적 합성어이다.
④ ㉣은 어근과 어근의 결합인 '명사 +명사' 형태의 통사적 합성어이다.

**02. 밑줄 친 단어 가운데 품사를 바꾸어 주는 접사가 포함된 것은?**

① 그는 결국 범죄를 없앴다.
② 공포감이 내 몸을 휘감았다.
③ 그 커튼은 새빨갰다.
④ 그녀가 솔직함을 사람들은 몰랐다.

**03. 밑줄 친 부분이 ㉠의 예에 해당하는 것은?**

어근의 앞이나 뒤에 파생 접사가 결합된 것을 파생어라 한다. 파생 접사는 그 위치에 따라 접두사와 접미사로 나누는데 접두사는 어근의 품사를 바꿀 수 없지만, ㉠ 접미사는 어근의 품사를 바꾸기도 한다.

① 나를 보기는 쉽지 않다.
② 정답게 사는 비결.
③ 그가 죽음을 믿고 싶지 않았다.
④ 그의 꿈은 작곡가였다.

---

## 01.

**정답풀이** 형용사 어근 '슬프-'에 명사 파생 접사 '-ㅁ'이 결합하여 명사가 되었으므로 품사가 형용사에서 명사로 바뀌었다는 것은 옳다.

**오답풀이** ② '밀+치+었+다'에서 접미사 '치'는 앞의 어근을 강조하는 접미사일 뿐 문장 구조를 바꾸지는 못한다. 접미사 '치'는 강조의 의미일 뿐이므로 없애도 된다.
③ '한창인'의 뜻을 더하는 접두사 '한-'과 어근 '겨울'의 결합이므로 '관형사+명사' 형태의 통사적 합성어가 아니다. 파생어이다.
④ '알'은 '진짜, 알짜'의 뜻을 더하는 접두사이므로 '알부자'는 '명사+명사' 형태의 통사적 합성어가 아니다. '알부자'는 '접두사+어근' 형태의 파생어이다.

## 02.

**정답풀이** '없다'는 형용사인데, 접미사 '애'와 결합되는 경우에는 동사 '없애다'로 품사가 바뀐다.

**오답풀이** ② 접두사 '휘-'는 '마구'·'매우 심하게'의 뜻을 나타내는 말로 의미만 더해줄 뿐, 품사는 바꾸지 못한다.
③ 접두사 '새-'는 빛깔이 짙고 산뜻함을 나타내는 말로 의미만 더해줄 뿐, 품사는 바꾸지 못한다.
④ '그녀가 솔직함'은 '그녀가 솔직하다'에서 보듯이, 서술성이 있으므로 '솔직함'의 '-ㅁ'은 명사형 어미이다.

## 03.

**정답풀이** 명사 어근 '정'에 형용사화 접미사 '-답-'이 결합하여 형용사 '정답다'가 된 것이다. 따라서 접미사 '-답-'이 명사에서 형용사로 품사를 바꾸었다고 볼 수 있다.

**오답풀이** ① '나를 보다'로 목적어-서술어의 구성으로 '보기'가 서술성을 가지므로 '기'는 '명사 파생 접사'가 아니라 '명사형 어미'이다. 명사형 어미는 품사를 바꿀 수 없다.
③ '그가 죽다'로 주어-서술어의 구성이다. 중간에 과거 시제 선어말 어미 '었'을 넣어도 '그가 죽었음을 믿고 싶지 않았다'로 말이 되므로 '음'은 '명사 파생 접사'가 아니라 '명사형 어미'이다.
④ '작곡가'에서 '작곡'은 명사이고 '-가'는 접미사이다. 그런데 접미사 '-가'가 붙어도 품사는 그대로 명사이므로 품사를 바꾸는 예라고 볼 수 없다.

**정답**

01 ① 02 ① 03 ②

## 04.

**정답풀이** '부슬비'는 어근과 어근의 결합으로 합성어인 것은 맞다. 하지만 '부사+명사' 형태이므로 비통사적 합성어이다.

**오답풀이** ① 형용사 어근 '기쁘-'와 접미사 '-ㅁ'이 결합되어 명사로 바뀐 것이므로 옳은 설명이다.
② 접두사 '군-'과 어근 '소리'의 결합으로 만들어진 파생어이다.
④ '시울'은 '눈이나 입의 언저리'를 의미하는 명사이다. 따라서 '눈시울'은 눈(어근)+시울(어근)의 합성어이다.

## 05.

**정답풀이** 〈보기〉는 접두사와 파생어가 결합되어 파생어가 된 것을 보여 준다. '웃-+-음'로 파생되어 마지막에 접두사 '헛'이 결합되어 파생어 '헛웃음'이 된 것이므로 〈보기〉와 단어의 짜임이 같다고 볼 수 있다.

**오답풀이** ② 파생어 '놀이'+접미사 '터'=합성어
③ 어근 '옷설-'+명사 파생 접사 '-이'=파생어이기는 하지만 〈보기〉처럼 '접두사+파생어' 구성이 아니다.
④ 어근 '탐'+형용사 파생 접미사 '-스럽' = 파생어이지만 〈보기〉의 구성이 아니다.

## 06.

**정답풀이** 관형사 '새'와+명사 '해'가 결합된 통사적 합성어이다.

**오답풀이** ① 가위(어근)+질(접사)=파생어
② 멋(어근)+쟁이(접사)=파생어
③ 달리(어근)+기(접사)=파생어

## 07.

**정답풀이** '어머니'는 단일어이므로 결합된 형태의 단어가 아니다.

**오답풀이** ① 한겨울 : '한창인'의 뜻을 더하는 접두사 '한'이 어근 '겨울'과 결합한 것이므로 파생어이다.
② 맨손 : '다른 것이 없는'의 뜻을 더하는 접두사 '맨'이 어근 '손'과 결합한 것이므로 파생어이다.
③ 높다랗다 : 형용사 어근 '높-'+형용사화 접미사 '-다랗-'=파생어

## 08.

**정답풀이** 나머지는 모두 합성어이지만, '돌배, 돌미나리'는 파생어이다. 품질이 낮거나 야생의 것임을 나타내는 접두사 '돌-'이 결합한 것이기 때문이다.

**오답풀이** ② 섞어찌개 : 어근 '섞'+어미 '어'+어근 '찌개'=합성어(참고로, 통사적 합성어)
③ 돌다리 : 어근 '돌'+어근 '다리'=합성어(통사적)
④ 굶주리다 : 어근 '굶-'+어근 '주리다'=합성어(비통사적)

**정답**

04 ③ 05 ① 06 ④ 07 ④ 08 ① 09 ④ 10 ② 11 ① 12 ②

## 09.

**정답풀이** '넘치다'의 '치'는 접미사이기는 하지만 앞의 어근의 뜻을 강조하는 의미만 더한다. 품사를 바꾸거나 자동사를 타동사로 바꾸지 못한다.

**오답풀이** ① 일으키다 : 동사 어근 '일-'+사동 접미사 '-으키-'=파생어
☞ 접미사가 자동사를 타동사로 바꾸고 있다. '문제를 일으키다' 등으로 사용되므로 목적어가 있는 타동사로 바뀜을 알 수 있다.
② 낮추다 : 형용사 어근 '낮-'+사동 접미사 '-추-'=파생어
☞ 접미사가 형용사를 타동사로 바꾸고 있다. '벽을 낮추다' 등으로 사용되므로 목적어가 있는 타동사로 바뀜을 알 수 있다.
③ 보기 : 동사 어근 '보-'+ 명사 파생 접사 '-기'=파생어
☞ 접미사가 동사를 명사로 바꾸고 있다.

## 10.

**정답풀이** '낮쉶'은 사전에 등재되지 않은 단어이다. 즉 '-ㅁ'은 접미사가 아니라 어미이기 때문에 '낮쉶'은 '낯(이)설다'로 통사적 합성어이다.

**오답풀이** ① 먹이 : 동사 어근 '먹-'+ 명사 파생 접사 '-이'=파생어
③ 지우개 : 동사 어근 '지우-'+ 명사 파생 접사 '-개'=파생어
④ 꽃답다 : 명사 어근 '꽃'+형용사화 접미사 '-답-'=파생어

## 11.

**정답풀이** '우짖다, 늦잠, 높푸르다, 덮밥'은 비통사적 합성어이다. 각각 연결 어미 '-고' 생략, 관형사형 어미 '-은' 생략, 연결 어미 '-고' 생략, 관형사형 어미 '-은' 생략이 보인다. 하지만 '큰집'은 관형사형 어미 '-ㄴ'이 있는 통사적 합성어이므로 다른 구성 방식을 보인다.

**오답풀이** 모두 비통사적 합성어이므로 옳다.
② '감은발'에서 관형사형 어미 '-은' 생략이 보인다.
③ '접은칼'에서 관형사형 어미 '-은' 생략이 보인다.
④ '곶은감'에서 관형사형 어미 '-은' 생략이 보인다.

## 12.

**정답풀이** '까막까치'는 어근 '까막(까마귀)'과 어근 '까치'가 결합된 합성어이다.

**오답풀이** ① 군말 : '군-'은 '쓸데없는·가외의'의 뜻을 더하는 접두사이므로 파생어이다.
③ 덧가지 : '덧-'은 '더함'의 뜻을 나타내는 접두사이므로 파생어이다.
④ 짓누르다 : '짓-'은 '함부로'의 뜻을 나타내는 접두사이므로 파생어이다.

**04.** 〈보기〉의 ㉠~㉣에 대한 설명으로 적절하지 않은 것은?

〈보기〉
- 그는 ㉠ 기쁨에 빠져 집에 돌아갔다.
- ㉡ 군소리 하지 말고 내 말 들어라.
- 그 사이 한 해가 저물고 ㉢ 부슬비가 왔다.
- 그는 ㉣ 눈시울이 붉어졌다.

① ㉠은 어근과 접미사의 결합으로 이루어진 파생어로 품사가 형용사에서 명사로 바뀌었다.
② ㉡은 접두사와 어근의 결합으로 만들어진 파생어이다.
③ ㉢은 어근과 어근의 결합인 '관형사+명사' 형태의 통사적 합성어이다.
④ ㉣은 어근과 어근의 결합인 '명사+명사' 형태의 통사적 합성어이다.

**05.** 다음 중 단어의 짜임이 〈보기〉와 같은 것은?

〈보기〉
얼-+-음
↓(파생)
살+얼음
↓(파생)
살얼음

① 헛웃음　② 놀이터
③ 옷걸이　④ 탐스럽다

**06.** 다음 중 단어 형성 방법이 나머지와 다른 것은?

① 가위질　② 멋쟁이
③ 달리기　④ 새해

**07.** 다음 중 단어 형성 방법이 나머지와 다른 것은?

① 한겨울　② 맨손
③ 높다랗다　④ 어머니

**08.** 다음 중 단어 형성 방법이 나머지와 다른 것은?

① 돌배, 돌미나리　② 섞어찌개
③ 돌다리　④ 굶주리다

**09.** 다음 중 〈보기〉의 설명에 해당되지 않는 단어는?

〈보기〉
접미사는 품사를 바꾸거나 자동사를 타동사로 바꾸는 기능을 한다.

① 일으키다　② 낮추다
③ 보기　④ 넘치다

**10.** 다음 중 단어 형성 방법이 나머지와 다른 것은?

① 먹이　② 낮섦
③ 지우개　④ 꽃답다

**11.** 다음 예들과 동일한 구성 방식을 보이는 단어가 아닌 것은?

우짖다, 늦잠, 높푸르다, 덮밥

① 큰집　② 감발
③ 접칼　④ 곶감

**12.** 단어 형성 방식이 나머지 셋과 다른 것은?

① 군말　② 까막까치
③ 덧가지　④ 짓누르다

## 13.

정답풀이 '개살구, 헛웃음, 낚시질, 지우개'는 각각 접사 '개-, 헛-, -질, -개'가 붙은 파생어이다. 이와 같은 단어 형성 원리를 가진 단어는 '건어물'이다. '건(乾)'은 '마른' 또는 '말린'의 뜻을 더하는 접두사이다. '건어물'은 파생어이다.

예 건포도, 건과자

오답풀이 모두 '명사+명사' 형태로 된 '합성어'이다.

① 명사 '한자'+명사 '음' (어떤 음이 너에게 높니?)
② 명사 '핵'+명사 '폭발' (핵이 무섭다.)
④ 명사 '금지'+명사 '곡' (어떤 곡을 좋아해?)

## 14.

정답풀이 '살짝곰보'는 부사 '살짝'과 명사 '곰보'가 결합된 '비통사적 합성어'이다. '얼룩소'는 명사 '얼룩'+명사 '소'가 결합된 '통사적 합성어'이므로 구성 방식이 다르다. '얼룩'이 명사임에 유의하여야 한다.

오답풀이 ① '흔들바위'는 부사 '흔들'이 명사 '바위'를 꾸미는 비통사적 합성어이다. (바위가 흔들흔들 움직인다)
③ '딱딱새'는 부사 '딱딱'이 명사 '새'를 꾸미는 비통사적 합성어이다. (이가 딱딱 부딪치다.)
④ '척척박사'는 부사 '척척'이 명사 '박사'를 꾸미는 비통사적 합성어이다. (일을 척척 잘한다.)

## 15.

정답풀이 접두사 '새'와 형용사 어근 '빨갛-'이 결합된 파생어이다. 동사 어근 '놀-'과 접미사 '-이'가 결합된 파생어이다.

오답풀이 ① '본받다'는 합성어이다. '본(을) 받다'의 결합에서 조사가 생략된 것은 자연스러운 현상이므로 통사적 합성어이다. '치솟다'는 접두사 '치-'와 동사 어근 '솟-'이 결합된 파생어이다.
③ '얽매다'는 '이리저리 관련이 되게 하다.'를 뜻하는 동사 어근 '얽-'과 동사 어근 '매-'가 결합된 합성어이다.
- '비행기(파생어)'=명사 '비행'+접미사 '-기'

④ • 늙은이: 관형사형 어미가 생략되지 않은 통사적 합성어
- 어깨동무: 명사+명사의 통사적 합성어

## 16.

정답풀이 '정(이)들다, 본(을)받다, 배(가)부르다, 빛(이)나다'에서처럼 각각 조사들이 생략된 통사적 합성어이다. 하지만 '깔보다'는 동사 어근 '깔-'+동사 어근 '보-'= 연결 어미 '아'가 생략된 비통사적 합성어이므로 제시된 단어들과 단어 형성 원리가 다르다.

오답풀이 ① 낯설다(합성어): '낯(이) 설다'의 결합에서 조사가 생략된 것은 자연스러운 현상이므로 통사적 합성어이다.
② 손쉽다: '손(에) 쉽다'에서 조사가 생략된 것은 자연스러운 현상이므로 통사적 합성어이다.
③ '겁(이) 나다'의 결합에서 조사가 생략된 것은 자연스러운 현상이므로 통사적 합성어이다.

## 17.

정답풀이 둘 다 합성어이다.

- 앞서다='앞(에) 서다'의 결합에서 조사가 생략된 것은 자연스러운 현상이므로 통사적 합성어이다.
- 가로지르다='가로 지르다'로 부사 '가로'가 용언 '지르다'를 꾸미는 것은 자연스러운 현상이므로 통사적 합성어이다.

오답풀이 ○은 합성어, ×는 파생어이다.

① • 밑바닥(○)=명사 '밑'+명사 '바닥'
- 짓밟다(×)=접두사 '짓-'+동사 어근 '밟-'

② • 막내둥이(×)=명사 '막내'+접미사 '-둥이'
- 돌부처(○)=명사 '돌'+명사 '부처'

③ • 개살구(×)=접두사 '개-'+명사 어근 '살구'
- 산들바람(○)=부사 '산들'+명사 '바람'

## 18.

정답풀이

| ㉠ 통사적 합성어 | ㉡ 비통사적 합성어 |
|---|---|
| a. 논밭: '논과 밭'의 '명사+명사' 구성을 보이는 것은 정상적이다. | b. 헐떡고개: 부사 '헐떡'이 명사 '고개'를 꾸미는 것은 비정상적이다. |
| c. 첫사랑: '관형사+명사' 구성을 보이는 것은 정상적이다. | e. 늦더위: 관형사형 어미 '은'이 생략된 것은 비정상적이다. |
| d. 그만두다(합성어) =부사 '그만'+동사 어근 '두다' 부사는 원래 동사, 형용사를 수식한다. | f. 짙푸르다: 연결 어미 '고'가 생략된 것은 비정상적이다. |

정답

13 ③ 14 ② 15 ② 16 ④ 17 ④ 18 ③

**13.** 다음 〈보기〉에 제시된 단어들과 단어 형성 원리가 같은 것은?

(보기)
개살구, 헛웃음, 낚시질, 지우개

① 한자음(漢字音)
② 핵폭발(核爆發)
③ 건어물(乾魚物)
④ 금지곡(禁止曲)

**14.** '살짝곰보'와 합성어의 구성 방식이 다른 것은?

① 흔들바위
② 얼룩소
③ 딱딱새
④ 척척박사

**15.** 파생어끼리 묶인 것으로 가장 적절한 것은?

① 치솟다, 본받다
② 새빨갛다, 놀이
③ 얽매다, 비행기
④ 늙은이, 어깨동무

**16.** 다음 〈보기〉에 제시된 단어들과 단어 형성 원리가 다른 것은?

(보기)
정들다, 본받다, 배부르다, 빛나다

① 낯설다　② 손쉽다
③ 겁나다　④ 깔보다

**17.** 다음 중 합성어로만 묶인 것은?

① 밑바닥, 짓밟다
② 막내둥이, 돌부처
③ 개살구, 산들바람
④ 앞서다, 가로지르다

**18.** 〈보기1〉을 참고하여 〈보기2〉를 ㉠과 ㉡으로 잘 분류한 것은?

(보기 1)
어근과 어근의 형식적 결합 방식에 따라 합성어를 나누어 볼 수 있다. 형식적 결합 방식이란 어근과 어근의 배열 방식이 국어의 정상적인 단어 배열 방식 즉 통사적 구성과 같고 다름을 고려한 것이다. 여기에는 합성어의 각 구성 성분들이 가지는 배열 방식이 국어의 정상적인 단어 배열법과 같은 ㉠ '통사적 합성어'와 정상적인 배열 방식에 어긋나는 ㉡ '비통사적 합성어'가 있다.

(보기2)

| | | |
|---|---|---|
| a. 논밭 | b. 헐떡고개 | c. 첫사랑 |
| d. 그만두다 | e. 늦더위 | f. 짙푸르다 |

| | ㉠ | ㉡ |
|---|---|---|
| ① | a, e | b, c, d, f |
| ② | a, b, e | c, d, f |
| ③ | a, c, d | b, e, f |
| ④ | b, e, f | a, c, d |

## 19.

**정답풀이** '검(고)붉다, 굳(고)세다, 보(고)살피다'로서 연결 어미 '고'가 생략된 비통사적 합성어이다.

(오답풀이) ① • '함박눈'은 명사+명사의 통사적 합성어이다.
- '옛날'은 관형사+명사의 통사적 합성어이다.
- 2015년에 접두사 '작은–'이 표준국어대사전에서 삭제되었으므로 '작은집'은 통사적 합성어이다. 관형사형 전성 어미 '–은'이 정상적으로 들어갔으므로 통사적 합성어이다.

② • '밤낮'은 명사+명사의 통사적 합성어이다.
- '힘들다'는 '힘이 들다'에서 조사 '이'가 생략된 통사적 합성어이다.
- '빛나다'는 '빛이 나다'에서 조사 '이'가 생략된 통사적 합성어이다.

③ • '오르내리다'는 연결 어미 '–고' 없이 동사 '오르다'와 '내리다'가 비정상적으로 결합된 비통사적 합성어이다.
- '돌아가다'는 '돌다'와 '가다'가 '–아'라는 연결 어미로 이어지므로 통사적 합성어이다.
- '작은아버지'는 관형사형 전성 어미 '–은'이 정상적으로 들어갔으므로 통사적 합성어이다.

## 20.

**정답풀이** 부사 '헐떡'이 명사 '고개'를 꾸미므로 비통사적 합성어이다. '설익다'는 '설어익다'로 연결 어미 '어'가 생략된 것이므로 비통사적 합성어이다.(참고로, '설'을 접두사로 보는 경우에는 '설익다'가 파생어가 되므로 문제에 따라 유연하게 봐야 한다.) '감은발'에서 관형사형 어미 '은'이 생략된 것이므로 비통사적 합성어이다

(오답풀이) ① '검푸르다'는 '검고 푸르다'에서 연결 어미 '–고'가 생략된 비통사적 합성어이다.
'뛰놀다'는 '뛰어놀다'에서 연결 어미 '–어'가 생략된 비통사적 합성어이다.
'선무당'의 '선'은 '서툰' 또는 '충분치 않은'의 뜻을 더하는 접두사이므로 '선무당'은 파생어이다.

② '등산(登山 : 오르다, 산), 독서(讀書 : 읽다, 책)'는 우리나라의 일반적인 단어 배열법과 다르므로 비통사적 합성어이다. 하지만 '일몰(日沒)'은 '해, 지다'이므로 통사적 합성어이다.

③ 열+ㄹ(관형사형 어미)+쇠'이므로 관형사형 어미가 생략되지 않은 통사적 합성어이다. (어간 '열'에 그대로 '쇠'가 붙은 것이라고 본다면 비통사적 합성어라고도 볼 수 있다.)
'여름밤'은 명사+명사 구성의 통사적 합성어이다.
'안팎'은 명사+명사 구성의 통사적 합성어이다.

## 21.

**정답풀이** '재우다'는 사동 접미사 '이'와 '우'가 결합된 파생어이다.

(오답풀이) ① 연결 어미 '고'가 잘 붙은 통사적 합성어이다.
② '붉(은)돔'에서 관형사형 어미 '은'이 생략된 비통사적 합성어이다.
③ 연결 어미 '어'가 결합되어 있으므로 이는 통사적 합성어이다.

## 22.

**정답풀이** '나무꾼, 뒤엎다, 엿보다, 헛되다'가 파생어이므로 4개이다.

| 파생어 | 합성어 |
|---|---|
| • 나무꾼(파생어)='어떤 일을 습관적으로 하는 사람'의 뜻을 더하는 접미사 '꾼'<br>• 뒤엎다(파생어)–'반대로 뒤집어'의 뜻을 더하는 접두사 '뒤'<br>• 엿보다(파생어)='몰래'의 뜻을 더하는 접두사 '엿'<br>• 헛되다(파생어)='보람 없이', '잘못'의 뜻을 더하는 접두사 '헛–' | • 병마개(통사적 합성어)=어근 '병'과 파생어 '마개'가 결합된 합성어<br>• 작은아버지(통사적 합성어)=작은+아버지 |

## 23.

**정답풀이** '돌보다'는 '돌다'와 '보다'가 연결 어미 '아'가 생략된 채로 결합된 비통사적 합성어이다.

(오답풀이) 나머지는 모두 파생어이다.
① 지붕=집+웅(접미사)
② 자주=잦+우(접미사)
③ 신비롭다=신비(명사)+롭(형용사화 접미사)

## 24.

**정답풀이** '앞(과)뒤, 똥(과) 오줌, 맛(이)있다, 힘(이)차다'는 모두 합성어이다.

(오답풀이) ②③④는 다 '파생어'로만 묶인 것들이다.
단, '고프다'는 공시적인 관점에서 보면 단일어로 보는 경우가 있다.
② 잠보, 점쟁이, 일꾼, 덮개, 넓이, 조용히, 새롭다
③ 군것질, 선생님, 먹히다, 거멓다(검+엏+다), 고프다(곯+브+다)
④ 맨손, 군소리, 풋사랑, 시누이, 빗나가다, 새파랗다

**정답**

19 ④ 20 ④ 21 ④ 22 ③ 23 ④ 24 ①

**19.** 비통사적 합성어로만 묶은 것은?

① 함박눈, 옛날, 작은집
② 밤낮, 힘들다, 빛나다
③ 오르내리다, 돌아가다, 작은아버지
④ 검붉다, 굳세다, 보살피다

**20.** 비통사적 합성어로만 묶인 것은?

① 검푸르다, 뛰놀다, 선무당
② 등산, 독서, 일몰
③ 열쇠, 여름밤, 안팎
④ 헐떡고개, 설익다, 감발

**21.** 다음 〈보기〉를 참고하였을 때 올바르지 않은 것은?

(보기)
파생 접사 없이 어근과 어근이 직접 합쳐져서 만들어진 단어를 합성어라고 한다. 어근과 어근의 연결이 문장에서와 같은 방식으로 이루어진 것을 통사적 합성어, 단어 형성에서만 나타나는 방식으로 이루어진 것을 비통사적 합성어라고 한다.

① 타고나다 – 통사적 합성어
② 붉돔 – 비통사적 합성어
③ 잃어버리다 – 통사적 합성어
④ 재우다 – 비통사적 합성어

**22.** 다음 중 파생어의 수는?

나무꾼, 뒤엎다, 병마개, 엿보다, 작은아버지, 헛되다

① 2개 ② 3개
③ 4개 ④ 5개

**23.** 단어의 형성 방법이 다른 것은?

① 지붕 ② 자주
③ 신비롭다 ④ 돌보다

**24.** 다음 중 합성어로만 묶인 것은?

① 앞뒤, 똥오줌, 맛있다, 힘차다
② 잠보, 점쟁이, 일꾼, 덮개, 넓이, 조용히, 새롭다
③ 군것질, 선생님, 먹히다, 거멓다, 고프다
④ 맨손, 군소리, 풋사랑, 시누이, 빗나가다, 새파랗다

## 25.

정답풀이 • 묵밭(비통사적 합성어): 묵-+밭 – 관형사형 전성 어미 '은' 없이 체언을 수식
• 오가다(비통사적 합성어): 오-+가다 – 연결 어미 '고' 없이 용언끼리 결합됨
• 날뛰다(비통사적 합성어): 날-+뛰다 – 연결 어미 '고' 없이 용언끼리 결합됨

오답풀이 ① • 소나무(통사적 합성어): 솔(명사 'ㄹ' 탈락)+나무(명사)
• 살코기(통사적 합성어): 살ㅎ(명사 'ㅎ'종성 체언)+고기(명사)
• 늦잠(비통사적 합성어): 늦-(용언 '늦다'의 어간)+잠(파생어) – 관형사형 어미 없이 용언끼리 결합됨
② • 나가다(비통사적 합성어): 나-(용언 '나다'의 어간)+가다(용언) – 연결 어미 없이 용언끼리 결합됨
• 손목(통사적 합성어): 손(명사)+목(명사) – 통사적 합성어
• 할미꽃(통사적 합성어): 할미(명사)+꽃(명사) – 통사적 합성어
④ • 안팎(통사적 합성어): 안ㅎ(명사 'ㅎ'종성 체언)+밖(명사)
• 촐랑새(비통사적 합성어): 촐랑(부사)+새(명사) – 부사가 체언을 수식
• 눈물(통사적 합성어): 눈(명사)+물(명사) – 통사적 합성어

## 26.

정답풀이 '나무+잎'은 명사+명사이므로 합성어이다. 참고로 사이시옷은 합성어일 때만 나타나므로 사이시옷으로 합성어를 판별할 수 있다. '똑(=아주 틀림없이.)+같다'는 '부사+형용사'이므로 합성어이다. '어린이'는 '어리+ㄴ(관형사형 어미)+이'로, 관형사형 어미가 있는 합성어이다. '길짐승'은 '기+ㄹ(관형사형 어미) 짐승'으로 관형사형 어미 'ㄹ'이 생략되지 않은 통사적 합성어이다.

오답풀이 ② 군불, 짓밟다, 헛고생, 돌배 – 파생어
③ 치솟다 – 파생어
④ 터럭 – 단일어, 올벼 – 파생어

## 27.

정답풀이 • '가지+어+오다': 연결 어미 '어'가 결합된 통사적 합성어
• '어리+ㄴ+이': 관형사형 어미 'ㄴ'이 결합된 통사적 합성어
• '가로막다': 부사 '가로'와 동사 '막다'가 결합된 통사적 합성어이다. 부사가 동사를 꾸미는 것은 정상적인 구성이다.

오답풀이 ① • '톱+질': 명사 어근 '톱'에 접미사 '질'이 결합된 파생어
• '작+은+형': 관형사형 어미 '은'이 결합한 형태이므로 통사적 합성어이다.
• 돌+아+가+다 ': 연결 어미 '-아'가 결합된 통사적 합성어이다.
② • 새+언니: 관형사와 명사 구성의 통사적 합성어이다.
• 젊+은+이: 관형사형 어미 '은'이 결합한 형태이므로 통사적 합성어이다.
• 교육자답다: 명사 '교육자'에 형용사 파생 접사 '-답-'이 붙은 파생어이다.

정답

25 ③ 26 ① 27 ④ 28 ④ 29 ① 30 ②

③ • 풋+고추: 접두사 '풋'과 명사 어근 '고추'가 결합된 파생어
• 올+벼: 접두사 '올(=열매나 곡식이 자라거나 익는 정도가 빠름을 나타내는 말.)'과 명사 어근 '벼'가 결합된 파생어
• 잡+히+다: 동사 어근 '잡'과 접미사 '히'가 결합된 파생어

## 28.

정답풀이 '기와(어근)+집(어근)'의 합성어이다.
어근+어근은 합성어, 어근+접사는 파생어이다.

오답풀이 ① 움직이다(파생어): 움직+접미사 '-이다'
② 들쑤시다(파생어): '무리하게 힘을 들여', '마구', '몹시'의 뜻을 더하는 접두사 '들-'+쑤시다
③ 불호령(파생어): '몹시 심한'의 뜻을 더하는 접두사 '불-'+호령

## 29.

정답풀이 '얄밉다(합성어)'=명사 '얄'+형용사 어근 '밉다'
명사 '얄'=야살스럽게 구는 짓, '밉다'=행동이나 말이 마음에 거슬린다. 주격 조사 '이'가 생략된 통사적 합성어이다.

오답풀이 ② 맨손(파생어): '다른 것이 없는'의 뜻을 더하는 접두사 '맨-'에+명사 '손'
③ 울보(파생어): '울-'+'그러한 행위를 특성으로 지닌 사람'의 뜻을 더하는 명사 파생 접사 '-보'
④ 동사 어간 '만들-'에 명사 파생 접사 '-ㅁ'이 결합되어 '만듦'이 된 후 '됨됨이'·'모양'·'상태' 등의 뜻을 나타내는 접미사인 '새'가 결합된 파생어이다.

## 30.

정답풀이 • 치솟다: 위로 올라가는 뜻을 나타내는 '치'라는 접두사와 어근 '솟다'가 결합된 파생어.
• 헛고생: 소용이 없거나 속이 비었거나 참되지 못함을 나타내는 접두사 '헛'에 명사 어근 '고생'이 결합된 파생어

오답풀이 ① • 동화책(통사적 합성어): 명사 '동화'+명사 '책(冊)'
• 책상(통사적 합성어): 명사 '책(冊)'+ 명사 '상(床)'
③ • 순수하다(파생어): 순수(명사 어근)+하(형용사 파생 접미사)
• 접칼(비통사적 합성어): '접은칼'에서 관형사형 어미 '은'이 생략된 비통사적 합성어
④ • 크다(단일어): 어근 '크-' 하나만 있음
• 복스럽다(파생어): 명사 '복(福)'+'그러한 성질이 있음'의 뜻을 더하고 형용사를 만드는 접미사인 '-스럽다'

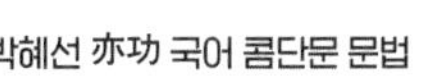



**25.** 다음 중 비통사적 합성어끼리 묶인 것은?

① 소나무, 살코기, 늦잠
② 나가다, 손목, 할미꽃
③ 묵밭, 오가다, 날뛰다
④ 안팎, 촐랑새, 눈물

**26.** 다음 중 합성어로만 이루어진 것은?

① 나뭇잎, 똑같다, 어린이, 길짐승
② 군불, 짓밟다, 헛고생, 돌배
③ 산비탈, 해맑다, 밤하늘, 치솟다
④ 터럭, 갈림길, 하루하루, 올벼

**27.** 통사적 합성어로만 묶인 것은?

① 톱질, 작은형, 돌아가다
② 새언니, 젊은이, 교육자답다
③ 풋고추, 올벼, 잡히다
④ 가져오다, 어린이, 가로막다

**28.** 단어의 형성 방법이 다른 것은?

① 움직이다
② 들쑤시다
③ 불호령
④ 기와집

**29.** 단어의 형성 방법이 서로 다른 것끼리 묶인 것은?

① 얄밉다
② 맨손
③ 울보
④ 만듦새

**30.** 다음 중 파생어끼리 짝지어진 것은?

① 동화책 – 책상
② 치솟다 – 헛고생
③ 순수하다 – 접칼
④ 크다 – 복스럽다

## 31.

정답풀이 • 기대치(파생어): 명사 어근 '기대'+ '값'의 뜻을 나타내는 접미사 '-치'
• 들이닥치다(파생어): '마구', '갑자기'의 뜻을 더하는 접두사 '들이-'+닥치다

오답풀이 ① • 작은아버지(통사적 합성어)
• 날강도(파생어): '지독한'의 뜻의 접두사 '날'+명사 어근 '강도'
③ • 김치찌개(통사적 합성어)
• 어른스럽다(파생어): 명사 어근 '어른'+형용사화 접미사 '스럽'
④ • 구경꾼(파생어): 명사 어근 '구경'+어떤 일 때문에 모이는 사람의 뜻의 접미사 '꾼'
• 여남은(통사적 합성어): 수사 '열'+동사 '남다'+어미 '-은'

## 32.

정답풀이 • 사랑하다(파생어): 사랑+접미사 '-하다'
• 되풀다(파생어): '도로'의 뜻을 더하는 접두사 '되-'+풀다
• 끝내, 저녁내(파생어): 끝, 저녁+'그때까지'의 뜻을 더하고 부사를 만드는 접미사 '-내'

오답풀이 ① • 강추위(파생어): '매우 센' 또는 '호된'의 뜻을 더하는 접두사 '강-'+추위
• 날강도(파생어): '지독한'의 뜻을 더하는 접두사 '날-'+강도
• 온갖(합성어): 관형사 '온'+명사 '가지'의 준말
③ • 게을러빠지다(합성어): 게으르+어+빠지다
• 흙내(합성어): '흙+냄새'이므로 합성어임
• 참꽃(파생어): '먹을 수 있는'의 뜻을 더하는 접두사 '참-'+꽃
④ • 들개(파생어): '야생으로 자라는'의 뜻을 더하는 접두사 '들'+개
• 어느덧(합성어): 관형사 '어느'+명사 '덧'
• 마음껏(파생어): 마음+'그것이 닿는 데까지'의 뜻을 더하고 부사를 만드는 접미사 '-껏'

## 33.

정답풀이 '군침'은 접두사 '군-'은 '쓸데없는'의 뜻을 더하는 접두사이다. 따라서 '군침'은 ㉠에 해당하는 파생어이다.
'소화기'는 접미사 '-기'가 결합되어 품사는 변하지 않은 채로 어근의 의미를 제한하고 있다.
'정답다'는 접미사 '-답'가 결합되어 명사 '정'을 형용사 '정답다'로 바꾸었다.

오답풀이 '시퍼렇다, 개살구, 알거지'의 '시-', '개-', '알-'은 ㉠에 해당한다. '작곡가, 장난꾸러기'의 '-가'와 '-꾸러기'는 ㉡에, '날개, 무덤, 사교적, 미쁘다'의 '-개', '-엄', '-적', '브'는 ㉢에 해당한다.
'날개'는 동사 '날-'에서 명사 '날개'가 되었고 '무덤'은 동사 '묻-'에 접사 '-엄'이 붙어 명사가 되었다. '사교적'은 명사 '사교'가 관형사 파생 접미사 '적'과 결합하여 관형사 '사교적'이 되었다. '미쁘다'는 '믿(동사)+브(형용사화 접미사)'가 되어 동사(믿-)에서 형용사로 품사가 바뀌었다.

## 34.

정답풀이 고추(어근)+장(醬)(어근)=합성어
놀이(어근)+터(어근)=합성어 (터를 잡았다.)
손(어근)+짓(어근)=합성어 (그런 짓을 하면 안 된다.)
→ '짓'이 '행위'를 나타내는 말 뒤에 결합하면 명사로 쓰인 것이다.
장군(어근)+감(어근)=합성어 (신붓감, 며느릿감, 사윗감)
→ 감(명사) – 옷감/재료/자격을 갖춘 사람, 도구, 사물

오답풀이 ① '돌다리'만 합성어이다.
'슬기롭다'는 명사 어근 '슬기'에 형용사화 접미사 '-롭-'이 붙어 형용사 '슬기롭다'가 된 것이므로 파생어이다.
'시나브로'는 단일어로, '모르는 사이에 조금씩.'을 의미한다.
'암탉'은 접두사 '암ㅎ'과 어근 '닭'이 붙은 것이므로 파생어이다.
② '면도칼, 서릿발'만 합성어이다. '서리+발' 사이에 사이시옷이 있으므로 '서릿발'은 합성어이다.
'쉰둥이, 장난기'는 각각 '둥이, 기'라는 접미사를 갖는 파생어이다.
③ '잘나가다'만 합성어이다.
'깍두기'는 단일어이다.
'선생님'은 접미사 '님'이 붙었으므로 파생어이다.
'핫바지'는 '솜을 둔'을 의미하는 접두사 '핫'이 붙었으므로 파생어이다.

## 35.

정답풀이 '바다', '맑았다'는 어근이 하나인 단일어이다. 여기에서 '맑았다'의 '았, 다'는 접사가 아니라 어미이므로 단어 형성과는 관련이 없으므로 '맑았다'는 단일어이다.

오답풀이 ① 구란, 두 개 이상의 단어를 의미한다. 하지만 '정처 없다, 사람 없다, 믿음 없다'는 사전에 하나의 단어(합성어)로 등재되었으므로 구가 아니다.
② '접사+어근'이 결합한 단어는 '파생어'이고, '어근+어근'이 결합한 단어는 '합성어'이므로 옳지 않다.
③ '논밭'만 '논'과 '밭'이 대등한 힘을 가진 대등 합성어로 '논과 밭으'로 읽힌다. 나머지 단어는 대등 합성어가 아니다.
'갈아입다'는 '갈아'가 '입다'를 꾸미므로 '종속 합성어'이다. '척척박사'는 '척척'이 뒤의 명사 '박사'를 꾸미므로 '종속 합성어'이다. (참고로 '갈아입다'는 연결 어미가 있으므로 통사적 합성어이고, '척척박사'는 부사 '척척'이 명사 '박사'를 꾸미므로 비통사적 합성어이다.)

정답

31 ② 32 ② 33 ① 34 ④ 35 ④

**31.** 모두 파생어인 것은?

① 작은아버지, 날강도
② 기대치, 들이닥치다
③ 김치찌개, 어른스럽다
④ 구경꾼, 여남은

**32.** 단어 형성의 원리가 같은 것으로 잘 묶인 것은?

① 강추위, 날강도, 온갖
② 사랑하다, 되풀다, 끝내(저녁내)
③ 게을러빠지다, 흙내, 참꽃
④ 들개, 어느덧, 마음껏

**33.** 다음 ㉠~㉢에 따라 파생어를 적절하게 분류한 것은?

> 어근에 파생 접사가 붙어서 만들어진 단어를 파생어라고 한다. ㉠ 접두사는 어근의 의미를 제한함으로써 어근의 파생어의 의미에 차이를 만드는 기능을 한다. ㉡ 접미사는 접두사와 마찬가지로 어근의 의미를 제한하기도 하지만 ㉢ 문법적 변화를 일으키기도 한다.

| | ㉠ | ㉡ | ㉢ |
|---|---|---|---|
| ① | 군침 | 소화기 | 정답다 |
| ② | 시퍼렇다 | 날개 | 작곡가 |
| ③ | 개살구 | 무덤 | 미쁘다 |
| ④ | 알거지 | 사교적 | 장난꾸러기 |

**34.** (　　) 안에 들어갈 말로 적절한 것은?

> ‘개살구’, ‘잠’, ‘새파랗다’ 등은 어휘 형태소인 ‘살구’, ‘자–’, ‘파랗’에 ‘개 –’, ‘–ㅁ’ ‘새 –’와 같은 접사가 덧붙어서 파생된 단어들이다. 이처럼 직접 구성 요소 중 접사가 확인되는 단어들을 ‘파생어’라고 한다. 반면, (　　)등은 각각 실질적 의미를 지닌 두 요소가 결합하여 한 단어가 된 경우인데, 이를 ‘파생어’와 구분하여 ‘합성어’라고 한다.

① 슬기롭다, 돌다리, 시나브로, 암탉
② 면도칼, 서릿발, 쉰둥이, 장난기
③ 깍두기, 선생님, 잘나가다, 핫바지
④ 고추장, 놀이터, 손짓, 장군감

## 亦功 중간 빈출, 제3빈출

**35.** 국어의 단어 형성법에 대한 설명으로 가장 적절한 것은?

① ‘상관없다, 소용없다, 주책없다’는 ‘정처 없다, 사람 없다, 믿음 없다’처럼 구(句)로 보아야 한다.
② 접사와 어근, 어근과 어근이 결합하여 만들어진 단어를 각각 합성어, 파생어라고 한다.
③ ‘논밭, 갈아입다, 척척박사’와 같이 어근이 대등하게 이루어진 것을 대등 합성어라 한다.
④ ‘바다’, ‘맑았다’는 어근이 하나인 단일어이다.

## 36.

**정답풀이** '-하다'는 어근 뒤에 붙는 동사화 혹은 형용사화 접미사이다. 동사 '예뻐하다'는 '예쁘(형용사의 어근)+어+하다(동사화 접미사)'로 이루어진 파생어이므로 이 선택지는 옳다.

오답풀이 ① '시(媤)누이'에서 '시(媤)'는 '남편의'라는 뜻을 더하는 접두사이고, '한여름'의 '한'은 '바로 또는 한창'의 뜻을 더하는 접두사이다. 따라서 '시, 한'은 '접미 파생 명사'가 아니라 '접두 파생 명사'이므로 이 선택지는 옳지 않다. 단, '선생님'에서 '-님'은 높임의 의미를 더하는 접미사이므로 접미 파생 명사라고 볼 수 있다.

② '손+[놀리+ㅁ]'은 '어근+파생어'의 짜임을 보인다. 이때 파생어는 어근의 지위를 가졌다고 보므로 '손놀림'은 합성어이다.
흔들림 : [동사 어근 '흔들-'+피동 접미사 '-리']+명사형 어미(명사 파생 접사) '-ㅁ'=파생어
☞ '흔들림'이 사전에 등재되어 있지 않으므로 '-ㅁ'은 명사형 어미라고 볼 수 있으나, 단어 구성 문제이므로 명사 피생 접사로 볼 수도 있다.

③ '빗나가다'와 '시작하다'는 모두 합성 동사가 아니라 파생 동사이다. 각각 '잘못'을 의미하는 접두사 '빗-'과 동사화 접미사 '-하다'가 결합한 것이므로 '합성 동사'가 아니라 '파생 동사'이다.

## 37.

**정답풀이** '척척'이라는 부사가 '박사'라는 명사를 꾸미므로 종속 합성어이다. '책가방'은 '책을 넣는 가방'이란 뜻으로 앞 어근이 뒤 어근을 수식하므로 '종속 합성어'이다. '갈아'가 '입다'를 꾸미므로 '종속 합성어'이다. 연결 어미 '아'가 결합되면 '종속 합성어'일 확률이 크다.

오답풀이 ① 손발 : '대등 합성어(손과 발)', '융합 합성어(자기의 손이나 발처럼 마음대로 부리는 사람을 비유적으로 이르는 말)'
군밤 : '구운'이 명사 '밤'을 수식하므로 종속 합성어
소금물 : '소금으로 만든 물'이라는 뜻이므로 종속 합성어

② 논밭 : '논과 밭'으로 대등 합성어
여닫다 : '열고 닫다'이므로 대등 합성어. '고'로 연결되는 것은 대등 합성어이다.
검푸르다 : '검고 푸르다'이므로 대등 합성어

④ 연세 : '나이'의 뜻으로, '年(해 년)'과 '歲(해 세)'가 합쳐져 제3의 의미가 된 융합 합성어
검버섯 : '주로 노인의 피부에 생기는 거무스름한 점'의 뜻으로 '검은 버섯'이 아닌 제 3의 의미가 된 융합 합성어
춘추 : '나이'의 뜻으로, '春(봄 춘)'과 '秋(가을 추)'가 합쳐져 제3의 의미가 된 융합 합성어

**정답**

36 ④ 37 ③ 38 ④ 39 ② 40 ②

## 38.

**정답풀이** '씨감자'에서 '씨'는 어근이다. 따라서 '씨감자'는 통사적 합성어이다.

오답풀이 ① 막- : '거친', '품질이 낮은'의 뜻을 더하는 접두사.
② 짓- : '마구', '함부로', '몹시'의 뜻을 더하는 접두사.
③ 참- : '진짜' 또는 '진실하고 올바른'의 뜻을 더하는 접두사.

## 39.

**정답풀이** '막베'의 '막-'은 '품질이 낮은'의 뜻을 더하는 접두사이므로 '최고급'이라는 단어와 어울리지 않는다.

오답풀이 ① '마구 닥치는 대로 하는'의 뜻을 더하는 접두사가 쓰인 것으로 '가리지 않고 닥치는 대로 하는 육체적 노동'을 의미한다.
③ '함부로'의 뜻을 더하는 접두사로 '아무렇게나 되는대로 살다.'를 의미한다.
④ '마구 닥치는 대로 하는'의 뜻을 더하는 접두사가 쓰인 것으로 '아무렇게나 마구 쓰는 물건'을 의미한다.

## 40.

**정답풀이** '강소주'는 '안주 없이 먹는 소주'이다. 따라서 '풍부한 안주'와 함께 쓰일 수 없다. 여기에서 접두사 '강'은 '다른 것이 섞이지 않고 그것만으로 이루어진'을 의미한다. - 강굴/강술/강참

| 접두사 | 뜻과 예 |
|---|---|
| 강1 | ① 다른 것이 섞이지 않고 그것만으로 이루어진<br>예 강굴, 강술, 강참숯<br>② 마른 또는 물기가 없는 예 강기침, 강더위, 강모<br>③ 억지스러운 예 강울음, 강호령<br>④ 몹시 예 강마르다, 강받다, 강파리하다 |
| 강(强)2 | 매우 센 또는 호된<br>예 강염기, 강추위, 강타자 |

오답풀이 ① '강된장'은 '된장을 주로 넣어 끓인 것'을 뜻한다.
③ '강굴'은 '물이나 그 밖의 다른 어떤 것도 섞지 아니한 굴의 살'을 의미한다.
④ '강밥'은 '국이나 찬도 없이 맨밥으로 먹는 밥'이므로 그럼에도 불구하고 맛있게 먹었다는 문장의 의미에 어울린다. '강-'은 '다른 것이 섞이지 않고 그것만으로 이루어진'을 의미하는 접두사이다.

 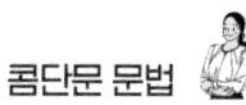



**36.** 단어 형성 원리에 대한 설명으로 가장 옳은 것은?

① '시누이', '한여름', '선생님'은 접미 파생 명사들이다.
② '손놀림'과 '흔들림'은 단어의 짜임이 같은 파생어이다.
③ '빛나가다'와 '시작하다'는 합성 동사들이다.
④ 형용사 '예쁘다'에 동사 파생 접미사 '-하다'가 붙으면 동사 '예뻐하다'가 생성된다.

**37.** 다음 밑줄 친 부분에 해당하는 것으로만 묶인 것은?

> 합성어는 형성 방식에 있어서 앞의 어근과 뒤의 어근이 의미상 결합 방식이 어떠하냐에 따라 나눌 수 있다. 예를 들어 '앞뒤'는 두 어근의 결합 방식이 대등하므로 대등 합성어, '돌다리'는 앞 어근이 뒤 어근에 의미상 종속되어 있으므로 <u>종속 합성어</u>, '춘추'는 두 어근과는 완전히 다른 제삼의 의미가 도출되므로 융합 합성어라 할 수 있다.

① 손발, 군밤, 소금물
② 논밭, 여닫다, 검푸르다
③ 척척박사, 책가방, 갈아입다
④ 연세, 검버섯, 춘추

**38.** 다음 중 밑줄 친 부분이 접두사가 아닌 것은?

① <u>막</u>그릇에 담긴 찬밥이라도 잘 먹으렴.
② 그는 꿈을 <u>짓</u>밟은 나쁜 사람이다.
③ 나는 <u>참</u>다랑어 회를 좋아한다.
④ <u>씨</u>감자가 제철이니 구워 먹으렴.

**39.** 밑줄 친 말이 문장의 의미에 어울리지 않는 것은?

① 그의 식구는 그의 <u>막벌이</u>(막노동)로 겨우 입에 풀칠을 했다.
② 최고급 <u>막베</u>로 여름 옷을 지었다. (막국수, 막고무신, 막담배)
③ 그녀는 실망을 하고 <u>막살았다.</u>
④ <u>막잡이</u>로 산 것이니 맘껏 쓰세요.

**40.** 밑줄 친 말이 문장의 의미에 어울리지 않는 것은?

① 삼겹살에 <u>강된장</u>을 찍어 먹으면 맛있다.
② 그는 풍부한 안주와 <u>강소주</u>를 마셨다.
③ 양념한 굴보다 <u>강굴</u>이 더 깔끔한 맛이 있다.
④ <u>강밥</u>만 먹었지만 맛있게 먹었다.

## 41.

정답풀이 '강기침'의 '강-'만 한자 접두사가 아니라 고유어 접두사이다. 여기서 '강-'은 '마른' 또는 '물기가 없는'의 뜻을 더하는 접두사이다. 따라서 '강기침'은 '마른 기침'을 의미한다.

오답풀이 나머지 선택지의 '강(强)-'은 '매우 센' 또는 '호된'의 뜻을 더하는 한자 접두사이다.

① 강염기(强 강할 강, 鹽 소금 염, 基 토대 기): 수용액 가운데 대부분이 전리(電離)되며, 수산화물 이온(ion)을 많이 내는 염기
② 강타자(强 강할 강, 打 때릴 타, 者 사람 자): 타율이 높은 타자
④ 강행군(强 강할 강, 行 다닐 행, 軍 군사 군): 무리함을 무릅쓰고 먼 거리를 급히 가는 행군

## 42.

정답풀이 '개꿀'의 '개'는 '「1」 ((일부 명사 앞에 붙어)) '야생 상태의' 또는 '질이 떨어지는', '흡사하지만 다른'의 뜻을 더하는 접두사이다. '개꿀'은 '벌집에 들어 있는 그대로의 꿀'을 의미한다. '야생 상태의'의 의미에 가깝다.

오답풀이 모두 '헛된, 쓸데없는'의 뜻이다.

① 개나발: 사리에 전혀 맞지도 않는 가당찮은 소리.
③ 개꿈: 특별한 내용도 없이 어수선하게 꾸는 꿈.
④ 개죽음: 아무 보람이나 가치가 없는 죽음.

## 43.

정답풀이 나머지는 '쓸데없는'을 의미하지만 '군식구'만 '덧붙은'을 의미한다. 이런 문제는 의미를 대입하여 의미가 상대적으로 적절한지를 파악하면 된다. '덧붙은 식구/쓸데없는 식구' 중에서 말이 되는 것은 '덧붙은 식구'이다.

오답풀이 ② 쓸데없는 말 ③ 쓸데없는 살 ④ 쓸데없는 기침
'쓸데없는': 군살/군침/군불/군것/군글자/군기침/군말
'덧붙은': 군사람(= 정원 외의 사람.)/군식구

정답

41 ③ 42 ② 43 ①

**41.** 접두사 '강-'의 의미가 다른 하나는?

① 강염기
② 강타자
③ 강기침
④ 강행군

**42.** 접두사 '개-'의 의미가 다른 하나는?

① 개나발
② 개꿀
③ 개꿈
④ 개죽음

**43.** 다음 국어사전의 정보를 참고할 때, 접두사 '군-'의 의미가 다른 것은?

> 군- 접사 ((일부 명사 앞에 붙어))
> ① '쓸데없는'의 뜻을 더하는 접두사.
> ② '가외로 더한', '덧붙은'의 뜻을 더하는 접두사.

① 그는 착하게도 군식구까지 먹여 살렸다.
② 군말하지 말고 공부나 해라.
③ 건강을 유지하려면 운동을 해서 군살을 빼야 한다.
④ 그는 꺼림칙한지 군기침을 두어 번 해 댔다.

관련교재
- 요 족집게 적중 노트 p.22~23
- 기 출좋포 문법 p.43~46

# Chapter 03 품사의 구별 - 체언 : 명사, 대명사, 수사

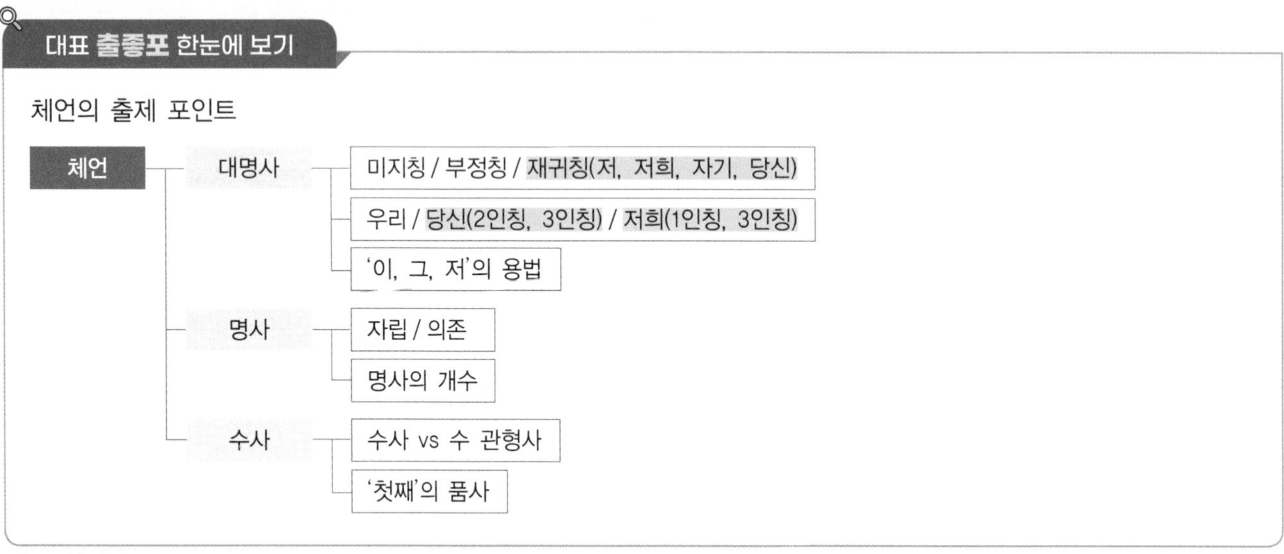


## 출.좋.포 3 품사와 체언

### 1. 품사 개관

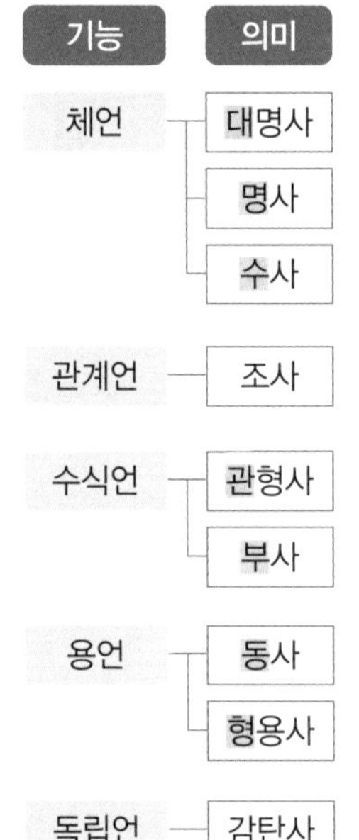


형태

※ 용언과 서술격 조사만 가변어
나머지는 불변어

빈출 순위별 예상 문제

# 1편 형태론 CH.03 품사의 구별 - 체언 : 명사, 대명사, 수사



## 亦功 최빈출

**01.** 다음 대화문에서 대명사 '우리'의 용법이 나머지와 다른 하나는?

① A: 오늘 음식은 진짜 훌륭했어. 우리가 언제 이런 걸 먹겠어?
B: 맞아. 우리 다음에도 여기로 오자.
② A: 미주야 우리는 밥 먹으러 갈건데 너는 어때?
B: 응, 나도 같이 가자!
③ A: 우리는 저번 주에 호러 영화를 보러 갔어.
B: 그래? 우리는 호러 영화 말고 멜로 영화를 봤어.
④ A: 우리 입장을 생각해 주면 정말 고맙겠어.
B: 어떻게 나를 모르는 척할 수 있어?

**02.** '당신'이 가리키는 대상이 다른 하나는?

① 당신은 그동안 무엇을 했소?
② 당신, 저녁은 먹고 온 거예요?
③ 뭐? 당신? 얻다대고 당신이야!
④ 할아버지께서는 생전에 당신의 유언장을 남기셨다.

**03.** ㉠~㉦에 대한 설명으로 옳은 것은?

> ㉠ 그쪽이 ㉡ 저에게 주신 물건은 ㉢ 우리 엄마의 물건이에요. 저희 ㉣ 엄마께서는 ㉤ 본인의 사랑을 제게 남기셨어요. ㉥ 당신이 이 사랑을 함께 깨달으셨으면 좋겠어요. 엄마는 실제로는 마음을 잘 드러내지는 않으세요. ㉦ 당신께서 우리를 사랑하는 마음이 이 물건에 들어있어요.

① ㉠과 ㉢은 1인칭 대명사이다.
② ㉡은 화자를 낮춰 부르는 말로 ㉢과 가리키는 대상이 같다.
③ ㉣과 ㉦은 다른 사람을 가리키는 말이다.
④ ㉤과 ㉥은 같은 사람을 가리키는 말이다.

---

### 01.

**정답풀이** 나머지는 '청자'를 제외한 의미의 '우리'가 쓰였다. 하지만 ①의 '우리'는 위의 화자와 청자 모두를 포함하는 의미로 쓰였다.

**오답풀이** ② 청자 '너'를 제외한 '우리'이다.
③ A가 말한 '우리'와 B가 말한 '우리'는 청자를 제외한 의미의 '우리'이다. 서로가 포함된 무리와 다른 무리를 대조하고 있기 때문이다.
④ B에게 양해하면서 '우리 입장'을 생각해달라고 하는 것은 청자인 B가 제외된 '우리'가 쓰였음을 알 수 있다.

### 02.

**정답풀이** '당신'은 '자기(앞에서 이미 말하였거나 나온 바 있는 사람을 도로 가리키는 삼인칭 대명사)'를 아주 높여 이르는 말이다. 3인칭 주어인 '할아버지'를 다시 가리키는 3인칭 대명사이다.

**오답풀이** ① '당신'은 청자를 가리키는 2인칭 대명사이다.
② '당신'은 부부 사이에서 상대편을 높여 이르는 2인칭 대명사이다.
③ '당신'은 맞서 싸울 때 상대편을 낮잡아 이르는 2인칭 대명사이다.

### 03.

**정답풀이** ㉡의 '저'는 말하는 이가 자신을 낮춤으로써 청자를 높여주는 1인칭 대명사이다. ㉢도 '말하는 이'를 가리키므로 ㉡과 ㉢은 가리키는 대상이 같다.

**오답풀이** ① ㉠은 듣는 이 또는 듣는 이들을 가리키는 2인칭 대명사이다. ㉢은 말하는 이가 어떤 대상(엄마)이 자기와 친밀한 관계임을 나타낼 때 쓰는 1인칭 대명사이다. ㉠이 1인칭 대명사가 아니므로 옳지 않다.
③ ㉦은 3인칭 재귀 대명사이다. 재귀 대명사란 앞에 나온 3인칭 주어를 다시 한번 가리킬 때 쓰이는 대명사이다. '저, 저희, 자기, 당신'이 있다. 여기서 '당신'은 '자기'를 높이는 재귀 대명사이다. 따라서 ㉦ '당신'은 앞 문장의 주어로 언급된 3인칭 '엄마'를 가리키는 말이므로 ㉣과 ㉦은 같은 사람을 가리키는 말이다.
④ ㉤의 '본인'은 앞에서 언급된 '엄마'를 가리킨다. 하지만 ㉥ '당신'은 '듣는 이'인 2인칭 대명사이다. 따라서 같은 사람이라고 볼 수 없다.

**정답**

01 ① 02 ④ 03 ②

## 04.

정답풀이 ㉡은 앞에 나온 3인칭 주어인 '그녀'를 다시 가리키는 재귀칭 대명사이다. 재귀 대명사는 2인칭이 아니라 3인칭이다. ㉢은 청자를 가리키는 대명사이므로 3인칭이 아니라 2인칭이다.

오답풀이 ① '㉠ 자기'와 '㉡ 당신'은 3인칭 주어를 다시 가리키는 재귀 대명사이다. 이때 '㉡ 당신'은 '㉠ 자기'보다 높임의 의미를 갖는다.
③ ㉢의 '당신'은 청자를 높여 부를 때 쓰이는 2인칭 대명사이지만, '뭐? 당신? 누구한테 당신이야!'에서의 '당신'은 상대편을 낮잡아 이르는 2인칭 대명사이므로 이 선택지는 옳다.
④ 여기서의 '그'는 '그녀'를 가리킬 수도 있지만, '그'가 재귀 대명사가 아니기 때문에 제3자를 가리킬 수도 있다.

## 05.

정답풀이 ㉢의 지시 대명사 '저것'은 화자와 청자 모두에게 멀리 있는 대상을 가리킬 때 쓰이므로 ②는 옳지 않다.

오답풀이 ① ㉠의 '이것'은 청자보다 화자에게 가까울 때 쓰는 지시 대명사이고 ㉡의 '그것'은 화자보다 청자에게 가까울 때 쓰는 지시 관형사이므로 옳다. (참고로 '이것'은 청자 '태민'이보다 화자 '이진'이에게 더 가까울 때, ' 저것'은 화자 '태민'이보다 청자 '이진'이에게 더 가까울 때 쓰인 것이다.)
③ 이진과 태민은 '한국 대중문화를 다양한 시각에서 다룬 재미있는 책'에 대해 대화하고 있으므로 '㉢ 저것'과 '㉣ 그것'은 같은 대상임을 알 수 있다.
④ '㉤ 이것' 뒤를 보면 '두 권'을 사준다고 한다. 이를 통해 이들이 관심을 가진 '작가의 문체가 독특'한 책인 '㉡ 그것'과 '한국 대중문화를 다양한 시각에서 다룬 재미있는 책'인 '㉢ 저것'이 '㉤ 이것'을 가리킴을 알 수 있다.

## 06.

정답풀이 나머지는 명사이지만 '어디'는 대명사이다. '어디'는 지칭 대상은 존재하지만 그 대상을 모르는 미지칭 대명사이다. (참고로 미지칭, 부정칭 대명사는 모두 3인칭 대명사이다.)

오답풀이 ② '놀라울'의 수식을 받는 의존 명사이다.
③ 수관형사 '한'의 수식을 받는 단위성 명사이다.
④ 수관형사 '두'의 수식을 받는 단위성 명사이다.

정답

04 ② 05 ② 06 ① 07 ④ 08 ② 09 ③

## 07.

정답풀이 ㉠, ㉡, ㉢, ㉣의 밑줄 친 부분은 모두 '의존 명사'이다. 실질적 의미가 희박한 의존 명사는 '리, 것, 만큼'이고 수량 등의 단위를 나타내는 의존 병사는 '두름(=조기・청어 따위의 물고기를 한 줄에 열 마리씩 두 줄로 묶은 것.)'이므로 옳은 설명이다.

오답풀이 ① '리'는 의존 명사이므로 이 선택지는 틀리다. 명사를 대신하여 대상을 가리키는 말은 대명사(代名詞)이다.
② '것'은 의존 명사이므로 이 선택지는 틀리다. 사용 범위에 따라 고유 명사와 보통 명사로 나뉘는 것은 의존 명사가 아니라 자립 명사이다.
③ '만큼'은 의존 명사이므로 이 선택지는 틀리다. 사물의 수량을 가리키는 양수사와 순서를 가리키는 서수사로 나뉘는 것은 의존 명사가 아닌 수사(數詞)에 대한 설명이다.

## 08.

정답풀이 '체'는 소리는 같지만 의미는 완전히 다른 동음이의어이다. 의존 명사는 반드시 꾸미는 말 뒤에 와야 하고, 자립 명사는 앞에서 꾸며 주지 않아도 단독으로 사용될 수 있다. '못 본 체'의 '체'는 용언의 관형사형 '본'의 꾸밈을 받고 있으므로 의존 명사이다.

오답풀이 ① '체증(=먹은 음식이 소화가 잘 안되는 증세.)'의 준말로서 자립 명사이다.
③ '글, 글씨, 그림 따위에서 나타나는 일정한 방식이나 격식.'을 의미하는 자립 명사이다.
④ '일정한 격식이나 모양새.'를 의미하는 자립 명사이다.

## 09.

정답풀이 부사는 용언(동사, 형용사)을 주로 수식한다. 하지만 체언을 수식하는 경우도 있다. '바로, 유독, 오직' 등의 부사의 경우에는 바로 뒤의 체언을 수식한다.

**바로, 오직, 겨우, 고작, 다만, 단지, 유독, 무려, 제일, 가장**
예 바로 너가 최고다. / 오직 혜선이만 사랑한다. / 겨우(고작) 하루가 되었다. / 다만(단지) 꿈이었다. / 유독(제일, 가장) 미인은 혜선이었다.

오답풀이 ① 관형사는 체언만 수식할 수 있으므로 적절하지 않다. 용언을 수식하는 것은 부사이다. 참고로 부사는 용언 이외에도 명사, 관형사, 수사도 수식할 수 있다.
② '시골(의) 학교 / 서울(의) 사람'처럼 관형격 조사 '-의'가 생략된 상태에서 뒤의 명사를 꾸미는 경우도 있기 때문에 명사는 다른 명사를 수식할 수 있다.
④ '빨리도 먹는다'의 '도'처럼 부사 뒤에 보조사가 올 수 있다. 단, 격 조사는 부사 뒤에 붙을 수 없다.
⑤ '그러나', '그런데'는 문장을 이어 주는 '부사'이다. '접속사'라는 품사는 국어에서 아예 존재하지 않는 품사이다.

**04.** ㉠~㉢에 대한 설명으로 적절하지 않은 것은?

> • 그녀는 ㉠ 자기 자식을 예뻐라 하였다.
> • 그녀는 ㉡ 당신 자식을 예뻐라 하였다.
> • ㉢ 당신은 요즘 너무 무리했어요.
> • 그녀는 ㉣ 그의 자식을 나에게 맡겼다.

① ㉠의 높임 표현은 ㉡이다.
② ㉡은 2인칭이고 ㉢은 3인칭이다.
③ ㉢의 '당신'은 높여 부르는 표현이지만, 상대편을 낮잡아 이를 때에도 쓰인다.
④ ㉣은 '그녀'를 가리킬 수도 있지만 제3자를 가리킬 수도 있다.

**05.** 다음 대화의 ㉠~㉤에 대한 설명으로 적절하지 않은 것은?

> 이진: 태민아, ㉠ 이것 읽어 봤니?
> 태민: 아니, ㉡ 그것은 아직 읽어 보지 못했어.
> 이진: 그렇구나. 이 책은 작가의 문체가 독특해서 읽어 볼 만해.
> 태민: 응, 꼭 읽어 볼게. 한 권 더 추천해 줄래?
> 이진: 그럼 ㉢ 저것은 어때? 한국 대중문화를 다양한 시각에서 다룬 재미있는 책이야.
> 태민: 그래, ㉣ 그것도 함께 읽어 볼게.
> 이진: (두 책을 들고 계산대로 간다.) 읽어 보겠다고 하니, 생일 선물로 ㉤ 이것 두 권 사 줄게.
> 태민: 고마워. 잘 읽을게.

① ㉠은 청자보다 화자에게, ㉡은 화자보다 청자에게 가까이 있는 대상을 가리킨다.
② ㉢은 화자보다 청자에게 멀리 있는 대상을 가리킨다.
③ ㉢과 ㉣은 같은 대상을 가리킨다.
④ ㉤은 ㉡과 ㉢ 모두를 가리킨다.

## 亦功 중간 빈출, 제3빈출

**06.** 문장의 밑줄 친 부분 중 품사가 다른 것은?

① 어디에서 밥을 먹은 거야?
② 니가 오다니 놀라울 따름이다.
③ 북어 한 쾌를 선물로 사 갔다.
④ 스님 두 분이 집으로 가셨다.

**07.** 다음 〈보기〉 중 밑줄 친 단어들에 대한 설명으로 가장 적절한 것은?

> (보기)
> ㉠ 그녀가 나를 좋아할 리가 없잖아.
> ㉡ 너가 당당한 것이 웃기다.
> ㉢ 나를 사랑하는 만큼은 노력해 봐야지.
> ㉣ 역공녀야, 청어 세 두름만 구워보렴.

① ㉠ 명사를 대신하여 대상을 가리키는 말이다.
② ㉡ 사용 범위에 따라 고유 명사와 보통 명사로 나뉜다.
③ ㉢ 사물의 수량을 가리키는 양수사와 순서를 가리키는 서수사로 나뉜다.
④ ㉠~㉣은 실질적 의미가 희박한 형식성 의존 명사와 수량 등의 단위를 나타내는 단위성 의존 명사로 나뉜다.

**08.** 밑줄 친 단어 중 의존 명사에 해당하는 것은?

① 심한 체에 학교에 지각했다.
② 보고도 못 본 체 딴전을 부리다.
③ 그림의 체가 정갈하고 곱다.
④ 키가 작달막한 대신 아래 윗도리가 알맞게 체가 맞다.

**09.** 국어 품사에 대한 설명으로 가장 옳은 것은?

① 관형사는 용언만 수식한다.
② 명사는 다른 명사를 수식할 수 없다.
③ 부사가 체언을 수식하는 경우가 있다.
④ 부사 뒤에 조사가 올 수 없다.
⑤ 접속사는 문장과 문장을 이어 주는 것으로 '그러나, 그런데' 등과 같은 것이 있다.

Chapter

# 04 품사의 구별 : 용언

관련교재 [ 요 족집게 적중 노트 p.24~26 / 기 출좋포 문법 p.50~54 ]

**대표 출좋포 한눈에 보기**

1. 용언(동사, 형용사)의 품사 구별
   - 어미로 구별하는 방법
   - 의미로 구별하는 방법
2. 용언(동사, 형용사)의 활용 양상
   - 규칙 활용('으' 탈락, 'ㄹ' 탈락, 동음 탈락)
   - 불규칙 활용
     - 어간 바뀜 : 'ㅅ' 'ㅂ' 'ㄷ' '르' '우'
     - 어미 바뀜 : '여' '러'
     - 어간과 어미 바뀜 : 'ㅎ'
   - 잘못된 활용 양상(한글 맞춤법)
3. '본 + 본' vs '본 + 보조'의 구별

## 출.좋.포 4 용언(동사 VS 형용사)

### 1. 어미로 파악하는 동사와 형용사의 구별

| 기준 |
|---|
| 현재 시제 선어말 어미 : -는-(받침 뒤) / -ㄴ-(모음 뒤) |
| 관형사형 어말 어미 : -는(받침 뒤) / -는(모음 뒤) |
| 명령형 '-어라/아라', '-세요' / 청유형 어미 '-자' -ㅂ시다' |
| 목적, 의도의 어미 '-러, -려' |
| 진행의 '-고 있다' |

### 2. 의미로 파악하는 동사와 형용사의 구별

(1) 무조건 나오는 동사

늙다, 낡다, 맞다, 틀리다, 모자라다, 조심하다, 중시하다, -어지다, -어하다, 가물다

(2) 무조건 나오는 형용사

없다, 많다, 젊다, 알맞다, 걸맞다, 부족하다, 칠칠하다

(3) 동사와 형용사의 통용(문제를 통해 확인하기)

빈출 순위별 예상 문제

# 1편 형태론 CH.04 품사의 구별 : 용언



## 亦功 최빈출

**01. 다음 중 밑줄 친 부분의 품사가 다른 하나는?**

① 역공녀는 잠이 모자라지만 항상 힘이 난다.
② 불합격을 하기에 나의 무능력이 부족하다.
③ 역공녀의 합격생이 100명이나 되어 보인다.
④ 가뭄 때문에 나무가 잘 크지 않는다.

**02. 밑줄 친 단어의 품사가 나머지 셋과 다른 것은?**

① 할머니는 언제 이렇게 늙으셨을까.
② 노력했지만 아직 부족함이 많다.
③ 날이 밝으면 나를 찾아와라.
④ 박사는 이제 그를 조수로 삼았네.

**03. 품사가 다른 하나는?**

① 이 분야는 전망이 아주 밝단다.
② 한 마리였던 돼지가 지금은 열 마리로 늘었다.
③ 광장에 사람들이 모였다.
④ 사람은 늙거나 병들면 죽는다.

## 01.

정답풀이 나머지는 동사이지만, '부족하다'는 형용사이다.

오답풀이 ① '모자라다'는 언제나 동사이다. '일은 많은데 손이 모자란다.' 처럼 현재 시제 선어말 어미 '-ㄴ/는-'이 결합될 수 있기 때문이다.
③ '100명이나 되어'의 '되다'는 '동사'이다. 이러한 의미의 '되다'는 항상 동사로 쓰인다. 현재 시제 선어말 어미 '-ㄴ/는-'을 붙였을 때(만 명이나 된다) 옳으므로 동사이다.
④ '성장하다'의 의미가 있으면 '크다'는 동사이다.

## 02.

정답풀이 나머지는 '동사'이지만 '많다'는 형용사이다. '많다'는 언제나 형용사이다.

오답풀이 ① '늙다'는 언제나 동사이다
③ 여기에서 '밝다'는 '날이 밝아오다'의 의미이므로 동사이다.
④ '박사는 이제 그를 조수로 삼는다'를 보면 현재 시제 선어말 어미 '-는-/-ㄴ-'이 붙을 수 있다. 따라서 동사이다. 별개로 목적어 '그를'이 있는 것을 통해서도 동사임을 알 수 있다.

## 03.

정답풀이 '날이 밝아오다'의 의미가 있으면 동사이지만 그 의미를 제외한 의미는 모두 형용사이다. 따라서 '밝단다'만 형용사이다.

오답풀이 ② '늘다'에는 변화의 의미가 있으므로 동사이다. 현재 시제 선어말 어미 '-ㄴ/는-'이 결합되어 (열마리로 는다)로 활용이 가능하므로 동사이다.
③ 기본형 '모이다'에 현재 시제 선어말 어미 '-ㄴ/는-'을 붙였을 때 (사람들이 모인다) 옳으므로 동사이다.
④ '병들면'은 멀쩡했다가 병이 생겼다는 의미로 시간의 흐름이 전제되므로 동사이다. (참고로 '늙다' 또한 언제나 동사이다) 동사의 시간의 흐름이 전제된다는 것을 꼭 기억해야 한다.

정답

01 ② 02 ② 03 ①

## 04.

정답풀이 동사와 형용사 구분할 때 가장 잘 구분하기 좋은 것은 현재 시제 선어말 어미 '-는-/-ㄴ-'을 결합해 보는 것이다. 하지만 그것으로 구별이 어려운 단어의 경우에는 '뜻'으로 구별해야 한다.

㉠ 있다=존재하는 상태이다.
'~상태이다'는 형용사와 관련된 뜻이다.
→ 여기에서 현재 관형사형 어미 '는'이 붙었지만 형용사이다.

㉢ 있다=재물이 넉넉하거나 많다.
어떠한 상태를 의미하므로 형용사이다.

㉣ '없다'는 동사처럼 현재 관형사형 어미 '는'이 붙지만 무조건 형용사이다.

㉥ 충만하다=가득하게 차 있다.
현재 시제 선어말 어미 '-는-/-ㄴ-'을 결합해 보면 '충만한다'인데 어색하므로 형용사임을 알 수 있다.

오답풀이 ㉡ 있다=머물다.
'머물다'를 뜻하는 경우는 동사이다.

㉤ 설레다 「동사」[1]【…이】마음이 가라앉지 아니하고 들떠서 두근거리다.
'마음이 설렌다'처럼 현재 시제 선어말 어미 '-는-/-ㄴ-'이 결합되므로 동사이다.

㉥ '없다'는 형용사이지만 사동 접미사 '애'가 붙으면 동사가 된다. '쓰레기를 없애다'처럼 목적어 '쓰레기를'이 있는 것을 보면 '없애다'는 동사임을 알 수 있다.

㉦ '지르다'는 앞에 목적어가 있는 것을 통해 동사임을 알 수 있다.

## 05.

정답풀이 '늙다'는 항상 동사이다. 목적어 '나를'이 있으므로 '키우셨다'는 동사이다. '키우신다'로 활용이 가능한데, 현재 시제 선어말 어미 '-는-/-ㄴ-'이 붙을 수 있다. 따라서 '키우시다'는 동사이다.

오답풀이 '빠르다, 다르다, 예쁘다'는 '빠른다, 다른다, 예쁜다'처럼 활용이 불가능하다. 즉, 현재 시제 선어말 어미 '-ㄴ/는-'과 결합할 수 없으므로 이들은 모두 형용사이다.
참고로, '빠른, 다른, 예쁜'은 모두 형용사 어간 뒤에 관형사형 어미 'ㄴ'이 붙어 활용한 것이므로 가변어이다. 따라서 불변어인 관형사와는 아예 품사가 다른 것이다.

**정답**

04 ① 05 ② 06 ① 07 ② 08 ① 09 ④

## 06.

정답풀이 '-지 아니하다(못하다)'의 구성의 경우에 보조 용언 '아니하다(못하다)'는 본용언 '-지'의 품사를 따라간다. '중시하다'는 현재 시제 선어말 어미 '-ㄴ/는-'이 결합될 수 있는 동사이므로 '않은'도 동사이다.

오답풀이 ② '생각이나 태도가 분명하고 바르다.'는 성질, 상태의 의미이므로 형용사이다. '날이 밝아오다'라는 의미가 없으면 '밝다'는 형용사이다.
③ '새롭다'는 언제나 형용사이다.
④ '아프다'는 언제나 형용사이다.

## 07.

정답풀이 '시기가 이르다'를 의미하는 '이르다'는 형용사이다. (참고로 이 이외의 '목적지에 이르다' '말하다'를 의미하는 '이르다'는 모두 동사이다.)

오답풀이 ① '잘생기다, 못생기다, 잘나다, 못나다'는 과거형으로만 쓰인다는 점에서 아주 특별하므로 동사로 인정된다.
③ '틀리다'는 동사이다. 현재 관형사형 어미 '는'이 결합하는 것을 통해서도 동사임을 알 수 있다.
④ '맞다'는 어떤 의미이든 동사만 있다.

## 08.

정답풀이 '-지 않다(=아니하다), -지 못하다'에서 '않다(=아니하다), 못하다'는 앞의 본용언의 품사를 따라간다. '독하다'를 '독한다'로 활용시킬 수 없으므로 '독하다'는 형용사이다. 하지만 나머지 '못했다, 않았다.' 앞의 본용언들은 '꾼다, 슬퍼한다, 내린다'로 활용이 가능하므로 동사이다. '독하다'는 성질, 상태를 의미하지만 나머지는 동작을 의미한다.
(참고로, '예뻐하다, 예뻐지다'처럼 '-어하다, -어지다'가 붙으면 모두 동사가 된다.)

## 09.

정답풀이 '어떤 상태를 계속 유지하다.'의 의미가 있는 것은 동사이다. 의미를 보지 않더라도 명령형 어미 '어라/아라'가 쓰인 것을 통해 알 수 있다.

오답풀이 ① '(재물이) 넉넉하거나 많다' → 성질, 상태의 의미이므로 형용사이다.
② '존재하는 상태이다.' → 성질, 상태의 의미이므로 형용사이다.
③ 머무는 상태이다. → 성질, 상태의 의미이므로 형용사이다.
(만약 '있는다'였다면 '동사'처럼 활용했으므로 '동사'이다.)

**04.** 밑줄 친 말의 품사가 같은 것으로만 묶은 것은?

> 형사는 그 사건에 증거가 ㉠ 있는 사실을 물어봤다. 나는 집에 ㉡ 있다가 경찰서로 돌아왔다. 범인은 ㉢ 있는 집 자식이었는데 그는 ㉣ 없는 살림의 사람을 해쳤다. 그 당시에는 ㉤ 설레 했으나 곧 죄책감을 ㉥ 없애기 위해 집에 불을 ㉦ 질렀다. 범죄를 저지르던 ㉧ 충만했던 자신감은 어디에도 보이지 않았다.

① ㉠, ㉢, ㉣, ㉧
② ㉠, ㉡, ㉣, ㉤
③ ㉢, ㉣, ㉤, ㉧
④ ㉤, ㉥, ㉦, ㉧

**05.** 밑줄 친 단어와 품사가 같은 것은?

> 늙은 아주머니의 주름이 참 안타까웠다.

① 빠른 시간 내로 와라.
② 부모님은 애지중지 나를 키우셨다.
③ 너와 나는 다른 사람이다.
④ 예쁜 너의 모습을 잘 기억해 두겠다.

**06.** 밑줄 친 단어의 품사가 나머지 셋과 다른 것은?

① 이 규칙을 중시하지 않은 사람은 아무도 없었다.
② 그는 예의가 밝은 사람이다.
③ 새로운 자세로 새해를 맞이하자.
④ 귀가 아프신 선생님은 집에 가셨다.

**07.** 품사가 다른 하나는?

① 그는 매우 잘생겼다.
② 아직 포기하기에는 이르다.
③ 답을 자꾸 틀리는 이유가 뭘까?
④ 그는 자꾸 맞으면서 다녔다.

**08.** 밑줄 친 단어 중 그 의미가 나머지 셋과 가장 다른 것은?

① 그녀는 마음이 독하지 못했다.
② 그녀는 잠을 못 들어서 꿈을 꾸지 못했다.
③ 그는 그 사실을 듣고도 슬퍼하지 않았다.
④ 오늘은 비가 내리지 않았다.

**09.** '있다'의 품사가 다른 하나는?

① 그는 있는 집 자손이다.
② 나는 신이 있다고 믿는다.
③ 그는 서울에 있다.
④ 떠들지 말고 얌전하게 있어라.

## 10.

정답풀이 ㉠ '머물다'를 의미하므로 동사이다. 특히 현재 시제 선어말 어미 '-ㄴ/는-'이 결합된 것을 통해 동사임을 알 수 있다.

㉡ '존재하는 상태이다, 회의를 가지다'를 의미하므로 형용사이다. 성질, 상태의 의미이므로 형용사이다.

㉢ '어떤 상태를 계속 유지하다'를 의미하므로 동사이다. 의미를 보지 않더라도 청유형 어미 '자'가 쓰인 것을 통해 알 수 있다.

㉣ '얼마의 시간이 경과하다.'를 의미하므로 동사이다. 동사는 시간의 흐름을 전제한다.

㉤ '머물다'를 의미하므로 동사이다. 특히 현재 시제 선어말 어미 '-ㄴ/는-'이 결합된 것을 통해 동사임을 알 수 있다.

㉥ '직장에 다니는 상태이다.'를 의미하므로 형용사이다. 성질, 상태의 의미이므로 형용사이다.

| 동사 | 형용사 |
|---|---|
| 「1」 머물다.<br>예 그는 내일 집에 있는다고 했다.<br>「2」 직장에 계속 다니다.<br>예 직장에 그냥 있어라.<br>「3」 어떤 상태를 계속 유지하다.<br>예 떠들지 말고 얌전하게 있어라.<br>예 모두 손을 든 상태로 있어라.<br>「4」 시간이 경과하다.<br>예 앞으로 사흘만 있으면 추석이다. | 나머지 |

## 11.

정답풀이 현재 관형사형 어미 '는'이 붙은 것으로 보아 '굳는'만 동사이다.

오답풀이 나머지는 모두 형용사이다. 형용사의 뜻을 알면 된다.

② 「1」 누르는 자국이 나지 아니할 만큼 단단하다.

③ 「2」 흔들리거나 바뀌지 아니할 만큼 힘이나 뜻이 강하다.

④ 「3」 재물을 아끼고 지키는 성질이 있다.

| 동사 | 형용사 |
|---|---|
| 나머지 | 「1」 누르는 자국이 나지 아니할 만큼 단단하다.<br>예 굳은 땅과 진 땅.<br>「2」 흔들리거나 바뀌지 아니할 만큼 힘이나 뜻이 강하다.<br>예 굳은 결심. 굳은 약속.<br>예 철석같이 굳은 결심.<br>「3」 재물을 아끼고 지키는 성질이 있다.<br>예 그는 사람됨이 굳고 인색해서 남에게 함부로 돈을 빌려주는 법이 없다. |

정답

10 ③ 11 ① 12 ①④ 13 ① 14 ③ 15 ③

## 12.

정답풀이 '약속 시간에 항상 늦어서'의 '늦다'는 '정해진 때보다 지나다'의 의미로 동사이다. 참고로 '~에 늦다'의 구성을 보이는 경우에 '늦다'는 동사이다.

'악기의 줄을 고르며'의 '고르다'는 '붓이나 악기의 줄 따위가 제 기능을 발휘하도록 다듬거나 손질하다'의 의미로 동사이다. 참고로 '줄을'처럼 목적어가 있다면 동사이다.

오답풀이 ② '시계가 오 분 늦게 간다'의 '늦다'는 '기준이 되는 때보다 뒤져 있다'의 의미로 형용사이다. '늦다'는 참고로 '~에 늦다'의 구성을 보이지 않으므로 형용사이다.

③ 숨소리가 고르다'의 '고르다'는 '상태가 정상적으로 순조롭다'의 의미로 형용사이다.

## 13.

정답풀이 '~할 수 있다'는 가능성의 의미가 있으므로 '있다'는 형용사이다.

오답풀이 ② '큰 기대를 걸었다'의 '걸다'는 '앞으로의 일에 대한 희망 따위를 품거나 기대하다'의 의미로 동사이다. 참고로 '큰 기대를'처럼 목적어가 있다면 동사이다.

③ '나다'가 '홍수, 장마 따위의 자연재해가 일어나다'를 뜻하는 동사이다. 현재 시제 선어말 어미 '-ㄴ-/-는-'을 붙여 활용해도 말이 되므로 동사이다.

④ '가물다'는 '오랫동안 비가 오지 않다.'를 의미하는 것으로 '논이 가문다'처럼 활용이 가능하므로 동사이다. '오랫동안'에 시간의 의미도 들어 있으므로 동사이다.

## 14.

정답풀이 '맛있다'는 성질과 상태이므로 형용사이다.

오답풀이 ① '잘생기다, 못생기다, 잘나다, 못나다'는 과거형으로만 쓰인다는 점에서 아주 특별하므로 동사로 인정된다.

② '-어 있다' '-고 있다' 구성에서의 '있다'는 항상 동사이다.

④ '조심하다, 중시하다'는 동사이다.

## 15.

정답풀이 목적어의 유뮤에 따라서, 목적어가 없는 동사를 자동사, 있는 동사를 타동사라고 한다. '눈물이 그치다 / 눈물을 그치다'의 '그치다' 모두 가능하므로 ㉠에 해당한다고 볼 수 있다.

오답풀이 ① '불을 끄다'처럼 목적어가 있는 타동사만 될 뿐이다. '불이 끄다'는 불가능하다.

② '눈이 쌓이다'처럼 목적어가 없는 자동사만 될 뿐이다.

④ '침을 뱉다'처럼 목적어가 있는 타동사만 될 뿐이다.

**10.** '있다'의 품사를 같은 것끼리 잘 묶은 것은?

> ㉠ 그는 내일 집에 있는다고 했다.
> ㉡ 오늘 회식이 있으니 모두 참석하세요.
> ㉢ 우리 모두 함께 있자.
> ㉣ 앞으로 사흘만 있으면 추석이다.
> ㉤ 그는 서울에 있는다.
> ㉥ 그는 철도청에 있다.

| | 동사 | 형용사 |
|---|---|---|
| ① | ㉠, ㉡, ㉢, ㉤ | ㉣, ㉥ |
| ② | ㉠, ㉢, ㉤ | ㉡, ㉣, ㉥ |
| ③ | ㉠, ㉢, ㉣, ㉤ | ㉡, ㉥ |
| ④ | ㉠, ㉢, ㉣, ㉥ | ㉡, ㉤ |

**11.** 밑줄 친 부분의 품사가 다른 하나는?

① 비 온 뒤에 땅이 굳는 법이다.
② 굳은 땅과 진 땅.
③ 영원히 행복할 것을 굳게 맹세했다.
④ 그는 사람됨이 굳고 인색했다.

**12.** 밑줄 친 부분의 품사가 동사인 것은?(2개)

① 그는 약속 시간에 항상 늦어서 원망을 듣는다.
② 시계가 오 분 늦게 간다.
③ 잠을 자는 아이의 숨소리가 고르다.
④ 악기의 줄을 고르며 음을 조율하는 중이다.

**13.** 밑줄 친 부분의 품사가 다른 하나는?

① 나는 무엇이든지 잘할 수 있다.
② 그는 역공녀에게 큰 기대를 걸었다.
③ 홍수가 나서 동네가 아수라장이 되었다.
④ 가문 논에 물을 댔다.

**14.** 품사가 다른 하나는?

① 그녀는 못난 얼굴을 가지고 있다.
② 꽃이 피어 있다.
③ 맛있는 음식을 먹고 싶다.
④ 넘어질라, 조심해라.

## 赤功 중간 빈출, 제3빈출

**15.** 다음의 ㉠에 해당하는 것은?

> 국어에는 ㉠ 자동사와 타동사의 기능을 모두 가지고 있는 동사가 있다. '마음이 움직이다, 마음을 움직이다'가 이러한 예이다.

① 끄다　　② 쌓이다
③ 그치다　　④ 뱉다

## 16.

정답풀이 주어가 '행동을 할 수 없는 주체'라면 형용사로 쓰인다. 주어가 '이 상황은(문장에서는 생략됨)'으로 행동을 할 수 없는 주체이므로 '너무하다'는 형용사이다.

오답풀이 ① '너무한다'에 'ㄴ(현재 시제 선어말 어미)'가 쓰인 것을 통해 동사임을 알 수 있다. 또한 주체가 생략되었지만 '너가 / 그가'로 추정된다. 따라서 행동을 할 수 있는 주체이므로 '너무하다'는 동사이다.
② '(비위에 거슬리는 말이나 행동을) 도에 지나치게 하다(동사)'를 의미하기 때문에 '너무하건 말건'의 '너무하다'는 동사이다. '너무하건 말건'의 주어는 '내가'가 생략된 것이다. 이처럼, 주어가 '행동을 할 수 있는 주체'라면 동사이다.
④ '너무하는'에 '는(현재 관형사형 어미)'이 쓰인 것을 통해 동사임을 알 수 있다.

## 17.

정답풀이 '아내한테 너무했다'의 주어는 '그가'가 생략된 것이다. 이처럼, 주어가 '행동을 할 수 있는 주체'라면 동사이다.

오답풀이 주어가 '행동을 할 수 없는 주체'이라면 형용사로 쓰인다. 나머지는 모두 '(일정한 정도나 한계를 넘어) 지나치다'를 의미하는 형용사이다.
① 주어가 '덩치가'이므로 '너무하다'는 형용사이다. (덩치가 너무하다.)
② 주어가 '처사가'이므로 '너무하다'는 형용사이다. (처사가 너무하다.)
④ 주어가 '폭염이'이므로 '너무하다'는 형용사이다. (폭염이 너무하다.)

<table>
<tr><td rowspan="2">너무하다</td><td>[ I ] 「동사」<br>: 비위에 거슬리는 말이나 행동을 도에 지나치게 하다.<br>예 해도 해도 너무한다 싶을 정도로 야박했다.<br>신부를 빼앗기다니 정말 너무하는 노릇이었다.</td></tr>
<tr><td>[ II ] 「형용사」<br>: 일정한 정도나 한계를 넘어 지나치다.<br>예 이렇게 무시하다니 너무하군.<br>우리는 정말 세상일이 너무하다 싶었다.</td></tr>
</table>

## 18.

정답풀이 나머지는 모두 형용사이나 '되었다'는 동사이다.
아래 표에 정리된 형용사의 의미들만 정리하면 그 의미 외에 나머지는 모두 동사라고 정리할 수 있다.

오답풀이 ① 「4」 몹시 심하거나 모질다. → 성질, 상태의 의미이므로 형용사이다.
② 「3」 일이 힘에 벅차다. → 성질, 상태의 의미이므로 형용사이다.
③ 「1」 반죽이나 밥 따위가 물기가 적어 빡빡하다. → 성질, 상태의 의미이므로 형용사이다.

되다 「형용사」
「1」 반죽이나 밥 따위가 물기가 적어 빡빡하다.
예 밥이 너무 되다. / 풀을 되게 쑤었다.
예 반죽이 돼서 물을 더 넣었다.
「2」 줄 따위가 단단하고 팽팽하다.
예 새끼줄로 되게 묶어라.
예 허리를 졸라맨 줄이 된지 배가 아프다.
「3」 일이 힘에 벅차다.
예 일이 되면 쉬어 가면서 해라.
「4」 몹시 심하거나 모질다.
예 집안 어른한테 된 꾸중을 들었다.

## 19.

정답풀이 '빼고 있나 보나'의 '보다'는 추측의 의미가 있으므로 보조 형용사아다.

오답풀이 나머지 선지는 경험의 의미가 있으므로 보조 동사이다.
① '먹어 보았다.'의 '보다'는 보조 동사이며, 동사 뒤에서 어떤 행동을 시험 삼아 함을 나타내는 말이다.
③ '당해 보지'의 '보다'는 보조 동사이며, 동사 뒤에서 어떤 일을 경험함을 나타내는 말이다.
④ '일을 하다가 보면'의 '보다'는 보조 동사이며, 동사 뒤에서 앞말이 뜻하는 행동을 하고 난 후에 뒷말이 뜻하는 사실을 새로 깨닫게 되거나, 뒷말이 뜻하는 상태로 됨을 나타내는 말이다.

## 20.

정답풀이 '의존 명사'가 일부로 결합된 보조 용언들이 있다. 이들 중 '거짓으로 꾸미다'의 의미를 갖는 '양하다, 체하다, 척하다'만 보조 동사이고 나머지는 모두 보조 형용사이다.
따라서 '척했다'만 동사, 나머지는 모두 형용사이다.

오답풀이

| 보조 동사 | 보조 형용사 |
|---|---|
| 양하다, 체하다, 척하다 | 듯하다, 만하다, 듯싶다,<br>성싶다, 법하다, 뻔하다,<br>직하다 |

## 21.

정답풀이 '~기는 하다'의 구조에서는 '하다' 앞 용언이 동사인지 형용사인지에 따라 품사가 정해진다. '많다'가 형용사이므로 '하지만'의 품사 또한 형용사이다.

오답풀이 ① 종결의 의미를 더해주는 보조 용언 '버리다'는 동사이다.
② '-아/어' 다음에 쓰여, 어떤 상태가 지속됨을 의미하는 보조 용언 '있다'는 동사이다.
④ '않다, 못하다'는 앞의 용언이 동사인지 형용사인지에 따라 품사가 정해진다. '묻다'는 '묻는다'로 활용이 가능하므로 동사임을 알 수 있다.

정답

16 ③ 17 ③ 18 ④ 19 ② 20 ③ 21 ③

**16.** 다음 밑줄 친 어휘 중 품사가 다른 하나는?

① 해도 해도 너무한다 싶을 정도로 야박했다.
② 너무하건 말건 안 되는 것은 안 되는 것이네.
③ 이번 여름 이렇게 날이 덥다니 너무하군.
④ 혜선 쌤이 이렇게 잘 먹다니 너무하는 노릇이었다.

**17.** 다음 밑줄 친 어휘 중 품사가 다른 하나는?

① 순자는 좀 너무하다 싶을 만큼 덩치가 크다.
② 이건 아무래도 너무하신 처삽니다.
③ 아내한테 너무했다 싶었던지 억지웃음을 머금어 날렸다.
④ 우리는 정말 폭염이 너무하다 싶었다.

**18.** 품사가 다른 하나는?

① 집안 어른한테 된 꾸중을 들었다.
② 일이 되면 쉬어 가면서 해라.
③ 반죽이 돼서 물을 더 넣었다.
④ 일이 엉망진창이 되었다.

**19.** 밑줄 친 단어의 품사가 다른 것은?

① 그 과자를 한번 먹어 보았다.
② 혜선이가 예뻐지는 걸 보니 살을 빼고 있나 보다.
③ 이런 일을 당해 보지 않은 사람은 내 심정을 모른다.
④ 일을 하다가 보면 아침이 오게 되어 있다.

## 亦功 난이도 조절용

**20.** 밑줄 친 단어의 품사가 나머지 셋과 다른 것은?

① 그는 믿을 만한 사람이다.
② 그녀는 너무 좋아서 울 듯했다.
③ 철수는 그 분야에 대해 아는 척했다.
④ 그럴 법한 일이다.

**21.** 밑줄 친 단어의 품사가 나머지 셋과 다른 것은?

① 나는 과자를 먹어 버렸다.
② 게시판에 글이 붙어 있다.
③ 그는 말이 많기는 하지만 부지런하다.
④ 그는 이유도 묻지 않고 부탁을 들어주었다.

## 출.좋.포 5 용언의 활용 양상

(★ 관련 교재: 출좋포 문법 p.55~59p / 족집게 적중 노트 p.27~28p)

### 1. 규칙 활용

| 종류 | 내용 | 예 |
|---|---|---|
| 일반적 규칙 활용 | 용언이 활용할 때 어간이나 어미의 모습이 바뀌지 않음. | • 좋다: 좋고, 좋아, 좋으니 |
| 'ㅡ' 탈락 | 어간의 끝이 'ㅡ' 모음일 때 모음으로 시작하는 어미와 결합하면서 'ㅡ'가 탈락함. | • 쓰다: 써(쓰+어), 썼다(쓰+었+다)<br>• 들르다: 들러(들르+어), 들렀다(들르+었+다)<br>• 치르다: 치러(치르+어), 치렀다(치르+었+다)<br>• 잠그다: 잠가(잠그+아), 잠갔다(잠그+았+다)<br>• 담그다: 담가(담그+아), 담갔다(담그+았+다) |
| 'ㄹ' 탈락 | 어간의 'ㄹ' 받침이 'ㅂ, ㅅ, ㄴ, ㄹ, 오' 등 특정 자음으로 시작하는 어미와 결합하면서 탈락함. | • 울다: 웁니다(울+ㅂ니다), 우시니(울+시+니),<br>우는(울+는), 울수록(울+ㄹ수록), 우오(울+오) |
| 동음 탈락 | 어간의 끝과 어미의 처음이 동음인 경우 하나가 탈락함. | • 모자라다: 모자라(모자라+아), 모자라서(모자라+아서)<br>• 바라다: 바라(바라+아), 바라서(바라+아서) |

### 2. 불규칙 활용

| 종류 | | 내용 | 불규칙 용언 | 규칙 용언 |
|---|---|---|---|---|
| 어간 바뀜 | 'ㅅ' 불규칙 | 모음 어미 앞에서 탈락 | • 붓 + 어 → 부어<br>• 짓 + 어 → 지어<br>• 낫다(勝, 癒), 잇다, 긋다 | 벗어, 씻어, 빗어, 웃어 |
| | 'ㅂ' 불규칙 | 모음 어미 앞에서 '오/우'로 변함. | • 굽(炙)+ 어 → 구워<br>• 눕 + 어 → 누워<br>• 줍 + 어 → 주워<br>• 돕다, 덥다, 깁다, 춥다 | 잡아, 뽑아, 좁아, 씹어 |
| | 'ㄷ' 불규칙 | 모음 어미 앞에서 'ㄹ'로 변함. | • 싣 + 어 → 실어<br>• 붇 + 어 → 불어<br>• 걷(步) + 어 → 걸어<br>• 묻다(問), 듣다, 깨닫다, 눋다 | 묻어(埋), 얻어, 걷어 |
| | '르' 불규칙 | 모음 어미 앞에서 'ㄹㄹ'로 변함. | • 빠르 + 어 → 빨라<br>• 이르 + 어 → 일러(謂, 早)<br>• 부르다, 오르다, 바르다, 곧바르다, 올바르다, 불사르다 | 따라, 치러 |
| | '우' 불규칙 | 모음 어미 앞에서 'ㅜ' 탈락함. | • 푸 + 어 → 퍼('푸다'만 '우' 불규칙) | 주어, 누어 |
| 어미 바뀜 | '여' 불규칙 | 모음 어미 '-아'가 '-여'로 변함. | • 공부하 + 아 → 공부하여<br>• '하다'와 '-하다'가 붙는 모든 용언 | 파 + 아 → 파 |
| | '러' 불규칙 | 어미 '-어' 가 '-러'로 변함. | • 푸르 + 어 → 푸르러<br>• 노르 + 어 → 노르러<br>• 누르 + 어 → 누르러<br>• 이르(至) + 어 → 이르러 | 치르 + 어<br>→ 치러 |
| 어간 어미 바뀜 | 'ㅎ' 불규칙 | 'ㅎ'으로 끝나는 형용사 어간에 '-아/-어'가 오면 어간의 일부인 'ㅎ'이 없어지고 어미는 'ㅣ'로 변함. | • 하얗 + 아서 → 하얘서<br>• 파랗 + 아 → 파래<br>• 누렇 + 어지다 → 누레지다 | 좋 + 아서<br>→ 좋아서<br>낳+은→낳은 |

## 22.

정답풀이 • 이르다 : 모음 어미 '어'가 결합하면 '러'로 교체되므로 (다)에 해당한다.

• 하다 : 모음 어미 '아'가 결합하면 '여'로 교체되므로 (다)에 해당한다.

• 노르다 : 모음 어미 '어'가 결합하면 '러'로 교체되므로 (다)에 해당한다.

오답풀이 ① • 잇다 : 어간 '잇-'에 모음 어미 '-어'가 결합되면 'ㅅ'이 탈락되므로 (가)에 해당한다.

• 푸다 : 어간 '푸-'에 모음 어미 '-어'가 결합되면 '우'가 탈락하여 '퍼'가 되므로 (가)에 해당한다.

• 듣다 : 어간 '듣-'에 모음 어미 '-어'가 결합되면 어간 'ㄷ'이 'ㄹ'로 교체되어 '들어'가 되므로 (나)에 해당한다.

② • 깨닫다 : 어간 '깨닫-'에 모음 어미 '-어'가 결합되면 어간 '깨닫-'의 'ㄷ'이 'ㄹ'로 바뀌어 '깨달아'가 되므로 (나)에 해당한다.

• 춥다 : 어간 '춥-'에 모음 어미 '-어'가 결합되면 어간 '춥-'의 'ㅂ'이 '우'로 바뀌어 '추워'가 되므로 (나)에 해당한다.

• 벗다 : 어간 '벗-'에 모음 어미 '-어'가 결합되면 어간 'ㅅ'이 '벗어'가 되는데 이는 규칙활용이므로 어디에도 속하지 않는다.

④ • 좋다 : 모음 어미 '-아'가 결합되면 어간이나 어미가 바뀌지 않고 '좋아'가 되는 규칙 용언이므로 어디에도 속하지 않는다.

• 누렇다 : 어간 '누렇-'에 모음 어미 '-어'가 결합되면 어간의 일부인 'ㅎ'이 없어지고 어미도 바뀌어 '누레'가 되므로 (라)에 해당한다.

• 보얗다 : 어간 '보얗-'에 모음 어미 '-어'가 결합되면 어간의 일부인 'ㅎ'이 없어지고 어미도 'ㅣ'로 바뀌어 '보얘'가 되므로 (라)에 해당한다.

## 23.

정답풀이 ㉠ 어간만 불규칙적으로 바뀌는 것 : 'ㅅ, ㄷ, ㅂ, 르, 우' 불규칙

• 눋다 : 'ㄷ' 불규칙 용언

☞ 어간의 'ㄷ'이 모음 어미 앞에서 'ㄹ'로 변함. (눌어, 눌으니). 따라서 ㉠ 어간만이 불규칙적으로 바뀌는 것에 해당한다.

㉡ 어간과 어미 모두가 불규칙적으로 바뀌는 것 : 'ㅎ' 불규칙

'파랗다'는 'ㅎ'이 모음 어미 앞에서 탈락하고 어미 또한 바뀌는 'ㅎ' 불규칙 용언이다. (파랗고, 파랗지, 파라니, 파래, 파래서)

오답풀이 모음 어미를 넣으면 불규칙 용언인지 아닌지 판별 가능하다.

• '낫다 : 'ㅅ' 불규칙 용언

☞ 어간의 'ㅅ'이 모음 어미 앞에서 탈락. (나아, 나으니)

따라서 ㉠ 어간만이 불규칙적으로 바뀌는 것에 해당한다.

• 곱다 : 'ㅂ' 불규칙 용언

☞ 어간의 'ㅂ'이 모음 어미 앞에서 '우'로 바뀌는 'ㅂ' 불규칙 용언이다. (곱고, 곱지, '고운, 고우니')

따라서 ㉠ 어간만이 불규칙적으로 바뀌는 것에 해당한다.

정답

22 ③ 23 ②

## 亦功 최빈출

**22. 국어의 불규칙 활용에 대한 〈보기〉의 설명과 그 예를 가장 바르게 짝지은 것은?**

( 보기 )

(가) 불규칙 용언 가운데는 어간의 일부가 탈락되는 경우가 있다.
(나) 불규칙 용언 가운데는 어간의 일부가 다른 것으로 바뀌는 경우가 있다.
(다) 불규칙 용언 가운데는 어미가 다른 것으로 바뀌는 경우가 있다.
(라) 불규칙 용언 가운데는 어간과 어미가 함께 바뀌는 경우가 있다.

① (가) – 잇다, 푸다, 듣다
② (나) – 깨닫다, 춥다, 벗다
③ (다) – (목적지에) 이르다, 하다, 노르다
④ (라) – 누렇다, 보얗다, 좋다

**23. 〈보기〉의 ㉠과 ㉡에 해당하는 예로만 묶은 것은?**

( 보기 )

불규칙 용언은 그 활용형에 따라 ㉠ <u>어간만이 불규칙적으로 바뀌는 것</u>, 어미만이 불규칙적으로 바뀌는 것, ㉡ <u>어간과 어미 모두가 불규칙적으로 바뀌는 것</u>으로 나뉜다.

| | ㉠ | ㉡ |
|---|---|---|
| ① | (밥이) 눋다 | (얼굴이) 곱다 |
| ② | (밥이) 눋다 | (하늘이) 파랗다 |
| ③ | (병이) 낫다[癒] | (얼굴이) 곱다 |
| ④ | (하늘이) 파랗다 | (병이) 낫다[癒] |

## 24.

정답풀이 '누르다'는 '러' 불규칙 / '구르다'는 '르' 불규칙

- 형용사 '누르다[黃, '누렇다'의 의미]': 어미가 교체되는 '러' 불규칙 용언(누르다 – 누르고 – 누르지 – 누르러)이다.
- '구르다(구르다 – 구르고 – 구르지 – 굴러)': 어간이 교체되는 '르' 불규칙 용언이다.

오답풀이 ② 모두 '르' 불규칙 용언이다.
③ 모두 '르' 불규칙 용언이다.
④ 모두 '러' 불규칙 용언이다.

## 25.

정답풀이 '치루다'는 이 세상에 없는 단어이다. 대신 '치르다'가 있다. '치르다'에 모음 어미가 붙으면 '–'가 탈락한다. (치르고, 치르니, 치러)

오답풀이 ① 짓다 : 'ㅅ' 탈락 불규칙 용언
☞ 'ㅅ'이 모음 어미 앞에서 탈락. (짓고, 짓지, 지어, 지으니)
② 붇다 : 'ㄷ' 불규칙 용언
☞ '살이 찌다.'라는 의미이다. 'ㄷ'이 모음 어미 앞에서 'ㄹ'로 변함. (붇고, 붇지, 불어, 불으니)
③ 싣다 : 'ㄷ' 불규칙 용언
☞ 모음 어미 앞에서 'ㄷ'이 'ㄹ'로 변함 (싣고, 싣지, 실어, 실으니)

## 26.

정답풀이 강물이 '붇다'가 기본형이다. '붇다'는 '분량이나 수효가 많아지다.'의 의미를 갖는 'ㄷ' 불규칙 용언이다. 'ㄷ' 불규칙 용언이기 때문에 어미 '어서'가 오니 '불어서'로 형태가 바뀐 것이다. 기본형은 '붇다'가 맞다.

오답풀이 ① '붓다1'는 '살가죽이나 어떤 기관이 부풀어 오르다.'는 의미를 가진 'ㅅ' 불규칙 용언이다. 그래서 어미 '은'이 오니 'ㅅ'이 탈락하여 '부은'로 형태가 바뀐 것이다.
③ '붓다2'는 '곗돈·납입금 등을 기한마다 치르다'는 의미를 가진 'ㅅ' 불규칙 용언이다. 그래서 어미 '–어야'가 오니 'ㅅ'이 탈락하여 '부어야'로 형태가 바뀐 것이다.
④ '붇다'는 '물에 젖어 부피가 커지다'로 ②의 '붇다'와 사전에 함께 수록된 같은 단어이다. ('붇다'는 다의어이다.) 'ㄷ' 불규칙 용언이기 때문에 어미 '었'이 오니 '불었다'로 활용된 것이다.

**붇다**

「1」 물에 젖어서 부피가 커지다.
예 오래되어 불은 국수는 맛이 없다.
「2」 분량이나 수효가 많아지다.
예 개울물이 붇다. 체중이 붇다.
「3」 ((주로 '몸'을 주어로 하여)) 살이 찌다.
예 식욕이 왕성하여 몸이 많이 불었다.

## 27.

정답풀이 '오래되어 불은 국수는 맛이 없다.'에서 '불은'의 기본형은 '불다'가 아니라 '붇다'이다. '붇다'는 'ㄷ' 불규칙 활용 용언으로 뒤에 모음 어미가 오는 경우에 'ㄷ'이 'ㄹ'로 교체되는 용언이다. 따라서 '불은'은 '붇다'에 모음 어미가 붙어 불규칙 활용된 형태이다. (참고로 '불다'는 '바람이 일어나다.' 혹은 '입술을 오므리고 입김을 내어 보내다.'의 의미이므로 해당 문장에 쓰인 '불은'의 기본형이 될 수 없다.)

오답풀이 ② 갈다 : 'ㄹ' 규칙 용언
☞ 'ㄹ'은 'ㅂ,ㅅ,ㄴ,ㄹ,오' 앞에서 'ㄹ'이 탈락함 (갈고, 갈지, 갑니다, 가시다, 가니, 갈, 가오)
③ '들르다(지나는 길에 잠깐 들어가 머무르다.)'에 모음 '아/어'가 결합되면 어간의 '–'가 탈락한다. '으' 탈락 규칙 용언이다.
④ '이르다(타이르다. / 미리 알려주다.)'와 모음 어미가 결합되면 '–'가 탈락하고 'ㄹ'이 덧생겨 'ㄹㄹ' 형태가 된다. ('이르–+–었다 → 일렀다) '르' 불규칙 용언이다.
〈이르다 – 이르고 – 이르지 – 이르니 – 일러 – 일렀다〉

정답

24 ① 25 ④ 26 ② 27 ①

**24. 밑줄 친 단어의 불규칙 활용 유형이 다른 것은?**

① • 나뭇잎이 누르니 가을이 왔다.
• 앞으로 구르다 보면 목적지에 도달할 수 있다.

② • 철수를 바보라고 부른다.
• 다리를 다쳐서 산에 오르지 못한다.

③ • 주먹을 휘두르면 잡혀 간다.
• 머리를 짧게 자르니 멋있다.

④ • 목적지에 이르는 것은 아주 쉽다.
• 바닷물은 색이 푸르다.

**25. 밑줄 친 말의 기본형이 옳지 않은 것은?**

① 그녀는 돈을 많이 벌어 건물을 지었다. (기본형: 짓다)

② 역공녀는 많이 먹어서 몸이 불었다. (기본형: 붇다)

③ 이삿짐을 실은 차가 지나갔다. (기본형: 싣다)

④ 그녀는 아기를 낳느라 고생을 치러 몸이 아프다. (기본형: 치루다)

**26. 밑줄 친 단어의 기본형이 옳지 않은 것은?**

① 역공녀는 붇는 것이 아니라 부은 것이다. (→ 붓다)

② 강물이 불어서 도로가 잠겼다. (→ 불다)

③ 적금을 부어야 부자가 될 수 있다. (→ 붓다)

④ 목욕을 오래 했더니 몸이 불었다. (→ 붇다)

**27. 밑줄 친 부분의 기본형이 적절하지 않은 것은?**

① 오래되어 불은 라면이 내 취향이다. (기본형: 불다)

② 믹서기에 사과를 가니 즙이 나온다. (기본형: 갈다)

③ 집에 들러서 밥 먹고 가렴. (기본형: 들르다)

④ 수상한 사람을 따라가지 말라고 일렀다. (기본형: 이르다)

## 28.

정답풀이 '낳다'는 활용 시에 어간이나 어미가 변하지 않는 '규칙 용언'이다. (낳아, 낳으니)

오답풀이 ① '놀다': 'ㄹ' 탈락 규칙 용언
☞ 어간의 'ㄹ' 받침이 'ㅂ, ㅅ, ㄴ, ㄹ, 오' 앞에서 예외 없이 탈락한다는 것은 'ㄹ' 탈락이 규칙 활용이라는 뜻이다.
② '누르다': '러' 불규칙 용언
☞ '르'가 모음 어미 앞에서 'ㄹㄹ'로 변함.(구르고, 구르지, 굴러)
③ '묻다': 'ㄷ' 불규칙 용언
☞ 모음 어미 앞에서 'ㄷ'이 'ㄹ'로 변함. (듣고, 듣지, 들어, 들으니)

## 29.

정답풀이 나머지는 〈보기〉와 마찬가지로 'ㅂ' 불규칙 활용 양상을 보이지만, '허리가 굽다'의 '굽다'는 규칙 활용을 하므로 활용 양상이 다르다. 어간과 어미가 결합할 때, 형태가 항상 일정하게 유지되어 '굽었다, 굽어'로 활용하므로 규칙 활용이다.

〈보기〉 '눕다': 'ㅂ' 불규칙 용언
☞ 모음 어미 앞에서 어간의 'ㅂ'이 '우'로 바뀜. (눕고, 눕지, 누워, 누우면, 누우니)

오답풀이 ① '돕다': 'ㅂ' 불규칙 용언
☞ 모음 어미 앞에서 어간의 'ㅂ'이 '오'로 바뀜. (돕고, 돕지, 도와, 도우면, 도우니)
② 굽다': 'ㅂ' 불규칙 용언
☞ 모음 어미 앞에서 어간의 'ㅂ'이 '우'로 바뀜. (굽고, 굽지, 구워, 구우면, 구우니)
④ 깁다: 'ㅂ' 불규칙 용언
☞ 모음 어미 앞에서 어간의 'ㅂ'이 '우'로 바뀜. (깁고, 깁지, 기워, 기우면, 기우니) '해진 데에 조각을 대고 꿰매다.'를 의미한다.

## 30.

정답풀이 '커다랗다'는 'ㅎ' 불규칙 용언이므로 '커다랗+았 [→ 었]+습니다'의 경우 'ㅎ'이 탈락하고 어미가 바뀌어 '커다랬습니다'는 옳다.

오답풀이 ② 섧은(×) → 설운(○)
☞ '섧다'는 'ㅂ' 불규칙 용언이므로 '섧+은'에서 'ㅂ'이 '우'로 교체되어야 한다. (참고로 '서럽다'와 복수 표준어이다.)
③ 실고(×) → 싣고(○)
☞ '싣다'는 모음 어미가 와야 'ㄷ'이 'ㄹ'로 교체되는 'ㄷ' 불규칙 용언이다. '고'는 모음 어미가 아닌 자음 어미이므로 그대로 '싣고'로 활용되어야 한다.

④ 노랍니다.(×) → 노랗습니다(○)
☞ '-ㅂ니다'는 받침 없는 용언 어간에만 결합할 수 있다. 하지만 '노랗-'은 받침 'ㅎ'이 있으므로 '-ㅂ니다'가 아닌 '-습니다'와 결합되어야 한다. 환경은 아래와 같다.

1) ㅂ니다: 'ㄹ' 혹은 받침 없는 용언의 어간, '이다'의 어간, 어미 '-으시-' 뒤
2) 습니다: 받침('ㄹ' 제외) 있는 용언의 어간, 어미 '-었-', '-겠-' 뒤에 붙는다.

## 31.

정답풀이 이 문장의 기본형 '거두다'는 '벌여 놓거나 차려 놓은 것을 정리하다.'를 의미한다. 따라서 어간 '거두-'에 연결 어미 '-어'가 결합되므로 '거두어'는 잘 쓰인 것이다.

오답풀이 ② 고은(×) → 고운(○)
☞ '곱다'는 'ㅂ' 불규칙 용언이므로 '곱+은'에서 'ㅂ'이 '우'로 교체되어야 한다.
③ 들렸다가(×) → 들렀다가(○)
☞ '들르다'가 기본형이므로 '들르+었+다가'가 결합된 것이다. '들르다'는 'ㅡ' 탈락 규칙 용언이므로 '들렀다가'가 옳다.
④ 허구헌(×) → 허구한(○)
☞ '허구허다'가 아니라 '허구하다'가 기본형이므로 '허구한'으로 쓴다. (허구하다: 날, 세월 따위가 매우 오래다.)

## 32.

정답풀이 노랗다: 'ㅎ' 불규칙 용언
☞ '노랗+니'에서 'ㅎ'이 탈락된다. (참고로 최근에는 '노랗니, 노랗네'도 표준 활용으로 인정한다.)

오답풀이 ① 푸었다(×) → 펐다(○)
☞ '푸다'는 유일한 'ㅜ' 불규칙 용언이다. 모음 어미 앞에서 'ㅜ'가 탈락하는 것은 '푸다'가 유일하므로 꼭 기억해야 한다.
② 자랑스런(×) → 자랑스러운(○)
'자랑스럽다'는 'ㅂ' 불규칙 활용 용언이다. 따라서 어간의 끝음 'ㅂ'이 '우'로 변하므로 '자랑스러운'으로 활용해야 한다. '~런'으로 활용하는 경우는 없다.
③ 서슴치(×) → 서슴지(○)
☞ '서슴+지': '서슴하다'가 아니라 '서슴다'가 기본형이다. 따라서 '서슴-'에 그대로 어미 '-지'가 붙는 것이다. ('서슴다'는 '망설이다'를 뜻한다.)

정답

28 ④ 29 ③ 30 ① 31 ① 32 ④

**28.** 다음 글에 따라 판단할 때, 옳지 않은 것은?

① '놀다'는 특정한 조건에서 'ㄹ'이 탈락하지만 'ㄹ'로 끝나는 용언들이 모두 같은 환경에서 예외 없이 바뀌므로 규칙 활용으로 보인다.
② '누르다'는 모음 어미 '-어' 앞에서 'ㅡ'가 탈락하고 'ㄹ'이 새롭게 들어가는 불규칙 활용을 보인다.
③ '묻다'는 모음 어미 앞에서 'ㄷ'이 'ㄹ'로 바뀌는 불규칙 활용을 보인다.
④ '낳다'는 특정한 조건에서 'ㅎ'이 축약되거나 탈락하는 불규칙 활용을 보인다.

**29.** 〈보기〉의 밑줄 친 동사와 어미 활용의 양상이 다른 것은?

〈보기〉
나는 누워서 떡을 먹었다.

① 그녀는 불우이웃을 돕고 살았다.
② 냄새 때문에 생선을 굽지 않았다.
③ 그녀는 고생을 많이 하여 허리가 굽고 아팠다.
④ 철수는 찢어진 옷을 깁고 있었다.

## 올바른 활용 양상 맞춤법

**30.** 밑줄 친 단어의 쓰임이 맞는 것은?

① 그 사람의 키가 커다랬습니다.
② 그 여자의 섧은 울음 소리가 들렸다.
③ 짐을 싣고 그 여자는 떠났다.
④ 어이가 없어서 하늘이 노랍니다.

**31.** 밑줄 친 단어의 쓰임이 맞는 것은?

① 엄마가 이부자리를 거둬 갔다.
② 저기에 고은 얼굴이 나타났다.
③ 퇴근하는 길에 포장마차에 들렸다가 친구를 만났다.
④ 그는 허구헌 날 술만 마신다.

**32.** 밑줄 친 단어의 쓰임이 맞는 것은?

① 그녀는 마을에 있는 우물물을 푸었다.
② 자랑스런 마음에 크게 웃었다.
③ 그는 범죄를 저지르는 것을 서슴치 않았다.
④ 은행잎이 노라니 가을이구나.

## 33.

정답풀이 '여쭙다'와 '여쭈다'는 복수 표준어이다.
- '여쭙다'는 'ㅂ' 불규칙 활용 용언으로 '여쭙-'에 '-어'가 결합되면 어간의 끝음 'ㅂ'이 '우'로 변하므로 여쭈워'로 활용된다. 따라서 활용형으로 '여쭈워'는 옳다.
- '여쭈다'는 규칙 활용 용언이므로 '여쭈-'에 '-어'가 결합되면 '여쭈어'가 된다.

오답풀이 ② 서툴었다(×) → 서툴렀다.(○)

'서툴다'와 '서투르다'는 복수 표준어이다.
- '서툴다'는 자음 어미와만 결합되므로 '서툴었다'는 옳지 않다.
- 서투르다'는 '르' 불규칙 용언이므로 '서투르-'에 모음 어미가 결합되면 'ㄹㄹ' 형이 되므로 '서툴렀다'만 옳다.

서두르다(서둘다), 머무르다(머물다)도 마찬가지의 활용 양상을 보인다.

③ 불기(×) → 붇기(○)
- '물에 젖어서 부피가 커지다.'를 의미하는 '붇다'는 모음 어미와 결합할 때에는 'ㄷ' 불규칙 활용하여 '불어'가 되지만, 어미 '-기'가 오면 어간이나 어미의 변형 없이 '붇기'로 활용한다.

④ 곧바라야(바라야, 올바라야)(×) → 곧발라야(발라야, 올발라야)(○) '곧바르다(바르다)'는 "기울거나 굽지 아니하고 곧고 바르다."라는 뜻의 형용사이다. '곧바르다(바르다, 올바르다)'는 '르 불규칙 용언'으로 '곧발라야(발라야, 올발라야)/곧바르니(바르니, 올바르니)' 등으로 활용해야 한다.

## 34.

정답풀이 '양이나 정도에 미치지 못하다.'의 의미로 쓰이는 용언의 기본형이 '모자라다'인데, 어간 '모자라-' 뒤에 어미 '-아서'가 결합하면 '모자라아서'가 되고, 동음 탈락이 일어나 '모자라서'가 된다.

오답풀이 ① 그러나(○): '그렇다'는 '그러하다'의 준말인 형용사로 'ㅎ' 불규칙 활용 용언이다. '그래/그러니/그렇소/그러나' 등으로 활용하므로 '그러나'는 옳다.

② 노랗네(○), 노라네(○): '노랗다'는 'ㅎ' 불규칙 용언이다. '노랗-'의 뒤에 종결 어미인 '네'가 결합되면 'ㅎ'이 탈락된 '노라네'만 옳았다. 하지만 최근에는 '노랗네'도 인정하고 있다.

④ 서두른(○): '서두르다'에 모음 어미가 아니라 자음 어미 '-ㄴ'이 붙었기 때문에 'ㄹㄹ'형이 아니라 그대로 '서투른'이 된 것이다. (참고로 준말로 '서둘다'가 있는데 준말은 자음 어미와만 결합할 수 있어 '서둔'도 가능하다.)

## 35.

정답풀이 설고(×) → 섧고(○): 자음 어미는 어간 '섧-'에 그대로 붙으므로 '섧고'로 고쳐야 한다.

오답풀이 ① 졸(○): '졸다'는 "찌개, 국, 한약 따위의 물이 증발하여 분량이 적어지다."라는 뜻을 가진 'ㄹ' 탈락 용언이다. 어미 '-ㄴ' 앞에서는 'ㄹ'이 탈락되므로 옳다.

② 설워서(○): '서럽다'와 '섧다'는 복수 표준어로서 둘 다 'ㅂ' 불규칙 용언이다. 먼저 '서럽다'는 모음 어미 '-어서'가 오면 '서러워서'가 되고 복수 표준어인 '섧다'도 마찬가지로 '설워서'로 활용한다.

③ 벌여야(○): 규칙 용언
☞ '벌이+어야'에서 '이'와 '어'가 모음 축약한 것이다. ('벌이다'는 '일을 시작하거나 펼치다.'를 의미한다.)

## 36.

정답풀이 '잠그다'는 'ㅡ' 탈락 동사로, '잠그+아=잠가, 잠그+아라=잠가라'의 형태로 활용한다. 따라서 '잠가'로 써야 한다.

오답풀이 ① '담그다'는 'ㅡ' 탈락 동사로, 어미 '아서'가 오는 경우에 'ㅡ'가 탈락되어 '담가서'가 된다.

② '상큼하다'에는 까칠하고 눈이 쏙 들어가 보인다는 뜻도 있다.
예 아파서 그런지 눈이 상큼해 보였다.

③ '상기다'는 '성기다'와 관련이 있는 단어로, '관계가 깊지 않고 조금 서먹하다.'를 의미한다.

## 37.

정답풀이 '불사르다'의 어간 '불사르-'에 어미 '-아서'가 결합하면 '르'가 'ㄹㄹ'의 형태로 변하여 결합되는 '르' 불규칙 활용을 하여 '불살라서'가 되므로 옳다.

오답풀이 ① '가파르다'의 어간 '가파르-'에 어미 '-아서'가 결합하면 '르' 불규칙 활용을 하여 어간의 '르'가 'ㄹㄹ'의 형태로 변하여 결합되므로 '가팔라서'로 고쳐야 한다.

②④ '-지 않다(=아니하다), -지 못하다'에서 '않다(=아니하다), 못하다'는 앞의 본용언의 품사를 따라간다. '않는'의 '-는'은 현재 관형사형 어미로서 동사에만 붙는다. 그런데 ②의 '어렵다', ④의 '따뜻하다'는 형용사이므로 '-는'이 붙을 수 없다. 따라서 '않은'으로 모두 고쳐야 한다.

정답

33 ① 34 ③ 35 ④ 36 ④ 37 ③

**33. 밑줄 친 용언의 활용형 중 가장 옳은 것은?**

① 할아버지께 여쭈워 보시면 됩니다.
② 그는 참 일 처리가 서툴었다.
③ 라면이 불기 전에 빨리 먹어라.
④ 앉은 자세가 곧바라야(바라야, 올바라야) 허리에 무리가 가지 않는다.

**34. 밑줄 친 용언의 활용이 잘못된 것은?**

① 행동은 그러나 속 마음은 그러지 않을 것이다.
② 유치원 교복의 색깔이 노랗네.
③ 돈이 모잘라서 과자를 못 사 먹었다.
④ 서두른 일 때문에 물건을 깜빡했다.

**35. 밑줄 친 부분의 표기가 맞춤법에 맞지 않는 것은?**

① 바짝 존 찌개를 다시 끓였다.
② 그녀의 처지가 설워서 안타까웠다.
③ 읍내에 음식점을 벌여야 한다.
④ 지난 일을 생각하니 섧고 분했다.

**36. 밑줄 친 표현 중 잘못 사용된 것은?**

① 김치를 담가서 이번 겨울은 든든하다.
② 아파서 그런지 눈이 상큼해 보였다.
③ 그 사람에게는 상긴 느낌이 든다.
④ 영희는 문을 잘 잠궈 두었다.

**37. 밑줄 친 단어의 형태가 옳은 것은?**

① 고개가 가파라서 계속 넘어졌다. .
② 그 시험은 어렵지 않는 축에 속한다.
③ 영혼을 불살라서 이룬 깨달음이니 더욱 소중하다.
④ 따뜻하지 않는 초대에 적잖이 당황했다.

## 38.

정답풀이 '–지 않다(=아니하다), –지 못하다'에서 '않다(=아니하다), 못하다'는 앞의 본용언의 품사를 따라간다. '않는'의 '–는'은 현재 관형사형 어미로서 동사에만 붙는다. 따라서 '않는'의 적절한 쓰임은 앞의 본용언의 품사가 동사이면 되는 것이다.
이때, '늙다'만 동사이므로 '않는'과 유일하게 어울릴 수 있다.

오답풀이 ① '부옇다'는 'ㅎ' 불규칙 용언으로 모음 어미가 왔을 때 어간과 어미가 모두 바뀐다. '부옇[ㅎ탈락]+었[→ 있]'으로 결합하므로 '부옜다'로 고쳐야 한다.
② '좋다'는 모두 형용사이므로 '않는'과 어울릴 수 없다. 현재 관형사형 어미 '–는'은 본용언이 동사일 때만 쓰일 수 있기 때문이다. 따라서 '않은'으로 고쳐야 한다.
④ '노랗다'는 'ㅎ' 불규칙 용언으로 모음 어미가 왔을 때 어간과 어미가 모두 바뀐다. '노랗[ㅎ탈락]+어지[→ 이지]'으로 결합하므로 '노래졌다'로 고쳐야 한다.

## 39.

정답풀이 '있었다'는 '사람이나 동물이 어느 곳에 머무르거나 사는 상태이다.'를 의미한다. 성질과 상태의 의미이므로 형용사이다. 또한 동사의 활용을 보이고 있지도 않다.

오답풀이 ① 현재 시제 선어말 어미 '는'이 붙은 것을 보면 동사이다. "사람이나 동물이 어느 곳에서 떠나거나 벗어나지 아니하고 머물다."를 의미한다.
③ 명령형 어미 '–어라'가 붙은 것을 보면 동사이다.
(계속 유지하다.)
④ 청유형 어미 '–자'가 붙은 것을 보면 동사이다.
(사람이 어떤 직장에 계속 다니다)

**정답**

38 ③ 39 ② 40 ④ 41 ② 42 ①

## 40.

정답풀이 '고르다3'은 형용사이므로 현재진행형으로 사용할 수 없다. '고르게 이익을 분배했다, 성적이 고르다'에서 '성적이 고른다, 성적을 고르는 중이다'로 쓸 수 없다.

오답풀이 ① 모두 동사에 해당하므로 현재 시제 선어말 어미 '–ㄴ–'이 붙을 수 있다.
② 모두 모음 어미가 오면 'ㄹㄹ' 형으로 바뀌는 '르' 불규칙 용언이다. '고르고, 고르니, 골라, 골랐다' 로 활용된다.
③ 다의어란 하나의 단어에 여러 의미가 있는 것을 의미한다. '고르다2'와 '고르다3'은 각각 여러 의미가 있으므로 다의어이다. '고르다1'은 의미가 하나이므로 다의어가 아니다.

## 41.

정답풀이 'ㄹ' 받침으로 끝나는 어간+어미 '–(으)'의 환경에서는 매개 모음 '–(으)'가 탈락된다. 따라서 '절+–(으)ㄴ'에서 매개 모음과 'ㄹ' 탈락이 일어나야 한다.

은: ㄹ 이외의 받침 뒤
ㄴ: 모음, ㄹ 받침 뒤

오답풀이 ① '달–'은 어간 받침이 'ㄹ'이므로 '읍시다'가 아니라 'ㅂ시다'가 결합되어야 한다. '답시다'가 옳다.

읍시다: ㄹ 이외의 받침 뒤
ㅂ시다: 모음, ㄹ 받침 뒤

③ '멀–'은 어간 받침이 'ㄹ'이므로 '으므로'가 아니라 '므로'가 결합되어야 한다. '멀므로'가 옳다.

으므로: ㄹ 이외의 받침 뒤
므로: 모음, ㄹ 받침 뒤

④ '갈–'은 어간 받침이 'ㄹ'이므로 '으렵니다'가 아니라 '렵니다'가 결합되어야 한다. '갈렵니다'가 옳다.

으렵니다: ㄹ 이외의 받침 뒤
렵니다: 모음, ㄹ 받침 뒤

## 42.

정답풀이 '비가 그치고 맑게 개다.'라는 뜻을 가진 용언은 '걷다'이다. 이 의미의 '걷다'는 규칙 용언이므로 '걷었다'로 활용된다.

오답풀이 ② '걷다(walk)'는 'ㄷ' 불규칙 용언이기 때문에 어미 '어'가 오니 '걸어'로 형태가 바뀐 것이다.
③ '걷다'는 '늘어진 것이나 펴진 것을 말아 올리거나 치우다. 또는 깔려 있는 것을 접거나 개키다.'라는 뜻의 규칙 용언이다. 따라서 '걷어'가 올바른 활용형이다.
④ '거두다'의 준말로 규칙 용언이다. 따라서 '걷어'가 올바른 활용형이다.

**38. 밑줄 친 표현이 가장 적절한 것은?**

① 눈물이 나니 세상이 부앴다.
② 좋지도 않는 일인데 뭐 하러 말을 꺼내니?
③ 그 사람은 늙지 않는 것이 아주 특이하다.
④ 황사가 심하니 온 세상이 노레졌다.

## 亦功 중간 빈출, 제3빈출

**39. 밑줄 친 부분이 〈보기〉의 ㉠에 해당하지 않는 것은?**

(보기)
국어의 '있다'는 경우에 따라 ㉠ 동사적인 모습을 보여주기도 하고 형용사적인 모습을 보여 주기도 한다.

① 나는 오늘 집에 있는다.
② 그는 한동안 이 집에 있었다.
③ 떠들지 말고 얌전하게 있어라.
④ 딴 데 한눈팔지 말고 그 직장에 그냥 있자.

**40. 아래 사전에 대한 설명으로 가장 옳지 않은 것은?**

■ 고르다1 [고르다]. 골라[골라], 고르니[고르니].
「동사」【…에서 …을】여럿 중에서 가려내거나 뽑다.

■ 고르다2 [고르다]. 골라[골라], 고르니[고르니].
「동사」【…을】
「1」 울퉁불퉁한 것을 평평하게 하거나 들쭉날쭉한 것을 가지런하게 하다.
「2」 붓이나 악기의 줄 따위가 제 기능을 발휘하도록 다듬거나 손질하다.

■ 고르다3 [고르다]. 골라[골라], 고르니[고르니].
「형용사」
「1」 여럿이 다 높낮이, 크기, 양 따위의 차이가 없이 한결같다.
「2」 상태가 정상적으로 순조롭다.

① '고르다1', '고르다2'에는 현재시제 선어말 어미 '-ㄴ-'이 붙을 수 있다.
② '고르다1', '고르다2', '고르다3'은 모두 불규칙 활용을 한다.
③ '고르다2'와 '고르다3'은 다의어이지만 '고르다 1'은 다의어가 아니다.
④ '고르다1', '고르다2', '고르다3'은 모두 현재진행형으로 사용할 수 있다.

**41. 밑줄 친 용언의 활용형으로 옳은 것은?**

① 단추를 여기에다가 달읍시다.
② 눈물에 전 라면을 먹은 적이 있습니까?
③ 그녀와 집이 멀으므로 얼른 서둘러야 합니다.
④ 배가 고프니까 사과를 갈으렵니다.

**42. 밑줄 친 단어의 활용형으로 옳지 않은 것은?**

① 한 달이 지나야 장마가 걸었다.
② 의사의 길을 걸어 나갔다.
③ 장막을 걷어 진실을 밝히려고 하였다.
④ 사람들로부터 참가비를 걷었다.

## 출.좋.포 6 용언의 종류(본용언과 보조 용언)

(★ 관련 교재: 출좋포 문법 p.59~61p / 족집게 적중 노트 p.28~29p)

### 1. 개념

| 철수가 추운가 보다. | 날이 밝아 왔다. | 비가 올 듯하다. |
|---|---|---|
| 본용언 보조 용언 | 본용언 보조 용언 | 본용언 보조 용언 |

| 본용언 | 머릿속으로 실질적인 뜻을 생각할 수 있는 자립성이 있는 용언 |
|---|---|
| 보조 용언 | 본용언과 연결되어 문법적 의미를 보충하는 역할 (∴ 생략되어도 괜찮음.) |

### 2. '본용언 + 본용언 / 본용언 + 보조 용언'의 구별

(1) 2개의 문장으로 분리되는가?

- 그는 나를 놀려 대곤 했다.: 분리될 수 없으므로 '대곤, 했다'는 보조 용언이다.

(2) 뒤의 용언이 정말 중심적인 의미를 가지는가?

- 날이 밝아 왔다: '오다'는 중심적 의미인 '다리로 걸어 오다'의 의미가 아니므로 '왔다'는 보조 용언이다.

### 3. 많이 출제되는 보조 용언의 품사

(1) 보조 형용사

| 추측 | 듯하다, 성싶다, 보다<br>예 비가 올 듯하다, 비가 올 성싶다, 비가 오려나 보다. |
|---|---|
| 소망 | (-고) 싶다<br>예 예쁘고 싶다, 살 빼고 싶다. |
| 가능성 | 법하다, 뻔하다, 직하다, 만하다<br>예 그 답도 맞을 법하다, 그 답을 맞힐 뻔하다. 밥 먹었음 직하다, 밥을 먹었을 만하다. |

(2) 앞의 품사를 따라가는 '-지 아니하다, -지 못하다, -기 하다'

| 형용사 | 예쁘지 못하다, 성실하지 않다, 예쁘기도 했다. |
|---|---|
| 동사 | 먹지 못하다, 늙지 않다, 조심하기만 했다. |

## 43

**정답풀이** 학교에 밥을 먹고 갔다. ='밥을 먹었다. 그리고 학교에 갔다.'로 해석이 된다. 즉 '먹다'와 '가다' 모두 실질적인 의미가 있으므로 '갔다.'는 본용언이다.

**오답풀이** ① '-아/-어 보다'에서 '보다'는 '(어떤 일을) 시험 삼아 함'의 뜻을 더해주는 보조 용언이다. (참고로, 밑줄 친 '본다'는 현재 시제 선어말 어미 '-ㄴ-'이 쓰였으므로 품사는 (보조)동사이다.)
③ '-아/-어 가다'에서 '가다'는 '(앞말이 뜻하는 행동이나 상태가) 계속 진행됨'의 뜻을 더해주는 보조 용언이다. (참고로, 밑줄 친 '본다'는 현재 시제 선어말 어미 '-ㄴ-'이 쓰였으므로 품사는 (보조)동사이다.)
④ 동사 뒤에서 '-어 대다' 구성으로 쓰인 '대다'는 '앞말이 뜻하는 행동을 반복하거나 그 행동의 정도가 심함'의 뜻을 더해주는 보조동사이다.

## 44.

**정답풀이** 본용언은 실질적인 의미가 있는 반면, 보조 용언은 실질적인 의미 없이 본용언의 뜻을 더해주기만 한다.
"역공녀는 과자를 주워서 (역공녀는 과자를) 먹었다."
='역공녀는 과자를 주웠다. 그래서 역공녀는 과자를 먹었다.'로 해석이 된다. 즉 '줍다'와 '먹다' 모두 실질적인 의미가 있으므로 '본용언+보조 용언' 구성이 아니라, '본용언+본용언' 구성에 해당한다.

**오답풀이** ② 용언의 관형사형 뒤의 '척하다', '체하다'처럼 '(의존 명사)+하다, 싶다'가 오는 경우가 있다. '(의존 명사)+하다, 싶다'는 항상 보조 용언에 해당한다. (참고로, '척하다, 체하다, 양하다'의 품사는 (보조)동사이다.)
③ '나가 버렸다.'에서 '버렸다'는 '동작을 완전히 끝냄'의 뜻을 더하는 보조 용언이다.
④ '뛰고 나서'에서 '나다'는 ' 어떤 행동이나 상태가 끝났음'의 뜻을 더하는 보조 용언이다.

## 45.

**정답풀이** '역공녀는 25살처럼 젊다.+(역공녀는 25살처럼) 보이다.'가 합쳐진 말이므로 본용언 '젊다'와 본용언 '보이다'가 합쳐진 것이다. 따라서 보조 용언이 결합되지 않은 것이라고 볼 수 있다.
보조 용언은 문장에서 생략해도 문맥의 뜻에 큰 영향을 끼치지 않는다.

**오답풀이** 나머지 밑줄 친 단어는 보조 용언이다. 보조 용언은 실질적인 의미 없이 본용언의 뜻을 더해주기만 한다.
① '-지 않다(=아니하다), -지 못하다, -지 말다'는 부정 보조 용언이다. (참고로 '잊다'가 동사이므로 '못했다'의 품사는 동사이다.)
③ '-어 주다'는 '다른 사람을 위하여 어떤 행동을 함(봉사)'의 뜻을 가진 보조 용언이다.
④ '-어 보다.'는 '시험 삼아서 함'의 뜻을 더하는 보조 용언이다.

**정답**

43 ② 44 ① 45 ②



## 亦功 중간 빈출, 제3빈출

**43. 밑줄 친 용언의 종류가 다른 것은?**

① 얼마나 나를 싫어하는지 시험해 본다.
② 학교에 밥을 먹고 갔다.
③ 인생에 대해 점점 더 많이 알아 간다.
④ 그는 나를 놀려 대곤 했다.

**44. '본용언+보조 용언' 구성이 아닌 것은?**

① 역공녀는 과자를 주워 먹었다.
② 찬훈이가 나한테 아는 척한다.
③ 철수는 그 광경을 보고 나가 버렸다.
④ 뛰고 나서 어디서 쉴 거야?

**45. 밑줄 친 단어의 문법적 기능이 나머지 셋과 다른 하나는?**

① 나는 그 일을 잊지 못했다.
② 역공녀는 25살처럼 젊어 보인다.
③ 우체국에서 학생들의 책을 부쳐 주었다.
④ 나도 그거 한번 먹어 보자.

## 46.

**정답풀이** 뒤의 '가다'의 중심적 의미가 유지되고 있으며 "그는 철수에게서 책을 받았다. 그리고 갔다"의 2문장으로 분리될 수 있으므로 '받다, 가다' 모두 본용언이다.

**오답풀이** ① '-아 오다'는 '진행'의 뜻을 가진 보조 용언이다.
② '-어 버리다'는 '종결, 완료'의 뜻을 가진 보조 용언이다.
④ '-어 먹다'는 '말이 뜻하는 행동을 강조함'의 뜻을 더하는 보조 동사이다.

## 47.

**정답풀이** '끓여 먹으면'의 '먹다'는 본용언이다

**오답풀이** ① '추운가 보다'의 '보다'는 '추측이나 막연한 제 의향을 나타냄'의 뜻을 더하는 보조 용언(형용사)이다.
③ '거들어 드린다'의 '드리다'는 '거들다'에 객체 높임의 뜻을 더해주는 보조 용언이다. '드리다'의 실질적 의미인 '주다'라는 의미가 없으므로 보조 용언이다.
  예 '드리다'가 '-어 드리다'의 구성으로 쓰일 때는 모두 '보조 동사'이다.
  예 2017년 2분기 개정에 따라 보조 용언 '-드리다'는 합성어로 등재된 경우 사전에 등재되어 있지 않아도 '드리다'를 앞말에 붙여 적어야 한다. 따라서 '가져다주다/갖다주다'에 대응하는 '가져다드리다/갖다드리다'도 붙여 적어야 한다.
④ '떨어지고 말았다'의 '말다'는 '그 동작이 이루어졌거나 이루겠다는 뜻'을 더하는 보조 용언이다.
  예 '말다'가 동사 뒤에서 '-지 말다' '고(야) 말다'의 구성으로 쓰일 때는 모두 '보조 동사'이다.

**정답**

46 ③ 47 ②

## 46. 밑줄 친 부분 중 보조 용언이 결합되지 않은 것은?

① 날이 <u>밝아 오자</u>, 닭이 울었다.
② 역공녀가 커피를 <u>먹어 버렸다</u>.
③ 그는 철수에게서 책을 <u>받아 갔다.</u>
④ 급기야 그 컵을 <u>깨 먹었다</u>.

## 47. 밑줄 친 단어의 문법적 기능이 나머지 셋과 다른 하나는?

① 밖이 많이 추운가 <u>보다</u>.
② 겨울철에는 우동을 끓여 <u>먹으면</u> 맛있다.
③ 나는 할머니의 일을 거들어 <u>드린다</u>.
④ 게으름을 피우던 그가 시험에 떨어지고 <u>말았다</u>.

관련교재 [ 요 족집게 적중 노트 p.30 / 기 출좋포 문법 p.68~71 ]

# Chapter 05 관계언 : 격 조사, 접속 조사, 보조사

### 대표 출좋포 한눈에 보기

1. 격 조사의 구별
   - ‘에서’
   - ‘이/가’
   - ‘요’

2. 부사격 조사 VS 접속 조사
   : ‘와/과, 하고, 랑, 에, 에다’

## 출.좋.포 7 격 조사 vs 접속 조사 vs 보조사

| | | |
|---|---|---|
| 격 조사 | 개념 | 앞말에 자격을 부여해 주는 조사 |
| | 예 | 주격(이/가, 께서, 에서*, 서) 목적격(을/를), 보격(이/가*), 서술격(이다), 관형격(의), 부사격(에, 로, 와), 호격(아/야) |
| 접속 조사 | 개념 | 체언과 체언을 동등하게 연결하는 조사 |
| | 예 | 와/과, 랑, 하고 |
| 보조사 | 개념 | 앞말에 특별한 의미를 더해 주는 조사 |
| | 예 | 은/는, 도, 만, 부터, 까지 |

## 01.

정답풀이 '되다/아니다' 앞에 '이/가'가 나오면 '이/가'는 보격 조사이다. '그녀는 가수가 아니다.'의 '가'도 보격 조사이다.

오답풀이 ② 주격 조사 '이/가'를 대입하여도 말이 되므로 주격 조사이다.
③은 주격 조사 '가'이고 ④은 높임의 주격 조사 '께서'이다.

## 02.

정답풀이 "역공녀는 사과를 먹었다. 또한 역공녀는 배를 먹었다."로 문장을 두 개로 나눌 수 있으므로 여기에서의 '과'는 접속 조사이다.

오답풀이 ① '~가 ~와 닮다'에서 '~와'는 문장에서 생략이 불가능한 필수적 부사어이다. '닮다'는 대상이 2개 필요한 대칭 서술어이기 때문이다. 따라서 '~와'는 부사격 조사이다.
② '~가 ~와(하고) 만나다.'는 문장에서 '~와(하고)'는 생략이 불가능한 필수적 부사어이다. '만나다'는 대상이 2개 필요한 대칭 서술어이기 때문이다. 따라서 '하고'는 부사격 조사이다.
④ '~랑 ~는 친구이다'는 문장에서 대상이 2개 필요하므로 '~랑'은 생략이 불가능한 필수적 부사어이다. 따라서 '랑'은 부사격 조사이다.

## 03.

정답풀이 나머지는 접속 조사이지만 '차랑 부딪쳤다'의 '랑'은 부사격 조사이다. '부딪치다'는 충돌하다는 의미이므로 대상이 2개 필요한 대칭 서술어이다. 따라서 '차랑'은 필수 부사어이다. 따라서 '랑'은 부사격 조사이다. (참고로 '랑'은 접속 조사로도 쓰인다.)

오답풀이 ① 체언과 체언을 연결하고 '너는 책을 갖추었다. 또한 너는 연필을 갖추었다'로 문장을 두 개로 나눌 수 있으므로 여기에서의 '에'는 접속 조사이다. '갖추다'는 대칭 서술어가 아니므로 필수 부사어가 필요없다.
② 체언과 체언을 연결하고 '역공녀는 놀이터에서 놀았다. 또한 역공남은 놀이터에서 놀았다.'로 문장을 두 개로 나눌 수 있으므로 여기에서의 '하고'는 접속 조사이다. '놀다'는 대칭 서술어가 아니므로 필수 부사어가 필요없다.
③ 체언과 체언을 연결하고 '철수는 집을 사게 되었다. 또한 철수는 차를 사게 되었다.'로 문장을 두 개로 나눌 수 있으므로 여기에서의 '에다'는 접속 조사이다. '사다'는 대칭 서술어가 아니므로 필수 부사어가 필요없다.

정답

01 ① 02 ③ 03 ④ 04 ③ 05 ② 06 ①

## 04.

정답풀이 '요'는 어절이나 문장의 끝에 결합하면서 상대(청자)를 높이는 의미가 있다. 또한 체언에 뜻을 더해주는 보조사이다.

오답풀이 ① '오'는 어절이나 문장의 끝에 결합하면서 상대(청자)를 높이는 의미가 있다. 하지만 체언에 뜻을 더해주는 보조사가 아니라 종결 어미이다.
② '은'은 어절의 끝에 결합하고 보조사이지만, 상대 높임과 관련이 없다. 상대 높임은 문장의 종결 어미와 관련이 있기 때문이다.
④ '요'는 연결 어미이므로 보조사가 아니다.

## 05.

정답풀이 '-은/-는'은 격을 지정하는 힘이 없으므로 격 조사가 아니라 항상 보조사이다. 앞의 말에 의미를 더해주는 역할을 하는 보조사일 뿐이다.

오답풀이 ① 주격 조사 '이/가'를 넣어보면 '에서'가 부사격 조사인지 주격 조사인지 알 수 있다. '학교에서'의 '-에서'는 장소나 공간을 의미하는 부사격 조사이다. 반면에 '우리 학교에서'의 '-에서'는 주격 조사 '이/가'를 대입하여도 말이 되므로 주격 조사이다.
③ '되다/아니다' 앞에 '이/가'가 나오면 '이/가'는 보격 조사이다. 하지만 그것이 아니라면 '이/가'는 주격 조사이다. '역공녀가'는 주어이므로 '가'는 주격 조사이다. 또한 '아니다' 앞의 '돼지가'는 보어이므로 '가'는 보격 조사이다.
④ 체언과 체언을 연결하는 것은 접속 부사이므로 '철수와 영희가'의 '와'는 접속 조사이다. '철수와 결혼했다'를 보았을 때, '결혼하다'는 필수 부사어를 요구하는 서술어이므로 '철수와'의 '와'는 부사격 조사이다.
(단, '철수와 영희가'의 '와'를 부사격 조사로 보는 견해도 있으나, 이미 2번이 답이므로 자연스럽게 '와'는 접속 조사가 된다.)

## 06.

정답풀이 보조사 '는'은 "딱정벌레를 잡아다가는 서로 싸움을 시켰다."에서 '대조'의 의미가 아니라 '강조'의 의미로 쓰였다.

오답풀이 ② 주로 주어에 나타나는 '은/는'은 100%는 아니지만 화제를 나타내는 경우가 많다. '나'에 대한 설명이 뒤에 나오므로 '는'은 '화제'의 의미를 더해주는 보조사이다.
③ '많이' 오지 않았으므로 '많이' 내리는 상황과 대조하기 위해 '는'이 쓰인 것이다. 여기에서 '는'은 강조의 의미가 아니다. 뒤에 부정을 하고 있기 때문이다.
④ '산'과 '들'을 대조하고 있으므로 옳다.

빈출 순위별 예상 문제

# 1편 형태론 CH.05 관계언: 격 조사, 접속 조사, 보조사

## 亦功 최빈출

**01.** 다음 밑줄 친 조사의 성격이 다른 하나는?

① 그녀는 가수가 되었다.
② 정부에서 취약계층에게 지원금을 주었다.
③ 그녀가 음료수를 마신다.
④ 할머니께서 댁에 가셨다.

**02.** 밑줄 친 조사의 성격이 다른 하나는?

① 내가 아버지와 닮았니?
② 역공녀는 역공남하고 놀이터에서 만났다.
③ 역공녀는 사과와 배를 잔뜩 먹었다.
④ 그녀랑 역공녀는 친구이다.

**03.** 밑줄 친 조사의 성격이 다른 하나는?

① 너는 책에 연필에 모두 갖추었다.
② 역공녀하고 역공남은 놀이터에서 놀았다.
③ 철수는 차에다 집을 사게 되었다.
④ 영희는 차랑 부딪쳤다.

## 亦功 중간 빈출, 제3빈출

**04.** 밑줄 친 부분이 〈보기〉의 ㉠~㉢의 성격을 모두 갖는 것은?

〈보기〉
㉠ 앞말에 특별한 뜻을 더하여 준다.
㉡ 상대 높임을 나타낸다.
㉢ 어절이나 문장의 끝에 결합한다.

① 안녕히 가십시오.
② 인생은 짧고 예술은 길다.
③ 당신을 사랑해요.
④ 이것은 달걀이요, 저것은 닭이다.

**05.** 국어의 조사에 대한 설명으로 가장 옳지 않은 것은?

① '에서'는 '학교에서 밥을 먹었다.'의 경우에는 부사격 조사이지만 '우리 학교에서 회의를 개최했다.'의 경우에는 주격 조사이다.
② '은/는'은 '기린은 풀을 먹었다.'의 경우에는 주격 조사이지만 '기린이 풀은 먹었다.'의 경우에는 보조사이다.
③ '이/가'는 '역공녀가 행복해 하였다'의 경우에는 주격 조사이지만 '역공녀가 돼지가 아니다'의 경우에는 보격 조사이다.
④ '와/과'는 '영희는 철수와 결혼했다'의 경우에는 부사격 조사이지만 '철수와 영희가 결혼했다'의 경우에는 접속 조사이다.

**06.** 밑줄 친 보조사의 의미를 설명한 것으로 옳지 않은 것은?

① 딱정벌레를 잡아다가는 서로 싸움을 시켰다.
→ -는: 어떤 대상이 다른 것과 대조됨을 나타냄.
② 나는 거칠 것 없는 바다의 사나이다.
→ -는: 문장 속에서 어떤 대상이 화제임을 나타냄.
③ 비가 많이는 오지 않았다.
→ -는: 어떤 대상이 다른 것과 대조됨을 나타냄.
④ 산에는 눈 내리고 들에는 비 내린다.
→ -는: 어떤 대상이 다른 것과 대조됨을 나타냄.

## 07.

정답풀이 '집채만 한 파도'의 '만'은 앞말이 나타내는 대상이나 내용 정도에 달함을 나타낸다.

오답풀이 나머지는 모두 옳다.

## 08.

정답풀이 여기에서의 보조사 '대로'는 앞에 오는 말에 근거하거나 달라짐이 없음을 나타낸다. '따로따로 구별됨을 나타냄.'을 의미하는 예에는 '큰 것은 큰 것대로 따로 모아 두다. 너는 너대로 나는 나대로 서로 상관 말고 살자.' 등이 있다.

정답

07 ② 08 ③

**07. 밑줄 친 보조사의 의미를 설명한 것으로 옳지 않은 것은?**

① 아내는 웃기만 할 뿐 아무 말이 없다.
→ -만: 다른 것으로부터 제한하여 어느 것을 한정함.

② 집채만 한 파도가 몰려온다.
→ -만: 무엇을 강조하는 뜻을 나타냄.

③ 열 장의 복권 중에서 하나만 당첨되어도 바랄 것이 없다.
→ -만: 화자가 기대하는 마지막 선을 나타냄.

④ 그를 만나야만 모든 문제가 해결될 수 있다.
→ -만: 무엇을 강조하는 뜻을 나타냄.

**08. 밑줄 친 보조사의 의미를 설명한 것으로 옳지 않은 것은?**

① 드디어 오늘로써 그 일을 끝내고야 말았다.
→ 로써: 시간을 셈할 때 셈에 넣는 한계를 나타냄.

② 너마저 나를 떠나는구나.
→ -마저: 이미 어떤 것이 포함되고 그 위에 더함. 하나 남은 마지막임.

③ 처벌하려면 법대로 해라.
→ -대로: 따로따로 구별됨을 나타냄.

④ 그는 편지는커녕 제 이름조차 못 쓴다.
→ -조차: 이미 어떤 것이 포함되고 그 위에 더함을 나타냄.

관련교재 요 족집게 적중 노트 p.31~33
기 출좋포 문법 p.72~75

# Chapter 06 수식언 : 관형사, 부사

## 대표 출좋포 한눈에 보기

1. 관형사
   - '적(的)'의 구별
   - 관형사 vs 수사 (vs 대명사, vs 용언의 어간 + 관형사형 어미)
   - 관형사 vs 대명사
   - 관형사 vs 용언의 어간 + 관형사형 어미
2. 부사
   - 성분 부사 vs 문장 부사
   - 필수 부사 vs 수의 부사
   - 부사 vs 용언의 어간 + 부사형 어미

## 출.좋.포 8 관형사 vs 부사

### 1. 관형사

(1) 무조건 나오는 "수 관형사 vs 수사"

> 셋째 학생이 사과 하나를 먹었다.
> 수 관형사 수사

(2) 무조건 나오는 "관형사 vs 대명사"

> 이 옷은 이쁘다. 이는 시장에서 샀다.
> 관형사 대명사

(3) 무조건 나오는 "관형사 vs 용언의 관형사형"

> 다른 사람과 비교하지 말아라. 너와 나는 다른 사람이다.
> 관형사 형용사

(4) 무조건 나오는 "-적(的)"

> 비교적인 관점에서 보자. 비교적 관점에서 보자.
> 명사 관형사
> 우리 사무실은 도심에 위치하고 있어 비교적 교통이 편리하다.
> 부사

### 2. 부사

| 종류 | | 내용 | 예 |
|---|---|---|---|
| 성분 부사 (한 성분 수식) | 성상 부사 | '어떻게'의 의미를 지님. | 바로, 매우, 아주, 잘, 자주 |
| | 지시 부사 | 앞에 나온 말을 지시함. | 이리, 그리, 저리, 내일 |
| | 부정 부사 | 용언의 의미를 부정함. | 안, 못 |
| | 의성 부사 | 사람이나 사물의 소리를 흉내 냄. | 칙칙폭폭, 광광 |
| | 의태 부사 | 사람이나 사물의 모양이나 움직임을 흉내 냄. | 펄럭펄럭, 까불까불 |
| 문장 부사 (문장 전체 수식) | 양태 부사 | 화자의 다양한 심리적 태도를 나타냄. | 설마, 과연, 제발, *정말, 모름지기, 응당, 만약, 의외로, 확실히 |
| | 접속 부사 | 단어와 단어, 문장과 문장을 이어 줌. | 그리고, 그러나, 그런데, 그래서, 하지만, 및 |

## 01.

**정답풀이** '긴'은 형용사 어간 '길-'에 관형사형 어미 '-ㄴ'이 결합한 것이다. 어미는 품사를 결정하지 않는다. 따라서 '길-'은 형용사이므로 '긴'은 형용사이다.

**오답풀이** '외딴, 허튼, 오랜'은 관형사이다.

## 02.

**정답풀이** '과연, 정말, 응당'은 바로 뒤의 문장을 수식하는 '문장 부사'이나 '바로'는 '성분 부사'이다. '바로'가 바로 뒤에 있는 서술어 '갔다.' 하나만 수식하고 있기 때문이다.

## 03.

**정답풀이** '설마, 제발, 결코'는 바로 뒤의 문장을 수식하는 '문장 부사'이나 '항상'은 '성분 부사'이다. '항상'이 바로 뒤에 있는 서술어 '기다렸다.' 하나만 수식하고 있기 때문이다.

문장 부사 쌍끌이(암기 필수)
과연, 정말, 응당, 설마, 제발, 결코, 어찌
확실히, 다행히, 분명히, 하물며, 모름지기, 만약, 의외로

## 04.

**정답풀이** '바로 너, 오직 너, 유독 미인이다, 가장 미인이다, 겨우 하루'는 뒤의 체언을 수식하지만 사전에 '부사'로만 등재되어 있는 단어이므로 따로 꼭 암기해야 한다.

**오답풀이** 나머지는 체언을 꾸미는 일반적인 관형사이다.

## 05.

**정답풀이** '보다 나은'에서 '보다'가 용언 '나은'을 수식하므로 성분 부사이다.

**오답풀이** ① '그 사람이 참 멋있는 것은 확실하다'라는 뜻이므로 '확실히'는 문장 전체를 꾸미는 문장 부사이다.
② '그래서'는 문장 접속 부사이므로 '문장 부사'이다.
④ '및, 혹은, 또는'은 문장 접속 부사이므로 '문장 부사'이다.

## 06.

**정답풀이** 나머지는 부사이다. 하지만 '글쎄'는 감탄사에 해당한다.

**오답풀이** ① '졸졸'이 뒤의 동사 '흐른다.'를 수식하므로 부사이다.
③ '자주'는 뒤의 용언 '낸다'를 꾸미므로 부사이다.
④ '이제야'는 '진정했다'를 수식하므로 부사이다.

## 07.

**정답풀이** 나머지는 부사이다. 하지만 '인사도 할 겸'에서는 관형형인 '할'이 뒤의 '겸'을 수식하고 있으므로 '겸'은 명사이다.

**오답풀이** ② 여기에서 '아니'는 ((명사와 명사 사이에 쓰이거나, 문장과 문장 사이에 쓰여)) 어떤 사실을 더 강조할 때 쓰는 말로 '부사'이다. 하지만, '아니'가 묻는 말에 부정하여 대답하거나, 놀라거나 감탄스러울 때, 또는 의아스러울 때 쓰이면 '감탄사'이다.
③ '왁다글닥다글'이 뒤의 동사 '부딪치며'를 수식하므로 부사이다.
④ '비교적'은 뒤의 명사 '교통'이 아니라, '편리하다'를 꾸미므로 관형사가 아니라 부사이다.

## 08.

**정답풀이** '정말'은 동사 '먹었다'를 꾸미는 것이 아니라 부사 '많이'를 꾸미므로 이 선택지는 옳지 않다. '정말 먹었다'가 아니라 '정말 많이'로 꾸미는 것이 수식하는 의미 단위가 옳기 때문이다.

**오답풀이** ② 부사 '따르릉'이 명사 '소리'를 수식하고 있으므로 옳다.
③ '아주'는 관형사 '새'를 꾸며준다.
④ '맨'은 명사 '흙투성이'를 꾸며준다. '맨'이 '가장'의 의미를 가지면 관형사이고, '다른 것은 섞이지 아니하고 온통'의 뜻이 되면 '부사'이다. 여기에서는 '부사'로 쓰인 것이다. 부사도 명사를 수식할 수 있다.

## 09.

**정답풀이** 둘 이상의 사물이 나열될 때 쓰는 '들'은 의존명사이므로 '명사'로 보는 것은 적절하다. 다만 명사에 결합되어 쓰이는 '들'은 복수 접미사이다.

**오답풀이** ② '그'는 체언 '여자'를 수식하고 있으므로 관형사이다.
③ '보다'는 부사 '많이'를 수식하고 있으므로 부사이다.
부사는 주로 용언을 수식하지만 이렇게 부사, 관형사, 명사, 문장 전체도 수식할 수 있다.
④ '요'는 감탄사가 아니라 청자에게 존댓말할 때 쓰는 보조사이다.

**정답**

01 ④ 02 ③ 03 ④ 04 ② 05 ③ 06 ② 07 ① 08 ① 09 ①

빈출 순위별 예상 문제

# 1편 형태론 CH.06 수식언 : 관형사, 부사



## 亦功 최빈출

**01.** 밑줄 친 부분의 품사가 나머지와 다른 하나는?

① 철수는 외딴 학교로 발령이 났다.
② 허튼 말을 하다가는 손목 날아간다.
③ 오랜 세월 그는 행복하게 지냈다.
④ 철수는 긴 고민 끝에 결정을 내렸다.

**02.** 밑줄 친 부사 중 기능상 분류가 나머지와 다른 하나는?

① 그딴 마음가짐으로 과연 잘 먹고 잘 살 수 있을까?
② 그 옷이 정말 그렇게 잘 팔렸는지는 알 수 없다.
③ 그녀는 집으로 바로 갔다.
④ 비난이나 반대는 무슨 일에나 응당 있는 일이다.

**03.** 밑줄 친 부사 중 기능상 분류가 나머지와 다른 하나는?

① 설마 너까지 나를 의심하는 것은 아니겠지?
② 제발 비가 왔으면 좋겠다.
③ 그것은 결코 우연한 일이 아니었다.
④ 그녀는 우산을 쓰고 그를 항상 기다렸다.

**04.** 밑줄 친 부분의 품사가 나머지와 다른 하나는?

① 온갖 나비가 날아 들었다.
② 바로 너만 나를 바꿀 수 있다.
③ 나는 갖은 양념을 찌개에 하였다.
④ 역공녀는 사교적 성격을 가졌다.

**05.** 부사의 성격이 다른 하나는?

① 확실히 그 사람은 참 멋있다.
② 그래서 그녀는 행복하게 살았다.
③ 보다 나은 내일을 위해 노력해라.
④ 정치, 경제 및 문화

**06.** 밑줄 친 부분의 품사가 다른 하나는?

① 시냇물이 졸졸 흐른다.
② 글쎄, 한번 더 생각해 봐야겠어
③ 아기는 짜증을 자주 낸다.
④ 한국은 이제야 코로나를 진정했다.

**07.** 밑줄 친 부분 중에서 품사가 다른 하나는?

① 인사도 할 겸 모이자.
② 손이 저리다. 아니, 아프다.
③ 구슬들이 와다글닥다글 부딪치며 굴러갔다.
④ 그녀는 비교적 교통이 편리하다.

**08.** 다음 중 국어의 부사에 대한 설명으로 가장 적절하지 않은 것은?

① "그녀는 정말 많이 먹었다."에서 '정말'은 동사를 꾸며준다.
② "철수는 따르릉 소리에 잠을 깨었다"에서 '따르릉'은 부사가 명사를 수식하는 특이한 경우이다.
③ "그녀는 아주 새 책을 얻었다."에서 '아주'는 관형사를 꾸며준다.
④ "아이는 맨 흙투성이로 집에 들어왔다."에서 '맨'은 명사를 꾸며준다.

**09.** 〈보기〉의 밑줄 친 단어에 대한 품사 분류가 옳은 것은?

> 〈보기〉
> 잠자리, 애벌레, 딱정벌레 들을 그 여자가 잡아서, 앞으로는 보다 많이 곤충을 잡겠다고 하였다. 말씀 드렸어요.

① 들 – 명사
② 그 – 대명사
③ 보다 – 조사
④ 요 – 감탄사

## 10.

정답풀이 '여남은'이 뒤의 단위 명사 '살'을 수식하므로 '여남은'은 관형사이다. '수사와 관형사의 구별'은 조사의 결합 여부로 판단하는 것이 좋다. 수사는 체언이라서 조사와 결합이 가능하다. 하지만 관형사는 조사와 결합할 수 없다.

오답풀이 ① '하나둘'은 "하나둘(이) 모여 가기 시작했다"처럼 조사가 결합할 수 있는 수사이다.
② "대여섯(이) 짝을 지어 가다."처럼 조사가 결합할 수 있는 수사이다.
③ 조사 '밖에'가 붙었으므로 수사이다.

## 11.

정답풀이 '하고많은'은 형용사 어간 '하고많은-'에 관형사형 어미 '-(으)ㄴ'이 결합한 것이다. 어미는 품사를 결정하지 않는다. 따라서 '하고많-'은 형용사이므로 '하고많은'은 형용사이다.

오답풀이 '고얀, 긴긴, 한다하는'은 관형사이다.

정답

10 ④ 11 ③

**10. 밑줄 친 부분의 품사가 다른 하나는?**

① 하나둘 모여 가기 시작했다.
② 대여섯 짝을 지어 가다.
③ 여남은밖에 남지 않았다.
④ 여남은 살쯤 되어 보이는 사내아이로 보였다.

### 亦功 중간 빈출, 제3빈출

**11. 밑줄 친 부분의 품사가 나머지와 다른 하나는?**

① 고얀 녀석 같으니라고.
② 긴긴 세월을 열심히 살았다.
③ 하고많은 사람 중에 왜 나인 것이냐?
④ 철수는 한다하는 집안에서 태어났다.

# Chapter 07 명사형 어미 '(으)ㅁ/기' vs 명사 파생 접사 '(으)ㅁ/기' 구별

관련교재 [ 요 족집게 적중 노트 p.34 / 개 개새기(기출) 문법 p.83 ]

## 출.좋.포 9 명사형 어미 vs 명사 파생 접사, '-(으)ㅁ/기' 구별하기

| | 용언 어간+명사형 어미 | 어근+명사 파생 접사 |
|---|---|---|
| 품사 | 동사, 형용사 | 명사 |
| 꾸밈 | 부사어<br>예 그는 '초상화를 잘 그림'이라고 썼다. | 관형어<br>예 그는 밤새 믿기지 않는 꿈을 꾸었다. |
| 서술성 | 있음 [황금을 보다(목적어-서술어)]<br>예 황금을 보기를 돌같이 하라. | 없음 [나의 죽다(×)]<br>예 나의 죽음을 적에게 알리지 마라. |
| 선어말 어미 '었/았' | 결합 가능 (태산이 높았음 ○)<br>예 태산이 높음을 사람들은 알지 못한다. | 결합 불가능 (수줍었음 ×)<br>예 그는 수줍음이 많은 사람이다. |

## 01.

정답풀이 '얼음' 사이에 과거시제 선어말 어미를 넣었을 때 뜻이 통하는 것은 명사형이고, 뜻이 통하지 않는 것은 명사이다. '얼었음'이 자주 얼었다는 표현은 어색하므로 '얼음'은 명사이다. 여기에서 '-음'은 명사형 어미가 아니라 명사 파생 접사인 것이다.

오답풀이 ① ㉠의 '삶'의 '-ㅁ'은 명사형 어미가 아니라 명사 파생 접사이다. 앞에 관형어 '불우한'의 꾸밈을 받는 것을 보면 '삶'은 명사이기 때문이다.
③ ㉢의 '잠[1]'의 '-ㅁ'은 명사형 어미가 아니라 명사 파생 접사이다. 관형어 '그러한'의 수식을 받으므로 '잠[1]'은 명사형이 아니라 명사이다. '잠[2]'의 '-ㅁ'은 접미사가 아니라 명사형 어미이다. '달콤한 잠을 자다'처럼 서술성이 있기 때문에 동사의 명사형이라고 볼 수 있다. '잠[2]'에 부사 '자주'를 넣었을 때 말이 되는 것을 보면 '잠[2]'는 용언임을 알 수 있다.
④ 부사어 '잘'의 수식을 받으므로 '그림'의 '-ㅁ'은 접미사가 아니라 명사형 어미이다. '유화를 잘 그리다'처럼 서술성이 있으므로 여기에서의 '그림'은 명사가 아니라 동사의 명사형인 것이다.

## 02.

정답풀이 '그녀가 꿈을 꿈'은 '그녀가 꿈을 꾸다'에서 보듯이, 서술성이 있으므로 밑줄 친 '꿈'의 '-ㅁ'은 명사형 어미이다. 여기에서 밑줄 친 '꿈'은 명사 파생 접사가 아니라 명사형 어미가 결합된 것이므로, 품사는 '꾸다'와 같은 형용사이다.

오답풀이 ① '걷다'는 'ㄷ' 불규칙 용언이므로 모음 접미사와 결합할 때 'ㄷ'이 'ㄹ'로 교체되는 것이다. 관형어 '걸어온'의 꾸밈을 받으므로 '걸음'은 명사임을 알 수 있다. 따라서 '걸음'의 '음'은 명사를 만드는 접미사이다.
② '앎'에 선어말 어미 '-았-'을 넣어서 '알았음'을 저 문장에 치환시키면 매우 어색해지는 것을 볼 때, '앎'은 하나의 명사이다. 따라서 '앎'의 'ㅁ'은 명사를 만드는 접미사이다.
③ '졸음'에 선어말 어미 '-았-'을 넣어서 '졸았음'을 저 문장에 치환시키면 매우 어색해지는 것을 볼 때, '졸음'은 하나의 명사이다. 따라서 '졸음'의 '음'은 명사를 만드는 접미사이다.
'엄청난'이라는 관형어를 '졸음' 앞에 넣을 수 있다는 점도 '졸음'이 명사임을 알게 해주는 점이다.

정답

01 ② 02 ④ 03 ① 04 ② 05 ②

## 03.

정답풀이 '가기'는 부사어 '집에'의 수식을 받으면서 '나는 집에 가다'와 같이 서술성이 있기 때문에 품사가 동사임을 알 수 있다.
㉠ '잠'은 부사어 '잘'의 수식을 받을 수 있고 '깊은 잠을 자다'와 같이 서술성이 있기 때문에 품사가 동사임을 알 수 있다.
㉡ '웃음'은 부사어 '빙그레'의 수식을 받을 수 있고 '그녀가 빙그레 웃었다'와 같이 서술성이 있기 때문에 품사가 동사임을 알 수 있다.

오답풀이 ㉢ 관형어 '그의'의 꾸밈을 받으므로 '바람(바라+ㅁ(명사 파생 접사))'은 명사이다.
㉣ 관형어 '신실한'의 꾸밈을 받을 수 있으므로 '믿음(믿+음(명사 파생 접사))'은 명사이다. 과거 시제 선어말 어미를 넣어 '믿었음'을 넣었을 때 말이 안되므로 명사이다.

## 04.

정답풀이 ㉠ '년'은 '십'이라는 수관형사의 수식을 받는 명사이다. '만'은 '동안이 얼마 계속되었음을 뜻하는 말.'로 명사이다. '만'은 앞의 '십 년'의 수식을 받는 명사이다.
㉡ '한'은 관형어 '가능한'의 꾸밈을 받는 명사이다. '한'은 조건이나 상황, 경우의 뜻을 나타낸다.
㉢ '뿐'은 '웃을'의 꾸밈을 받는 명사이다.

오답풀이 ㉠ '만남'은 '그 친구를 만나다.'처럼 서술성이 있으므로 명사가 아니라 동사이다. '목적어-서술어'의 구성은 서술성이 있다고 볼 수 있다. '해결'은 '해결되다'라는 동사의 일부일 뿐이므로 명사라고 볼 수 없다.
㉡ '청소'는 '청소하다'라는 동사의 일부일 뿐이므로 명사라고 볼 수 없다.
㉣ '보기'는 '나를 보다'처럼 서술성이 있으므로 명사가 아니라 동사이다. 목적어-서술어'의 구성은 서술성이 있다고 볼 수 있다.

## 05.

정답풀이 '온 가족이 함께 걷다'와 같이 서술성이 있으므로 '걷기'는 동사이다.

오답풀이 ① '읽기'는 과목의 이름으로 '국어 학습에서, 글을 바르게 읽고 이해하는 일.'을 의미하는 명사이다. 관형어 '어려운'을 넣어도 자연스럽다.
③ '달리기'는 일정한 거리를 빨리 달리는 것을 겨루는 일을 의미하는 명사이다. '역공녀는 치타보다 달리다'는 어색하므로 '달리기'에는 서술성이 없으므로 명사이다.
④ 관형어 '보조 용언의'의 수식을 받으므로 '띄어쓰기'는 명사이다.

빈출 순위별 예상 문제

# 1편 형태론 CH.07 명사형 어미 '(으)ㅁ/기' vs 명사 파생 접사 '(으)ㅁ/기' 구별



## 亦功 최빈출

**01.** 다음 중 〈보기 1〉을 바탕으로 〈보기 2〉에 대해 탐구한 것 중에서 올바른 것은?

(보기1)

'-ㅁ/-음'에 대하여

- 명사형 어미: 동사의 어간 뒤에 붙어서 동사를 명사형이 되게 하는 역할을 한다. 동사의 명사형은 서술성이 있어 주어를 서술하며 품사가 변하지 않는다. 앞에 부사적 표현이 쓰일 수 있다.
- 접미사: 동사의 어간 뒤에 붙어서 동사를 명사로 파생시킨다. 파생된 명사는 서술성이 없으므로 앞에 부사적 표현이 쓰일 수 없고, 관형어가 올 수 있다.

(보기2)

㉠ 그의 선조들은 불우한 삶을 살았다.
㉡ 겨울이어서 노면에 얼음이 자주 얼었다.
㉢ 달콤한 잠[1]을 잠[2]은 그 때문이었다.
㉣ 그는 '유화를 잘 그림'이라고 썼다.

① ㉠의 '삶'의 '-ㅁ'은 명사형 어미이다.
② ㉡의 '얼음'은 '얼다'라는 동사에서 파생된 명사이다.
③ ㉢의 '잠[1]'의 '-ㅁ'은 명사형 어미이고, '잠[2]'의 '-ㅁ'은 접미사이다.
④ ㉣의 '그림'은 '잘'의 수식을 받으므로 '그림'의 '-ㅁ'은 접미사이다.

**02.** 밑줄 친 부분에 해당하는 것은?

'-ㅁ/-음'은 'ㄹ'을 제외한 받침 있는 용언의 어간이나 어미 '-었-', '-겠-' 뒤에 붙어, 그 말이 명사 구실을 하게 하는 어미로 쓰이는 경우와, 어간 말음이 자음인 용언 어간 뒤에 붙어 명사를 만드는 접미사로 쓰이는 경우가 있다.

① 그가 걸어온 걸음은 사람들의 본보기가 되었다.
② 앎은 힘이다.
③ 동생은 졸음을 참아 가며 운전했다.
④ 그녀가 꿈을 꿈은 그를 웃게 했다.

**03.** ㉠~㉣ 중 다음 밑줄 친 '가기'와 품사가 같은 것을 모두 고른 것은?

나는 집에 가기 싫다.

- 영희는 깊은 잠을 ㉠ 잠으로써 피로를 풀었다.
- 그녀가 ㉡ 웃음으로써 막이 끝났다.
- 그의 ㉢ 바람은 내가 건강해지는 것이었다.
- 그는 ㉣ 믿음을 가진 기독교 신자이다.

① ㉠, ㉡　　② ㉠, ㉣
③ ㉡, ㉢　　④ ㉡, ㉣

**04.** 밑줄 친 단어 중 명사를 모두 고른 것은?

㉠ 십 년 만에 그 친구를 만남으로써 갈등이 다소 해결되었다.
㉡ 가능한 한 깨끗하게 청소하여라.
㉢ 그녀는 웃을 뿐 말이 없었다.
㉣ 나를 보기 위해 왔니?

① 년, 만남, 해결, 뿐　　② 년, 만, 한, 뿐
③ 만, 한, 뿐, 보기　　④ 한, 청소, 만남, 보기

## 亦功 중간 빈출, 제3빈출

**05.** 다음 밑줄 친 단어 중 품사가 다른 하나는 무엇인가?

① 역공녀는 '듣기, 말하기, 읽기' 과목 시험에서 일등을 했다.
② 지난겨울에는 '온 가족이 함께 걷기' 대회에 참석했다.
③ 역공녀는 치타보다 달리기를 잘한다.
④ 보조 용언의 띄어쓰기는 헷갈리는 부분이다.

# Chapter 08 품사 복합

## 01.

정답풀이 ㉢ '낡다, 늙다'는 시간이 지나면서 나타나는 현상이므로 동사이다.

㉣ '이쁘다'는 형용사이지만 '이뻐하다, 예뻐지다'는 동사이다. '역공녀를 이뻐하다'를 보면 목적어가 있으니 동사임을 알 수 있다. '예뻐지다'는 시간이 지나면서 나타나는 현상이므로 동사이다.

오답풀이 ㉠: '다른'은 형용사 '다르다'의 활용형일 수도 있고 '딴.'의 뜻으로 쓰이는 관형사일 수도 있다. 그런데 ㉠에서 '딴'을 넣었을 때 자연스러우므로 관형사이다.

㉡ '성격이 다르다'처럼 서술성이 있으므로 형용사이다. '다른'은 '다르다'의 활용형인 것이다.

㉤ '맞다'는 동사이지만 '걸맞다, 알맞다'는 항상 형용사이다. 그래서 '걸맞다, 알맞다'는 현재 관형사형 어미 '는'이 붙지 못하고 '은'이 붙는다.

## 02.

정답풀이 ㉠ 형용사 어간 '빠르'에 관형사형 어미 'ㄴ'이 붙었을 뿐이다. 어미는 품사를 바꾸지 못하므로 '빠른'의 품사는 형용사이다.

㉡ 형용사 어간 '빠르'에 부사형 어미 '게'가 붙었을 뿐이다. 어미는 품사를 바꾸지 못하므로 '빠르게'의 품사는 형용사이다.

오답풀이 나머지는 모두 품사가 다르다.

② ㉠: '이성적'이 체언 '동물'을 수식하므로 관형사이다.
㉡: '이성적' 뒤에 조사 '으로'가 붙었으므로 명사이다.

③ ㉠: '내일, 오늘, 어제(의) 시험'으로 관형격 조사가 생략되어 '내일, 오늘, 어제'는 명사임을 알 수 있다. '내일, 오늘, 어제'가 뒤의 명사 '시험'을 꾸미고 있다.
㉡: '내일, 오늘, 어제'가 뒤의 서술어 '보기로 하였다'를 수식하므로 '내일, 오늘, 어제'는 부사이다.

④ ㉠: '진짜'가 용언 '아팠어'를 수식하므로 부사이다.
㉡: '진짜' 뒤에 조사 '처럼'이 붙었으므로 명사이다.

## 03.

정답풀이 • 부사 '충분히'가 수식하는 '잠'은 동사이다.

• '누워 자기'의 '자기'는 동사 '누워(서)' 뒤에 이어져 있는데, '누워(서)'의 어미 '-어(서)'는 수단이나 방법을 나타내는 연결 어미이므로 '누워(서)'의 뒤에는 품사가 동일한 용언이 이어져야 한다. 따라서 '자기'는 동사이다.

오답풀이 ① • 대명사 '나' 뒤에 결합하였으므로 '만큼'은 조사이다. 용언의 관형사형 '날'이 뒤의 '만큼'을 수식하므로 '만큼'은 명사이다.

② • 서술격 조사 '이다'와 결합한 '여섯'은 수사이다.
• 단위 명사 '그릇'을 꾸미는 '여섯'은 관형사이다.

③ • '머리카락, 수염 따위가 자라다.'의 의미의 '길다'는 변화를 나타내므로 동사이다.
• '머리카락, 수염 따위가 자라다.'의 의미 이외의 '길다'는 형용사이다.

## 04.

정답풀이 ㉠의 '첫째'는 수의 의미를 가지는 것이 아니라 '맏이(사람)'를 의미하므로 수사가 아니라 명사이다. ㉡의 '첫째'는 뒤에 오는 명사 '주'를 수식하고 있으므로 관형사이다.

오답풀이 ① • '가장 앞서는 것(= most important)'을 의미하는 것은 순서와 관련이 없으므로 명사이다. 신발에서 가장 중요한 것을 말하고 있으므로 '첫째'는 명사이다. ('맏이'를 의미하는 '첫째'도 명사이다)
• 박 회장이 원하는 것에 단순히 순서를 매겨서 설명하는 것이므로 '첫째'는 수사이다.

② ㉠의 '아무'는 조사와 결합하였으므로 대명사이다. ㉡의 '아무'는 뒤에 오는 명사 '말'을 수식하므로 관형사이다.

④ ㉠의 '딴'은 조사 '에는'과 결합하였으므로 명사이다. ㉡의 '딴'은 명사 '생각'을 수식하므로 관형사이다.

## 05.

정답풀이 • 아니, 못 가: '아니'는 그렇지 아니하다는 뜻을 대답으로 하는 감탄사이다.

• 아니, 이럴 수가 있나?: '아니'는 놀라거나 감탄스러울 때, 또는 의아스러울 때 하는 감탄사이다.

오답풀이 ① • '생김새가 어떻다'에서 형용사 어간 '어떻-'에 관형사형 전성 어미 '-ㄴ'이 붙어 ㅎ이 탈락된 것이므로 이는 불변어인 관형사가 아니라 가변어인 형용사이다.
• '어떤'은 형태를 바꿀 수 없는 불변어이므로 관형사이다.

③ • '사정이 그렇다'에서 형용사 어간 '그렇-'에 관형사형 전성 어미 '-ㄴ'이 붙어 ㅎ이 탈락된 것이므로 이는 불변어인 관형사가 아니라 가변어인 형용사이다.
• '그런'은 형태를 바꿀 수 없는 불변어이므로 관형사이다.

④ • '열을 배우면 백을 안다'의 '백'의 품사는 뒤의 조사가 붙은 것을 보면 수사이다.
• '백 말을 한다'에서 '백'이 직접 체언을 꾸미므로 '백'은 수 관형사이다.

정답

01 ③ 02 ① 03 ④ 04 ③ 05 ②

빈출 순위별 예상 문제

# 1편 형태론 CH.08 품사 복합



## 亦功 최빈출

**01. 밑줄 친 단어의 품사를 같은 것끼리 묶은 것은?**

> • 너는 ㉠ 다른 사람과 이야기를 나누는 것을 잘 한다.
> • 성격이 ㉡ 다른 사람끼리 잘 사귄다.
> • 집이 무척 ㉢ 낡았다.
> • 그녀는 자꾸만 ㉣ 이뻐졌다.
> • ㉤ 알맞은 답을 고르시오.

① ㉠, ㉡ ② ㉡, ㉢
③ ㉢, ㉣ ④ ㉣, ㉤

**02. ㉠, ㉡의 밑줄 친 단어의 품사가 서로 같은 것은?**

① ㉠: 비행기가 빠른 속도로 날았다.
㉡: 비행기가 빠르게 날았다.
② ㉠: 인간은 이성적 동물이다.
㉡: 우리 이성적으로 생각하자.
③ ㉠: 내일(오늘, 어제) 시험은 잘 준비하니?
㉡: 그들은 내일(오늘, 어제) 보기로 하였다.
④ ㉠: 마음이 진짜 아팠어.
㉡: 모조품을 진짜처럼 만들었다.

**03. 다음에서 밑줄 친 단어의 품사가 같은 것은?**

① 나만큼 널 사랑하는 사람은 없다.
눈물이 날 만큼 고향이 그리웠다.
② 셋에 셋을 더하면 여섯이다.
역공녀는 밥 여섯 그릇을 먹었다.
③ 짧게 깎았던 머리가 꽤 많이 길었다.
여름에는 낮이 밤보다 길다.
④ 그는 충분히 잠으로써 피로를 풀었다.
허리가 아파 바르게 누워 자기가 어렵다.

**04. 밑줄 친 단어의 품사가 적절하지 않은 것은?**

① ㉠ 신발은 첫째로 발이 편해야 한다.
㉡ 박 사장이 원하는 것의 첫째는 명예요, 둘째는 돈이다.
② ㉠ 파티에 갔지만 아무도 없었다. (대명사)
㉡ 그는 아무 말도 없이 돌아갔다. (관형사)
③ ㉠ 옆집 첫째가 벌써 중학교 2학년이래. (수사)
㉡ 매월 첫째 주 월요일에 빵집이 열린다. (관형사)
④ ㉠ 제 딴에는 열심히 했는데 조금 부족했나 봐요. (명사)
㉡ 집 가다가 딴 생각을 해서 집을 지나쳤다. (관형사)

**05. 다음 중 품사가 같은 하나는?**

① 도대체 생김새가 어떤 사람이니?
어떤 생각을 하고 있니?
② 올 테냐? 아니, 못 가
아니, 이럴 수가 있나?
③ 사정이 그런 걸 어떻게 하겠어요.
그녀는 그런 사실을 몰랐다.
④ 열을 배우면 백을 안다.
열 사람이 백 말을 한다.

## 06.

정답풀이 명사 '비교'에 접미사 '적(的)'이 붙은 파생어 '비교적'은 문장에서의 쓰임에 따라 부사, 관형사, 명사의 3가지의 품사를 갖는다. ①의 첫 번째 '비교적'은 후행하는 '날씨'를 수식하는 것이 아니라 서술어 '추운데'를 수식하므로 부사이다. 두 번째 '비교적'은 뒤의 용언 '쉬운'을 수식하므로 '부사'로 동일하다.

✓ 접미사 적(的)이 붙은 낱말이 조사를 취하면 '명사', 뒤의 체언을 꾸미면 '관형사', 부사나 용언을 꾸미면 '부사'이다.

오답풀이 ② 첫 번째 문장의 '대로'는 관형어 '들어오는'의 수식을 받는 '의존 명사'이고, 두 번째 '대로'는 명사 '멋' 뒤에 왔기 때문에 '조사'이다.

✓ '대로, 만큼, 뿐' 앞에서 관형어가 수식하고 있으면 앞말과 띄어 써야 하는 '의존 명사'이지만 앞에 체언이 있는 경우에는 체언에 붙여 써야 하는 '조사'이다.

③ 첫 번째 문장의 '잘못'은 서술격 조사 '이다'('입니다'는 '이다'의 활용형)와 결합했으므로 '명사'이다. 두 번째 '잘못'은 서술어 '이해하여'를 수식하므로 '부사'이다.

✓ '잘못'은 조사를 취하면 '명사', 부사나 용언을 꾸미면 '부사'이다.

④ 첫 번째 문장의 '이'는 체언 '사람'을 수식하므로 '관형사'이고, 두 번째 '이'는 조사 '보다'와 결합했기 때문에 '대명사'이다.

✓ '이, 그, 저'가 체언을 수식하면 '관형사', 조사를 취하면 '대명사'이다.

## 07.

정답풀이 '10년 만에'의 '만'은 시기나 햇수가 꽉 참을 의미하는 의존 명사이다. '10년'이 '만'을 수식한다. '너만'의 '만'은 대명사 뒤에 바로 결합되어 있으므로 조사이다. 따라서 이들은 의존 명사-조사의 짝이다.

오답풀이 나머지는 '의존 명사 – 어미'의 짝이다.

① '떠나온 지'의 '지'는 용언의 관형형 '떠나온'의 수식을 받으므로 의존 명사이다 '지'는 지금까지의 동안의 뜻을 나타낸다. 시간을 의미하는 경우가 아니라면 '지'는 어미이다. 따라서 '먹은지'의 'ㄴ지'는 하나의 어미이므로 '지'는 어미의 일부이다.

③ '먹은 걸'의 '걸'은 '것을'의 준말이다. 용언의 관형형 '먹을'이 뒤의 '것'을 수식하므로 '것'은 명사이다. '갈걸'에서 'ㄹ걸'은 아쉬움이나 후회, 추측을 의미하는 종결 어미이다. 따라서 여기에서의 '걸'은 어미의 일부이다.

④ '할 만큼 했다.'의 '만큼'은 용언의 관형형 '할'의 수식을 받으므로 의존 명사이다. '나는 밥통째 먹으리만큼 배가 고팠다.'의 '만큼'은 '-으리만큼'의 형태로 쓰여 '-을 정도로'의 뜻을 나타내는 연결 어미이다.

## 08.

정답풀이 '바로'가 뒤의 명사를 수식하는 경우가 있어도 '바로'는 부사로 등재되어 있다. 이처럼 명사를 수식함에도 부사로 인정되는 부사는 '유독, 겨우, 오직' 등이 있다.

오답풀이 ① '요'는 높임의 보조사로서 거의 모든 성분에 붙을 수 있다.

예 제가요, 국어를요, 좋아하는데요.

② '및'은 접속 부사이므로 '부사'이다.

③ 수사 '다섯'과 결합하고 있으므로 '뿐'은 조사이다.

## 09.

정답풀이 '그래서, 그런데, 그리고, 및, 또는, 혹은' 등은 문장 부사이므로 옳다.

오답풀이 ① 뒤에 단위성 의존 명사 '쾌'가 있기 때문에 '세'는 수사가 아니라 수 관형사이다. '세' 뒤에 조사가 붙지 못하는 것을 통해서도 수사가 아님을 알 수 있다.

② '싶다'는 대표적인 보조 형용사이므로 기억해 두자.

④ 뒤의 명사 '책'을 수식하므로 '어느'는 대명사가 아니라 관형사이다.

## 10.

정답풀이 ㉣ '저리'는 뒤의 용언 '가시면'을 꾸미는 지시 부사이다. '이리, 그리'도 마찬가지로 지시 부사이다. 화자, 청자와 멀리 있는 대상을 가리키는 것은 옳다.

오답풀이 ① 뒤에 조사가 붙었으므로 지시 대명사라고 볼 수 있다.

② 뒤의 명사 '집'을 수식하는 지시 관형사라고 볼 수 있다.

③ '이것, 저것, 그것'은 사물 대명사이다.

## 11.

정답풀이 '듯하다'는 ((동사나 형용사, 또는 '이다'의 관형사형 뒤에 쓰여)) 앞말이 뜻하는 사건이나 상태 따위를 짐작하거나 추측함을 나타내는 말로, 보조 형용사이다. 즉, 품사는 형용사이다.

| 보조 동사 | 보조 형용사 |
|---|---|
| 양하다, 체하다, 척하다 | 듯하다, 만하다, 듯싶다, 성싶다, 법하다, 뻔하다, 직하다 |

오답풀이 ②, ③, ④ 모두 관형어의 수식을 받는 의존 명사이다. 즉, 품사는 명사이다.

정답

06 ① 07 ② 08 ④ 09 ③ 10 ④ 11 ①

**06.** 밑줄 친 단어의 품사가 같은 것은?

① 비교적 날씨가 추운데 코트를 입고 왔네.
그는 비교적 쉬운 문제를 모두 맞혔다.
② 들어오는 대로 전화 좀 해 달라고 전해 주세요.
네 멋대로 일을 처리하면 안 된다.
③ 아이가 싸운 것은 제 잘못입니다.
뜻을 잘못 이해하여 시험이 어려웠다.
④ 이 사람이 내 가족이다.
이보다 더 큰 과일을 보냈다.

**07.** '의존 명사 – 조사'의 짝인 것은?

① 집을 떠나온 지 2년이 넘었다.
그녀가 밥을 먹은지 몰랐다.
② 10년 만에 우리는 만났다.
너만 와라.
③ 내가 먹은 걸 네가 알아?
아 밥만 먹고 갈걸
④ 할 만큼 했다.
나는 밥통째 먹으리만큼 배가 고팠다.

**08.** 밑줄 친 말의 품사를 잘 밝힌 것은?

① 당신을 사랑해요. – 어미
② 국어, 영어 및 한국사 – 접속어
③ 그래야 우리는 다섯뿐이다. – 명사
④ 바로 눈앞에 있는 것도 못 찾니? – 부사

**09.** 밑줄 친 말의 품사를 잘 밝힌 것은?

① 북어 세 쾌를 사 왔다. – 수사
② 나는 밥을 많이 먹고 싶다. – 동사
③ 그래서 그는 행복하게 살았습니다. – 부사
④ 역공녀는 어느 책을 쓰고자 하는 것일까? – 대명사

**10.** ㉠~㉣에 대한 설명으로 옳지 않은 것은?

• 그녀가 공무원이 되었대. ㉠ 이는 참으로 잘된 일이야.
• ㉡ 그 집이 싫으면 나가 봐.
• 아가는 ㉢ 저것이 좋대.
• ㉣ 저리 가면 된다.

① ㉠: 지시 대명사로 가까운 것이나 정보를 가리킬 때 쓴다.
② ㉡: 뒤의 명사를 수식하는 지시 관형사이다.
③ ㉢: 뒤에 조사가 붙은 사물 대명사이다.
④ ㉣: 화자, 청자와 멀리 있는 대상을 가리키는 지시 대명사이다.

## 亦功 중간 빈출, 제3빈출

**11.** 다음 중 밑줄 친 단어의 품사가 나머지 셋과 다른 하나는?

① 그녀가 슬퍼서 울 듯하다.
② 당신이 하고 싶은 대로 해.
③ 그는 도망가는 듯 보였다.
④ 나를 사랑하는 만큼 웃어봐라.

## 12.

정답풀이 첫째 문장에서 용언의 활용형인 '보기'는 〈동사 어간 '보-'+명사형 어미 '-기'〉의 구성이다. 접사가 아니라 '어미'가 붙었으므로 품사가 달라지지 않아 '보기'는 그대로 '동사'이다. '나를 보다'처럼 서술성도 있기 때문이다. 둘째 문장에서 '떠먹어 보았다'의 '보았다'도 보조동사이므로 둘다 품사가 동사로 같다.

오답풀이 ① 동음이의어 '낫다'는 품사가 다르다.
- '병이 낫다'의 '낫다'는 시간의 흐름에 따라 나아지는 것이므로 동사이다.
- 비교하는 의미의 '낫다'는 형용사이다.

③ • '울퉁불퉁한 것을 평평하게 하거나 들쭉날쭉한 것을 가지런하게 하다.'를 의미하는 것은 동사다.
- '차이가 없다.'를 의미하는 것은 형용사다.

④ • '가장 앞서는 것(=most important)'을 의미하는 것은 순서와 관련이 없으므로 명사이다. 신발에서 가장 중요한 것을 말하고 있으므로 '첫째'는 명사이다. ('맏이'를 의미하는 '첫째'도 명사이다)
- 박 회장이 원하는 것에 단순히 순서를 매겨서 설명하는 것이므로 '첫째'는 수사이다.

## 13.

정답풀이 '아름답게'는 '아름답다'의 어간에 부사형 전성 어미 '-게'가 결합된 것이다. 어미는 접사와는 달리 품사를 바꾸는 기능은 없으므로 '아름답게'는 '아름답다'와 마찬가지로 '형용사'이다.

오답풀이 나머지는 모두 부사이다.
① '두루'는 '빠짐없이 골고루'라는 뜻의 부사이다.
② '가장'은 '여럿 가운데 어느 것보다 정도가 높거나 세게'라는 뜻의 부사이다.
③ '아낌없다'는 형용사로서, 형용사 어간 '아낌없-'에 부사 파생 접미사 '-이'가 붙어 '아낌없이'는 부사가 되었으므로 품사는 '부사'이다.

## 14.

정답풀이 나머지는 부사이다. 하지만 '산뜻하게'는 '산뜻하다'가 활용한 것으로 형용사이다. 용언 어간 '산뜻하-'에 부사형 전성 어미 '-게'가 붙어 활용한 것이다. 어미는 품사를 바꾸지 못하므로 '산뜻하게'의 품사는 형용사이다.

오답풀이 ① 풍성히: 어근 '풍성'에 부사 파생 접사 '히'가 결합되어 아예 '부사'가 된 것이다.
③ 없이: 어근 '없-'에 부사 파생 접사 '이'가 결합되어 아예 '부사'가 된 것이다.
④ 되게: '아주 몹시. ≒되우, 된통.'을 의미하는 부사이다. '되다'가 활용된 것이 아님에 유의하여야 한다.

## 15.

정답풀이 '온갖'은 불변어로서 명사를 꾸미는 관형사가 맞다.

오답풀이 ② '새로운'은 형용사 어간 '새롭-' 에 어미 '-은'이 결합한 것이다. 'ㅂ'이 'ㅗ/ㅜ'로 교체되어 '새로운'이 된 것이다. 어미는 품사를 바꾸지 않으므로 '새로운'은 관형사가 아니라 형용사이다.
③ '아니라'는 형용사 어간 '아니-' 에 어미 '-라'가 결합한 것이다. '아니다'는 동사가 아니라 형용사이다.
④ '-어하다'가 붙은 '예뻐하다, 슬퍼하다, 미워하다, 그리워하다'는 모두 목적어를 갖기 때문에 항상 동사이다. 형용사는 옳지 않다.

## 16.

정답풀이 ① 가능한 **한 조건** 내에서 생각해 보자. (3개)
② **학기 말**에는 **날씨**가 **화창할** 것으로 예상되고 있었다.(4개)
③ **키 큰 순**으로 서서 몇 **명**까지 가는지 확인해라. (3개)
④ **감각적**으로 꾸민 **데**가 **마음**에 드는 **모양**이다. (4개)

정답

12 ② 13 ④ 14 ② 15 ① 16 ① 3개 ② 4개 ③ 3개 ④ 4개

**12.** 밑줄 친 단어가 같은 품사로 묶인 것은?

① 병이 씻은 듯이 나았다.
보다 나은 대우를 받고 싶다.

② 나 보기가 역겨워 가실 때에는 말없이 보내 드리겠습니다.
철수는 떡국을 떠먹어 보았다.

③ 그는 농사를 위해 땅을 고르는 중이다.
이익을 고르게 분배하고 있다.

④ 신발은 첫째로 발이 편해야 한다.
박 회장이 원하는 것의 첫째는 명예요, 둘째는 돈이다.

**13.** 다음 예문의 밑줄 친 단어 가운데 품사가 다른 하나는?

① 그녀는 음악을 두루 좋아했다.
② 그가 가장 사랑하는 음악은 저것이다.
③ 나의 사랑을 아낌없이 드립니다.
④ 당신과 아름답게 생을 마감하고 싶습니다.

**14.** 밑줄 친 단어의 품사가 나머지 셋과 다른 것은?

① 풍성히 내리는 눈이 예쁘다.
② 이발을 하니 산뜻하게 보이는구나.
③ 소리도 없이 비가 내렸다.
④ 말이 되게 많아서 짜증난다.

**15.** 밑줄 친 단어의 품사를 잘 설명한 것은?

① 장터에는 온갖 물건들이 있었다. (관형사)
② 새로운 세금 제도는 국민의 환영을 받았다. (관형사)
③ 그는 너가 아니라 그녀가 좋다. (동사)
④ 나를 사랑하는 것이 아니라 미워하는 것이다. (형용사)

## 亦功 난이도 조절용

**16.** 각 문장의 명사의 개수를 구하시오.

① 가능한 한 조건 내에서 생각해 보자. (　　)개
② 학기 말에는 날씨가 화창할 것으로 예상되고 있었다. (　　)개
③ 키 큰 순으로 서서 몇 명까지 가는지 확인해라. (　　)개
④ 감각적으로 꾸민 데가 마음에 드는 모양이다. (　　)개

박혜선 亦功 국어
**콤단문** 문법
콤팩트한 단원별 문제풀이

# 통사론

PART 02

관련교재
- 요 족집게 적중 노트 p.38~40
- 기 출좋포 문법 p.84~89

# Chapter 01 문장 성분의 이해

**대표 출좋포 한눈에 보기**

1. 보조사로 가린 문장 성분 파악하기
2. 주성분, 부속 성분, 독립 성분 구별하기

## 출.좋.포 1 문장 성분의 이해

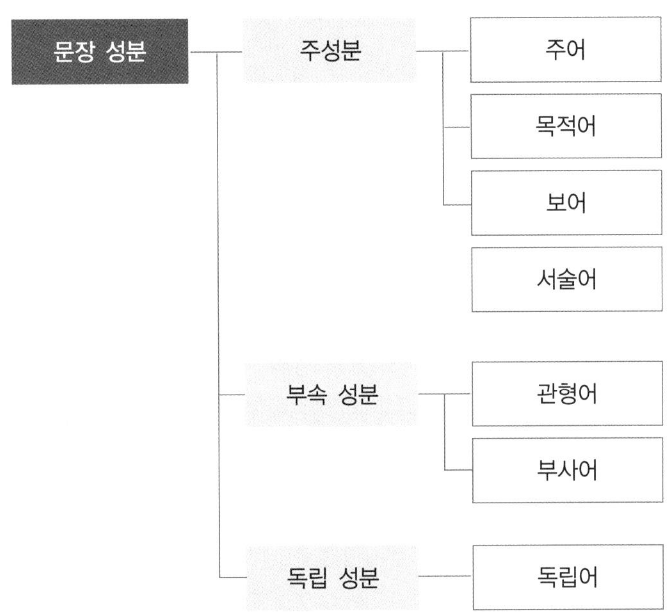

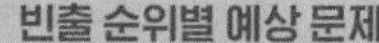

빈출 순위별 예상 문제

# 2편 통사론 CH.01 문장 성분의 이해



## 01.

정답풀이 '에서'는 보통 부사격 조사로 쓰이지만!!! 제한적으로 주격 조사로 쓰이는 경우가 있다. (제일 쉬운 방법은 주격 조사 '이/가'를 넣어보면 된다.) 앞에 단체 무정 명사가 나오면서 어떤 행위를 한 '주체의 책임'에 대한 의미를 갖는다면 '에서'는 더 이상 부사격 조사가 아니다. 주격 조사로서 기능하게 되므로 '학교에서'는 주어가 된다.

오답풀이 나머지 ②, ③, ④은 부사격 조사가 쓰인 것으로 부사어이다.

## 02.

정답풀이 '미연에'는 부사격 조사가 결합한 부사어이므로 주성분이 아니라 부속 성분이다. 부속 성분에는 부사어와 관형어가 있다. (참고로 필수 부사어는 주성분이 아니라 부속 성분이다)

오답풀이 주성분은 '주어, 목적어, 보어, 서술어'이다.
격 조사로 문장 성분을 파악할 수 있지만, 격 조사가 아니라 보조사가 결합된 경우에는 자연스러운 격 조사를 넣어서 파악해야 한다.

① 그는(주어) 그녀에게(부사어) 편지만(목적어) 부쳤다(서술어) : '편지만'을 '편지를'로 고치면 자연스럽다. 따라서 '편지만'은 목적어이므로 주성분이다.
② 철수는(주어) 그(관형어) 공무원도(보어) 되었다.(서술어) : '공무원도'를 '공무원이'로 고치면 자연스럽다. 뒤에 '되다, 아니다'가 오는 경우에는 앞이 보어가 된다. 따라서 '공무원도'는 보어이므로 주성분이다.
④ 정부에서(주어) 실시한(관형어) 조사(관형어) 결과가(주어) 발표되었다(서술어) : 주격 조사 '에서'가 쓰였으므로 '정부에서'는 주어이므로 주성분이다.

## 03.

정답풀이 밑줄 친 부분은 모두 격 조사를 생략시킨 보조사가 있다. 보조사는 격 조사처럼 문장 성분의 자격을 부여하는 중요한 능력이 없다. 따라서 이들 보조사를 격 조사로 바꾸어 보면 문장 성분을 쉽게 구별할 수 있다. 뒤에 있는 서술어를 보고 격 조사를 충분히 알아낼 수 있다. ②는 '바람(이) 불었다.'와 같이 쓰이므로, 주격 조사가 들어가는 것이 자연스럽다. 즉, 문장 성분은 주어이다.

오답풀이 나머지 모두 문장에서 목적어로 쓰였다.
① 노래도(노래를) 안 부르고
③ 영희만(영희를) 좋아한다.
④ 이 일부터(일을) 슬퍼할

정답

01 ① 02 ③ 03 ②

## 亦功 최빈출

**01. 밑줄 친 부분의 문장 성분이 나머지 셋과 다른 하나는?**

① 이번 대회는 우리 학교에서 우승을 차지했다.
② 그저 조그마한 보탬이라도 되고자 하는 뜻에서 행한 일이다.
③ 그는 모 기업에서 돈을 받은 혐의로 현재 조사 중에 있다.
④ 이 사과는 마트에서 팔던 것이다.

**02. 밑줄 친 부분이 주성분이 아닌 것은?**

① 그는 그녀에게 편지만 부쳤다.
② 철수는 그 공무원도 되었다.
③ 우리가 사고를 미연에 방지하지 못했다.
④ 정부에서 실시한 조사 결과가 발표되었다.

**03. 밑줄 친 부분의 문장 성분이 다른 하나는?**

① 그는 노래도 안 부르고 술만 먹었다.
② 비가 내리고 바람까지 불었다.
③ 철수는 예쁜 영희만 좋아한다.
④ 이 일부터 슬퍼할 필요는 없다.

## 04.

정답풀이 '아주'는 뒤의 부사 '빨리'를 꾸미므로 부사어이다. 부사어는 용언을 꾸미는 것 외에도, 관형사, 부사, 체언을 수식하기도 한다.

오답풀이 나머지는 체언을 꾸미므로 문장 성분이 관형어이다.
① 관형격 조사 '의'가 붙었으므로 '아버지의'는 관형어이다.
③ 뒤의 체언을 꾸미는 '바로'는 품사는 부사이지만 문장 성분은 관형어이다. '바로'가 체언인 '눈앞'을 꾸미므로 문장 성분은 관형어이다. 이와 같은 부사이자 관형어인 단어는 '오직, 겨우, 고작, 다만, 단지, 유독, 무려, 제일, 가장' 등이 있다.
예 바로 너 / 오직 너 / 겨우(고작) 하루 / 다만(단지) 꿈 / 유독(제일, 가장) 미인
④ '혜선이를 그린'이 관형절이므로 관형어이다.

## 05.

정답풀이 '성실하지를'에서 목적격 조사 '를'이 쓰였지만 '성실하지를'은 목적어가 아니다. '직원이'라는 주체의 상태를 서술해주는 기능을 하므로 '성실하지를 않아'라는 서술어의 일부인 뿐이다. 이 문장에서의 '를'은 목적격 조사가 아니라 강조의 뜻을 더하는 보조사이다.

오답풀이 나머지 '를'은 목적격 조사에 해당하므로 모두 목적어이다.
① '결정하다'는 목적어를 요구하는 서술어이다. '어느 날짜에 시험을 볼지'는 '결정하다'의 목적어에 해당한다. 보통 명사절은 '-음/기'가 결합되는 것이 일반적이지만 이렇게 어미 '-ㄹ지'가 쓰여 명사절의 형태가 되는 경우가 있다.
② '기다리다'는 목적어를 요구하는 서술어이다. '비가 오기'는 '기다리다'의 목적어에 해당한다. '비가 오기'는 명사형 어미 '기'가 결합된 명사절이다.
④ '생각하다'는 목적어를 요구하는 서술어이다. 따라서 '운동이 힘들고 쉽고'는 '생각하다'의 목적어에 해당한다. 보통 명사절은 '-음/기'가 결합되는 것이 일반적이지만 이렇게 '-고'가 쓰여 명사절의 형태가 되는 경우가 있다.

## 06.

정답풀이 '확실히'는 '영희는 공부를 잘한다.'의 문장 전체를 수식하는 문장 부사이다.
(의외로 = 명사 + 조사)

오답풀이 ① '활짝'은 '피었다'만 수식하는 성분 부사이다.
② '안'은 '먹는다.'만 수식하는 성분 부사이다.
④ '빨리'는 '와'만 수식하는 성분 부사이다.

부사어의 문장 내에서의 역할
2) 성분 부사어 & 문장 부사어
성분 부사어: 하나의 문장 성분만 수식
문장 부사어: 문장 전체를 수식 혹은 문장 접속

정답

04 ② 05 ③ 06 ③ 07 ② 08 ③ 09 ④

## 07.

정답풀이 부사어의 문장 내에서의 역할을 물어보는 문제의 출제 의도는 필수적인 부사어와 수의적인 부사어를 구분하는 것이다. '발각하게 생기다'의 '생기다'는 본용언 '발각되게'에 뜻을 더해주는 보조용언일 뿐이다. 따라서 용언의 부사형 '발각하게'는 본용언이므로 절대로 생략되어서는 안 되는 보조 용언이다. 또한 '예쁘게'도 생략하면 문장이 매우 부자연스러워지므로 필수적 부사어에 해당된다.

부사어의 문장 내에서의 역할
1) 필수적인 부사어 & 수의적인 부사어
필수적 부사어: 문장에서 생략 불가능
수의적 부사어: 문장에서 생략 가능

오답풀이 ① '빨갛게'는 용언의 부사형으로 뒤의 동사 '익었다.'를 수식하는 부사어이다. 생략되어도 문장의 의미가 어색하지 않다.
③ '보잘것없게'는 용언의 부사형으로 뒤의 동사 '마감했나.'를 수식하는 부사어이다. 생략되어도 문장의 의미가 어색하지 않다.
④ '널찍하게'는 용언의 부사형으로 뒤의 동사 '만들어야'를 수식하는 부사어이다. 생략되어도 문장의 의미가 어색하지 않다.

## 08.

정답풀이 '보내다'는 3자리 서술어로서, 부사어를 꼭 필요로 하므로 '친구에게'도 필수적인 문장 성분이 될 수 있다.

오답풀이 ① '아름답다'는 형용사로서, 주어만 필요한 1자리 서술어이다.
② '타다'는 주어와 목적어를 요구하는 2자리 서술어이므로 서술어까지 포함해서 ㉡에서 필수적인 문장 성분은 3개이다.
④ '예상되다'의 주어는 '해는' 하나뿐이다.

## 09.

정답풀이 '멀리'는 체언인 '빛'을 꾸미는 것이 아니기 때문에 관형어가 될 수 없다. '멀리'는 동사 '보일'을 꾸미는 부사어이다.

오답풀이 ① ㉠ 관형어 : '저'는 체언 '사람'을 꾸미므로 관형어이다.
② ㉡ 부사어 : '너무나'는 용언(형용사) '소중한'을 꾸미므로 부사어이다.
③ ㉢ 목적어 : '인생을'에서 목적격 조사 '을'이 쓰였으므로 목적어이다.

**04. 밑줄 친 부분의 문장 성분이 다른 하나는?**

① 집에는 아버지의 그림이 있다.
② 그 과정은 아주 빨리 진행되었다.
③ 바로 눈앞에 있는 것도 못 찾니?
④ 혜선이를 그린 그림을 가지고 있었다.

**05. 밑줄 친 부분 중에서 목적어가 아닌 것은?**

① 영희는 어느 날짜에 시험을 볼지를 결정하지 못했다.
② 농민들은 비가 오기를 기다렸다.
③ 직원이 성실하지를 않아 일이 어긋난다.
④ 철수는 운동이 힘들고 쉽고를 생각하지 않았다.

**06. 다음 설명을 참고할 때, 문장 부사어가 실현된 것은?**

| 부사어는 한 성분을 수식하느냐 문장 전체를 수식하느냐에 따라 성분 부사어와 문장 부사어로 나뉜다. |
|---|

① 진달래가 활짝 피었다.
② 호돌이가 사료를 안 먹는다.
③ 확실히 영희는 공부를 잘한다.
④ 일 끝나면 빨리 와.

## 亦功 중간 빈출, 제3빈출

**07. 밑줄 친 부사어의 문장 내에서의 역할이 나머지 셋과 가장 다른 것은?**

① 고기가 빨갛게 익었다.
② 은밀히 한 일이 발각되게 생겼다.
그 여자는 예쁘게 생겼다.
③ 두 사람은 보잘것없게 생을 마감했다.
④ 이 방은 널찍하게 만들어야 평수가 맞다.

**08. 〈보기〉를 바탕으로 '필요한 문장 성분'에 대해 판단한 내용으로 적절한 것은?**

| (보기) |
|---|
| ㉠ 비가 오는 거리는 너무 아름다웠다.<br>㉡ 영철이는 주차장에서 차를 탔다.<br>㉢ 그는 친구에게 선물을 보냈다.<br>㉣ 날씨가 갤는지 알 수 없지만 해는 뜰 것으로 예상된다. |

① ㉠에는 문장 성분이 여러 개 있지만 필수적인 것은 주어와 부사어와 서술어이다.
② ㉡에서 필수적인 문장 성분은 2개이다.
③ ㉢을 보면 문장의 부속 성분인 부사어 '친구에게'도 필수적인 문장 성분이 될 수 있다.
④ ㉣에는 서술어 '예상되다'의 주어가 2개이므로 중복되는 주어를 생략해야 한다.

**09. 다음 밑줄 친 부분의 문장 성분으로 적절하지 않은 것은?**

| ㉠ 저 사람을 욕하지 말아요. 이 세상 앞에서 그는 ㉡ 너무나 소중한 사람입니다. 그가 ㉢ 인생을 잘 살다 보면 깊은 굴속 ㉣ 멀리 빛이 보일 겁니다. |
|---|

① ㉠ 관형어
② ㉡ 부사어
③ ㉢ 목적어
④ ㉣ 관형어

관련교재
요 족집게 적중 노트 p.41
기 출좋포 문법 p.88

# Chapter 02 서술어의 자릿수

대표 출좋포 한눈에 보기

서술어의 자릿수 구하기

## 출.좋.포 2 서술어의 자릿수 : 서술어가 요구하는 필수 성분의 개수

| 구분 | 필요한 성분 | 서술어의 종류 | 예시 |
|---|---|---|---|
| 한 자리 서술어 | 주어 | 자동사, 형용사 | 예 꽃이 피었다.<br>꽃이 아름답다. |
| 두 자리 서술어 | 주어, 목적어 | 타동사 | 예 그녀는 노래를 불렀다. |
| | 주어, 보어 | 되다, 아니다 | 예 상익이는 공무원이 되었다. |
| | 주어, 필수 부사어 | 대칭 서술어<br>(마주치다, 부딪치다, 싸우다, 악수하다, 같다, 다르다, 닮다, 적합하다 등) | 예 영희는 철수와 닮았다.<br>이 책은 수험생들에게 적합하다.<br>영희는 철수와 싸웠다. |
| 세 자리 서술어 | 주어, 목적어, 필수 부사어 | 주다, 삼다, 넣다, 드리다, 바치다, 가르치다, 얹다, 간주하다, 여기다 등 | 예 아버지께서 나에게 편지를 주셨다.<br>그녀는 나를 사위로 삼았다.<br>그녀는 그를 범인으로 여겼다. |

빈출 순위별 예상 문제

# 2편 통사론 CH.02 서술어의 자릿수



## 亦功 최빈출

**01. 다음 문장 중 밑줄 친 서술어의 자릿수를 쓰시오.**

① 내일 보게 될 철수는 이제 연예인이 아니다.
② 오랜만에 본 엄마는 아들에게 밥을 주었다.
③ 역공녀가 동네 우체통에 세금서를 넣었어.
④ 그의 마음은 그녀와는 아주 달라.

**02 다음 중 밑줄 친 부분의 서술어의 자릿수를 잘못 제시한 것은?**

① 똑똑하게 수업을 들은 학생들이 도서관에서 책을 읽는다. → 두 자리 서술어
② 배가 많이 고팠던 영희는 불고기를 맛있게 먹었다. → 두 자리 서술어
③ 혜선 쌤은 과연 수지와도 같다. → 두 자리 서술어
④ 나 엊저녁에 운동을 너무해서 녹초가 됐어. → 두 자리 서술어

## 亦功 중간 빈출, 제3빈출

**03. 다음 중 서술어의 자릿수에 대한 설명으로 옳지 않은 것은?**

① 바퀴가 빨리 돈다. → 주어만 요구하는 한 자리 서술어
② 모은이가 복숭아를 집었다. → 주어와 목적어만 요구하는 두 자리 서술어
③ 목걸이가 주아에게 어울린다. → 주어와 필수 부사어만 요구하는 두 자리 서술어
④ 세은이가 노래를 예쁘게 부른다. → 주어, 목적어, 필수 부사어만 요구하는 세 자리 서술어

**04. 다음 중 서술어의 자릿수를 잘못 제시한 것은?**

① 단풍이 빨갛게 물들었다. → 한 자리 서술어
② 철수는 이 기본서를 천천히 읽었다. → 두 자리 서술어
③ 갑자기 그녀가 다른 여자가 되었다. → 두 자리 서술어
④ 그녀는 자신의 새로운 삶을 행복하게 여긴다. → 세 자리 서술어

---

### 01.

정답풀이 ① '아니다'는 '주어(철수는), 보어(연예인이)'를 필수적으로 요구하는 2자리 서술어이다.
② '주다.'는 '주어(엄마는), 필수 부사어(아들에게), 목적어(밥을)'를 필수적으로 요구하는 3자리 서술어이다.
③ '넣다.'는 '주어(역공녀가), 필수 부사어(우체통에), 목적어(세금서를)'를 필수적으로 요구하는 3자리 서술어이다.
④ '다르다'는 '주어(마음은) – 필수 부사어(그녀와는)'를 필수적으로 요구하는 2자리 서술어이다. 대칭 서술어의 경우 복수 주어가 아닌 경우에는 2자리 서술어이다.

### 02.

정답풀이 '고프다'는 주어만 요구하는 한자리 서술어이다.

오답풀이 ① 주어와 목적어만 요구하는 두 자리 서술어이다.
③ 주어와 필수 부사어만 요구하는 두 자리 서술어이다.
④ 주어와 보어만 요구하는 두 자리 서술어이다.

### 03.

정답풀이 '부르다'는 주어와 목적어만 요구하는 두 자리 서술어이므로 부사어 '예쁘게'는 부속 성분일 뿐이므로 서술어의 자릿수에 포함되지 않는다.

### 04.

정답풀이 '물들다'는「1」【…으로】【-게】 빛깔이 스미거나 옮아서 묻다로서 '주어와 부사어'를 필수적으로 요구하는 두 자리 서술어이다.
예 구름이 붉게 물들었다.
「1」【…에/에게】 어떤 환경이나 사상 따위를 닮아 가다.
예 사회가 자본주의에 물들다.

오답풀이 ② '읽다'는 주어와 목적어를 필수적으로 요구하는 '두 자리 서술어'이다.
③ '아니다', '되다'는 주어와 보어를 필수적으로 요구하는 두 자리 서술어이다.
④ '여기다'는 '주어+목적어+부사어'를 필수적으로 요구하는 '세 자리 서술어'이다.

**정답**

01 ① 2자리 ② 3자리 ③ 3자리 ④ 2자리 02 ② 03 ④ 04 ①

관련교재
요 족집게 적중 노트 p.42~44
기 출좋포 문법 p.94~97

# Chapter 03 문장의 짜임새

## 대표 출좋포 한눈에 보기

1. 홑문장과 겹문장 구별하기
2. 이어진문장과 안은문장 구별하기
3. 이어진문장의 종류 구별하기
4. 안은문장의 종류 구별하기

## 출.좋.포 3 문장의 짜임새

빈출 순위별 예상 문제

# 2편 통사론 CH.03 문장의 짜임새

## 01.

정답풀이 '영희는 꽃밭에서 자신의 코스모스를 잘 키우고 있다.'에는 주어(영희는)과 서술어(키우고 있다)가 한 번씩만 나오므로 홑문장이다.

오답풀이 ① 그녀는 [성격이 착하다].
→ 안긴문장: 서술절 (절 표지: 없음)
② [그녀가 떠났다]는 소문을 들었다.
→ 안긴문장: 관형절 (절 표지: 관형사형 어미 '-는')
③ 철수는 [영철이의 자식이다(→ 라)]고 말했다.
→ 안긴문장: 인용절 (절 표지: 인용 부사격 조사 '-고') 참고로 서술격 조사 '이' 뒤의 '다'는 '라'로 교체된다.

## 02.

정답풀이 '먹고 싶다.'의 '-고'는 본용언과 보조 용언을 연결하는 보조적 연결 어미이므로 '먹고 싶다'는 하나의 서술어이다. 주어 '나는'과 서술어 '먹고 싶다.'가 각각 하나씩 있으므로 이 문장은 홑문장이다.

오답풀이 나머지는 모두 겹문장이다.
① [(하늘이) 푸른] 하늘이 아름답다.
→ 안긴문장: 관형절 (절 표지: 관형사형 어미 '-ㄴ')
③ 토끼는 [귀가 길다.]
→ 안긴문장: 서술절 (절 표지: 없음)
④ 철수는 그 [예쁜] 소녀가 자꾸 생각났다.
→ 안긴문장: 관형절 (절 표지: 관형사형 어미 '-ㄴ')

## 03.

정답풀이 '-는데'는 다음의 말을 끌어내기 위해 그와 상반되는 사실을 미리 말할 때 쓰는 연결 어미이다. 연결 어미 '-는데'에 보조사 '도'가 결합한 것이므로 이어진문장이다. 나머지는 안은문장이다.

오답풀이 ① [내가 (도서관에) 잘 가는] 도서관이 있었다.
→ 안긴문장: 관형절(관계) (절 표지: 관형사형 어미 '-는')
② [사람 보기]를 돌같이 해야 한다.
→ 안긴문장: 명사절 (절 표지: 명사형 어미 '-기')
③ [현빈이 올해에 결혼했음]이 알려졌다.
→ 안긴문장: 명사절 (절 표지: 명사형 어미 '-음')

정답

01 ④ 02 ② 03 ④

## 亦功 최빈출

**01. 문장의 종류가 다른 하나는?**

① 그녀는 성격이 착하다.
② 그녀가 떠났다는 소문을 들었다.
③ 철수는 영철이의 자식이라고 말했다.
④ 영희는 꽃밭에서 자신의 코스모스를 잘 키우고 있다.

**02. 문장의 유형이 나머지 셋과 다른 것은?**

① 푸른 하늘이 예쁘다.
② 나는 너와 밥을 먹고 싶다.
③ 토끼는 귀가 매우 길다.
④ 철수는 그 예쁜 소녀가 자꾸 생각났다.

**03. 다음 중 문장의 구성이 다른 것은?**

① 내가 잘 가는 도서관이 있었다.
② 사람 보기를 돌같이 해야 한다.
③ 현빈이 올해에 결혼했음이 알려졌다.
④ 열심히 공부하는데도 성적이 안 오른다.

## 04.

정답풀이 나머지는 안은문장인데, '봄이 되니까 온 강산에 꽃이 가득 피었다.'는 연결 어미 '-니까'로 이어진 문장이다.

오답풀이 ① 어머니는 [오빠가 건강히 돌아오길] 간절히 바라셨다.
→ 명사절을 안은 문장 (절 표지: 명사형 어미 '기')
('길'의 'ㄹ'은 목적격 조사의 준말이므로 이 명사절은 목적어 역할을 한다.)
③ 돌이는 [지금이 중요한] 때임을 직감했다.
→ 관형절을 안은 문장 (절 표지: 관형사형 어미 '-ㄴ')
④ 철수는 [김 선생님이 돌아가셨다]고 말했다.
→ 인용절을 안은 문장 (절 표지: 간접 인용격 조사 '-고')

## 05.

정답풀이 '탐관의 밑은 안반(安盤) 같고 염관의 밑은 송곳 같다'로 문장의 앞뒤 순서를 바꾸어도 의미가 바뀌지 않으므로 대등하게 이어진 문장이다.

오답풀이 ① → 다리 부러지니 팔 고쳐 줬다 한다. (×)
: 앞뒤를 바꿔 '다리 부러졌다 하니 팔 고쳐 준다'로 바꾸면 의미가 달라지므로 종속적으로 이어진 문장이다.
② → 덤비니 다 된 농사에 낫든다. (×)
: 앞뒤를 바꿔 '덤비니 다 된 농사에 낫 든다'로 바꾸면 의미가 달라지므로 종속적으로 이어진 문장이다. '-고'는 대등적 연결 어미이지만, 이렇게 행위의 순서가 정해진 채로 잇따라 나오는 경우에는 '-고'는 종속적 연결 어미가 된다.
③ → 막말은 못해도 아가리가 광주리만 한다. (×)
: 앞뒤를 바꿔 '막말은 못해도 아가리가 광주리만 하다'로 바꾸면 의미가 달라지므로 종속적으로 이어진 문장이다.

## 06.

정답풀이 '물은 기름에 섞이지 않지만 물감에는 섞인다.'로 문장의 앞뒤 순서를 바꾸어도 의미가 바뀌지 않으므로 대등하게 이어진 문장이다. '-지만'은 대조의 의미를 갖는 대등적 연결 어미이다.

대등한 연결 어미
① 나열 '-고, -며'
② 대조 '-지만, -(으)나, -(으)ㄴ데'
③ 선택 '-든지, -거나'
→ 이들을 제외한 어미들은 모두 종속적으로 이어지는 어미들이다. 또 의미상으로 대등하지 않다면 위의 어미들이 쓰여도 종속적으로 이어지는 어미들로 봐야 한다.

오답풀이 ① → 혜선이는 배가 불렀고 밥을 먹었다. (×)
: '고'가 쓰여서 대등하다고 생각해서는 안 된다. 밥을 먹고 나서 배가 부른 계기적인 사건이므로 '고'는 종속적인 연결 어미이다.
② → 열심히 공부하도록 시험을 잘 보았다. (×)
③ → 바로 누군가를 또 사귀고서 그녀는 그와 헤어졌다. (×)

정답

04 ② 05 ④ 06 ④ 07 ① 08 ① 09 ②

## 07.

정답풀이 나머지는 문장의 앞뒤를 바꿔도 의미 변화가 없는 대등적 연결 어미들이 쓰였다. 하지만 '상자를 열고 선물을 꺼냈다.'는 종속적으로 이어진 문장이다. '-고'는 앞뒤 절의 두 사실 간에 계기적인 관계가 있음을 나타내는 연결 어미로서 종속적 연결 어미이다. 이 경우에는 앞뒤의 선후 관계가 존재하므로 문장의 앞뒤를 바꾸면 의미 변화가 있다.

## 08.

정답풀이 앞뒤 문장의 순서를 교체하면 '나는 로션을 바르고 세수를 했다.'와 같이 그 의미가 아예 달라진다. 따라서 '-고'가 붙긴 했으나 '대등하게 이어진 문장'이 아니라 '종속적으로 이어진 문장'으로 봐야 한다.

오답풀이 ② '오늘은 영희가 오고 어제는 철수가 왔다.'와 같이 앞뒤 문장의 순서를 바꿔도 원래의 의미가 대등하게 유지되므로 ㉠으로 볼 수 있다.
③④ 앞뒤 문장의 순서를 바꾸면 원래의 의미가 유지되지 않는다. 따라서 ㉡의 예로 적절하다.

## 09.

정답풀이 ㄱ과 ㄴ은 각각 '손주가 취업에 성공하기'와 '끔찍한 살인이 일어났음'의 명사절이 안겨 있다. 하지만 명사절(안긴문장) 속에 목적어가 있지는 않다.

ㄱ. 할머니께서는 [손주가 취업에 성공하기]를 바라신다.
→ 명사형 어미 '-기'를 통해 명사절임을 알 수 있다.
ㄴ. 철수는 [끔찍한 살인이 일어났음]을 알 수 있었다.
→ 명사형 어미 '-음'을 통해 명사절임을 알 수 있다.

오답풀이 ③ 'ㄱ. 손주가 취업에 성공하기'에는 관형어가 없지만 'ㄴ. 끔찍한 살인이 일어났음'에는 '끔찍한'이라는 관형어가 존재한다. 관형사형 어미 '-ㄴ'을 통해 관형어임을 알 수 있다.
④ 'ㄴ. 끔찍한 살인이 일어났음'에는 부사어가 없지만 'ㄱ. 손주가 취업에 성공하기'에는 '취업에'라는 부사어가 있다.

**04.** 다음 예문 중 문장 구조가 다른 하나는?

① 어머니는 오빠가 건강히 돌아오길 간절히 바라셨다.
② 봄이 되니까 온 강산에 꽃이 가득 피었다.
③ 돌이는 지금이 중요한 때임을 직감했다.
④ 철수는 김 선생님이 돌아가셨다고 말했다.

**05.** 대등하게 이어진 문장인 것은?

① 팔 고쳐 주니 다리 부러졌다 한다.
② 다 된 농사에 낫 들고 덤빈다.
③ 아가리가 광주리만 해도 막말은 못한다.
④ 탐관의 밑은 안반(安盤) 같고 염관의 밑은 송곳 같다.

**06.** 대등하게 이어진 문장은?

① 혜선이는 밥을 먹고 배가 불렀다.
② 시험을 잘 보도록 열심히 공부했다.
③ 그녀는 그와 헤어지고서 바로 누군가를 또 사귀었다.
④ 물은 기름에 섞이지 않지만 물감에는 섞인다.

**07.** 다음 중 밑줄 친 어구에 포함된 어미의 문법적 혹은 의미적 기능이 다른 것은?

① 상자를 <u>열고</u> 선물을 꺼냈다.
② 철수는 <u>큰데</u> 영희는 작다.
③ 산은 <u>높지만</u> 물은 흐리다.
④ 철민이가 학교에 <u>가고</u> 민수가 집에 왔다.

**08.** 다음 밑줄 친 부분에 해당하는 예로 가장 적절하지 않은 것은?

> 문장은 홑문장과 겹문장으로 나뉘며, 겹문장은 다시 이어진문장과 안은문장으로 나뉜다. 이어진문장은 두 개의 홑문장이 대등한 자격으로 이어지는 ㉠ <u>대등하게 이어진 문장</u>과 앞의 홑문장이 뒤의 홑문장에 종속적으로 연결되는 ㉡ <u>종속적으로 이어진 문장</u>으로 나눌 수 있다. (이하 생략)

① ㉠: 나는 세수를 하고 로션을 발랐다.
② ㉠: 어제는 철수가 왔고 오늘은 영희가 온다.
③ ㉡: 겨울이 되면 눈이 내린다.
④ ㉡: 도서관에 갔는데 연체료가 쌓여 있었다.

**09.** ㄱ, ㄴ에 대한 설명으로 옳지 않은 것은?

> (보기)
> ㄱ. 할머니께서는 손주가 취업에 성공하기를 바라신다.
> ㄴ. 철수는 끔찍한 살인이 일어났음을 알 수 있었다.

① ㄱ과 ㄴ 모두 명사절이 안겨 있다.
② ㄱ과 ㄴ 모두 안긴문장 속에 목적어가 있다.
③ ㄱ과 달리 ㄴ에는 안긴문장 속에 관형어가 있다.
④ ㄴ과 달리 ㄱ에는 안긴문장 속에 부사어가 있다.

## 10.

**정답풀이** '[여기서 (물건이) 팔리는] 물건은 모두 질이 좋다.'에서 '여기서 팔리는'은 끝에 관형사형 어미 '는'이 결합된 관형절이다. 안은문장의 피수식어 '물건'이 안긴문장에서 주어 '물건이'로 생략되었다. '나는 [(그림이) 잘 그려진] 그림을 버리지 않았다.'도 관형절을 안은 문장이면서 주어 '그림이'이 생략된 관계 관형절이다.

**오답풀이** ① [그 시험이 쉬워지기]는 불가능하다.
→ 안긴문장: 명사절 (절 표지: 명사형 어미 '-기')
② 얼굴이 [빛이 나게] 잘생겼다.
→ 안긴문장: 부사절 (절 표지: 부사형 어미 '-게')
④ 영희의 바람은 [합격이 통보됨]으로써 이루어졌다.
→ 안긴문장: 명사절 (절 표지: 명사형 어미 '-ㅁ')
(참고로 '-(으)로써'는 부사격 조사이므로 '합격이 통보됨으로써'는 부사어가 된다. 하지만 부사형 어미가 결합한 것이 아니므로 부사절은 아님에 유의해야 한다.)

## 11.

**정답풀이** [바람이 분] 곳에는 편지가 있었다.: [바람이 분]은 관형절이므로 관형어의 역할을 한다. 따라서 주성분이 아닌 부속 성분이다. 주성분은 서술어, 주어, 목적어, 보어이다.

**오답풀이** ① 그 집은 [거실이 좁다.]
→ 안긴문장: 서술절이므로 문장 성분은 서술어 (절 표지: 없음)
② 영희는 [철수가 오기]를 기다렸다.
→ 안긴문장: 명사절이며, 뒤에 목적격 조사 '를'이 결합했으므로 문장 성분은 목적어 (절 표지: 명사형 어미 '-기')
④ [그녀가 언제쯤 떠날지](를) 알았다.
→ 안긴문장: '-ㄹ지'는 명사절의 형태를 띤다. '알다'는 목적어를 필수적으로 요구하는 서술어이므로 '그녀가 언제쯤 떠날지'는 목적어이다.
('-느냐,-(으)냐, -는가, -(은)ㄴ가, -는지, -(은)ㄴ지, -을지/-ㄹ지' 등과 같은 어미로 끝난 문장은 뒤의 서술어의 성격에 따라서 명사절로 쓰일 수 있다. 예 그녀를 사랑했는가(를) 생각해 보았다. 얼마나 예쁜지(를) 모른다.)

## 12.

**정답풀이** '한복이 우리나라 전통 의복임'은 서술절이 아니라 명사절이다. '한복이 우리나라 전통 의복이다'라는 문장 끝에 명사형 전성 어미 '-(으)ㅁ'이 붙은 명사절이다. 이 명사절은 전체 문장에 안겨 '보여 준다'는 전체 서술어의 목적어 역할을 하고 있다.

**오답풀이** ① [동주가 시를 읽다]라는 절에 관형사형 어미 '는'이 붙은 것이므로 관형절이다.
② [철수에게 사랑한다]라는 절에 간접 인용격 조사 '고'가 붙은 것이므로 인용절이다.
④ [글씨가 잘 보이다]라는 절에 부사형 어미 '도록'이 붙은 것이므로 부사절이다.

**정답**

10 ③ 11 ③ 12 ③ 13 ① ○ ② × ③ ○ ④ × ⑤ × ⑥ ○
14 ④

## 13.

**정답풀이** ① ○ → '㉠ 동생이 산'은 관형사형 어미 '-ㄴ'이 결합했으므로 뒤의 '사탕을'이라는 목적어를 수식하는 관계 관형절이다.
② × → '㉡ 철수가 (공원에서) 산책했던'에서 생략된 것은 목적어가 아니라 부사어 '공원에서'이므로 옳지 않다.
③ ○ → '㉢ 숙소로 돌아가기'는 명사형 어미 '-기'가 결합했으므로 명사절인데, 이 명사절 뒤에 목적격 조사 '를'이 결합되었으므로 안은문장의 목적어로 쓰였다고 볼 수 있다.
④ × → '㉣ 학교에 가기'는 명사형 어미 '-기'가 결합했으므로 명사절이므로 '부사절'이라는 것은 옳지 않다. 다만 명사절 뒤에 부사격 조사 '에'가 결합되었으므로 안은문장의 부사어로 쓰였다고는 볼 수 있다.
⑤ × → '(땀이) 담징의 이마에 흐르다'에서처럼 ㉠의 밑줄 친 부분에서 생략된 주어는 '땀이'이므로 적절하지 않다.
⑥ ○ → ㉡에서 '그가 착하다'와 '사람들은 그가 착한 사람이다'가 관형절이자 관형어로 쓰였다.

## 14.

**정답풀이** 동격 관형절은 피수식 명사가 관형절 내부에서 생략되지 않는 절이다. 동격 관형절의 경우, 피수식 명사의 내용이 관형절 그 자체가 된다. 보통 피수식 명사는 '소리, 소문, 사실, 기억, 일, 생각, 제안' 등이 있다. '급히 학교로 돌아오라는'이라는 관형절 내부에서 피수식 명사인 '연락'이 생략되지 않고 있으며 '연락'의 내용 자체가 '급히 학교로 돌아오라'이므로 동격 관형절에 해당한다.

**오답풀이** 관계 관형절은 피수식 명사가 관형절 내부에서 생략되는 절이다. 관형절의 피수식 명사가 관형절에서 '주어, 목적어, 부사어' 등으로 나타나 생략되는 절이다. 나머지는 모두 관계 관형절이다.
① 우리는 [사람이 (섬에서) 살지 않는] 그 섬에서 하룻밤을 지냈다.
→ 부사어 '섬에서'가 생략된 관계 관형절이다.
② [내가 (서점에서) 어제 책을 산] 서점은 바로 우리 집 앞에 있다.
→ 부사어 '서점에서'가 생략된 관계 관형절이다.
③ [(돌각담에서) 수양버들이 서 있는] 돌각담에 올라가 아득히 먼 수평선을 바라본다. → 부사어 '돌각담에서'가 생략된 관계 관형절이다.

**10.** 밑줄 친 안긴문장과 같은 기능을 하는 안긴문장을 포함한 것은?

> 여기서 팔리는 물건은 모두 질이 좋다.

① 그 시험이 쉬워지기는 불가능하다.
② 얼굴이 빛이 나게 잘생겼다.
③ 철수는 잘 그려진 그림을 버리지 않았다.
④ 영희의 바람은 합격이 통보됨으로써 이루어졌다.

**11.** 안긴문장이 주성분으로 쓰이지 않은 것은?

① 그 집은 거실이 좁다.
② 영희는 철수가 오기를 기다렸다.
③ 바람이 분 곳에는 편지가 있었다.
④ 그녀가 언제쯤 떠날지 알았다.

**12.** 밑줄 친 안긴 문장의 종류로 옳지 않은 것은?

① 동주는 시를 읽는 취미가 있다. – 관형절
② 그녀는 철수에게 사랑한다고 말했다. – 인용절
③ 이 설명은 한복이 우리나라 전통 의복임을 보여 준다. – 서술절
④ 그는 글씨가 잘 보이도록 글씨를 정자로 썼다. – 부사절

**13.** 〈보기〉의 문장에 대한 설명에 적절한 것은 O, 적절하지 않은 것은 X표 하시오.

> 〈보기〉
> • 나는 ㉠ 동생이 산 사탕을 먹었다.
> • ㉡ 철수가 산책했던 공원은 부산에 있다.
> • 민경이는 ㉢ 숙소로 돌아가기를 원한다.
> • 지금은 ㉣ 학교에 가기에 늦은 시간이다.
> • ㉤ 담징은 이마에 흐르는 땀을 씻었다.
> • ㉥ 그가 착한 사람임을 모르는 사람은 거의 없다.

① ㉠은 안은문장의 목적어를 수식하는 관형절이다. (　　)
② ㉡은 목적어가 생략된 관계 관형절이다. (　　)
③ ㉢은 조사 '를'과 결합하여 안은문장의 목적어로 쓰이고 있다. (　　)
④ ㉣은 안은문장의 부사어로 쓰이는 부사절이다. (　　)
⑤ ㉤의 밑줄 친 부분에서 주어가 나타나 있지 않은데, 생략된 주어는 '담징'이다. (　　)
⑥ ㉥에서는 밑줄 친 부분뿐 아니라 '그가 착한'과 '그가 착한 사람임을 모르는'도 안긴문장이다. (　　)

**14.** 밑줄 친 관형절의 성격이 다른 것은?

① 우리는 사람이 살지 않는 그 섬에서 하룻밤을 지냈다.
② 내가 어제 책을 산 서점은 바로 우리 집 앞에 있다.
③ 수양버들이 서 있는 돌각담에 올라가 아득히 먼 수평선을 바라본다.
④ 우리는 급히 학교로 돌아오라는 연락을 받았다.

## 15.

정답풀이 • 그 사람들이 궁금하다ⓒ고? : 'ⓒ고?'는 어떤 물음 표현이 뒤 절로 올 것을 생략하고 문장을 끝맺음으로써 물음, 부정(否定), 빈정거림, 항의 따위의 뜻을 나타내는 종결 어미이다. '그 사람들이 궁금하다ⓒ고?는 홑문장이므로 겹문장과 관련 없다.

• 먹ⓔ고 있니? : 본용언에 붙는 보조적 연결 어미이다. 본용언(먹고) 보조 용언(있니?)의 구성인데, 본용언+보조 용언을 하나의 서술어로 보므로 '먹ⓔ고 있니?'도 홑문장일 뿐이다.

오답풀이 '-고'가 쓰이는 경우 두 홑문장이 어떤 의미로 이어지는가에 따라 대등하게 이어진 문장과 종속적으로 이어진 문장이 만들어질 수 있다.

## 16.

정답풀이 ⓔ의 안우문장이 목적이인 '음식늘'과 '영희가 (음식을) 만들어준'에서의 목적어 '음식을'은 동일하다. 그래서 안긴문장의 '음식을'이 생략된 것이므로 이 선택지는 옳지 않다.

㉠ 할아버지는 [지팡이가 멋있으시다].
→ 서술절을 안은 문장 (절 표지 : 없음)
㉡ 그 여자는 미용실로 갔다.
→ 홑문장
㉢ 그녀는 [철수가 가수임]을 알았다.
→ 명사절을 안은 문장 (절 표지 : 명사형 어미 -ㅁ)
㉣ 철수는 [영희가 (음식을) 만들어준] 음식을 먹었다.
→ 관형절을 안은 문장 (절 표지 : 관형사형 어미 -ㄴ)

오답풀이 ① ㉠에서 안은문장의 주어는 '할아버지는'이고, '안긴문장'의 주어는 '지팡이가'이므로 다르다는 설명은 옳다.
② '그(관형어) 여자는(주어) 미용실로(부사어) 갔다(서술어)'로서 주어와 서술어가 한 번씩만 나오므로 홑문장이다.
③ ⓒ에는 안긴문장(철수가 가수임) 뒤에 목적격 조사 '을'이 결합되어 있으므로 안긴문장이 목적어 기능을 한다고 볼 수 있다. ⓔ에는 안긴문장(영희가 (음식을) 만들어준)이 뒤의 '음식'이라는 체언을 꾸미므로 관형어의 기능을 한다고 볼 수 있다.

## 17.

정답풀이 '[그 사람이 결국 실패했다는] 사실을 나만 안다.'에서 피수식어 '사실'이 관형절에서 중복되지 않는다. 따라서 이는 동격 관형절이다. ('사실, 소문, 연락, 풍경, 기억, 일, 생각, 제안' 등이 명사로 주로 쓰인다.)

오답풀이 나머지는 피수식어가 관형절에서 생략되는 관계 관형절이다.
① [(친구가) 길 가는] 친구를 붙잡았다. → 주어 생략
② [(사람들이) 고기를 주식으로 먹는] 사람들은 건강이 썩 좋지 않다.
→ 주어 생략
③ 순희는 어제 [(가족들이) 고향에 살고 있는] 가족들에게 편지를 보냈다. → 주어 생략

## 18.

정답풀이 나는 [길에서 (지갑을) 주운] 지갑을 역 앞 우체통에 넣었다. → 안은문장의 피수식어 '지갑'이 안긴문장에서 생략되었다.

오답풀이 나머지는 모두 동격 관형절이다.
① [뷔가 온다]는 소문이 있었다.
→ '소문'의 내용 자체가 '뷔가 온다'로서 동격이다. 안긴문장에서 생략된 성분도 없다.
② [비가 오는] 소리가 들린다.
→ '소리'의 내용 자체가 '비가 오는'으로서 동격이다. 안긴문장에서 생략된 성분도 없다.
④ [눈이 내리는] 풍경이 정겹다.
→ '풍경'의 내용 자체가 '눈이 내리는'으로서 동격이다. 안긴문장에서 생략된 성분도 없다.

## 19.

정답풀이 직접 인용절이 간접 인용절로 전환될 때의 변화 양상을 판단하는 문제이다. ㄴ. 직접 인용절의 '나'와 간접 인용절의 '자기'는 모두 인칭 대명사이므로 적절하지 않다.

오답풀이 ① 직접 인용절의 시간 표현 '오늘(현재)'이 간접 인용절에서 발화시인 '어제(과거)'로 바뀌었다.
③ 직접 인용절의 '들어갑니다(하십시오체)'가 간접 인용절에서 '들어간다(-ㄴ다)'로 바뀌어 높임 표현이 사라졌다.
④ 직접 인용절의 '먹거라(해라체)'가 간접 인용절에서 '먹으라(하라체)'로 바뀌었다.

정답

15 ④ 16 ④ 17 ④ 18 ③ 19 ②

## 亦功 중간 빈출, 제3빈출

**15.** 겹문장(복문)을 만드는 기능을 하지 않는 어미를 모두 고른 것은?

> 저 여자가 엄마㉠고 저 남자가 아빠다.
> 저분들이 너를 이리로 데려 오㉡고 너를 떠나보냈지.
> 그래, 그 사람들이 궁금하다㉢고?
> 너는 배고파 보이는데 무엇을 맛있게 먹㉣고 있니?

① ㉠㉡ ② ㉡㉢
③ ㉡㉣ ④ ㉢㉣

**16.** 〈보기〉의 ㉠~㉣에 대해 탐구한 것으로 적절하지 않은 것은?

> (보기)
> ㉠ 할아버지는 지팡이가 멋있으시다.
> ㉡ 그 여자는 미용실로 갔다.
> ㉢ 그녀는 철수가 가수임을 알았다.
> ㉣ 철수는 영희가 만들어준 음식을 먹었다.

① ㉠에서 안은문장의 주어와 안긴문장의 주어는 다르다.
② ㉡은 주어와 서술어의 관계가 한 번 나타나므로 홑문장이다.
③ ㉢에는 목적어의 기능을 하는 안긴문장이 있고, ㉣에는 관형어의 기능을 하는 안긴문장이 있다.
④ ㉣에서 안긴문장의 목적어는 안은문장의 목적어와 다르므로 생략되지 않았다.

## 출.종.포 4 관계 관형절 vs 동격 관형절

**17.** 아래 문장의 밑줄 친 관형절 중 피수식어와의 관계에서 그 성격이 나머지와 다른 것은 무엇인가?

① 길 가는 친구를 붙잡았다.
② 고기를 주식으로 먹는 사람들은 건강이 썩 좋지 않다.
③ 순희는 어제 고향에 살고 있는 가족들에게 편지를 보냈다.
④ 그 사람이 결국 실패했다는 사실을 나만 안다.

**18.** 다음 예문 중에서 관형절의 성격이 다른 하나는?

① 뭐가 온다는 소문이 있었다.
② 비가 오는 소리가 들린다.
③ 나는 길에서 주운 지갑을 역 앞 우체통에 넣었다.
④ 눈이 내리는 풍경이 정겹다.

**19.** 다음 ㄱ~ㄹ을 통해 인용절에 대해 탐구한 내용으로 가장 적절하지 않은 것은?

> ㄱ. 성민은 어제 "오늘 떠나고 싶어"라고 말했다.
> / 성민은 어제 떠나고 싶다고 말했다.
> ㄴ. 성민은 "나는 승아를 만나고 싶다"라고 말했다.
> / 성민은 자기가 승아를 만나고 싶다고 말했다.
> ㄷ. 성민은 승아에게 "먼저 들어갑니다"라고 말했다.
> / 성민은 승아에게 먼저 들어간다고 말했다.
> ㄹ. 성민이 승아에게 "밥을 먹거라"라고 말했다.
> / 성민이 승아에게 밥을 먹으라고 말했다.

① ㄱ을 통해 직접인용절의 시간 표현이 간접인용절에서 해당 문장을 발화하는 시점을 기준으로 달라짐을 알 수 있다.
② ㄴ을 통해 직접인용절에 사용된 인칭대명사는 간접인용절에서 지시대명사로 달라짐을 알 수 있다.
③ ㄷ을 통해 직접인용절에서 사용된 상대 높임 표현이 간접인용절에서는 나타나지 않음을 알 수 있다.
④ ㄹ을 통해 직접인용절에서 사용된 명령형 종결 어미가 간접인용절에서는 다른 형태로 나타남을 알 수 있다.

관련교재 [ 요 족집게 적중 노트에 없음
기 출좋포 문법 p.102~104

Chapter
# 04 문장 종결법

## 대표 출좋포 한눈에 보기

평서문, 의문문, 명령문, 청유문, 감탄문의 구별

### 亦功 중간 빈출, 제3빈출

**01. 수사 의문문이 아닌 것은?**

① 너는 재밌는 일화가 있니?
② 내가 너 하나 못 책임지겠느냐?
③ 여름이라 그런지 교실이 너무 덥지 않니?
④ 하늘이 열렸을 때 닭 우는 소리 들렸으랴?

**02. 청유형 종결 어미가 포함된 것은?**

① 차를 좀 드세.
② 이것을 먹어라.
③ 시간이 되었으니 가게.
④ 강아지가 참 귀엽구려.

**03. 밑줄 친 부분에 해당하는 표현으로 옳은 것은?**

> 청유문은 화자가 청자에게 같이 행동할 것을 요청하는 문장이다. 즉, 청유문은 청유형 어미 '-자', '-(으)ㅂ시다' 등이 붙는 서술어의 행동을 화자와 청자가 공동으로 하도록 유발하는 것이다. 그러나 간혹 청자만 행하기를 바라거나 화자만 행하기를 바랄 때에도 쓰인다.

① (선생님이 급식시간에 학생들에게) 밥 맛있게 먹자.
② (갈 길을 가야 하는데 사람들이 길을 막는 경우) 지나갑시다.
③ (교수님이 토론회를 개최하는 경우) 적극적으로 자신의 의견을 개진하세.
④ (애인에게) 근처 레스토랑으로 밥 먹으러 가자.

### 01.

정답풀이 수사 의문문이란 서술이나 명령, 감탄, 반어 등의 의미를 가진 의문문으로 표현상의 효과를 위해 사용하는 의문문이다. 그렇기 때문에 대답을 요구하지 않는다. '너는 재밌는 일화가 있니?'는 '예/아니요'의 대답을 요구하므로 수사 의문문이 아니다. (참고로 판정 의문문에 해당한다.)

오답풀이 ② 내가 너 하나 못 책임지겠느냐? → 반어 (내가 널 책임질 수 있다.)
③ 여름이라 그런지 교실이 너무 덥지 않니? → 명령 (창문 좀 열어라.)
④ 하늘이 열렸을 때 닭 우는 소리 들렸으랴? → 반어 (닭 우는 소리도 들리지 않았다.)

### 02.

정답풀이 '-세'는 '하게체'의 청유형 종결 어미이다. '먹다'를 의미하는 '들-'에 '-세'를 결합하면 'ㅅ' 앞에서 'ㄹ'이 탈락되어 '드세'가 되는 것이다.

오답풀이 ② 먹어라: '해라체'의 명령형 종결 어미이다.
③ 가게: '하게체'의 명령형 종결 어미이다.
④ 귀엽구려: '하오체'의 감탄형 종결 어미이다.

### 03.

정답풀이 밑줄 친 부분은 해당 표현이 화자의 행위만을 가리키는 경우를 고르라고 하고 있다. 이때 '(갈 길을 가야 하는데 사람들이 길을 막는 경우) 지나갑시다.'에서 '지나가다'라는 해당 표현은 밥을 먹는 화자 자신만 하는 행동이므로 답이 될 수 있다.

오답풀이 ① 청자인 '학생들'에게 밥 먹기를 바라는 표현이다.
③ 청자인 '학생들'에게 의견을 개진하기를 바라는 표현이다.
④ 화자와 청자 모두 행하기를 바라는 표현이다.

정답

01 ① 02 ① 03 ②

관련교재 [ 요 족집게 적중 노트 p.45 / 기 출종포 문법 p.105~107 ]

# Chapter 05 높임법의 종류 판단하기

**대표 출종포 한눈에 보기**

1. 높임 요소 찾기
2. 잘못된 높임 표현 찾기

## 출.종.포 5 높임 요소 찾기

| 종류 | 높임 대상 | 실현 방법 |
|---|---|---|
| 주체 높임 | 서술어의 주체<br>(주어) | ① 주체 높임 선어말 어미 '-시-'<br>② 주격 조사 '께서'<br>③ 주체를 높이는 특수 어휘: 계시다, 잡수시다, 편찮으시다 등 |
| 객체 높임 | 서술어의 객체<br>(목적어, 부사어) | ① 부사격 조사 '께',<br>② 모시다, 드리다, 여쭙다(여쭈다), 뵙다(뵈다) |
| 상대 높임 | 청자 | 종결 표현 |

## 01.

정답풀이 '모시다'는 객체 높임 특수 어휘이므로 이 문장에는 주체높임이 실현되지 않았다.

오답풀이 ① 훌륭하셨다(훌륭하+시+었+다) : 주체 높임 선어말 어미 '-시-'로 주체 높임이 실현되었다.
③ 파셨다[팔(ㄹ탈락)+시+었+다] : 주체 높임 선어말 어미 '-시-'로 주체 높임이 실현되었다.
④ 드신(들(ㄹ탈락)+시+ㄴ) : '드시다'는 주체 높임 어휘이다.

## 02.

정답풀이 '께서'에 주체 높임의 주격 조사 '께서'가 있다. '있으시다.'에 주체 높임 선어말 어미 '-시-'가 있다. 하지만 객체 높임법은 확인할 수 없다.

오답풀이 ① 객체 높임의 부사격 조사 '께'와 객체 높임 어휘 '드리다'가 쓰였다. ('가져다드리다'는 합성어 '가져다주다'의 높임말로 마찬가지로 합성어이다)
② 객체 높임 어휘 '여쭙고'가 쓰였다.
④ 객체 높임 어휘 '뵙고'가 쓰였다.

## 03.

정답풀이 ㉠ '도우시다'는 '돕[→ 도우]+시+다'이다. '-시-'는 주체 높임 선어말 어미이므로 높임의 대상은 주어 '어머니'이다.
㉡ '모셔서'는 객체 높임 어휘이므로 높임의 대상은 목적어 '할아버지'이다.
㉢ '-어(어미)+요(보조사)'는 청자를 높이는 상대 높임(해요체)이므로 높임의 대상은 청자인 '할아버지'이다.

## 04.

정답풀이 밑줄 친 부분인 '모시고'는 객체 높임 어휘로 이 문장에서는 목적어를 높이고 있다. '여쭈다, 뵈다'는 객체 높임의 어휘이지만 '드시다'는 주체 높임 어휘이므로 옳지 않은 선택지이다. '드리다'로 고쳐야 한다. ('모시다, 드리다, 여쭙다(여쭈다), 뵙다(뵈다)'가 객체 높임 어휘이다.)

오답풀이 ④ '모시다, 계시다'는 어간 자체가 '모시-, 계시-'이다. 따라서 서술어의 어간에 선어말 어미 '-(으)시'가 붙은 것이라고 볼 수 없으므로 이 선택지는 옳다. 다만, '잡수시다'는 '잡수(먹다의 높임말)+시+다'이므로 '-(으)시'가 붙은 것이라고 볼 수 있다.

## 05.

정답풀이 [상대+], [주체+], [객체+]를 만족시켜야 한다. ③은 이 모두를 만족시킨다. 대화의 상대를 높이고 있다(높임의 보조사 '요'). 서술어의 주체인 '어머니'도 높임의 주격 조사 '께서'와 높임 선어말 어미 '-시-'로 높이고 있다. 또 서술어의 객체인 '삼촌'을 높이기 위해 높임의 부사격 조사 '께'와 객체 높임 특수 어휘 '드리다'가 쓰였다.

오답풀이 ① [상대-], [주체+], [객체-]로 대화의 상대를 높이고 있지 않다(-다). 서술어의 주체인 '할머니'를 높임의 주격 조사 '께서'와 높임 선어말 어미 '-시-'로 높이고 있다. 또 서술어의 객체인 '철수'는 높임의 대상이 아니므로 높임 표현이 아닌 '데리다'가 쓰였다.
② [상대+], [주체-], [객체+]로 서술어의 주체인 '나'를 높이지 않고 있다. 대화의 상대를 높이고 있다(죠=-'지요'의 준말). 또 서술어의 객체인 '할아버지'를 높이기 위해 높임의 부사격 조사 '께'가 쓰였다.
④ [상대+], [주체+], [객체-]로 대화의 상대를 높이고 있다. (-습니다). '께서' '-시-'를 통해 [주체+]임을 알 수 있다. 객체 높임은 쓰이지 않았다.

## 06.

정답풀이 어머니는 할머니께 집을 사 드리셨습니다.

| | |
|---|---|
| 주체 높임 | '드리셨습니다'의 주체 높임 선어말 어미 '-시-' |
| 객체 높임 | '할머니께'의 높임 부사격 조사 '께'<br>'드리셨습니다'의 객체 높임 어휘 '드리-' |
| 상대 높임 | '드리셨습니다'의 종결 표현 '-습니다 |

오답풀이 ① '잡수셨나요?' : 접미사 '-님', '진지', '잡수시다' 가 주체인 '할머니'를 높이고 있다. 또한 '-요'는 상대를 높이고 있다. 객체 높임은 보이지 않는다.
② 말씀 : 주체 높임의 어휘
있으시겠습니다. : 주체 높임 선어말 어미 '-시-'와 상대 높임의 '습니다'
③ 뵈려고 : 객체 높임 어휘
가셨다 : 상대를 높이고 있지 않음

정답

01 ② 02 ③ 03 ④ 04 ② 05 ③ 06 ④

빈출 순위별 예상 문제

# 2편 통사론 CH.05 높임법의 종류 판단하기



## 亦功 최빈출

**01.** 주체 높임이 실현되지 않은 문장은?

① 할아버지는 인격이 훌륭하셨다.
② 할머니를 모시러 큰집에 갔다.
③ 어머니는 시장에서 생선을 파셨다.
④ 진지를 잘 드시는 할아버지의 모습이 보기 좋았다.

**02.** 다음 높임법의 종류가 다른 하나는?

① 할아버지께 안경을 가져다드리고 오렴.
② 선생님께 답을 여쭙고 집으로 왔다.
③ 할머니께서는 아직도 총기가 있으시다.
④ 이번 설에는 부모님을 뵙고 올 것이다.

**03.** ㉠~㉢의 밑줄 친 부분이 높이고 있는 인물은?

> ㉠ 어머니께서는 할머니의 여러 일들을 <u>도우신다</u>.
> ㉡ 형님이 할아버지를 <u>모셔서</u> 복을 받았다.
> ㉢ 할아버지, 아버지가 집으로 오시는 것을 <u>보았어요.</u>

| | ㉠ | ㉡ | ㉢ |
|---|---|---|---|
| ① | 할머니 | 할아버지 | 할아버지 |
| ② | 할머니 | 형님 | 아버지 |
| ③ | 어머니 | 형님 | 아버지 |
| ④ | 어머니 | 할아버지 | 할아버지 |

**04.** 다음 밑줄 친 부분에 쓰인 높임법에 대한 설명으로 가장 적절하지 않은 것은?

> 은사님을 <u>모시고</u> 어렸을 적 학교에 갔다.

① 목적어나 부사어가 지시하는 대상을 높여 표현하는 높임법이다.
② 객체 높임 어휘로는 '여쭈다, 뵈다, 드시다' 등이 있다.
③ 객체 높임 부사격 조사로 '께'도 있다.
④ 서술어의 어간에 선어말 어미 '-(으)시'를 붙인 것이 아니라 '모시-'가 하나의 어간이다.

**05.** 대화의 상대, 서술어의 주체, 서술어의 객체를 모두 높인 표현으로 적절한 것은?

① 할머니께서 철수를 데리고 가셨다.
② 제가 할아버지께 그렇게 말씀을 올리면 되겠죠?
③ 어머니께서 삼촌께 봉투를 드리라고 하셨어요.
④ 시청자께서는 다음 화를 시청하시겠습니다.

**06.** 주체, 객체, 상대를 모두 높이고 있는 것은?

① 할머니도 점심 시간인데 진지를 잡수셨나요?
② 교장 선생님의 훈화 말씀이 있으시겠습니다.
③ 이모가 할아버지를 뵈려고 고향에 가셨다.
④ 어머니는 할머니께 집을 사 드리셨습니다.

## 07.

정답풀이 주체 높임법은 '주어'를 높이는 것을 확인하면 된다. 여기서 주어인 '나'를 높이지 않고 있으므로 '[주체－]'이다.
객체 높임법은 '목적어'나 '부사어'를 높이는 것인데 부사어인 '선생님'을 높임의 부사격 조사 '께'와 객체 높임 어휘 '여쭈다'로 높이고 있다. 따라서 '[객체＋]'이다.
상대 높임법은 상대(청자)를 높이거나 낮추는 것인데, 여기서 청자 철수를 높이지 않고 아주 낮춤인 해라체를 쓰고 있다. 따라서 '[상대－]'이다.

## 08.

정답풀이 ㄱ: 높임법 없음. 상대 높임이 있다고 볼 여지가 있다.
ㄴ: 주체 높임법(께서, －시－) 객체 높임법(께, 드리다) 상대 높임법(하셨습니다: 하십시오체)
ㄷ: 주체 높임법(께서, －시－) 객체 높임법(찾아뵙게) 상대 높임법(요)
ㄹ: 주체 높임은 없음. 객체 높임법(께, 여쭤 보는) 상대 높임이 있다고 볼 여지가 있으나 그런다고 하더라도 묶일 수 있는 기호가 없다.
따라서 일치하는 것은 ㄴ, ㄷ이다.

정답

07 ① 08 ② 09 ③ 10 ④

## 09.

정답풀이 '－ㄹ까'는 비격식체인 해체의 의문형 어미이다. 나머지는 모두 격식체이다.

오답풀이 ① 격식체 중 해라체의 의문형 어미로 '－니, －냐'가 있다.
② '소'처럼 '오'로 끝나는 경우 격식체 중 하오체이다.
④ '－ㅂ시다'는 격식체 중 하오체의 청유형 종결 어미이다.
(참고로 하십시오체의 청유형 종결 어미가 되려면 '합치십시다!'처럼 '－십시다'가 와야 한다.)

## 10.

정답풀이 '아래의 글'에는 주체 경어법의 특징 세 가지가 나온다. 첫째는 용언에 선어말 어미 '－시－'를 넣는 것, 둘째는 여러 용언이 한께 나타나면 마지막 용언에 '－시－'를 쓰는 것, 셋째는 여러 개의 용언 중 높임의 용언(높임 특수 어휘)이 있는 경우 반드시 사용하는 것이다.
'가셨다'는 주체인 '아버지'를 높이는데 이는 주체 높임 선어말 어미 '－시－'가 쓰였으므로 문장의 마지막 용언에 선어말 어미 '－시－'를 쓴다는 조건을 충족하였다. 또한 '데리다'의 높임의 특수 어휘인 '모시다'를 사용하였으므로 어휘적으로 높임의 용언이 있는 경우 그 용언을 사용한다는 조건도 충족하였다.

오답풀이 강의를 참고해 주시길 바랍니다.
① 조건에도 맞지 않으나 아예 틀린 높임 표현이다. '적금의 이율'은 고객님과 밀접한 대상이 아니므로 간접 높임의 대상이 아니므로 '높아요'로 고쳐야 한다.

**07.** "철수야. 내가 선생님께 주소를 여쭈었다."의 문장을 옳게 표시한 것은?

① [주체−] [객체+] [상대−]
② [주체+] [객체−] [상대+]
③ [주체+] [객체+] [상대+]
④ [주체+] [객체−] [상대−]

## 亦功 중간 빈출, 제3빈출

**08.** 〈보기〉의 문장에 사용된 높임법의 종류가 서로 일치하는 것끼리 묶인 것은?

〈보기〉

ㄱ. 철수야, 우리 놀이터로 놀러 가자.
ㄴ. 어머니께서 할머니께 진지를 드리라고 하셨습니다.
ㄷ. 선생님께서 우리들을 키워주셔서 찾아뵙게 되었어요.
ㄹ. 니가 해결책을 못 찾으면 선생님께 여쭤보는 게 어떠니?

① ㄱ, ㄴ　② ㄴ, ㄷ
③ ㄷ, ㄹ　④ ㄱ, ㄴ, ㄷ

**09.** 다음 상대 높임법의 종류가 다른 하나는?

① 얘, 너 숙제는 했니(했냐)?
② 밥은 입맛에 맞소?
③ 이제 집에 갈까?
④ 우리가 다 같이 힘을 합칩시다!

**10.** 다음 중 아래 글의 내용을 포괄하여 설명하기에 가장 적절한 것은?

주체 경어법은 용언에 선어말 어미 '-시-'를 넣음으로써 이루어진다. 만약 여러 개의 용언이 함께 나타나는 경우라면 일률적인 규칙을 세우기는 어렵지만 대체로 문장의 마지막 용언에 선어말 어미 '-시-'를 쓴다. 또한 여러 개의 용언 가운데 어휘적으로 높임의 용언이 따로 있는 경우에는 반드시 그 용언을 사용해야 한다.

① 현재 이 적금의 이율이 제일 높으세요.
② 어머님께서 돌아보시고 주인에게 부탁하셨다.
③ 선생님께서 책을 펴며 웃으셨다.
④ 아버지께서는 할아버지를 모시고 가셨다.

관련교재 [ 요 족집게 적중 노트 p.46~47 / 기 출좋포 문법 p.108~109 ]

# Chapter 06 잘못된 높임 표현 고치기

## 출.좋.포 6 잘못된 높임 표현 고치기

"높임 요소" 말고도 "올바른 높인 표현"으로 고치기도 출제된다.

1. 간접 높임의 경우에는 직접 높임의 어휘를 쓸 수 없다.
   - 회장님의 말씀이 계시겠습니다.(×) → 있으시겠습니다.(○)

2. 간접 높임의 대상이 될 수 없는 경우에는 '-시-'를 쓰면 안 된다.
   ☞ 상품, 품절, 가격에는 '-시-'를 쓰면 안 된다.

3. 높임 대상과 관련된 명사를 높이지 않으면 틀린다.
   - 집(×) → 댁(○)
   - 밥(×) → 진지(○)
   - 이름(나이)(×) → 성함(연세, 춘추)(○)
   - 술(×) → 약주(○)
   - 말(×) → 말씀(○)
   - 자신, 자기, 저(×) → 당신(○)

4. 겸양 표현을 적절하게 사용하여야 한다.
   ☞ '말씀'은 존대어이자 화자를 낮추는 겸양어이다.
   - 저희 나라, 저희 겨레(×) → 우리나라, 우리 겨레(○)

5. 목적어, 부사어가 높임의 대상이 아니라면 객체 높임 특수 어휘를 쓸 수 없다.
   - 어머니께서는 집안의 대소사를 아랫사람들에게 여쭈어보십니다.(×) → 아랫사람들에게 물어보십니다.(○)

6. 주체 높임 '-시-'를 올바르게 사용해야 한다.
   - 선생님이 이따 오래.(×) → 선생님이 이따 오라셔(오라고 하셨어).(○)
   - 그 사람 해고해! 하시라면(하시라고 하면) 해야죠.(×) → 하라시면(하라고 하시면) 해야죠.(○)
   - 곧이어 펜트하우스를 시청하겠습니다.(×) → 시청하시겠습니다.(○)
   - 어머님, 아범(아비)이 방금 들어오셨어요.(×) → 들어왔어요.(○)

7. 화자가 자기 자신을 높일 수는 없다.
   - 저는 고객을 위해 항상 노력 중이십니다.(×) → 저는 고객을 위해 항상 노력 중입니다.(○)
     ☞ 화자 자신을 높인 것이니 '저는 고객을 위해 항상 노력 중입니다.'로 바꿔야 한다.

8. 화자가 주어일 때만 쓰이는 '-ㄹ게'는 주체 높임의 '-시-'와 함께 쓸 수 없다.
   - 손님, 피팅룸으로 들어가실게요.(×) → 손님, 피팅룸으로 들어가시길 바랍니다.(○)

9. 지위가 높거나 나이 많은 사람에게 쓰면 안 되는 단어들이 있으니 주의해야 한다.
   - (정리하는 선생님께) 수고하셨습니다.(×)→ 노고가 많으십니다, 감사합니다.(○)
   - (점원이 할아버지에게) 할아버지, 이러한 부분을 당부 드립니다.(×) → 부탁드립니다.(○)
   - 철수는 어머니께 야단을 맞았다. → 걱정(=꾸지람, 꾸중)을 들었다.(○)

빈출 순위별 예상 문제

# 2편 통사론 CH.06 잘못된 높임 표현 고치기

02 PART

## 赤功 최빈출

**01.** 밑줄 친 '말씀'의 쓰임이 다른 것은?

① 할아버지, 할머니 <u>말씀</u>을 들어 보니 할아버지께서 잘못하셨더라고요.

② 제가 어쩌다가 잘못하게 되었는지 <u>말씀</u> 좀 드려 보겠습니다.

③ 선생님의 <u>말씀</u>은 감사하지만 사양하겠습니다.

④ <u>말씀</u>만 해 주시면 필요하신 것들을 가져다드릴게요.

**02.** 높임 표현을 고친 것으로 적절한 것은?

① 선생님, 제 말씀을 들으시면 화가 풀리실 거예요.
→ '말씀'은 '말'을 높이는 표현이므로 '말'로 바꿔야 한다.

② 선생님의 말씀이 계시겠습니다.
→ '말씀'은 간접 높임의 대상이지만 '계시다'는 직접 높임 어휘이므로 '있으시다'로 고쳐야 한다.

③ 우리나라에서는 김치를 잘 먹습니다.
→ 남에게 말할 때는 자기와 관계된 부분을 낮추어 '저희 학과', '저희 학교', '저희 회사', '저희 나라' 등과 같이 표현해야 한다.

④ 고객님, 그 상품은 품절입니다.
→ '상품'은 고객과 밀접한 관계가 있는 간접 높임의 대상이므로 '품절이십니다'로 고쳐야 한다.

**03.** 높임 표현으로 가장 적절한 것은?

① 할머니께서 할아버지 집에 들르셨습니다.

② 제 말씀을 들어주시면 좋은 일이 생기실 겁니다.

③ 할아버지는 생전에 당신께서 소중히 여기던 열쇠를 물려주셨다.

④ 주인님께서 뵙기를 원한 이유는 사장님과 함께 술을 먹기 위해서입니다.

### 01.

정답풀이 '말씀'은 남의 말을 높이는 데에도 쓰이지만, 자신의 말을 낮추는 데에도 쓰인다. ②의 '말씀'은 자기가 말하겠다는 것이므로 후자에 해당한다.

오답풀이 나머지는 모두 남의 말을 높일 때 쓰인다.

### 02.

정답풀이 선생님이 하시는 말씀이므로 이 말씀은 선생님과 밀접한 관련이 있다. 따라서 간접 높임의 대상이 되므로 '있으시다'로 고쳐야 한다. '계시다'는 '선생님께서 집에 계시다'처럼 주어를 직접 높일 때만 쓰이기 때문이다.

오답풀이 ① '말씀'은 상대방을 높이는 의도로도 쓰이지만 나를 낮추는 겸양의 의도('나'를 낮춰서 상대를 높여 줌)로도 쓰인다. 따라서 '말씀'은 그대로 두는 것이 좋다.
③ '저희 나라'는 써서는 안 된다. '저희'는 '나'를 낮출 때 쓰는 단어이므로 '나'의 나라까지 낮추는 의미가 되는 '저희 나라'는 쓰면 안 된다.
④ '만원'이라든지, '품절'은 높일 필요가 없는 대상이므로 과도하게 높여서는 안 된다. 소유자와 밀접한 관계가 있는 물건이라고 보기 어렵기 때문에 간접 높임이라고도 볼 수 없다. 따라서 '품절이십니다'로 고치면 안 된다.

### 03.

정답풀이 자신의 말을 낮추는 '말씀'을 사용한 것은 옳다. 또한 높임의 대상인 청자에게 좋은 일이 생기는 것이므로 주체 높임의 '-시-'가 쓰이는 것은 옳다.

오답풀이 ① 할머니의 '집'이 아니라 높임 어휘 '댁'으로 고쳐야 한다.
③ '당신'은 높임의 대상인 3인칭 주어 '할아버지'를 다시 가리키는 재귀 대명사이므로 옳게 쓰인 것이다. '당신'은 재귀 대명사 '자기'의 높임말이다. 하지만 할아버지가 소중히 여기신 것이므로 '여기던'이 아니라 '여기시던'으로 고쳐야 한다.
④ '원하다'의 주체가 '주인님'이므로 '원한'이 아니라 '원하신'으로 고쳐야 한다. 또한 술을 먹는 것도 높임의 대상인 '주인님'과 '사장님'이 하는 행위이므로 '술'의 높임말인 '약주'로 고치고 '먹기'를 '드시기'로 고쳐야 한다.

정답

01 ② 02 ② 03 ②

## 04.

정답풀이 '여쭈다'는 객체 높임의 어휘로 목적어나 부사어를 높인다 하지만 부사어 '저에게'의 '저'는 1인칭 화자이므로 객체 높임의 대상이 될 수 없다. 따라서 '물어'로 고쳐야 한다.

오답풀이 ① '할머니'는 객체 높임의 대상이므로 객체 높임 어휘인 '모시다'를 쓰는 것은 옳다. (참고로 여기에서의 '집'은 '너'의 집이므로 높이지 않는다.)
③ '오다'의 주체는 '철수'이므로 높임 표현을 쓰면 안 되므로 옳다. '하다'의 주체는 '선생님'이므로 '하셨어'로 주체 높임 선어말 어미 '-시-'를 쓰는 것은 옳다.
④ '할아버지의 눈'는 신체이므로 간접 높임의 대상이다. 따라서 '좋으십니다.'로 쓰는 것은 옳다.

## 05.

정답풀이 '원장님'과 밀접한 관련을 갖는다는 점에서 '따님'은 간접 높임의 대상이다. 하지만 '계시다'는 직접 높임의 어휘이므로 쓰면 안 된다. 따라서 간접 높임의 어휘인 '있으시다'로 고쳐야 한다. 또한 '집'도 높임의 어휘인 '댁'으로 고쳐야 한다.

오답풀이 ② '과장님의 우산'은 소유물이므로 간접 높임의 대상이므로 '있으세요(= 있으시어요)'로 표현할 수 있다.
③ 객체 높임법이 잘 사용되었다.
④ '당신'은 재귀 대명사 '자기'의 높임 표현이다. 원래는 3인칭 주어를 다시 가리키는 것이 맞지만 이 문장에서는 대화에서 공유되는 정보여서 생략되었다고 추측할 수 있다.

## 06.

정답풀이 아버지의 '술'을 '약주'로 높이는 것은 옳다. 또한 아버지의 '걱정'은 간접 높임의 대상이므로 높일 수 있다.

오답풀이 ① 보고(×) → 뵙고(○): 객체인 목적어 '장인어른을'은 객체 높임의 대상이므로 '뵙고'를 써야 한다.
③ 해고하시라면(×) → 해고하라시면('해고하라고 하시면'의 준말)(○): 해고를 하는 것은 '나'이므로 높이면 안 되지만, 해고하라고 지시한 사람은 '부장님'으로 높여야 한다. 따라서 '해고하라고 하시면'으로 고쳐야 한다.
④ 여쭈어(×) → 물어(○): '여쭈다'가 '아랫사람들'을 높이게 되므로 이 문장은 옳지 않다. '물어'로 고쳐야 한다.

## 07.

정답풀이 교무실로 오는 것은 철수이므로 '오라고'로 쓰는 것이 옳다. 선생님이 오라고 하시는 것이므로 '하셔'로 써야 한다. '오라고 하셔'의 준말은 '오라셔'이다.

오답풀이 ① 나갔습니다(×) → 나가셨습니다(○): 듣는 이가 더 높을 때 주어를 높이지 않는 압존법은 직장에서는 쓰면 안 되므로 과장님을 높였어야 했다.
② 가실게요(×) → 가시길 바랍니다(○): 'ㄹ게'는 화자가 주어일 때에만 쓰이므로 '-시-'와 함께 쓰이면 안 된다.
④ 되세요(×) → 되어요(○): '되시어요'의 준말이지만 가격은 간접 높임의 대상이 아니므로 '-시-'를 삭제해야 한다.

정답

04 ② 05 ① 06 ② 07 ③

**04.** 다음 경어법이 잘못된 것은?

① 할머니를 모시고 너의 집에 다녀와라.
② 아들이 수학 문제를 저에게 여쭤보면 괴롭습니다.
③ 철수야, 선생님께서 교무실로 오라고 하셨어.
④ 할아버지께서는 아직도 눈이 좋으십니다.

**05.** 높임법이 가장 옳지 않은 것은?

① 원장님의 따님은 집에 계시나요?
② 과장님, 밖에 눈이 내리는데 우산 있으세요?
③ 전문적인 과를 바꾸는 것은 사장님께 여쭈어보고 말해 줄게.
④ 당신께서 생전에 말씀하시던 재산은 결국엔 사회에 환원되었다.

**06.** 높임법 사용이 옳은 것은?

① 장인어른, 식당에서 장인어른을 직접 보고 설득해 드리겠습니다.
② 아버지, 오늘 약주를 많이 드셨는데, 걱정이 많으십니까?
③ 부장님이 김 사원을 해고하시라면 해야죠.
④ 어머니께서는 집안의 대소사를 아랫사람들에게 여쭈어보십니다.

**07.** 높임법 사용이 옳은 것은?

① 국장님, 과장님이 외부에 나갔습니다.
② 보라 언니 들어 가실게요.
③ 철수야, 선생님께서 너 지금 교무실로 오라셔.
④ 고객님의 요금은 매월 15,000원 되세요.

관련교재
- 요 족집게 적중 노트에 없음
- 기 출좋포 문법 p.116~117

# Chapter 07 시제

**대표 출좋포 한눈에 보기**

1. 현재형, 과거형, 미래형의 의미
2. '-겠-'의 의미
3. 절대 시제와 상대 시제 파악하기

## 출.좋.포 7 절대 시제와 상대 시제

### 1. 절대 시제

| | |
|---|---|
| **개념** | 말하는 시점(발화시)을 기준으로 결정되는 일반적인 시제 |
| **실현 방법** | 선어말 어미를 통해 실현됨. 문장의 끝!<br>예 형이 내가 읽는 책을 빼앗았다.(과거) |

### 2. 상대 시제

| | |
|---|---|
| **개념** | 사건이 일어난 시점(사건시)을 기준으로 결정되는 시제 |
| **실현 방법** | 관형사형과 연결형을 통해 표현됨. 문장의 가운데!<br>예 형이 내가 읽는(현재) 책을 빼앗았다.<br>형이 내가 읽은(과거) 책을 빼앗았다.<br>형이 내가 읽던(과거) 책을 빼앗는다. |

빈출 순위별 예상 문제

# 2편 통사론 CH.07 시제

## 赤功 중간 빈출, 제3빈출

**01.** 다음 문장에서 '-었-/-았-/-였-'의 문법적 기능이 밑줄 친 예와 가장 유사한 것은?

| 쌍둥이는 서로 정말 닮았다. |
|---|

① 그녀는 드디어 원하던 졸업을 하였다.
② 그는 내일 잠을 다 잤다.
③ 뭘 잘못 먹은 것인지 그 사람은 정말 못생겼다.
④ 결국 경찰들이 조사를 시작하여 진실이 밝혀졌다.

**02.** 다음 글은 시제에 대한 설명이다. 〈보기〉의 밑줄 친 부분의 시제를 옳게 설명한 것은?

| (보기) |
|---|
| 나는 밥을 먹는 동생을 괜히 건드렸다. |

① 절대 시제나 상대 시제 모두 현재
② 절대 시제나 상대 시제 모두 과거
③ 절대 시제로는 현재, 상대 시제로는 과거
④ 절대 시제로는 과거, 상대 시제로는 현재

## 赤功 난이도 조절용

**03.** 〈보기〉의 밑줄 친 부분에 해당하는 예로 가장 적절한 것은?

| (보기) |
|---|
| 상대 시제란 발화시가 아닌 다른 시점을 기준으로 한 시제이다. |

① 그녀는 주로 먹는 영양제를 사서 사람들에게 줬다.
② 철수는 내년에 유명 대학에 입학한다.
③ 넌 이제 큰일 났다.
④ 다음 달에는 그녀가 오겠다.

---

### 01.

정답풀이 '닮았다'에는 과거의 의미가 존재하기보다는 현재의 의미가 강하다. 여기에서 '-았-'은 '「2」 이야기하는 시점에서 볼 때 완료되어 현재까지 지속되거나 현재에도 영향을 미치는 상황을 나타내는 어미.'에 해당한다. '못생겼다.'도 과거의 의미가 존재하기보다는 현재의 의미가 강하다. ('잘생기다, 잘나다, 못나다'도 마찬가지)

오답풀이 ①, ④: 「1」 이야기하는 시점에서 볼 때 사건이 이미 일어났음을 나타내는 어미.
② '내일'을 보면 '았'은 미래를 의미하지만 확신을 하는 경우에 쓰이는 어미임을 알 수 있다.

### 02.

정답풀이 '절대 시제'는 보통 종결형을 확인하면 된다. 서술어 '건드렸다.'를 볼 때 '과거'이다. '상대 시제'는 사건시를 기준으로 시제를 판단하는 것이다. 과거에 동생을 건드리는 시점에서 동생은 밥을 먹고 있었을 것이므로 사건시를 기준으로 하는 상대 시제로 보면 '현재'이다. 상대 시제는 사실 관형사형을 확인하면 되는데 '-는'은 현재 관형사형 어미이므로 '현재'로 볼 수 있다.

### 03.

정답풀이 사건이 일어난 시점을 기준으로 하여 과거 사건이 일어날 당시에 먹는 것이 '현재'임을 보여주고 있다. 이를 상대 시제라고 한다. 보통 상대 시제는 이렇게 종결형보다는 관형사형과 관련이 있다.

오답풀이 나머지는 종결형인데, 이들은 모두 발화시를 기준으로 한 절대시제이다.

정답

01 ③ 02 ④ 03 ①

관련교재 [ 요 족집게 적중 노트 p.48 / 기 출좋포 문법 p.119 ]

# Chapter 08 부정

**대표 출좋포 한눈에 보기**

1. 길이에 따른 부정 표현
2. '안' 부정의 의미

## 亦功 중간 빈출, 제3빈출

**01. 다음 예시문에 대한 설명으로 적절하지 않은 것은?**

> ㉠ 역공녀는 남자친구를 못 사귀는 것이다.
> ㉡ 약 먹은 러시아 선수에게 메달을 주는 것은 불공정하다.
> ㉢ 나는 그녀의 마음을 잘 모른다.
> ㉣ 기사와는 달리 일본에 지진이 일어나지는 않았다.

① ㉠: '못'이라는 부정 부사를 통한 단형 부정이 사용되며 능력 부정의 의미가 있다.
② ㉡: 부정의 의미를 가지는 접두사를 이용하고 있다.
③ ㉢: 부정의 뜻을 가지는 어휘를 이용하였다.
④ ㉣: '-지 아니하다'라는 부정 보조 용언을 통한 장형 부정이 사용되며 의지 부정의 의미가 있다.

**01.**

**정답풀이** '지진'은 자연의 작용이므로 '일어나지 않았다'는 의지 부정이 아니라 단순 부정의 의미를 갖기 때문에 옳지 않은 설명이다.

**오답풀이** ① '못, 안' 같은 부정 부사를 사용하는 것을 단형 부정이라고 한다. 또한 '못, -지 못하다'는 '능력 부정'의 의미가 있다.
② 부정의 의미를 가지는 접두사 '불(不 아니 불)-'이 사용되었다.
③ 부정의 뜻을 가진 어휘인 '모르다'가 사용되었다.

**정답**

01 ④

관련교재 ⓨ 족집게 적중 노트 p.49~51 / 기 출좋포 문법 p.120~125

# Chapter 09 사동 / 피동

**대표 출좋포 한눈에 보기**

1. 사동과 피동의 요소 파악하기
2. 사동문과 피동문의 문장 구조 파악하기
3. 사동 vs 피동의 구별
4. 사동 접미사 '-이-, -시키-'의 잘못된 쓰임
5. 이중 피동의 잘못된 쓰임

## 출.좋.포 8 사동

### 1. 사동(使動)

주어가 남에게 동작을 시키는 것을 말한다.

### 2. 사동(使動)의 종류

| | |
|---|---|
| 파생적 사동 (단형 사동) | 용언의 어간+사동 접미사<br>'-이-, -히-. -리-, - 기-, -우-, -구-, -추-, -이키-, - 으키-, -애-', '-시키-'<br>이중 사동, 접미사 '-이우-'<br>예 엄마가 아이에게 밥을 먹였다.<br>역공녀가 학생을 합격시켰다. |
| 통사적 사동 (장형 사동) | 본용언에 보조 용언 '-게 하다'가 붙어 실현<br>예 엄마가 아이에게 밥을 먹게 한다. |

### 3. 틀린 사동 표현

(1) 과도한 사동 접사 '이'의 사용

의미상 필요하지 않다면, 사동 접사 '이'를 남용하면 안 된다.

| 과도한 사동 접사 '이'의 사용 예시 | 기본형 |
|---|---|
| 그녀는 목메인 목소리를 냈다.<br>[목메+이+ㄴ] → 목멘(○) | 목메다 |
| 넌 끼여들지마.<br>[끼+이+어+들+지+마] → 끼어들지마(○). | 끼다 |
| 습관처럼 중요한 말을 되뇌이는 버릇이 있다.<br>[되+뇌+이+는] → 되뇌는(○) | 되뇌다 |
| 역공녀를 보면 마음이 설레였다.<br>[설레+이+었+다] → 설레었다/설렜다(○) | 설레다 |

(2) 과도한 사동 접사 '시키다'의 사용

'하다'를 쓸 수 있는 말에 무리하게 시키다'를 결합하지 않는다.

| 과도한 사동 접사 '시키다'의 사용 예시 | 기본형 |
|---|---|
| 내가 친구 한 명 소개시켜 줄게.<br>→ 소개해(○) | 소개하다 |
| 이 공간을 분리시킬 벽을 설치했다.<br>→ 분리할(○) | 분리하다 |
| 모든 기계를 하루 종일 가동시켜서 기일을 맞추도록 하자. → 가동해서(○) | 가동하다 |
| 입금시키다, 금지시키다, 강화시키다, 개선시키다, 결집시키다, 지연시키다, 고정시키다.<br>→ 입금하다, 금지하다, 강화하다, 개선하다, 결집하다, 지연하다, 고정하다(○) | |

## 출.종.포 9 피동(被動)

### 1. 피동(被動)

주어가 당하는 것을 말한다.

### 2. 피동(被動)의 종류

| | |
|---|---|
| 파생적 피동<br>(단형 피동) | 동사의 어간(주로 타동사)+피동 접미사 '-이-, -히-, -리-, -기-', '-되-'<br>예 도둑이 경찰에게 잡혔다.<br>예 카드 포인트가 등록되었다. |
| 통사적 피동<br>(장형 피동) | 본용언+보조 용언 '-어지다'<br>예 구두끈이 풀어지다.<br>[풀-+-어지-+-다] |
| | 본용언에+보조 용언 '-게 되다'<br>예 사실이 드러나게 되다.<br>[드러나-+-게 되다] |

### 3. 틀린 피동 표현

피동 접미사 '-이-, -히-, -리-, -기-'와 피동 의 보조 용언 '-어지다'는 이중으로 겹쳐서 사용할 수 없다.

- 이 사실이 믿겨지지[믿-+-기-+-어지-+-지] 않았다.
  → 믿기지/믿어지지
- 내일 날씨는 맑을 것으로 보여집니다.
  [보-+-이-+-어지-+ㅂ니다] → 보입니다./보아집니다.
- 간판이 잘 읽혀지지[읽-+-히-+-어지-+-지] 않아요.
  → 읽히지/읽어지지
- 앞으로 이 문제가 잘 풀릴 것이라고 예상되어진다.
  [예상+-되-+-어지-+-ㄴ-+-다] → 예상된다.

### 4. 모양이 같은 사동사와 피동사의 구별

공통되는 접미사 '-이 -, -히 -, -리 -, -기 -' 때문에 사동사와 피동사를 구별하는 문제가 나온다.

| | 사동사 | 피동사 |
|---|---|---|
| 목적어의 유무 | 있음<br>예 역공녀가 공시생들에게 책을 읽혔다.<br>역공녀가 공시생들에게 연필을 잡히다.<br>철수는 나에게 영화를 보였다. | 없음<br>예 그 책은 많은 공시생들에게 읽혔다.<br>공시생들이 역공녀에게 잡혔다.<br>이제 영화가 보였다. |
| 의미 | -게 만들다. | -을 당하다. |

피동사가 목적어를 갖는 예외의 경우
→ 따라서 꼭 '의미'도 함께 파악하는 것이 좋다.

- 사동: 엄마는 아이에게 젖을 물렸다.
- 피동: 엄마는 아기에게 코를 물렸다.
  ('엄마'가 묾을 당한 의미가 있으므로 피동)
  철수는 도둑에게 돈을 빼앗겼다.
  ('철수'가 빼앗음을 당한 의미가 있으므로 피동)

## 01.

정답풀이

① × → '녹+이+다'로 '이'는 사동 접미사이므로 피동문이라는 것은 옳지 않다. '빙하를'이라는 목적어가 있으며 사동의 의미가 있기 때문이다.

② ○ → '나뉘다'는 '나누다'에 피동 접미사 '-이-'가 결합한 형태이므로 적절하다. '나누다'는 하나를 둘 이상으로 가른다는 의미이다.

③ ○ → '좁+히+다'의 '히'는 사동 접미사이다. '회의실을'이라는 목적어가 있으며 사동의 의미가 있기 때문이다.

④ ○ → '모+이+다'의 '이'는 피동 접미사이다. 문장에 목적어가 없고 당한다는 피동의 의미가 있기 때문이다.

⑤ × → '짐만'은 '짐을'로 고쳤을 때 말이 되므로 목적어임을 알 수 있다. 따라서 이는 사동문임을 알 수 있다.

⑥ × → '아기도'은 '아기를'로 고쳤을 때 말이 되므로 목적어임을 알 수 있다. 따라서 이는 사동문임을 알 수 있다.

## 02.

정답풀이 사동의 의미는 주로 '-게 만들다, -게 하다, -게 시키다'이므로 이를 넣었을 때 말이 되면 사동 표현이 바르게 사용된 것이고 어색하면 틀리게 사용된 것이다. '화해시켰다.'는 '화해하게 만들었다'의 뜻으로 선생님이 우리를 화해하도록 만든 의미가 있으므로 자연스럽다.

오답풀이 ②, ③, ④에는 '-게 만들다'를 넣으면 의미가 어색해진다. 따라서 '-시키다'를 삭제하고 '-하다'를 사용하여 각각 '소개하여'(=소개해), '설득할', '구속했다'로 고쳐야 한다.

## 03.

정답풀이 '-게 하다, -게 만들다'를 넣었을 때 '후배들을 집합하게 하였다'는 의미가 자연스러우므로 '집합시키다'는 옳다. '집합하다'는 '한 곳으로 모이다.'라는 의미로 단어 자체에도 시킴의 의미가 없으므로 '시키다'가 붙어도 자연스러운 것이다.

이외에, '강화시키다, 개선시키다, 결집시키다, 입금시키다, 금지시키다, 지연시키다, 고정시키다.'는 모두 '강화하다, 개선하다, 결집하다, 입금하다, 금지하다, 지연하다, 고정하다.'로 바꿔 써야 한다.

오답풀이 ② '중국이 여러 나라의 역사를 왜곡하게 만들었다'가 되려면 중국이 아닌 다른 제3자가 역사를 왜곡해야 하는 의미가 되어야 한다. 하지만 중국이 직접 왜곡하는 것이므로 '왜곡하다'로 고쳐야 한다.

③ '환경을 훼손하게 하는 행위'가 되려면 훼손하는 제3의 주체가 나와야 한다. 하지만 환경을 직접 훼손하는 것은 '우리'이므로 '훼손하는'으로 고쳐야 한다.

④ '흡연하는 행위를 금지하게 만들고 있습니다'가 되려면, 금지하는 제3자가 나와야 한다. 하지만 생략된 주어인 '우리'가 직접 금지하는 것이므로 '금지하고'로 고쳐야 한다.

정답

01 ① × ② ○ ③ ○ ④ ○ ⑤ × ⑥ ×

02 ① 03 ① 04 ④ 05 ③ 06 ④

## 04.

정답풀이 (라)의 '이'는 피동 접미사가 아니라 사동 접미사이다. '하자가 많은 책을 물리다'로 문장을 만들어 보았을 때 '책을'이라는 목적어가 있기 때문이다. '어지'는 피동 보조 용언이 맞다. 따라서 '물려지다'의 '이'와 '어지'는 이중 피동 표현이 아니므로 이 선택지는 옳지 않다.

오답풀이 ① '이, 히, 리, 기, 우, 구, 추, 이키, 으키, 애' 등의 사동 접미사가 붙은 것은 '단형 사동(=짧은 사동)'이다. 단형 사동은 주어의 직접적인 행위를 의미하기도 하고 간접적인 행위를 의미하기도 한다. 엄마가 밥을 직접 먹이는 의미도 되고, 엄마가 밥을 먹으라고 말로 간접적으로 시키는 의미가 될 수도 있다.

② '게 하다'의 보조 용언이 붙는 것은 '장형 사동(=긴 사동)'에 해당한다. 장형 사동은 주어의 간접적인 행위만 의미한다. 즉 엄마가 밥을 먹으라고 말로 간접적으로 시키는 의미만 있다.

③ '문제를 짜다 → 문제가 짜이다'로 바꾸었을 때, '이'만으로도 충분히 피동의 의미를 표현할 수 있다. 그런데 피동 보조 용언인 '어지'를 굳이 붙이는 것은 불필요한 이중 피동 표현이라 볼 수 있다.

## 05.

정답풀이 '받아들이다'는 '남의 말이나 요구 따위를 들어주다.'를 의미하므로 '당하다'를 의미하는 피동사가 아니다. 따라서 뒤에 피동 표현 '-어지다'가 붙어도 이중 피동 표현이라고 볼 수 없다. 참고로, 이와 비슷하게 이중 피동이 아닌 단어들로는 '여겨지다, 밝혀지다, 알려지다, 읽혀지다'가 있다.

오답풀이 ① '담+기(피동 접미사)+어지(피동 보조용언)+ㄴ'은 이중 피동이므로 옳지 않다.

② '뜯+기(피동 접미사)+어지(피동 보조용언)+ㄴ'은 이중 피동이므로 옳지 않다.

④ '제작+되(피동 접미사)+어지(피동 보조용언)+ㄴ'은 이중 피동이므로 옳지 않다.

## 06.

정답풀이 '알리다'는 목적어가 있는 사동사이므로 '알+리(사동)+어지(피동)+다'이므로 '알려지다'는 이중 피동이 아니다. 따라서 옳은 표현임을 알 수 있다. ('받아들이다, 알려지다, 밝혀지다' 등이 있다.)

오답풀이 ① '덮이다'는 '덮다'에 피동 접미사 '-이-'가 결합한 형태이므로 피동 보조 용언 '어지다'가 또 한 번 결합된 '덮여진'은 이중 피동이므로 옳지 않다.

② '베이다'는 '베다'에 피동 접미사 '-이-'가 결합한 형태이므로 피동 보조 용언 '어지다'가 또 한 번 결합된 '베여진'은 이중 피동이므로 옳지 않다.

③ '걷다'는 구름이나 안개 따위가 흩어져 없어진다는 의미이다. '걷히다'는 '걷다'에 피동 접미사 '-히-'가 결합한 형태이므로 피동 보조 용언 '어지다'가 또 한 번 결합된 '**걷혀지고**'는 이중 피동이므로 옳지 않다.

빈출 순위별 예상 문제

# 2편 통사론 CH.09 사동 / 피동



## 亦功 최빈출

**01. 다음에 대한 설명으로 옳으면 ○, 옳지 않으면 × 표시하시오.**

① '온난화가 북극 빙하를 다 녹인다.'는 피동문이다. (　　)

② '이 글은 두 문단으로 나뉜다.'는 피동문이다. (　　)

③ '사장이 사장실을 넓히기 위해 직원 회의실을 좁힌다.'는 사동문이다. (　　)

④ '이산화탄소가 적외선을 흡수하여 열이 대기에 모인다.'는 피동문이다. (　　)

⑤ '동생은 집 밖으로 짐만 옮겼다.'는 피동문이다. (　　)

⑥ '엄마가 영희에게 아기도 안겼다.'는 피동문이다. (　　)

**02. 밑줄 친 사동 표현이 바르게 사용된 문장은?**

① 선생님은 심하게 다툰 우리를 화해시켰다.

② 철수야, 네 친구 잘생겼던데, 나한테 소개시켜 줘.

③ 완강하게 거부하는 그녀를 설득시킬 자신이 없었다.

④ 31년 동안 미제 사건의 범인을 드디어 구속시켰다.

**03. 사동법의 특징을 고려할 때 밑줄 친 단어의 쓰임이 옳은 것은?**

① 그는 화가 난 나머지 후배들을 집합시키다.

② 중국은 여러 나라의 역사를 자신들의 소수 민족의 역사라며 왜곡시켰다.

③ 환경을 훼손시키는 행위를 우리는 그만해야 한다.

④ 실내에서 흡연하는 행위는 금지시키고 있습니다.

**04. 다음 중 〈보기〉에 대한 이해로 적절하지 않은 것은?**

(보기)
(가) 엄마가 아기에게 밥을 먹였다.
(나) 엄마가 아기에게 밥을 먹게 했다.
(다) 콤팩트하게 짜여진 문제들로 잘 훈련했다.
(라) 구입한 책에 하자가 많아 책이 모두 물려졌다.

① (가)의 '먹이다'는 주어의 직접적인 행위를 의미하기도 하고 간접적인 행위를 의미하기도 한다.

② (나)의 '먹게 하다'는 주어의 간접적인 행위만 의미한다.

③ (다)는 '짜+이+어지+ㄴ'에서 '이'와 '어지'는 피동 표현이므로 이중 피동이 쓰인 문장이다.

④ (라)는 '무르+이+어지+었+다'에서 '이'와 '어지'는 피동 표현이므로 이중 피동이 쓰인 문장이다.

**05. 밑줄 친 말이 가장 자연스러운 것은?**

① 철수는 담겨진 음식을 보고 감동하였다.

② 옷이 뜯겨진 채로 발견되었다.

③ 계약에서 받아들여진 대로 이행하겠습니다.

④ 그는 불성실함으로 제적되어졌다.

**06. 밑줄 친 문법 표현이 옳은 것은?**

① 들판이 온통 눈으로 덮여진 광경이 장관이었다.

② 벌목꾼에게 베여진 나무가 여기저기에 쌓여 있다.

③ 안개가 걷혀지고 파란 하늘이 나타났다.

④ 드디어 역공이의 합격 소식이 혜선 쌤에게 알려졌다.

## 07.

정답풀이 '(속되게) 주로 남녀 관계에서 일방적으로 관계가 끊기다.'를 의미하는 '차이다'의 준말 '채다'는 옳게 사용되었다.

오답풀이 ① '담배에 불을 붙여 연기를 빨아 입이나 코로 내보내다'를 의미하는 것은 '피다'가 아니라 '피우다'이다. '피다'는 '꽃이 피다'처럼 목적어가 없는 자동사이다.
② 어떤 감정이 복받쳐 목소리가 잘 나지 않다.'를 뜻하는 것은 '메다'이다. '메이다'는 불필요한 사동 접미사 '-이-'가 결합된 것이므로 옳지 않다.
④ '치다'가 아니라 '무거운 물건에 부딪히거나 깔리다.'를 의미하는 피동사 '치이다'가 옳다.

## 08.

정답풀이 '마음이 가라앉지 않고 들떠서 두근거리다.'를 뜻하는 것은 '설레다'이므로 옳다.

오답풀이 ① '바람을 피우다'가 옳다.
③ '눕게 하다'를 의미하는 '누이다'의 준말은 '뉘다'이다. 따라서 '뉘었다'가 옳다. '뉘였다'는 불필요한 사동 접미사 '-이-'가 결합된 것이므로 옳지 않다.
④ '들르다'가 기본형이므로 '들르+었'에서 'ㅡ' 탈락이라는 규칙 활용 양상이 일어나므로 '들렀다'가 옳다.

## 09.

정답풀이 손가락이 낌을 당하는 의미이므로 피동의 '끼이다'가 쓰이는 것은 옳다. 하지만 나머지 단어들은 접미사 '이'가 잘못 결합된 것이므로 각각 '헤매고, 짚이는(덮이는), 되뇌는'으로 고쳐야 한다.

오답풀이 ②④ 사동 접미사 '이'의 남용이므로 적절하지 않다.
③ '짚이다, 덮이다'는 'ㅍ'에 이미 'ㅂ+ㅎ'에서 'ㅎ'이 있으므로 '히'가 또 와서는 안 된다.

## 10.

정답풀이 '입히다'는 '입게 하다'(=당하게 하였다)를 의미한다. 여기에서 '입다'는 '당하다.'를 의미하지만 어휘적인 피동은 피동문으로 치지 않는다. 어떠한 접미사가 붙는지가 중요한데 '히'는 사동 접미사이므로 ④는 사동문임을 알 수 있다.

오답풀이 (가)는 피동문이면서 목적어가 있는 문장이어야 한다.
① 해당 문장의 '빼앗기다'는 목적어가 있음과 동시에 '빼앗음.'을 당하는 의미가 있으므로 '빼앗다'는 피동 접미사 '-기-'가 결합한 피동사임을 알 수 있다.
② 해당 문장의 '잡히다'는 목적어가 있음과 동시에 '잡음.'을 당하는 의미가 있으므로 '잡다'는 피동 접미사 '-히-'가 결합한 피동사임을 알 수 있다.
③ 해당 문장의 '밟히다'는 목적어가 있음과 동시에 '밟음.'을 당하는 의미가 있으므로 '밟다'는 피동 접미사 '-히-'가 결합한 피동사임을 알 수 있다.

## 11.

정답풀이 '섞이다'와 '들리다'는 목적어를 갖지 않는 피동 표현이다. '그의 말'이 섞임을 당하고 잘 들림을 당하는 의미를 가지므로 피동 표현이다.

오답풀이 사동 표현은 '-게 만들다, -게 하다, -게 시키다'의 시킴의 뜻이 있으며 사동사는 모두 타동사이므로 '목적어'가 있다. '불리다(불+이+다)', '찢기다(찢+기+다)', '울리다(울+리+다)'는 모두 목적어를 필수적으로 요구하는 서술어이다. '① 녹두만(녹두를), ② 헝겊도(헝겊을), ③ 어머니마저(어머니를)'는 각각 보조사가 붙었지만 목적격 조사도 붙을 수 있으므로 목적어이다. '붇게 만들다, 찢게 하다, 울게 만들다'로 넣어서 읽었을 때도 자연스럽다. ('시키다'의 의미가 있다)

## 12.

정답풀이 'ⓒ 도로가 좁다.'의 '좁다'는 형용사이지만 'ⓓ 좁히다'로 사동화 되었다. ('사동사'로 바뀌었다) 따라서 형용사도 사동화될 수 있으므로 동사만 사동화 될 수 있다는 것은 적절치 않다.

오답풀이 ① ⓛ은 용언 어간에 '게 하다'가 붙은 장형(=통사적) 사동문이다. ⓓ은 용언 어간에 사동 접미사가 붙은 단형(=파생적) 사동문이다. 따라서 사동문에는 두 가지 유형이 있다고 볼 수 있다.
② ⓛ의 주동문의 '철수가'라는 주어는 사동문에서 '철수에게'라는 부사어로 바뀌어 나타났다. 또한 ⓓ의 주동문의 '도로가'라는 주어는 사동문에서 '도로를'이라는 목적어로 바뀌어 나타났다. 이는 다른 문장 성분으로 나타날 수 있음을 보여준다.
④ 주동문 ㉠이 사동문 ⓛ이 되자 서술어의 자릿수가 2자리(철수가, 책을)에서 3자리(선생님이, 철수에게, 책을)로 변했다. 또한 주동문 ⓒ이 사동문 ⓓ이 되자 서술어의 자릿수가 1자리(도로가)에서 2자리(사람들이, 도로를)로 변했다.

## 13.

정답풀이 '굳힌'은 '피동사'가 아니라 '사동사'이다. '젤리를 굳히다'는 말이 되기 때문이다. 따라서 여기에서 '-히-'는 '사동'의 뜻을 더하는 접미사이므로 ⓛ이 아니라 ㉠의 용례에 해당한다.

오답풀이 ① '쓰이다'는 사동 접미사와 피동 접미사가 모두 '-이-'이기 때문에 사동사로도 쓰이고 피동사로도 쓰인다. 사동사는 목적어가 있고 피동사는 목적어가 없는데 해당 문장에는 '일기를'이라는 목적어가 있으므로 ㉠의 용례라고 볼 수 있다. '쓰게 했다'로 바꿔도 자연스럽다.
③ '붉다'는 형용사이고 그 뒤에 '사동'의 의미를 더하여 동사를 만드는 사동 접미사 '-히-'가 붙었으므로 ⓒ의 용례라고 볼 수 있다. '얼굴을'이라는 목적어가 있으므로 사동사임을 알 수 있다.
④ '무사하다'는 형용사인데, 어근 '무사' 뒤에 부사를 만드는 접미사 '-히-'가 쓰였으므로 ⓓ의 용례라고 볼 수 있다.

정답

07 ③ 08 ② 09 ① 10 ④ 11 ④ 12 ③ 13 ②

07. 줄 친 단어의 쓰임이 옳은 것은?
① 그는 매일 담배를 핀다.
② 밥을 급히 먹으면 목이 메인다.
③ 그는 결국 애인에게 채었다.
④ 그는 결국 차에 치다.

08. 밑줄 친 단어의 쓰임이 옳은 것은?
① 바람을 피다.
② 마음이 설레다.
③ 할머니를 침대에 뉘였다.
④ 집에 들렸다.

09. 밑줄 친 말의 쓰임이 올바른 것은?
① 그는 어린 시절 기계에 손가락이 끼이는 사고를 당했다.
② 나는 친구 집을 찾아 골목을 헤매이고 다녔다.
③ 아무리 생각해 보아도 짚히는(덮히는) 바가 없다.
④ 습관처럼 중요한 말을 되뇌이는 버릇이 있다.

## 亦功 중간 빈출, 제3빈출

10. (가)에 들어갈 문장으로 가장 적절하지 않은 것은?

> 교사: 능동문의 목적어가 피동문의 주어가 되는 것이니까 피동문에는 목적어가 없는 것이 원칙이야. 그건 너도 잘 알고 있지?
> 학생: 예, 선생님. 그런데 '원칙'이라고 하셨으면, 원칙의 예외가 되는 문장도 있다는 말씀이신가요?
> 교사: 응, 그래. 드물지만 피동문에 목적어가 나타날 때가 있어. 어떤 문장이 있을지 한번 말해 볼래?
> 학생: "　　　(가)　　　"와 같은 문장이 그 예에 해당하겠네요.

① 나는 도둑에게 보물을 빼앗겼다.
② 도둑이 경찰에게 덜미를 잡혔다.
③ 동생이 버스 안에서 발을 밟혔다.
④ 그 사람이 동생에게 상해를 입혔다.

11. 사동 표현이 없는 것은?
① 밥을 먹기 위해 이번에 산 녹두만 물에 불렸다.
② 동생에게 인형을 만들 헝겊도 찢겼다.
③ 그 남자는 항상 사고를 쳐서 어머니마저 울렸다.
④ 그의 말이 라디오 소리와 섞여 잘 들리지 않았다.



12. 다음 중 〈보기〉에 대한 이해로 적절하지 않은 것은?

> (보기)
> 주동문 ㉠ 철수가 책을 읽었다. ㉢ 도로가 좁다.
> ↓ ↓
> 사동문 ㉡ 선생님이 철수에게 책을 읽게 하였다. ㉣ 사람들이 도로를 좁혔다.

① ㉡, ㉣을 보니, 사동문에는 두 가지 유형이 있군.
② ㉡, ㉣을 보니, 주동문의 주어는 사동문에서 다른 문장 성분으로 나타날 수 있군.
③ <보기>를 보니, 동사만 사동화될 수 있군.
④ <보기>를 보니, 주동문을 사동문으로 바꾸면 서술어의 자릿수가 변화할 수 있군.

13. 다음은 접미사에 대한 설명과 용례를 제시한 것이다. ㉠~㉣의 용례를 추가할 때 적절하지 않은 것은?

| | 접미사 '-히'의 의미 및 기능 | 접미사 '-히'의 용례 |
|---|---|---|
| ㉠ | (일부 동사 어간 뒤에 붙어) '사동'의 뜻을 더하는 접미사. | 머리를 숙여 인사하다. |
| ㉡ | (일부 동사 어간 뒤에 붙어) '피동'의 뜻을 더하는 접미사. | 뽑힌 사람들은 여기로 오세요. |
| ㉢ | (일부 형용사 어간 뒤에 붙어) '사동'의 뜻을 더하고 동사를 만드는 접미사. | 어두워서 불을 밝혔다. |
| ㉣ | (형용사의 어근이나 '하다'가 붙어 형용사가 되는 어근 뒤에 붙어) 부사를 만드는 접미사. | 그녀는 그와 나란히 걸었다. |

① ㉠의 용례로 "선생님은 학생들에게 숙제로 일기를 쓰였다."를 추가할 수 있다.
② ㉡의 용례로 "굳힌 젤리를 냉장고에서 꺼내렴."에서의 '굳힌'을 추가할 수 있다.
③ ㉢의 용례로 "그는 그녀를 보고 얼굴을 붉혔다."에서의 '붉혔다'를 추가할 수 있다.
④ ㉣의 용례로 "철수는 무사히 집에 돌아왔다."에서의 '무사히'를 추가할 수 있다.

## 14.

정답풀이 과정화의 의미인지는 '-게 되다'로 고쳐서 자연스러운 문장을 찾으면 된다. 샘물이 솟게 되지 않았다.'로 바꾸면 자연스럽다.

오답풀이 ①②의 '길이 심각하게 막게 된다'와 '신발 끈이 서서히 풀게 되었다'는 어색하므로 답이 될 수 없다. '막힌다'와 '풀어졌다'에는 '피동'의 의미가 더 강하게 느껴진다.

④ '닫혀졌다'는 '닫+히(피동 접미사)+어지(피동 보조 용언)+었+다'로 이중 피동이므로 어법에 어긋난다. '닫아졌다, 닫혔다'로 고쳐야 한다. 하지만 비문인 것이 답의 결정적인 근거가 되는 것은 아니다. '과정화'의 의미가 없기 때문에 답이 될 수 없는 것이다. ('게 되다'를 넣었을 때 자연스럽지 않다.)

## 15.

정답풀이 ① 능동 표현으로 바꿀 경우 '바람이 문을 닫았다'는 문학적인 표현일 뿐이므로 부적절하다. '문이 바람에 닫혔다.'에서 부사어 '문'은 능동 표현의 주체가 될 수 없다.

③ 능동 표현으로 바꿀 경우 '감기가 철수를 걸었다'가 되므로 부적절하다. '철수가 감기에 걸렸다.'에서 부사어 '감기'는 능동 표현의 주체가 될 수 없다.

오답풀이 ② '많은 사람들이 그 책을 읽었다.'로 바꿀 수 있다.

④ '어떤 수학자가 그 문제를 풀었다.'로 바꿀 수 있다.

정답

14 ③ 15 ①③

## 14. 밑줄 친 부분의 사례로 적절한 것은?

> 한국어의 피동 표현 중 '-어/아지다'에 의한 피동이 있다. 이것은 연결 어미 '-어/아'에 보조 동사 '지다'가 결합된 통사적 구성으로 통사적 피동이라 부르기도 한다. 그런데 '-어/아지다'가 피동의 의미보다는 '-게 되다'와 비슷한 의미를 가져 어떠어떠한 상태로 된다는 <u>과정화</u>의 의미가 더 강할 때가 있다.

① 퇴근 시간이라서 그런지 길이 심각하게 <u>막힌다</u>.
② 시간이 지나자 신발 끈이 서서히 <u>풀어졌다</u>.
③ 가뭄이라서 바위틈에서 샘물이 <u>솟아지지</u> 않았다.
④ 거센 바람에 문이 휙껏 <u>닫혀졌다</u>.

### 赤功 난이도 조절용

## 15. 다음 중 '피동 표현'에서 '능동 표현'으로 바꿀 수 없는 문장을 모두 2개 고르면?

① 문이 바람에 닫혔다.
② 그 책은 많은 사람들에게 읽혔다.
③ 철수가 감기에 걸렸다.
④ 그 문제가 어떤 수학자에 의해 풀렸다.

MEMO

박혜선 亦功 국어

**콤단문** 문법

콤팩트한 단원별 문제풀이

# 언어와 국어

CHAPTER 01 언어의 본질 / 국어의 특성

PART 03

# Chapter 01 언어의 본질 / 국어의 특성

관련교재 [ 요 족집게 적중 노트에 없음 / 기 출좋포 문법 p.332~335 ]

대표 출좋포 한눈에 보기

1. 언어의 기능을 파악하기
2. 언어의 본질을 파악하기
3. 국어의 특질 파악하기

## 출.좋.포 1 언어의 본질

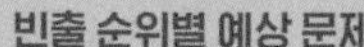


# 3편 언어와 국어 CH.01 언어의 본질 / 국어의 특성

## 01.

**정답풀이** 하나의 말소리인 '주책'에 긍정적인 의미와 부정적인 의미가 여러 개 있는 것은 말소리와 의미가 1 : 1 대응되지 않는다는 뜻이다. 이는 말소리와 의미 사이에 필연적인 관계가 없음을 보여주므로 언어의 자의성과 관련이 깊다.

**오답풀이** ① 언어의 창조성은 새로운 단어나 문장을 만들어내는 성질을 의미하는 것이지, 기존 단어에 의미가 추가되는 것이 아니다.
③ 언어의 체계성이란 문장, 절, 어절, 단어, 형태소 등의 위계를 가짐을 의미한다. 하지만 이 선택지는 이 위계에 초점을 맞추지 않고 나누는 것에 초점을 맞췄다. 따라서 '주책+이+다'의 형태소로 나눈 것은 언어는 물리적으로 연속된 실체를 분절적으로 끊어서 표현하는 언어의 분절성과 관련이 깊다.
④ 많은 사람들이 그렇게 사용하자 '주책이다'도 표준형으로 인정한 것은 사회적인 약속이 형성된 것이므로 언어의 사회성과 관련이 깊다.

## 02

**정답풀이** 'ㆆ, ㅿ, ㆁ, ㆍ'의 소멸, 말소리의 변화(부텨, 텬디>부처, 천지 : 구개음화 적용), 의미 변화(어엿브다 : 불쌍하다>예쁘다)를 통해 시간이 흐름에 따라 언어가 변하는 언어의 역사성과 관련이 있음을 알 수 있다.

**정답**

01 ② 02 ②

**赤功 최빈출**

**01.** 언어의 특성 차원에서 다음 글을 이해할 때, 가장 적절한 것은?

> ≪표준국어대사전≫에서는 '주책'이라는 단어를 '일정한 주견 또는 판단력.'이라는 의미로 풀이해 두고 있었다. 그래서 그동안 "주책없다. / 주책없이 행동한다."처럼 '주책'을 부정어와 함께 쓰도록 제한해 왔다. 그런데 2016년에 표준어 규정 제25항에 따라 '주책없다'의 비표준형으로 규정해 온 '주책이다'를 표준형으로 인정하였다. 따라서 '주책이다'는 '일정한 줏대가 없이 되는 대로 하는 짓'을 뜻하는 '주책'에 서술격 조사 '이다'가 붙은 말로 보게 되었다.

① '주책'에 관련된 새로운 의미가 창조된 점은 언어의 창조성과 관련이 깊다.
② '주책'이 부정적인 의미와 긍정적인 의미가 모두 있는 것은 언어의 자의성과 관련이 깊다.
③ '주책이다'라는 단어를 '주책+이+다'의 형태소로 나눈 것은 언어의 체계성과 관련이 깊다.
④ 많은 사람들이 그렇게 사용하자 '주책이다'도 표준형으로 인정한 것은 언어의 역사성과 관련이 깊다.

**02.** 다음 중 (  ) 안에 들어갈 말로 가장 적절한 것은?

> 'ㆆ, ㅿ, ㆁ, ㆍ'가 현대 국어에서 더 이상 사용되지 않고, '부텨, 텬디'가 현대 국어에 와서 '부처, 천지'로 형태가 바뀌었으며, '어엿브다'가 '불쌍하다'로 쓰이다가 현대 국어에 와서 '예쁘다'의 뜻으로 바뀌어 쓰이는 것 등과 같은 예에서 알 수 있는 언어의 특성을 언어의 (        )이라고 한다.

① 사회성　　② 역사성
③ 자의성　　④ 분절성

## 03.

**정답풀이** 닉이 '과갈라.'라고 말했을 때, 선생님과 다른 친구들이 알아듣지 못한 것은 언어의 사회성과 관련된 것이다.

## 04.

**정답풀이** 국어의 역사성에 대한 설명이다. ㉠은 '신생', ㉡은 '성장', ㉢은 '소멸'이다. 그런데 중세 국어 '불휘'는 현대 국어의 '뿌리'와 같은 대상을 가리키는 말이지만 말소리가 변한 것으로'성장'에 해당하는 예이므로 ㉢이 아니라 ㉡이다.

## 05.

**정답풀이** (나)는 사람들이 사회적인 약속대로 의사소통하지 않는 경우 혼란이 생기는 것을 다루므로 '사회성'과 연결짓는 것은 옳다.

오답풀이 (가) – ㉢ 창조성 (다) – ㉡ 역사성 (라) – 자의성

**정답**

03 ① 04 ① 05 ②

**03.** 〈보기〉의 글에 대한 학생들의 반응으로 적절하지 않은 것은?

〈보기〉

닉이 두 살쯤 되었을 때, 엄마는 플라스틱으로 만든 아기용 녹음기와 동요 테이프를 사다 주었다. 닉은 그 노래를 무척 좋아해서 테이프를 듣고 또 들었다. 닉은 동요 테이프와 녹음기를 들고 엄마 아빠나 형한테 가서, 노래를 틀어 줄 때까지 테이프와 녹음기를 탁탁 부딪치며 "과갈라, 과갈라, 과갈라."하고 말하곤 했다. 3년 동안 닉이 "과갈라, 과갈라."라고 할 때마다 식구들은 닉이 목소리와 악기 소리가 어우러진 아름다운 소리를 듣고 싶어 한다는 것을 알았다. 닉은 유치원에 들어가면서 선생님이나 다른 아이들은 '음악'이라고 말해야 알아듣는다는 것을 알게 되었다.

– 앤드루 클레먼츠, 〈프린들 주세요〉

① 닉이 '과갈라.'라고 말했을 때, 선생님과 다른 친구들이 알아듣지 못한 것은 언어의 역사성과 관련이 있어.
② 닉이 '음악'을 '과갈라'라고 부른 것은 언어의 자의성과 관련이 있지.
③ 닉이 '과갈라'라는 새로운 말을 만든 것은 언어의 창조성과 관련이 있어.
④ '과갈라'라는 말소리가 나타내는 의미를 닉과 닉의 가족만 알아들을 뿐 다른 사람들은 그 의미를 몰라 소통할 수 없으므로 '과갈라'는 언어라고 할 수 없어.

**04.** 다음 언어 변화의 양상에 해당하는 예로 적절하지 않은 것은?

언어 변화의 양상
㉠ 새로운 사물이나 개념이 생기면 그것을 나타내는 말이 새로 생겨난다.
㉡ 시간의 흐름에 따라 말소리나 의미가 변하기도 한다.
㉢ 어떤 사물이나 개념이 없어지면 그것을 표현하던 말도 사라진다.

① ㉢: 현대국어에서 '根'을 의미하는 '뿌리'는 중세 국어에서는 '불휘'라고 했다.
② ㉠: 핸드폰으로 인터넷을 자유자재로 할 수 있게 된 물건이 개발되었는데, 이를 '스마트폰'라고 한다.
③ ㉡: '놈'이 '일반적인 사람'을 의미하는 데서 '남자를 낮잡는 말'로 의미가 축소되었다.
④ ㉢: '온, 즈믄'은 예전에, 각각 '100, 1000'을 이르는 말인데, 지금은 거의 쓰이지 않는다.

**05.** 〈보기 1〉의 사례와 〈보기 2〉의 언어 특성이 잘 짝지어진 것은?

〈보기1〉

(가) '우유를 먹었어'라는 말을 배운 아이는 '빵을 먹었어'라는 새로운 문장을 만들어 낸다.
(나) '분필'이라는 의미의 말소리 [분필]을 내 마음대로 [칠판]으로 바꾸면 다른 사람들은 '분필'이라는 의미로 이해 할 수 없다.
(다) '영감'은 '벼슬 이름'에서 '남성 노인'으로 의미가 확대되었다.
(라) '사랑'이라는 의미를 가진 말을 한국어에서는 '사랑[사랑]', 영어에서는 'love(러브)'라고 한다.

〈보기2〉

㉠ 규칙성 ㉡ 역사성
㉢ 창조성 ㉣ 사회성

① (가) – ㉡ ② (나) – ㉣
③ (다) – ㉢ ④ (라) – ㉡

03 PART

## 06.

**정답풀이** 다음 밑줄 친 부분은 '사고 우위론'에 해당된다. '사고 우위론'이란 '말'보다 '생각'이 우위에 있다는 것이다. 따라서 '아들에 대한 사랑'을 '말'로 다 표현할 수 없다는 ③이 '사고 우위론'의 예로 적절하다.

**오답풀이** ① '언어 우위론'이다.
② '푸르다'라는 언어 안에는 여러 푸른 색이 포함되어 있으므로 이 둘을 우리는 구분하여 사고하지 않는다. 따라서 이는 언어 우위론에 해당한다.
④ 우리가 언어의 분절성으로 인해 무지개를 '빨, 주, 노, 초, 파, 남, 보'라는 언어로 규정하기 때문에 사고도 그에 따라 영향을 받은 경우에 해당한다. 따라서 이는 언어가 사고보다 우선한다는 언어 우위론이다.

## 07.

**정답풀이** 이 글의 중심 내용은 "언어와 사고가 서로 깊은 관계를 맺고 있다"는 것이다. 즉, 언어가 사고에 영향을 미치든, 사고가 언어에 영향을 미치든, 두 요인이 서로 영향을 미친다는 것이다. 하지만 ③에서 개념이 머릿속에서 맴돎에도 언어로 떠올리지 못하는 것은 언어와 사고가 관련이 '적다'는 것을 뒷받침해주는 사례이다.

**오답풀이** ① 영어는 쌀과 관련된 개념이 없으므로 언어로도 'rice'만 있다. 우리나라는 쌀 문화가 발달되어 '모', '벼', '쌀', '밥' 등이 있다. 이 사례는 사고가 언어에 영향을 미친 것을 보여주는 사례이다.
② '파랗다'라는 언어 안에 '산의 푸름, 물의 푸름, 보행 신호의 푸름'이 모두 포함되어 있다. 이렇게 언어를 사용하다 보니 우리는 이들 모두 한 가지 색깔로 파랗다고 생각하게 된다. 따라서 이 사례는 언어가 사고에 영향을 미치는 예이다.
④ 우리나라는 수박이라고 하기에 개념도 '박'으로 인식하므로 언어가 사고에 영향을 미치는 예이다. 따라서 이 사례는 언어가 사고에 영향을 미치는 예이다.

**정답**

06 ③ 07 ③ 08 ② 09 ④

## 08.

**정답풀이** 옳은 선택지이다.

**오답풀이** ① 국어는 조사가 발달하여 어순이 비교적 자유로운 편이지만, 어순에 따른 제약이 전혀 없는 것은 아니다. 예를 들면 서술어는 주로 문장의 맨 뒤에 오고, 보어는 서술어 앞에 와야 하며, 수식하는 말은 수식을 받는 말 앞에 와야 한다.
③ '울림소리'를 거센소리로 고쳐야 한다. 파열음(폐쇄음)이 '예사소리/된소리/거센소리'의 3항 대립을 보인다.
④ 주체 높임 선어말 어미 '–시–'와, 상대 높임을 나타내는 어미 '–습니다, –하오, –시지요'등이 있다. 하지만 객체 높임 선어말 어미인 '–숩–, –줍–, –숩–은 현대 국어에서 사라졌다. 상대 높임 어미인 '–옵니다'로 남아 있을 뿐이다.

## 09.

**정답풀이** 미학적 기능이란 음악적인 효과(운율)를 넣거나 아름답게 단어를 다듬는 것으로, 시에서 많이 나타난다. 하지만 〈보기〉에는 나타나지 않았다.

**오답풀이** (가) 알은체하려고 말을 건 것이므로 친교적 기능에 해당한다. (나) 정보를 전달하는 지시적 기능이다.
(다) 함께 무엇인가를 하자고 제안하는 것은 명령적 기능에 포함된다.

**06.** 밑줄 친 부분의 예로 가장 적절한 것은?

> <u>생각은 큰 그릇이고 말은 생각 속에 들어가는 작은 그릇이어서 생각에는 말 외에도 다른 것이 더 있다.</u> 그러나 아무리 생각이 말보다 범위가 넓고 큰 것이라고 하여도 그것을 말로 바꾸어 놓지 않으면 그 생각의 위대함이나 오묘함이 다른 사람에게 전달되지 않는다. 그 때문에 생각이 형님이요, 말이 동생이라고 할지라도 생각은 동생의 신세를 지지 않을 수가 없게 되어 있다.

① 비트겐슈타인은 '내 언어의 한계는 내 세계의 한계이다.'라고 말하였어.
② '바다'와 '산'의 푸름을 구분하지 않는다.
③ 진정으로 사랑하는 아들에게 "저 산만큼 사랑해"라고 했더니, 아들이 서운해 하였다.
④ 무지개를 그릴 때 우리는 '빨, 주, 노, 초, 파, 남, 보'로 색깔을 구분해서 그리지.

**07.** 다음 글의 사례로 적절하지 않은 것은?

> 인간은 언어를 사용하며 언어는 인간의 사고, 사회, 문화를 반영한다. 인간의 지적 능력이 발달하게 된 것은 바로 언어를 사용하기 때문이다.
> 언어와 사고는 기본적으로 상호작용을 한다. 둘 중 어느 것이 먼저 발달하고 어떻게 영향을 주는지는 알 수 없다. 그러나 언어와 사고가 서로 깊은 관계를 맺고 있다는 사실은 여러 가지 근거를 통해서 뒷받침된다.

① 영어의 '쌀(rice)'에 해당하는 우리말에는 '모', '벼', '쌀', '밥' 등이 있다.
② 어떤 사람은 산도 파랗다고 하고, 물도 파랗다고 하고, 보행 신호의 녹색등도 파랗다고 한다.
③ 이 소설은 정말 감동적이야. 내가 받은 감동은 말로는 설명이 안 돼. 머릿속에 맴도는 데에도 명칭을 떠올리지 못하겠어
④ 우리나라는 수박(watermelon)은 '박'의 일종으로 보지만 어떤 나라는 '멜론(melon)'에 가까운 것으로 파악한다.

## 赤功 중간 빈출, 제3빈출

**08.** 국어의 특징으로 가장 적절한 것은?

① 조사가 발달하여 어순에 따른 제약이 전혀 없다.
② 어휘의 종류가 '고유어/한자어/외래어'로 구분되며, 친족어나 의성어·의태어가 발달해 있다.
③ 자음 중에서 파열음(폐쇄음)이 '예사소리/된소리/울림소리'의 3항 대립을 보인다.
④ 공손성을 표현하는 객체 높임 선어말 어미, 주체 높임 선어말 어미, 상대 높임을 나타내는 어미 등이 발달해 있다.

**09.** 다음 표현들에 나타나지 않는 언어적 기능은?

> (보기)
> (가) 할머니 밥은 잘 잡수셨나요?
> (나) 이 사람이 나의 약혼자입니다.
> (다) 우리 밥 먹으러 갈래?

① 지시적 기능
② 명령적 기능
③ 친교적 기능
④ 미학적 기능

박혜선 亦功 국어
**콤단문** 문법
콤팩트한 단원별 문제풀이

# 음운론

PART 04

관련교재 [ 요 족집게 적중 노트에 없음 / 기 출좋포 문법 p.144~145 ]

# Chapter 01 음운과 음절

**대표 출좋포 한눈에 보기**

1. 음운의 개수 파악하기
2. 음운의 특성 알기

## 출.좋.포 1 음운과 음절

### 1. 음운

(1) 음운의 개념

의미를 변별하는 가장 작은 소리의 단위

- '강/방/상'의 뜻을 구별해 주는 'ㄱ/ㅂ/ㅅ'은 자음이다.
- '강/공/궁'의 뜻을 구별해 주는 'ㅏ/ㅗ/ㅜ'는 모음이다.
- '눈[눈]과 눈[눈:]'의 뜻을 구별해 주는 [:]은 소리의 길이이다.
- '집에 가. 가? 가!'에서 뜻을 구별해주는 억양이다.

(2) 음절의 개념

한 번에 발음할 수 있는 소리의 단위
(음절은 발음을 기준으로 한다.)

(3) 고려해야 할 것들

① 항상 음운은 '표기'가 기준이 아니라 '표준 발음'이 기준이므로 표준 발음의 음운을 세어야 한다.

② 'ㅇ'은 초성에 왔을 때에는 음가가 없는 형식 문자이기 때문에 음운으로 치지 않는다.

③ 'ㄲ, ㄸ, ㅃ, ㅆ, ㅉ' 등과 같은 종류의 자음이 병서된 음운은 하나의 음운으로 친다.

④ 'ㅄ, ㄼ, ㄺ, ㄻ' 등의 다른 종류의 자음이 병서된 음운은 2개의 음운으로 친다. 이러한 합용 병서자는 현대 국어에서는 중세 국어와 달리 음절의 말에만 표기된다. 단, 음운변동이 일어나서 음운 탈락이 일어나는 경우에는 음운이 하나가 된다.

⑤ 반모음에 단모음이 결합된 이중 모음은 하나의 음운으로 친다.

빈출 순위별 예상 문제

# 4편 음운론 CH.01 음운과 음절

## 01.

정답풀이 소리의 장단 이외에도 소리의 강약, 고저 등으로 말의 뜻이 구별되므로 '음운'이라고 할 수 있다. 다만, 자음이나 모음처럼 나눌 수는 없기 때문에 '비분절 음운(=운소)'이라고 한다. 소리의 강약, 고저 등으로 말의 뜻이 구별되는 예는 '가.(평서문), 가?(의문문), 가!(명령문)'를 들 수 있다.

오답풀이 ① 음운은 변이음으로 발음이 되어도 머릿속으로 같다고 여겨지는 관념적이고 추상적인 기호이다.
② 최소 대립쌍이란 '강, 상'처럼 같은 위치의 한 음운만 빼고 모두 같은 단어의 쌍을 의미한다. 따라서 최소 대립쌍을 통해 한 언어의 음운 목록을 확인할 수 있다.
③ 변이음이란 같은 음운이라도 실제 음성으로 구현될 때 다르게 구현되는 음을 의미한다. 예를 들어 'ㄱ'이 단어 앞에서는 [k]로, 울림소리 사이의 'ㄱ'은 [g]의 음가를 갖는데 [k]나 [g]를 변이음이라고 한다. 변이음으로 의미를 변별할 수는 없다. 이렇게 음운은 몇 개의 변이음으로 구성되어 있어서 실제로 들리는 소리가 다른 경우에도 하나의 음운으로 인정한다.

## 02.

정답풀이 국어에서 소리의 장단은 '모음'에만 올라탈 수 있다. '자음'은 혼자서는 소리낼 수 없기 때문에 소리의 장단이 '자음'에 올라탈 수 없는 것이다.

오답풀이 ① 분절되지 않는 소리의 길이나 억양은 비분절음운으로 의미를 변별하므로 음운이다.
② '깨고 날아갔다'의 발음은 '깨고 나라갇따'이다. 따라서 음운은 'ㄲ, ㅐ, ㄱ, ㅗ, ㄴ, ㅏ, ㄹ, ㅏ, ㄱ, ㅏ, ㄷ, ㄸ, ㅏ'로 13개이다. 'ㄲ, ㄸ'도 하나의 음운으로 친다.
③ 음운은 소리의 단위이므로 '굳히다'의 발음이 어떤지를 봐야 한다. [구치다]이므로 'ㄱ,ㅜ,ㅊ,ㅣ,ㄷ,ㅏ'로 6개이다.

정답

01 ④ 02 ④

### 亦功 중간 빈출, 제3빈출

**01. 음운의 개념에 대한 설명으로 가장 옳지 않은 것은?**

① 음운은 구체적인 소리라기보다는 머릿속에 있는 추상적인 기호라고 보아야 한다.
② 음운은 의미를 구별해 주는 최소의 단위이므로 최소 대립쌍을 통해 한 언어의 음운 목록을 확인할 수 있다.
③ 음운은 몇 개의 변이음으로 구성되어 있어서 실제로 들리는 소리가 다른 경우에도 하나의 음운으로 인정할 수 있다.
④ 소리의 강약이나 고저 등은 분절되지 않으므로 음운이라고 할 수 없다.

**02. 음운에 대한 설명으로 옳지 않은 것은?**

① 분절되지 않는 소리의 길이나 억양 등은 음운이다.
② '깨고 날아갔다'의 음운의 개수는 13개이다.
③ '굳히다'의 음운 개수는 6개이다.
④ 국어에서 장단음은 모음과 자음에서 발현된다.

## 03.

정답풀이 음운은 의미를 변별해 주는 최소의 단위이다. 이를 보여 주는 것이 '최소 대립쌍'인데, 최소 대립쌍은 같은 위치의 한 음운만 다르고 나머지가 같은 두 단어의 쌍을 의미한다. 그런데, '시름/주름'은 같은 위치의 음운이 '두 개'가 다른 것이므로 음운의 변별력과는 관계없음을 알 수 있다.

오답풀이 ② 국어에서 장음은 일반적으로 단어의 첫째 음절에 나타나는데, 특이하게 둘째 음절 이하에 오면 장음이 단음으로 발음되는 경향이 있다. 예 밤[밤ː] – 쌍동밤[쌍동밤]
③ 국어의 비분절 음운은 말의 뜻을 구별해 주지만 소리 마디의 경계를 그을 수는 없기 때문에 '비분절 음운'이라 한다.
④ 국어의 비분절 음운에는 '소리의 장단(=소리의 길이)'가 대표적으로 있지만 그 외에도 '억양[높낮이]', '소리의 세기' 등이 있다.

## 04.

정답풀이 음운은 '발음'을 기준으로 하는데 '홑이불'은 [혼니불]로 소리나므로 'ㅎ, ㅗ, ㄴ, ㄴ, ㅣ, ㅂ, ㅜ, ㄹ'의 8개로 '홑이불'이 가장 개수가 많다.

오답풀이 ① 'ㅚ, ㄱ, ㅜ, ㄱ, ㅣ, ㄴ': 6개
② 'ㅡ, ㄴ, ㅎ, ㅖ, ㄹ, ㅗ, ㅣ': 7개
③ 'ㅅ, ㅏ, ㅁ, ㄱ, ㅣ, ㄷ, ㅏ': 7개
음운은 '발음'을 기준으로 하는데 'ㄻ'은 [ㅁ]으로 소리나므로 'ㅁ'으로 센 것이다.

## 05.

정답풀이 항상 음운은 '표기'가 기준이 아니라 '표준 발음'이 기준이므로 표준 발음의 음운을 세어야 한다. [방열복]이 표준 발음이므로 음운의 개수는 'ㅂ, ㅏ, ㅇ, ㅕ, ㄹ, ㅂ, ㅗ, ㄱ'의 8개이다.

오답풀이 ① 'ㄷ, ㅗ, ㅇ, ㅅ, ㅐ, ㅇ': 6개
② 'ㅂ, ㅏ, ㄹ, ㅋ, ㅣ, ㅁ': 6개
③ 'ㅝ, ㄴ, ㅏ, ㅇ, ㅅ, ㅐ': 6개

**정답**

03 ① 04 ④ 05 ④

**03.** 국어의 음운에 대한 설명으로 가장 적절하지 않은 것은?

① '시름/주름'에서의 첫째 음절은 의미를 변별해 주는 최소 단위이므로 '시름/주름'은 최소 대립쌍이다.
② 국어에서 장음은 일반적으로 단어의 첫째 음절에 나타나는데, 특이하게 둘째 음절 이하에 오면 장음이 단음으로 발음되는 경향이 있다.
③ 국어의 비분절 음운은 자음, 모음처럼 정확히 소리 마디의 경계를 그을 수 없지만 말소리 요소로서 의미를 변별하는 기능을 한다.
④ 국어의 비분절 음운은 장단만 있는 것이 아니다.

**04.** 음운의 개수가 가장 많은 단어는?

① 외국인
② 은혜로이
③ 삶기다
④ 홑이불

**05.** 다음의 낱말을 음운으로 나누었을 때, 음운의 개수가 다른 낱말 하나는?

① 동생
② 밝힘
③ 원앙새
④ 방열복

관련교재 요 족집게 적중 노트 p.54 / 기 출좋포 문법 p.146~149

Chapter

# 02 음운의 체계

대표 출좋포 한눈에 보기

1. 자음의 체계 파악하기
2. 모음의 체계 파악하기

## 출.좋.포 2 음운의 체계

### 1. 자음

자음은 공기가 목청을 통과해 목안이나 입안에서 장애를 받으면서 나는 소리이다.

| 조음 방법 \ 조음 위치 | | | 양순음 | 치조음 | 경구개음 | 연구개음 | 후두음 |
|---|---|---|---|---|---|---|---|
| 안울림 소리 무성음 | 파열음 | 예사소리 | ㅂ | ㄷ | | ㄱ | |
| | | 된소리 | ㅃ | ㄸ | | ㄲ | |
| | | 거센소리 | ㅍ | ㅌ | | ㅋ | |
| | 파찰음 | 예사소리 | | | ㅈ | | |
| | | 된소리 | | | ㅉ | | |
| | | 거센소리 | | | ㅊ | | |
| | 마찰음 | 예사소리 | | ㅅ | | | ㅎ |
| | | 된소리 | | ㅆ | | | |
| 울림 소리 유성음 | 비음 | | ㅁ | ㄴ | | ㅇ | |
| | 유음 | | | ㄹ | | | |

### 2. 모음

(1) 단모음(10개) : 발음 도중에 혀나 입술이 고정되어 움직이지 않는 소리로, 10개이다.

| 혀의 높이 \ 입술 모양 \ 혀의 위치 | 전설 모음 | | 후설 모음 | |
|---|---|---|---|---|
| | 평순 모음 | 원순 모음 | 평순 모음 | 원순 모음 |
| 고모음 | ㅣ | ㅟ | ㅡ | ㅜ |
| 중모음 | ㅔ | ㅚ | ㅓ | ㅗ |
| 저모음 | ㅐ | | ㅏ | |

(2) 이중 모음(11개) : 발음하는 도중에 혀가 일정한 자리에서 시작하여 다른 자리로 옮겨 가면서 발음되는 소리

| | | |
|---|---|---|
| 상향 이중 모음 | 반모음 'ĭ(j)'+단모음 | ㅑ, ㅕ, ㅛ, ㅠ, ㅒ, ㅖ |
| | 반모음 'ㅗ/ㅜ(w)'+단모음 | ㅘ, ㅙ, ㅝ, ㅞ |
| 하향 이중 모음 | 단모음+반모음 'ĭ(j)' | ㅢ |

① 상향 이중 모음 : 반모음이 앞, 단모음이 뒤
② 하향 이중 모음 : 단모음이 앞, 반모음이 뒤

## 01.

정답풀이 'ㅎ'은 후음이므로 [-양순음]이다. 'ㅈ'은 경구개음이므로 [-연구개음]이 옳다.

오답풀이 ① 'ㅂ'은 '양순음'이므로 [+경구개음]이 아니다. 'ㄹ'은 치조음이므로 [-치조음]이 아니라 [+치조음]이다.
③ 'ㄱ'은 연구개음이므로, [+경구개음]은 틀렸다. 또 'ㅁ'은 양순음이므로, [-치조음]은 옳다.
④ 'ㅅ'은 치조음이므로, [-후음]은 옳다. 'ㄷ'은 치조음이므로, [+연구개음]도 틀렸다.

## 02.

정답풀이 'ㅟ'는 발음 도중에 혀나 입이 움직이지 않는 단모음에 해당된다. (참고로 'ㅚ'도 단모음에 해당된다. 단, 'ㅟ, ㅚ'는 이중 모음 [wi] [we]으로 발음됨도 허용한다)

오답풀이 ① ㅕ : 반모음 'ㅣ'와 단모음 'ㅓ'가 결합된 상향 이중 모음이다.
② ㅢ : 단모음 'ㅡ'와 반모음 'ㅣ'가 결합된 하향 이중 모음이다.
④ ㅞ : 반모음 'ㅜ'와 단모음 'ㅔ'가 결합된 상향 이중 모음이다.

## 03.

정답풀이 혀의 최고점이 뒤에 있고(후설 모음), 입술이 펴지는 단모음은 'ㅡ, ㅓ, ㅏ'이다. 따라서 '짜증'에 'ㅏ, ㅡ'가 있기 때문에 '짜증'이 답이 된다.

## 04.

정답풀이 혀의 최고점의 위치가 가장 앞에 있는 전설 모음은 'ㅣ, ㅔ, ㅐ'이다. 따라서 정답은 '비, 게, 새'이다.

## 05.

정답풀이 '조음 기관이 좁혀진 사이로 공기가 마찰하여 나는 소리'는 '마찰음'이다. '마찰음'에는 'ㅆ, ㅅ, ㅎ'가 있다. 따라서 마찰음 'ㅆ, ㅅ, ㅎ'이 사용되지 않은 것은 '자전거'이다.

오답풀이 ①는 마찰음 'ㅎ'이, ②은 마찰음 'ㅆ'이, ④는 마찰음 'ㅅ'이 사용되었다.

## 06.

정답풀이 ㄱ,ㄴ은 옳은 설명이다.
ㄴ. 막았다가(파열음의 특성) 마찰시키면서(마찰음의 특성) 소리가 나므로 파열음과 마찰음의 성격이 모두 있다고 볼 수 있다.

오답풀이 ㄷ. 'ㅊ'은 연구개음이 아니라 경구개음이다.
ㄹ. 발음 과정에서 혀뿌리가 목구멍을 막는 것은 'ㄱ'이다. 파찰음은 경구개와 혓바닥이 붙었다가 마찰을 일으키면서 나는 소리이다.

## 07.

정답풀이 평음은 예사소리, 경음은 된소리, 유기음은 거센소리를 의미한다. 자음에서 평음(예사소리), 경음(된소리), 유기음(거센소리)의 삼중 체계를 보이는 것은 파열음(ㄱ, ㄲ, ㅋ/ㄷ, ㄸ, ㅌ/ㅂ, ㅃ, ㅍ)과 파찰음(ㅈ, ㅉ, ㅊ)뿐이다. 'ㅅ, ㅆ / ㅎ'이 마찰음이다. 하지만, 'ㅅ, ㅆ'에는 평음(예사소리), 경음(된소리)만 있고 거센소리는 존재하지 않으므로 삼중 체계와는 거리가 멀다.

오답풀이 ① 'ㅑ'는 반모음 'ㅣ[j]+ㅏ'이므로 반모음 'ㅣ[j]로 시작하는 이중 모음이 맞다. 'ㅝ'는 반모음 'ㅜ[w]+ㅓ'이므로 'ㅜ[w]'로 시작하는 이중 모음이다. 반모음이 앞에 있는 이중 모음을 상향 이중 모음이라고 한다. (뒤에 있는 것은 하향 이중 모음이다. 'ㅢ'만 유일하다.)
② 'ㅏ, ㅐ, ㅓ, ㅔ, ㅗ, ㅚ, ㅜ, ㅟ, ㅡ, ㅣ'의 10개의 단모음이 전부이므로 'ㅟ, ㅚ'가 포함된다고 볼 수 있다.
③ 파찰음(ㅈ, ㅉ, ㅊ)은 공기를 막는다는 점에서 파열음의 성질을 갖고, 그 이후에 좁은 공간에서 마찰을 일으킨다는 점에서 마찰음의 성질을 갖는다. 따라서 파열음의 특성도 확인되고 마찰음의 특성도 확인된다.

정답

01 ② 02 ③ 03 ④ 04 ③ 05 ③ 06 ① 07 ④

빈출 순위별 예상 문제

# 4편 음운론 CH.02 음운의 체계

## 赤功 최빈출

**01.** 주어진 단어의 자음 두 개를 〈보기〉의 조건에 따라 순서대로 나타낼 때, 모두 옳은 것은?

〈보기〉
하나의 음운이 가진 조음 위치의 특성을 +라고 하고, 가지고 있지 않은 특성을 −로 규정한다. 예컨대 'ㅌ'은 [+치조음, −양순음, −경구개음, −연구개음, −후음]으로 나타낼 수 있다.

① 비료 : [+경구개음], [−치조음]
② 하지 : [−양순음], [−연구개음]
③ 기미 : [+경구개음], [−치조음]
④ 수다 : [−후음], [+연구개음]

**02.** 다음의 설명을 고려할 때, 제시된 예들 중에서 이중 모음이 아닌 것은?

모음은 소리를 내는 도중에 입술이나 혀가 고정되어 움직이지 않아 소리가 처음과 끝이 동일한 단모음과 입술이나 혀가 움직여서 소리의 처음과 끝이 다른 이중 모음으로 나누어진다.

① ㅕ ② ㅢ
③ ㅟ ④ ㅞ

**03.** 다음 설명에 해당하는 음운이 포함된 단어는?

혀의 최고점이 뒤에 있고, 입술이 펴지는 단모음

① 미술 ② 게시
③ 기예 ④ 짜증

**04.** 모음을 발음할 때 혀의 최고점의 위치가 가장 앞에 있는 것으로만 묶은 것은?

① 죄, 쉬, 보 ② 글, 얼, 강
③ 비, 게, 새 ④ 극, 술, 볼

**05.** 조음 기관이 좁혀진 사이로 공기가 마찰하여 나는 소리가 들어 있지 않은 것은?

① 희망 ② 쌍꺼풀
③ 자전거 ④ 수술

**06.** 현대 한국어의 파찰음에 대한 설명으로 옳은 것을 〈보기〉에서 모두 고른 것은?

〈보기〉
ㄱ. 파찰음에는 'ㅈ,ㅉ,ㅊ'이 있다.
ㄴ. 파찰음은 파열음과 마찰음의 성격이 모두 있다.
ㄷ. 'ㅊ'은 연구개음이지 양순음은 아니다.
ㄹ. 파찰음은 발음 과정에서 혀뿌리가 목구멍을 막는다.

① ㄱ, ㄴ ② ㄴ, ㄷ
③ ㄱ, ㄹ ④ ㄴ, ㄹ

## 赤功 중간 빈출, 제3빈출

**07.** 다음 설명 중 가장 옳지 않은 것은?

① 'ㅑ'와 'ㅝ'는 각각 [j](혹은 [y]), [w]이라는 반모음을 가진 상향 이중모음이다.
② 'ㅟ, ㅚ'는 한국어의 단모음에 포함된다.
③ 'ㅈ, ㅊ, ㅉ' 을 발음할 때에는 마찰음의 특성도 확인된다.
④ 평음, 경음, 격음과 같은 삼중 체계를 보이는 것은 파찰음과 마찰음이다.

관련교재 ┌ 요 족집게 적중 노트 p.55~57
└ 기 출좋포 문법 p.154~159

# Chapter 03 음운의 변동

## 대표 출좋포 한눈에 보기

1. 음운 변동의 결과 맞는지 파악하기
2. 음운 변동의 유형 파악하기
3. 음운 변동 후의 음운 개수의 변화 파악하기

## 출.좋.포 3 음운의 변동

| | | |
|---|---|---|
| **교체**<br>대치 | 한 음운이 다른 음운으로 바뀌는 것<br>XAY → XBY(교체) | ① 음절의 끝소리 규칙 예<br>② 된소리되기 예<br>③ 자음 동화<br>– 비음화 예<br>– 유음화 예<br>– 구개음화 예<br>┌ 연구개음화 예<br>└ 양순음화 예<br>④ 모음 동화<br>–'ㅣ' 모음 순행동화 예 |
| **축약** | 두 음운이 합쳐져서 제3의 음운으로 바뀌는 것<br>XABY → XCY(축약) | ① 자음 축약(거센소리되기) 예<br>② 모음 축약(음절 축약) 예 |
| **탈락** | 한 음운이 어떤 환경에서 없어지는 것<br>XAY → X∅Y(탈락) | ① 자음군 단순화 예<br>② 자음 탈락(ㅎ 탈락, ㄹ 탈락, ㅅ 탈락)<br>예<br>③ 모음 탈락(동일 모음 탈락, ㅡ 탈락)<br>예 |
| **첨가** | 어떤 환경에서 새로운 음운이 새로 생기는 것<br>X∅Y → XAY(첨가) | ① ㄴ첨가 |

빈출 순위별 예상 문제

# 4편 음운론 CH.03 음운의 변동

## 01.

정답풀이 ④의 '쓰+어도'에서 'ㅡ'가 탈락된 것이다. 탈락이므로 축약이라고 볼 수 없다.

오답풀이 '축약(縮約)'이란 두 음운이 제3의 음운으로 합쳐진 것을 의미한다. 따라서 축약은 음운의 개수가 하나가 준다.
따라서 '① 되어 → 돼, ② 두었다 → 뒀다, ③ 뜨이어 → 띄어, 뜨여'는 모두 축약에 해당한다.

## 02.

정답풀이 '해돋이'는 구개음화 현상이 일어나 [해도지]로 발음된다. 'ㅣ' 앞에서 'ㄷ, ㅌ'이 경구개음 'ㅈ,ㅊ'으로 변하는 현상을 구개음화 현상이라고 한다. 인접한 음인 'ㅣ'의 조음 위치가 경구개이므로 'ㄷ, ㅌ'이 'ㅣ'와 비슷한 조음 위치인 경구개음인 'ㅈ, ㅊ'으로 동화(교체)되는 것이다. 따라서 조음 위치가 비슷해지는 동화 현상이다.

오답풀이 ① [있지 → (음절의 끝소리 규칙, 된소리되기) → 읻찌]의 과정을 보인다. '음절의 끝소리 규칙, 된소리되기' 모두 음운이 1:1로 교체되는 것이므로 '교체'라는 유형만 일어난 것이다. 따라서 두 가지 유형이 아니라 한 가지 유형의 음운 변동이 일어난 것이다.
③ 모음 축약이 일어났으므로 음운 변동 후의 음운 개수는 하나가 줄어드므로 음운 개수가 같다는 것은 옳지 않다.
④ ㉣은 음절의 끝소리 규칙(교체)에 대한 설명이다. 하지만 '닭만'은 겹받침 'ㄺ'에서 자음군 단순화(탈락)가 일어난 후 비음화가 일어나 [당만]이 된 것이므로 음절의 끝소리 규칙(교체)과 관련이 없다.

정답

01 ④ 02 ②

亦功 최빈출

**01. '음운의 축약'으로 볼 수 없는 것은?**

① 되+어 → 돼
② 두+었다 → 뒀다
③ 뜨+이+어 → 띄어
④ 쓰+어도 → 써도

**02. 다음에 대한 설명으로 적절한 것은?**

| | |
|---|---|
| ㉠ 있지[읻찌] | ㉡ 해돋이[해도지] |
| ㉢ 보-+-아 → [봐] | ㉣ 닭만[당만] |

① ㉠: 두 가지 유형의 음운 변동이 나타난다.
② ㉡: 인접한 음의 영향을 받아 조음 위치가 비슷해지는 동화 현상이 나타난다.
③ ㉢: 음운 변동 전의 음운 개수와 음운 변동 후의 음운 개수가 같다
④ ㉣: 음절 끝에 'ㄱ, ㄴ, ㄷ, ㄹ, ㅁ, ㅂ, ㅇ' 이외의 자음이 오면 이 7개의 자음 중 하나로 바뀌는 규칙이 적용된다.

04 PART

## 03.

**정답풀이** [꽃내음 → (음절의 끝소리 규칙) → 꼳내음 → (비음화) → 꼰내음]
[바깥일 → (음절의 끝소리 규칙, ㄴ 첨가) → 바깓닐 → (비음화) → 바깐닐]
: 두 단어 모두에 비음화가 일어난다.

**오답풀이** 나머지는 모두 다른 음운 변동 현상을 보인다.

① • 안방[안빵]: 사잇소리 현상
앞 어근의 끝음이 울림소리이며 뒤 어근의 첫소리가 예사소리인 경우에는 사잇소리 현상이 일어난다.
• 국밥[국빱]: 된소리되기
안울림소리와 안울림소리가 만나는 경우 일어나는 된소리되기 현상은 '교체'에 해당된다는 점에서 '첨가'에 속하는 사잇소리 현상과는 완전히 구별된다.

② [국민 → (비음화) → 궁민]
[식용유 → (연음, ㄴ첨가) → 시공뉴] (참고로 연음은 음운 변동이 아니다.)

④ [감기 → (연구개음화) → 강기]: 연구개음이 아닌 자음 'ㅁ'이 연구개음 'ㄱ'에 동화되어 연구개음 'ㅇ'으로 교체되는 현상
[신문 → (양순음화) → 심문]: 양순음이 아닌 자음 'ㄴ'이 양순음 'ㅁ'에 동화되어 양순음 'ㅁ'으로 교체되는 현상
(참고로 연구개음화와 양순음화는 모두 표준 발음이 아니다.)

## 04.

**정답풀이** '같이'는 '이' 모음 앞에서 'ㅌ'이 'ㅊ'으로 '교체'되는 구개음화 현상이므로 '탈락'은 옳지 않다.

**오답풀이** ① 바깥[바깓]: 음절의 끝소리 규칙이므로 음운 변동의 유형은 대치(교체)이다.

③ 삯일[상닐]: 앞말이 자음으로 끝나고 뒷말의 첫음절이 '이, 야, 여, 요, 유'로 시작하는 경우에는 뒷말의 초성 자리에 'ㄴ' 소리가 첨가된다.

④ 국화[구콰]: 'ㄱ'과 'ㅎ'이 만나 'ㅋ'으로 축약된 것이므로 자음 축약(거센소리되기)이다. 따라서 음운 변동의 유형은 축약이다.

## 05.

**정답풀이** 따뜻하다[따뜯하다 > 따뜨타다] (가) 음절의 끝소리 규칙(교체)과 (나) 거센소리되기(축약)가 쓰였다.

## 06.

**정답풀이** '앓+고 → [알코]'에서처럼 'ㅎ'과 'ㄱ'이 축약되어 'ㅋ'이 된 것이므로 자음이 축약된 음운 변동이 있다고 볼 수 있다.
그러나 보기 ㉢은 자음군 단순화가 일어날 뿐 축약을 보이지 않는다.

**오답풀이**

㉠ [부엌일 → (음절의 끝소리 규칙, ㄴ첨가) → 부억닐 → (비음화) → 부엉닐]
㉡ [콧날 → (음절의 끝소리 규칙) → 콛날 → (비음화) → 콘날]
㉢ [앉고 → (자음군 단순화) → 안고 → (된소리되기) → 안꼬]
㉣ [훑는 → (자음군 단순화) → 훌는 → (유음화) → 훌른]

① ㉠, ㉡: 부엌일[부엉닐], 콧날[콘날], 맞불[맏뿔]: 공통적으로 '음절 끝소리 규칙'이 적용되었다.

② ㉠, ㉡, ㉣: 인접하는 자음과 소리 방법이 같아진 음운 변동에는 비음화와 유음화가 있다. ㉠, ㉡은 비음화, ㉣은 유음화가 나타나므로 옳다. 또 있니[인니]에도 비음화가 나타나므로 옳은 설명이다.

④ ㉢, ㉣: 음절 끝에 둘 이상의 자음이 오지 못하기 때문에 일어난 음운 변동은 자음군 단순화이다. ㉢, ㉣에 자음군 단순화가 나타나며 몫도[목또]에도 자음군 단순화가 나타난다.

## 07.

**정답풀이** [없고 → (자음군 단순화, 된소리되기) → 업꼬]: 자음군 단순화는 '음운의 탈락'이다. '된소리되기'는 '음운의 교체'이다. 탈락이 일어났기 때문에 음운의 개수가 하나 줄어든 것이 옳다. 'ㅓ, ㅂ, ㅅ, ㄱ, ㅗ'의 5개에서 'ㅓ, ㅂ, ㄲ, ㅗ'의 4개로 음운이 줄었다.

**오답풀이** ② [서울역 → (ㄴ첨가) → 서울녁 → (유음화) → 서울력]
: '서울'과 '역'은 합성어인데 앞의 어근이 자음이고 뒤의 말이 '이, 야, 여, 요, 유'로 시작하는 경우에는 ㄴ이 첨가된다. 그 후 'ㄹ'이 'ㄴ'을 유음화 시킨다. 따라서 '첨가'와 '음운의 교체'가 일어남을 알 수 있다. 첨가가 일어나므로 음운의 개수가 한 개가 줄어드는 것이 아니라 늘어난다.

③ [늑막염 → (ㄴ첨가) → 늑막념 → (비음화) → 능망념]: '늑막염'은 '늑막+염'의 합성어인데 앞의 어근이 자음이고 뒤의 말이 '이, 야, 여, 요, 유'로 시작하는 경우에는 ㄴ이 첨가된다. 그 후에 '늑막'에도 비음화가 일어나고 '막념'에도 비음화가 일어나서 [능망념]이 된다. 이때 첨가가 한 번만 일어나므로 음운의 개수는 두 개가 아니라 한 개가 늘어난다.

④ [솥하고 → (음절의 끝소리 규칙) → 솓하고 → (자음 축약) → 소타고]: '음절의 끝소리 규칙'이라는 '교체'와 '자음 축약'이 나타난다. '축약'은 하나의 음운이 하나 줄기 때문에 음운의 개수가 변하지 않는 것은 옳지 않다.

**정답**

03 ③ 04 ② 05 ② 06 ③ 07 ①

**03. 음운 변동 현상이 공통되는 예들로 묶인 것은?**

① 안방[안빵], 국밥[국빱]
② 국민[궁민], 식용유[시공뉴]
③ 꽃내음[꼰내음], 바깥일[바깐닐]
④ 감기[강기], 신문[심문]

**04. 다음에서 설명하고 있는 음운 변동의 예로 적절하지 않은 것은?**

> 음운 변동은 그 결과에 따라 한 음운이 다른 음운으로 바뀌는 교체(交替), 원래 있던 음운이 없어지는 탈락(脫落), 없던 음운이 추가되는 첨가(添加), 두 개의 음운이 합쳐져서 하나로 되는 축약(縮約) 등으로 분류할 수 있다.

① 교체 – 바깥[바깐]
② 탈락 – 같이[가치]
③ 첨가 – 삯일[상닐]
④ 축약 – 국화[구콰]

**05. 국어의 음운 현상에는 아래의 네 가지 유형이 있다. 〈보기〉의 ㈎와 ㈏에 해당하는 음운 현상의 유형을 순서대로 고르면?**

> ㉠ XAY → XBY(대치)
> ㉡ XAY → X∅Y(탈락)
> ㉢ X∅Y → XAY(첨가)
> ㉣ XABY → XCY(축약)

> (보기)
> 따뜻+하다 → [따뜯하다] → [따뜨타다]
> ㈎ ㈏

① ㉠, ㉡　　② ㉠, ㉣
③ ㉡, ㉢　　④ ㉣, ㉡

**06. 〈보기〉의 ㉠~㉣에 대한 다음 설명 중 가장 적절하지 않은 것은?**

> (보기)
> ㉠ 부엌+일 → [부엉닐]
> ㉡ 콧+날 → [콘날]
> ㉢ 앉+고 → [안꼬]
> ㉣ 훑+ 는 → [훌른]

① ㉠, ㉡: '맞+불 → [맏뿔]'에서처럼 음절 끝에 올 수 있는 자음이 제한되어 있기 때문에 일어난 음운 변동이 있다.
② ㉠, ㉡, ㉣: '있+니 → [인니]'에서처럼 인접하는 자음과 조음 방법이 같아진 음운 변동이 있다.
③ ㉢: '앓+고 → [알코]'에서처럼 자음이 축약된 음운 변동이 있다.
④ ㉢, ㉣: '몫+도 → [목또]'에서처럼 음절 끝에 둘 이상의 자음이 오지 못하기 때문에 일어난 음운 변동이 있다.

**07. 다음 단어를 표준 발음법에 맞게 발음할 때 일어나는 음운 변동에 대한 설명으로 옳은 것은?**

① '없고'는 탈락 및 교체가 일어나며 음운의 개수가 한 개 줄어든다.
② '서울역'은 교체가 한 번 일어나며 음운의 개수가 한 개 줄어든다.
③ '늑막염'은 첨가 및 교체가 일어나며 음운의 개수가 두 개 늘어난다.
④ '솔하고'는 교체 및 축약이 일어나며 음운의 개수가 변하지 않는다.

## 08.

정답풀이 나머지는 모두 '탈락'에 해당하지만 '쏴'만 축약이다. 용언 어간 '쏘-'에 어미 '-아'이 결합되어 모음 축약이 되어 '쏴'가 된다.

오답풀이 ① 어간 '서-'에 어미 '-어서'가 결합할 때 동음 'ㅓ'가 탈락된다. 이것이 표기에도 반영된다.
③ 어간 '따르-'에 어미 '-아'가 결합할 때 '—'가 탈락된다. 이것이 표기에도 반영된다.
④ 어간 '울-'에 어미 '-는'이 결합할 때 'ㄹ'이 탈락된다. 이것이 표기에도 반영된다.

## 09.

정답풀이 헛웃음[허두슴]: 음절의 끝소리 규칙(교체)

오답풀이 ① 놓치다[녿치다]: 음절의 끝소리 규칙(교체)
'ㅎ'이 탈락해서는 안된다. 'ㅎ' 뒤에 예사소리가 오지 않아 자음 축약이 일어나는 경우가 아니라면 음절의 끝소리 규칙이 일어나야 한다.
③ 똑같이[똑까치]: 안울림소리 'ㄱ'과 안울림소리 'ㄱ'이 만나 된소리되기(교체), 'ㅌ'이 '이' 앞에서 'ㅊ'으로 교체되는 구개음화(교체)
④ 닫혔다[다쳗따]: 'ㄷ'과 'ㅎ'이 자음 축약이 되고 반모음 'ㅣ' 앞에서 'ㅌ'이 'ㅊ'으로 교체된다. '져, 쪄, 쳐'는 [저, 쩌, 처]로 발음되므로 [다첟따]로 발음되어야 한다.

## 10.

정답풀이 [내복약 → (ㄴ첨가) → 내복냑 → (비음화) → 내봉냑]: '내복약'은 '내복+약'의 합성어인데 앞의 어근이 자음이고 뒤의 말이 '이,야,여,요,유'로 시작하는 경우에는 ㄴ이 첨가된다. 그 후에 'ㄴ'이 'ㄱ'을 비음 'ㅇ'으로 비음화 시킨다. 따라서 비음화(자음 동화) 1번, 음의 첨가가 1번 일어났다.

## 11.

정답풀이 [꽃망울 → (음절의 끝소리 규칙) → 꼳망울 → (비음화) → 꼰망울]: ㉠ 음절 끝소리 규칙과 ㉡ 비음화가 동시에 드러난다.

오답풀이 ② [맑니 → (자음군 단순화) → 막니 → (비음화) → 망니]
③ [낳지 → (자음 축약) → 나치]: [낟찌]로 발음되지 않음에 유의하여야 한다. 자음 축약이 음절의 끝소리 규칙보다 먼저 일어나므로 'ㅎ'은 'ㄷ'으로 바뀔 수 없다.
④ [몇 해 → (음절의 끝소리 규칙) → 멷해 → (자음 축약) → 며태]

## 12.

정답풀이 [문고리 → (사잇소리 현상) → 문꼬리]: 사잇소리 현상은 '어근+어근'의 합성어이면서 앞의 어근의 끝소리가 울림소리이고 뒤의 어근의 첫소리 예사소리일 때 일어난다. '문'과 '고리'는 이 조건에 부합하므로 [문꼬리]라는 사잇소리 현상이 일어난다. 주의해야 할 점은 사잇소리 현상은 '첨가'라는 점에서 '교체'의 된소리되기와는 다르다는 점이다.

오답풀이 ① [덮밥 → (음절의 끝소리 규칙, 된소리되기) → 덥빱]
③ [협력 → (상호 비음화) → 혐녁]
④ [광한루 → (유음화) → 광:할루]

## 13.

정답풀이 '가-+-니'이므로 탈락된 음운이 없다.

오답풀이 ② '가-+-아서'에서 동음 'ㅏ'가 탈락한 것이므로 음운 현상이 일어난 것이다.
③ '가-+-아도'에서 동음 'ㅏ'가 탈락한 것이므로 음운 현상이 일어난 것이다.
④ '가-+-아요'에서 동음 'ㅏ'가 탈락한 것이므로 음운 현상이 일어난 것이다. ('가-+-아라'에서도 동음 'ㅏ'가 탈락됨)

## 14.

정답풀이 '풀꽃을'은 [풀꼬츨]로 발음되는 것이 옳다. '을'은 목적격 조사로서 형식 형태소이다. 형식 형태소는 힘이 없기 때문에 그대로 이어 발음되어 [풀꼬츨]이 되는 것이다.

오답풀이 ① [늙습니다 → (자음군 단순화, 된소리되기) → 늑씁니다 → (비음화) → 늑씀니다] 겹받침 'ㄺ'은 '막가파' 중 하나이므로, 앞 자음이 탈락된다.(자음군 단순화)
② [꽃잎 → (음절의 끝소리 규칙, ㄴ첨가) → 꼳닙 → (비음화) → 꼰닙]
④ 원래 'ㄼ'은 뒤 자음이 탈락되어 '넓다'가 [널따]로 발음이 되는 것이 정상이다.
그러나 '넓둥글다, 넓죽하다'의 경우 예외가 되어 앞 자음이 탈락된다. 따라서 [넙뚱글다], [넙쭈카다]로 발음되기 때문에 ④은 옳다.

정답

08 ② 09 ② 10 ② 11 ① 12 ② 13 ① 14 ③

**08. 밑줄 친 부분 중 음운 변동의 성격이 다른 것은?**

① 그는 서서 그녀를 기다렸다.
② 어서 그를 쏴 버려.
③ 나를 따라 와 보렴.
④ 우는 아이를 달래려고 노력했다.

**09. 표준 발음으로 옳은 것은?**

① 놓치다[노치다]
② 헛웃음[허두슴]
③ 똑같이[똑가치]
④ 닫혔다[다텯따]

**10. '내복약'을 표준 발음법에 맞게 발음할 때, 음운 변동의 종류와 횟수를 바르게 짝지은 것은?**

| | <음의 동화> | <음의 첨가> |
|---|---|---|
| ① | 1회 | 0회 |
| ② | 1회 | 1회 |
| ③ | 2회 | 0회 |
| ④ | 2회 | 1회 |

**11. 〈보기〉를 참고했을 때, ㉠과 ㉡이 동시에 드러난 사례를 고르면?**

(보기)
㉠ 음절 끝소리 규칙은 받침 위치에 있는 자음이 'ㄱ, ㄴ, ㄷ, ㄹ, ㅁ, ㅂ, ㅇ'의 7개 자음으로만 발음되는 현상이다. 밖[박], 부엌[부억], 낮[낟], 숲[숩]과 같은 경우를 예로 들 수 있다.
㉡ 비음화는 비음이 아닌 자음이 비음의 영향을 받아 비음 'ㄴ, ㅁ, ㅇ'으로 동화되는 현상이다. 닫는다[단는다], 접는다[점는다], 먹는다[멍는다]를 예로 들 수 있다.

① 꽃망울[꼰망울]
② 맑니[망니]
③ 낳지[나치]
④ 몇 해[며태]

**12. 다음의 음운 규칙의 교체 현상이 나타나지 않은 것은?**

① 덮밥[덥빱]
② 문고리[문꼬리]
③ 협력[혐녁]
④ 광한루[광할루]

**13. 다음의 음운 현상이 일어나지 않은 사례는?**

어간 '가-'에 어미 아서'가 결합하면 '가서'가 된다. 이러한 사례처럼 어간과 어미가 결합할 때, 동일한 모음이 연속되면 그중 하나가 탈락한다.

① 봄이 가니 여름이 온다.
② 집에 가서 밥을 먹자
③ 우리만 먼저 가도 괜찮을까?
④ 집에 이제 가요. (가라)

**14. 표준 발음으로 가장 옳지 않은 것은?**

① 늙습니다[늑씁니다]
② 꽃잎[꼰닙]
③ 풀꽃을[풀꼬슬]
④ 넓둥글다[넙뚱글다]

## 15.

정답풀이 [그믐달 → (사잇소리 현상) → 그믐딸]
[산비둘기 → (사잇소리 현상) → 산삐둘기]: 사잇소리 현상은 '어근+어근'의 합성어이면서 앞의 어근의 끝소리가 울림소리이고 뒤의 어근의 첫소리 예사소리일 때 일어난다. '그믐'과 '달' / '산'과 '비둘기'는 이 조건에 부합하므로 뒤의 소리가 된소리로 소리나는 사잇소리 현상이 일어난다. 주의해야 할 점은 사잇소리 현상은 '첨가'라는 점에서 '교체'의 된소리되기와는 다르다는 점이다.

오답풀이 ① [꿇니 → (ㅎ탈락) → 끌니 → (유음화) → 끌리]
[않고 → (자음 축약) → 안코]: 동일한 음운 변동 현상이 아니다.
③ [맏양반 → (ㄴ첨가) → 맏냥반 → (비음화) → 만냥반]
[쇠붙이 → (구개음화) → 쇠부치]: 동일한 음운 변동 현상이 아니다.
④ [권력 → (유음화) → 궐력]
[공권력 → (된소리되기, 비음화) → 공꿘녁]: '공권력(公權力)'의 경우에는 유음화의 환경이라고 착각할 수 있으니 3글자 한자어이면서 '2+1'의 구성을 보이는 경우에는 유음화가 아니라 비음화가 일어난다. 이외의 예로는 '횡단로[횡단노], 신문로[신문노], 이원론[이원논], 구근류[구근뉴]' 등이 있다.

## 16.

정답풀이 '섞는'은 [섞는 → (음절의 끝소리 규칙) → 석는 → (비음화) → 성는]의 과정을 거쳐 발음된다.
'음절의 끝소리 규칙'과 '비음화'는 '교체'에 해당하므로 ①의 설명은 옳다.

오답풀이 ② '섞어'는 '-어' 어미가 형식 형태소에 해당하므로 그대로 이어서 발음하여 [서꺼]로 발음된다. '연음'은 음운이 그대로 유지되는 것이므로 탈락 현상이 아니다.
③ '섞고'는 [섞고 → (음절의 끝소리 규칙) → 석고 → (된소리되기) → 석꼬]의 과정을 거쳐 발음된다. '음절의 끝소리 규칙'과 '된소리되기'는 '교체'에 해당한다. 따라서 두 음운의 위치가 서로 바뀌는 '도치' 현상은 적절하지 않다.
④ '섞지'는 [섞지 → (음절의 끝소리 규칙) → 석지 → (된소리되기) → 석찌]의 과정을 거쳐 발음된다. '음절의 끝소리 규칙'과 '된소리되기'는 '교체'에 해당한다. 따라서 두 음운이 합쳐져서 다른 음운으로 바뀌는 '축약'과 새로운 음운이 생기는 '첨가'로 설명한 것은 옳지 않다.

정답

15 ② 16 ① 17 ④ 18 ③ 19 ②

## 17.

정답풀이 '맑다'의 경우 'ㄺ'은 뒤 자음이 탈락한다. 그래서 [막따]가 된다. 하지만 용언의 어간 말음 'ㄺ'은 'ㄱ' 앞에서 [ㄹ]로 발음하므로, '맑고'의 표준 발음은 [막꼬]가 아니라 [말꼬]이다.

오답풀이 ① [늙는 → (자음군 단순화) → 늑는 → (비음화) → 능는]
② 밟기[밥:끼]: '밟-'은 자음 앞에서 [밥]으로 발음한다(표준 발음법 제10항, 다만). 표준 발음법 제25항에 의하면 어간 받침 'ㄼ, ㄾ' 뒤에 결합되는 어미의 첫소리 'ㄱ, ㄷ, ㅅ, ㅈ'은 된소리로 발음한다. 그래서 [밥기]가 아니라 [밥:끼]가 되는 것이다.
③ 읽게[일께]: 용언의 어간 말음 'ㄺ'은 'ㄱ' 앞에서 [ㄹ]로 발음한다(표준 발음법 제11항, 다만).

## 18.

정답풀이 음운 변동 전의 음운 개수: 'ㅣ, ㅂ, ㅎ, ㅏ, ㄱ, ㅅ, ㅐ, ㅇ' (8개)
음운 변동(자음 축약=거센소리되기=격음화) 후에는 [이팍쌩]이므로 음운 개수: 'ㅣ, ㅍ, ㅏ, ㄱ, ㅆ, ㅐ, ㅇ'로 (7개) 따라서, 음운 변동 전의 음운 개수와 음운 변동 후의 음운 개수가 서로 다르다.

오답풀이 ① [부엌일 → (음절의 끝소리 규칙, 'ㄴ' 첨가)→ [부억닐] (비음화) → [부엉닐]: 따라서 '부엌일'에 일어나는 음운 변동의 유형은 ㉠ 교체(음절의 끝소리 규칙, 비음화) ㉡ 첨가(ㄴ첨가)이다.
② [몇 리 → (음절의 끝소리 규칙) → 멷리 → (상호 비음화) → 면니]이다. 인접한 음의 영향을 받아 '조음 방법'이 같아지는 '비음화'가 일어났다.
④ [흙모양 → (자음군 단순화) → 흑모양 → (비음화) → 흥모양]이므로 음절 끝소리 규칙이 아닌 자음군 단순화가 일어났음을 알 수 있다.

## 19.

정답풀이 ㉣은 각각 음운 변동 전과 후의 음운 개수가 다르다.(㉠은 같다.)
㉠ [직행열차 → (자음 축약, ㄴ첨가) → 지캥녈차]: 'ㄴ첨가'가 나타났다.
㉣ [입학생 → (자음 축약(거센소리되기=격음화), 된소리되기=경음화) → 이팍쌩]: 음운 축약이나 교체만 일어났다.

오답풀이 ① ㉢ [안팎일 → (음절의 끝소리 규칙) → 안팍일 → ('ㄴ' 첨가) → 안팍닐 → (비음화) → 안팡닐]이다. 따라서 ㉠ [지캥녈차]와 ㉢ [안팡닐]은 둘다 'ㄴ 첨가'가 나타난다.
③ ㉡ [헛걸음 → (음절의 끝소리 규칙) → 헏걸음 → (된소리되기, 연음) → 헏꺼름]이다. 따라서 ㉡은 음절의 끝소리 규칙과 된소리되기가 대치(=교체)라고 볼 수 있다. ㉢ [안팡닐]도 마찬가지로, 'ㄴ 첨가'가 있기는 했지만 음절의 끝소리 규칙과 비음화가 있으므로 대치(=교체)라고 볼 수 있다.
④ ㉡ [헏꺼름]과 ㉣ [이팍쌩]은 둘 다 된소리되기가 일어났다는 점에서 '대치(=교체)'라는 같은 유형의 음운 변동이 있디.

**15.** 동일한 음운 변동 현상을 보여 주는 예들로 묶인 것은?

① 끓니, 않고
② 그믐달, 산비둘기
③ 맏양반, 쇠붙이
④ 권력, 공권력

**16.** '섞다'의 활용형에 적용된 음운 변동에 대한 설명으로 옳은 것은?

> • 교체: 한 음운이 다른 음운으로 바뀌는 현상
> • 탈락: 한 음운이 없어지는 현상
> • 첨가: 없던 음운이 생기는 현상
> • 축약: 두 음운이 합쳐져서 또 다른 음운 하나로 바뀌는 현상
> • 도치: 두 음운의 위치가 서로 바뀌는 현상

① '섞는'은 교체 현상에 의해 '성는'으로 발음된다.
② '섞어'는 탈락 현상에 의해 '서꺼'로 발음된다.
③ '섞고'는 도치 현상에 의해 '섞꼬'로 발음된다.
④ '섞지'는 축약 현상과 첨가 현상에 의해 '섞찌'로 발음된다.

**17.** 표준 발음이 아닌 것은?

① 늙는[능는] ② 밟기[밥ː끼]
③ 얽게[얼께] ④ 맑고[막꼬]

**18.** 다음에 대한 설명으로 적절한 것은?

> ㉠ 부엌일[부엉닐] ㉡ 몇 리[면니]
> ㉢ 입학생[이팍쌩] ㉣ 흙 모양[흥 모양]

① ㉠: 한 가지 유형의 음운 변동이 나타난다.
② ㉡: 인접한 음의 영향을 받아 조음 위치가 같아지는 동화 현상이 나타난다.
③ ㉢: 음운 변동 전의 음운 개수와 음운 변동 후의 음운 개수가 서로 다르다.
④ ㉣: 음절 끝에 'ㄱ, ㄴ, ㄷ, ㄹ, ㅁ, ㅂ, ㅇ' 이외의 자음이 오면 이 7개의 자음 중 하나로 바뀌는 규칙이 적용된다.

**19.** ㉠~㉣의 음운 변동에 대한 설명으로 옳지 않은 것은?

> ㉠ 직행열차 ㉡ 헛걸음
> ㉢ 안팎일 ㉣ 입학생

① ㉠과 ㉢은 각각 음운의 첨가가 나타난다.
② ㉠과 ㉣은 각각 음운 변동 전과 후의 음운 개수가 같다.
③ ㉡과 ㉢은 각각 음운의 대치가 나타난다.
④ ㉡과 ㉣은 같은 유형의 음운 변동이 있다.

## 20.

정답풀이 [끓네 → (자음군 단순화) → 끌네 → (유음화) → 끌레]의 과정을 거친다. '자음군 단순화'는 탈락이며, '유음화'는 대치(=교체)이므로 ①은 옳다.

오답풀이 ② [밖과 → (음절의 끝소리 규칙) → 박과 → (된소리되기) → 박꽈]의 과정을 거친다. '음절의 끝소리 규칙'은 대치(=교체)이며, '된소리되기'는 대치(=교체)이므로 '밖과'가 대치, 축약 현상이라고 한 ②는 틀리다.
③ [값지다 → (자음군 단순화) → 갑지다 → (된소리되기) → 갑찌다]의 과정을 거친다. '자음군 단순화'는 탈락이며, '된소리되기'는 대치(=교체)이므로 '값진'이 탈락, 첨가 현상이라고 한 ③은 틀리다.
④ [밭도 → (음절의 끝소리 규칙) → 받도 → (된소리되기) → 받또]의 과정을 거친다. '음절의 끝소리 규칙'과 '된소리되기'는 모두 대치(=교체)이므로 '밭도'가 대치, 첨가 현상이라고 한 ④는 틀리다.

## 21.

정답풀이 각각 'ㅎ'과 'ㄹ'이 탈락되므로 음운 변동 유형이 같다.

오답풀이 ② [금융 → (ㄴ첨가) → 금늉] : (첨가) [그뮹]으로 발음됨도 허용한다.
: 앞말이 자음으로 끝나고 뒷말의 첫음절이 '이, 야, 여, 요, 유'로 시작하는 경우에는 뒷말의 초성 자리에 'ㄴ' 소리가 첨가된다.
• [구근류 → (비음화) → 구근뉴] : '구근류(球根類)'의 경우에는 유음화의 환경이라고 착각할 수 있으나 3글자 한자어이면서 '2+1'의 구성을 보이는 경우에는 유음화가 아니라 비음화가 일어난다. 이외의 예로는 '횡단로[횡단노], 공권력[공꿘녁], 이원론[이원논], 추진력[추진녁]' 등이 있다.
비음화는 교체이므로 첨가와는 다르다.
③ 이기-+-어 → [이겨] : 모음 축약
파-+-아도 → [파도] : 동음 탈락
음운 변동 유형이 각각 축약, 탈락이므로 동일한 음운 변동 유형이 아니다.
④ 신라[실라] : 유음화
싫어도[시러도] : ㅎ 탈락
음운 변동 유형이 각각 교체, 탈락이므로 동일한 음운 변동 유형이 아니다.

## 22.

정답풀이 ㉠ 축약, 탈락, ㉡ 동화, ㉢ 음절의 끝소리 규칙의 교체이다.
㉠ : ⓒ의 '좋고[조코], 많다[만타]'는 거센소리되기(자음 축약)에 해당하므로 ㉠이다.
㉡ : ⓑ의 '닫는[단는], 찰나[찰라]'는 각각 비음화와 유음화로 '동화' 현상이다. 동화 현상은 ㉡이다.
㉢ : ⓐ에 '바깥, 부엌'은 각각 [바깐], [부억]으로 발음된다. 이는 음절의 끝소리 규칙에 해당하므로 ㉢에 해당한다.

오답풀이 ⓓ에 '배+사공, 전세+집'의 합성어 사이에서 각각 [배싸공/밷싸공], [전세찝/전셷찝]으로 발음된다. 이는 앞 어근의 끝음이 울림소리이고 뒤 어근이 끝음 예사소리가 된소리로 발음되는 사잇소리 현상이다. 사잇소리 현상은 첨가에 해당한다. ㉠~㉢에 모두 해당하지 않는다.

## 23.

정답풀이 • [키읔 → (음절의 끝소리 규칙) → 키윽]
• [났다 → (음절의 끝소리 규칙, 된소리되기) → 낟따]
• [히읗→ (음절의 끝소리 규칙) → 히읃]
따라서 음절의 끝소리 규칙(=중화)이다. '중화'라는 용어를 몰라서 음절의 끝소리 규칙을 몰라보면 안 된다.

## 24.

정답풀이 '캔류[캘류]'은 'ㄴ'이 유음 'ㄹ'의 조음 방법에 동화되어 같은 유음 'ㄹ'로 교체된 것이다. 이는 '비음'이 '유음'으로 교체된 것이므로 조음 위치는 그대로 '혀끝소리'이지만 조음 방법만 바뀐 것이므로 해당 선택지는 옳지 않다.

오답풀이 ① '불세출[불쎄출]'은 한자어 'ㄹ' 뒤 'ㄷ, ㅅ, ㅈ'이 된소리로 발음되는 된소리되기가 일어난 것이다. 된소리되기가 일어난 것이므로 조음 위치와 조음 방법은 모두 같다. 된소리로 바뀌었어도 'ㅅ'과 'ㅆ'은 모두 조음 위치가 '혀끝소리'이고, 조음 방법이 '마찰음'이기 때문이다.
③ '백미[뱅미]'의 표준 발음은 'ㄱ → ㅇ'으로 바뀌었다. 조음 위치는 모두 '여린입천장소리(=연구개음)'이다. 하지만 조음 방법은 '파열음'인 'ㄱ'이 '비음'인 'ㅇ'으로 바뀐 것이므로 조음 방법은 바뀌었음을 알 수 있다.
④ '미닫이[미다지]'는 '혀끝소리' 'ㄷ'이 이고 '경구개음' 'ㅈ'으로 교체된 것이다. 따라서 조음 위치가 바뀌었음을 알 수 있다. 조음 방법으로는 'ㄷ'은 '파열음'이고 'ㅈ'은 '파찰음'이므로 조음 방법 또한 바뀌었음을 알 수 있다.

정답

20 ① 21 ① 22 ④ 23 ① 24 ②

**20.** 음운 변동에 대한 설명으로 옳은 것은?

① 끓네[끌레] : 탈락, 대치 현상이 있다.
② 밖과[박꽈] : 대치, 축약 현상이 있다.
③ 값지다[갑찌다] : 탈락, 첨가 현상이 있다.
④ 밭도[받또] : 대치, 첨가 현상이 있다.

## 亦功 중간 빈출, 제3빈출

**21.** 동일한 음운 변동 유형을 보여 주는 예들로 묶인 것은?

① 좋-+-은 → [조은], 살-+-니 → [사니]
② 금융[금늉], 구근류[구근뉴]
③ 이기-+-어 → [이겨], 파-+-아도 → [파도]
④ 신라[실라], 싫어도[시러도]

**22.** 〈자료〉의 (가)와 (나)가 옳게 짝지어진 것은?

〈자료〉
(가) 음운의 변동 양상
㉠ 두 음운이 하나의 음운으로 결합하거나 어느 하나가 없어지는 현상
㉡ 한 음운이 인접하는 다른 음운의 성질을 닮아가는 현상
㉢ 어떤 음운이 음절의 끝 위치에서 다른 음운으로 바뀌는 현상
(나) 예시
ⓐ 바깥, 부엌　　ⓑ 닫는, 찰나
ⓒ 좋고, 많다　　ⓓ 뱃사공, 전셋집

| | ㉠ | ㉡ | ㉢ |
|---|---|---|---|
| ① | ⓐ | ⓓ | ⓑ |
| ② | ⓑ | ⓒ | ⓐ |
| ③ | ⓒ | ⓐ | ⓑ |
| ④ | ⓒ | ⓑ | ⓐ |

**23.** 〈보기〉의 단어에 공통으로 적용된 음운 변동은?

〈보기〉
• 키읔[키윽]　• 났다[낟따]　• 히읗[히읃]

① 중화　　② 첨가
③ 비음화　　④ 유음화

**24.** 표준 발음법에 맞게 발음할 때 일어나는 음운 변동에 대한 설명으로 적절하지 않은 것은?

① '불세출'은 조음 위치와 조음 방법이 모두 그대로이다.
② '캔류'는 조음 방법은 그대로이고, 조음 위치가 바뀌었다.
③ '백미'는 조음 위치는 그대로이고, 조음 방법이 바뀌었다.
④ '미닫이'는 조음 위치와 조음 방법이 모두 바뀌었다.

## 25.

정답풀이 어간 '돕-'에 어미 '-아서'가 결합되면 'ㅂ'이 반모음 'ㅗ'로 교체되어 '도와서'로 활용된다. '도와서에는 음운이 교체된 것이지 음운 탈락이 일어나지는 않았다.

오답풀이 ① 부어서: '붓-+-어서'에서 'ㅅ' 탈락
② 다달이: '달+달+이'에서 'ㄹ' 탈락
③ 들렀다: '들르-+-었-'에서 'ㅡ' 탈락

## 26.

정답풀이 보통은 발음을 편리하게 하기 위해 음운 변동이 일어나므로 '㉠ 경제성의 원리'가 원인인 경우가 대부분이다. '㉡ 표현 효과의 원리'는 강하게 발음하여 오히려 에너지 소모가 큰 '된소리되기'와 '사잇소리현상'과 관련이 깊다. '집비둘기'의 표준 발음은 [집삐둘기]이다. 예사 소리인 'ㅂ'이 'ㅃ'으루 바뀌는 '된소리뇌기(경음화)'가 일어났기 때문에 '표현 효과의 원리'에 해당한다. 앞의 말의 끝음 'ㅂ'은 안울림소리이므로 앞의 말의 끝음을 울림소리로 갖는 사잇소리현상과는 구별된다. ('집비둘기'는 된소리되기(교체), '산비둘기'는 사잇소리현상) 나머지는 모두 ㉠이 변동의 원인이다.

오답풀이 '경제성의 원리'는 발음할 때 편리하게 하는 것에 초점이 있다. 일반적으로 발음할 때 '축약'되거나 '교체', '탈락' 되는 것들이 이에 해당된다.
① [만누이]로 비음화, ② [가치다]로 자음 축약, 구개음화, ③은 [오탄벌]로 음절의 끝소리 규칙, 자음 축약이다. ①~③ 어디에도 된소리되기, 사잇소리 현상이 없으므로 답은 ④이다.

## 27.

정답풀이 '문법[문뻡]'은 '문(文)'와 '법(法)'의 합성어이므로 사잇소리 현상에 의해 된소리로 발음된다는 견해와 한자음의 사이에서 일어나는 된소리되기라고 보는 견해가 있다. 어쨌든 된소리로 강하게 발음되는 것은 '표현 효과의 원리'이다.

오답풀이 ① 구개음화, ② 자음 동화(비음화), ③ 자음 동화(유음화). ①~③은 경제성의 원리와 관련이 있다.

정답

25 ④ 26 ④ 27 ④ 28 ① 29 ③ 30 ①

## 28.

정답풀이 같이[가치]: 뒤에 있는 'ㅣ'가 'ㅌ'을 자신과 동일한 조음 위치인 경구개음 'ㅊ'으로 동화한 것이다. 따라서 동화의 원인 'ㅣ'가 뒤에서 'ㅌ'을 동화한 것이므로 역행 동화이다.

오답풀이 ② 불놀이[불로리]: 앞에 있는 '불'의 'ㄹ'이 원인이 되어 뒤에 있는 '놀'의 'ㄴ'이 [ㄹ]로 변한 순행 동화이다.
③ 찰나[찰라]: 앞에 있는 '찰'의 'ㄹ'이 원인이 되어 뒤에 있는 '나'의 'ㄴ'이 'ㄹ'로 변한 순행 동화이다.
④ 강릉[강능]: 앞에 있는 '강'의 'ㅇ'이 원인이 되어 뒤에 있는 '릉'의 'ㄹ'이 'ㄴ'으로 변한 순행 동화이다.

## 29.

정답풀이 '섭렵'은 상호 비음화가 일어나서 [섬녑]으로 발음되므로 동화의 방향이 다르다. 'ㅂ'과 'ㄹ'이 서로 동화의 원인이 되어 모두 비음이 된 것이므로 상호 비음화이다.

오답풀이 ① '밥물'은 동화의 원인이 뒤에 있어 앞의 'ㅂ'을 비음으로 만들어 준다. 따라서 역행이다.
② '읊니'에서 자음군 단순화가 일어나 '읖니'가 되고 음절의 끝소리 규칙이 일어나 '읍니'가 된다. 이후 동화의 원인 'ㄴ'이 앞의 'ㅂ'을 비음으로 만들므로 역행이다.
④ '신라'는 동화의 원인인 'ㄹ'이 뒤에서 'ㄴ'을 'ㄹ'로 동화하므로 역행이다.

## 30.

정답풀이 '얻고'의 경우 안울림 예사소리 'ㄷ'과 뒤의 안울림 예사소리 'ㄱ'의 환경에서 'ㄱ'이 'ㄲ'으로 교체되는 ㉠의 경우가 맞다.

오답풀이 ② [손끔]이 맞지만 ㉡의 경우가 아니다. 첫째, '손재주'는 합성어 과정에서 나오는 사잇소리 현상으로, 된소리되기 현상과는 아예 관련이 없다. 둘째, ㉡에서 말하는 환경은 '어간' 뒤에서 일어나는 된소리되기인데, '손금'은 어간이 아니라 '명사 어근+명사 어근'의 구조이기 때문에 ㉡의 경우라고 말할 수 없다.
㉡의 경우는 '신고[신:꼬], 앉고[안꼬], 더듬지[더듬찌], 감게[감께]' 등이 있다.
③ '갈 것'의 발음은 [갈 껏]이지만 이는 ㉢이 아니라 ㉣에 해당되므로 옳지 않다.
④ '몰상식[몰쌍식], 발전[발쩐], 발달[발딸], 발생[발쌩]' 등이 있다. 이는 ㉣이 아니라 ㉢에 해당하므로 옳지 않다.

**25. 밑줄 친 부분 중 음운의 탈락 현상이 나타나지 않은 것은?**

① 얼굴이 부어서 못생겨졌다.
② 월세를 다달이 잘 냈다.
③ 그가 집에 들렀다.
④ 당신을 도와서 합격까지 이르게 하겠다.

**26. 음운 변동의 원인을 ㉠과 ㉡으로 구분할 때, 변동의 원인이 이질적인 하나는?**

> 음운 변동이 일어나는 원인으로는 발음을 좀 더 쉽게 하려는 ㉠ 경제성의 원리에 의한 것과 표현 강화를 위한 ㉡ 표현 효과의 원리에 의한 것이 있다. 전자에는 음절의 끝소리 규칙, 음운의 동화, 음운의 축약과 탈락이 있고, 후자에는 된소리되기와 사잇소리 현상이 있다.

① 맏누이 ② 갇히다
③ 옷 한 벌 ④ 집비둘기

**27. 다음 단어를 [ ]와 같이 발음했다면 발음의 원인이 다른 하나는 무엇인가?**

① 맏이[마지] ② 담력[담녁]
③ 손난로[손날로] ④ 문법[문뻡]

**28. 동화의 방향이 다른 것은?**

① 같이 ② 불놀이
③ 찰나 ④ 강릉

**29. 동화의 방향이 다른 것은?**

① 밥물 ② 읊니
③ 섭렵 ④ 신라

**30. ㉠~㉣에 대한 예로 가장 적절한 것은?**

> 특정 음운 환경에서 'ㄱ, ㄷ, ㅂ, ㅅ, ㅈ' 같은 예사소리가 'ㄲ, ㄸ, ㅃ, ㅆ, ㅉ' 같은 된소리로 바뀌는 현상이 일어나는데, 이를 된소리되기 또는 경음화라고 한다. 된소리되기의 종류로는 ㉠ 'ㄱ, ㄷ, ㅂ' 뒤에서 일어나는 된소리되기, ㉡ 어간 받침 'ㄴ, ㅁ' 뒤에서 일어나는 된소리되기, ㉢ 'ㄹ'로 끝나는 한자와 'ㄷ, ㅅ, ㅈ'으로 시작하는 한자가 결합할 때 일어나는 된소리되기, ㉣ 관형사형 어미 '-(으)ㄹ' 뒤에 있는 체언에서 일어나는 된소리되기 등이 있다.

① ㉠: 얹고 → [언꼬]
② ㉡: 손금 → [손끔]
③ ㉢: 갈 것 → [갈껃]
④ ㉣: 몰상식 → [몰쌍식]

## 31.

정답풀이 ㉠ 무릎[무릅] : '무릎'은 'ㅍ'받침이 'ㅂ'으로 발음되는 음절의 끝소리 규칙이 적용되어 [무릅]으로 발음된다. 음절의 끝소리 규칙은 대치(=교체)에 포함된다.

㉣ 굳이[구지] : [굳이 → (연음 : 연음은 음운변동 아님) → 구디 → (구개음화) → 구지] : 대치(교체)에 의한 음운 현상. 'ㄷ'이 모음 'ㅣ'를 만나 'ㅈ'으로 교체된 것이다. 따라서 구개음화 현상은 동화이다. 모든 동화는 대치(=교체)에 포함된다.

㉦ [깁꼬] : [깊고 → (음절의 끝소리 규칙, 된소리되기) → 깁꼬] 음절의 끝소리 규칙과 경음화 현상(된소리되기)은 모두 대치(=교체)에 포함된다.

㉧ 뒷윷[뒨뉻] : [뒷윷 → (음절의 끝소리 규칙, ㄴ첨가) → 뒫뉻 → (비음화) → 뒨뉻] 음절의 끝소리 규칙, 비음화는 대치(=교체)에 포함된다. ㄴ첨가는 첨가에 포함된다.

오답풀이 ㉡ 끓더라[끌터라] : '끓더라'에서 'ㅎ'과 'ㄷ'이 만나면 거센소리되기가 일어나 'ㅌ'으로 발음된다. 거센소리되기 현상은 축약에 포함된다.

㉢ 밟히다[발피다] : 'ㅎ'과 'ㅂ'이 만나면 거센소리 'ㅍ'으로 발음된다. 거센소리되기 현상은 축약에 속한다.

㉤ 배꼽(<빗복) : '복'이 '곱'으로 바뀐 것은 통시적인 음운 현상으로 '도치'에 해당한다. 도치란 한 단어 안에서 음운이 서로 뒤바뀌는 현상이다.

㉥ 끓으니[끄르니] : 'ㅎ'이 뒤의 모음 어미 앞에서 탈락하는 'ㅎ' 탈락 현상이다. '탈락'에 포함된다.

### 赤功 난이도 조절용

**31. 국어의 음운 현상에는 대치, 탈락, 첨가, 축약, 도치가 있다. 다음에 제시된 단어들 중 동일한 음운 현상이 나타나는 것끼리 묶인 것은?**

| | | |
|---|---|---|
| ㉠ 무릎 | ㉡ 끓더라 | ㉢ 밟히다 |
| ㉣ 굳이 | ㉤ 배꼽(<빗복) | ㉥ 끓으니 |
| ㉦ 깊고 | ㉧ 뒷윷 | |

① ㉠, ㉡, ㉢, ㉤ ② ㉠, ㉣, ㉦, ㉧
③ ㉡, ㉢, ㉥, ㉧ ④ ㉣, ㉢, ㉤, ㉧

정답

31 ②

박혜선 亦功 국어
**콤단문** 문법
콤팩트한 단원별 문제풀이

# 표준 발음법 / 표준어 규정

PART 05

관련교재 [ 요 족집게 적중 노트 p.60~68 / 기 출좋포 문법 p.170~186 ]

# Chapter 01 표준 발음법

## 01.

정답풀이 [갇혀 → (자음 축약) → 가텨 → (구개음화) → 가쳐 → (제5항 다만1) → 가처]의 과정을 거친다. 용언의 활용형에 나타나는 '져, 쪄, 쳐'는 [저, 쩌, 처]로 발음하므로 [가쳐]가 아니라 [가처]가 옳다.

오답풀이 ① '다만 4. 단어의 첫음절 이외의 '의'는 [ㅣ]로, 조사 '의'는 [ㅔ]로 발음함도 허용한다'에 의해 '민주주의'의 '의'는 [의](원칙), [이](허용)로 발음되며 '민주주의의'의 관형격 조사 '의'는 [의](원칙), [에](허용)로 발음된다. '의의'는 [의의](원칙) [의이](허용)으로 발음되므로 [민주주의에 의이]는 옳다.

③ '예, 례' 이외의 'ㅖ'는 [ㅔ]로도 발음하므로 '계, 몌, 폐, 혜'는 각각 [계], [몌], [폐], [혜] (원칙), [게], [메], [페], [헤] (허용)으로 발음되므로 [계:시다](원칙) [게:시다](허용)으로 발음된다.

④ "다만 2. '예, 례' 이외의 'ㅖ'는 [ㅔ]로도 발음한다."로 인해 '례'는 무조건 [례]로만 발음되므로 '[홀례]'로 발음되는 것은 옳다. 참고로 'ㄴ'이 'ㄹ'로 인해 유음화된 것이다.

## 02.

정답풀이 'ㅀ' 받침은 [ㄹ]로 자음군단순화 된다. 그 이후에 뒤의 'ㄴ'이 앞의 'ㄹ'에서 'ㄹ' 소리로 동화되는 유음화가 일어나 [끌레]로 소리난다.

오답풀이 ① 3. 'ㅎ' 뒤에 'ㄴ'이 결합되는 경우에는, [ㄴ]으로 발음한다. : [닿는 → (음절의 끝소리 규칙) → 닫는 → (비음화) → 단는]의 과정을 거친다. 따라서 [닫는]은 비음화가 일어나지 않았으므로 [단는]이 옳다.

③ 2. 'ㅎ(ㄶ, ㅀ)' 뒤에 'ㅅ'이 결합되는 경우에는, 'ㅅ'을 [ㅆ]으로 발음한다. : [낳습니다 → (제12항 2.) → 나씁니다 → (비음화) → 나씀니다]의 과정을 거치므로 [낟씀니다]는 옳지 않다. 음절의 끝소리 규칙이 일어나서는 안 된다.

④ 1. 'ㅎ(ㄶ, ㅀ)' 뒤에 'ㄱ, ㄷ, ㅈ'이 결합되는 경우에는, 뒤 음절 첫소리와 합쳐서 [ㅋ, ㅌ, ㅊ]으로 발음한다. : [놓지 → (자음 축약) → 노치]의 과정을 거치므로 [녿찌]는 옳지 않다. 음절의 끝소리 규칙과 된소리되기가 일어나서는 안 된다.

## 03.

정답풀이 'ㄼ' 받침은 [ㄹ]로 자음군단순화된다. 그 이후에 뒤의 'ㄴ'이 앞의 'ㄹ'에서 'ㄹ' 소리로 동화되는 유음화가 일어나 [널레요]로 소리난다. 발음이 어색해 보이는 것이 은근 답이 된다.

오답풀이 ② "제5항 다만 3. 자음을 첫소리로 가지고 있는 음절의 'ㅢ'는 [ㅣ]로 발음한다."에 의해 '띔'은 무조건 [띰]으로만 발음되므로 [귀뜸]이 아니라 [귀띰]으로 발음되는 것이 옳다.

③ '않은'의 '-은' 모음으로 시작하는 어미이므로 'ㅎ'이 탈락되어 [안는]이 아니라 [아는]으로 발음된다.

④ '예, 례' 이외의 'ㅖ'는 [ㅔ]로도 발음하므로 '예, 례'는 [예], [례]로만 발음해야 한다. 따라서 [차레]가 아니라 [차례]로 발음해야 한다.

## 04.

정답풀이 ㉠ 겉을[거슬](×) → [거틀](○) : 홑받침이나 쌍받침이 모음으로 시작된 형식 형태소와 결합되는 경우에는, 그대로 연음되어 '겉을'은 [거틀]로 발음해야 하므로 ①은 옳지 않다.

오답풀이 ② ㉡ 겉만[겉만 → (음절의 끝소리 규칙) → 걷만 → (비음화) → 건만]

③ ㉢ 겉[겉 → (음절의 끝소리 규칙) → 걷]

④ ㉣ 겉이[겉이 → (연음=음운 변동×) → 거티 → (구개음화) → 거치]

정답

01 ② 02 ② 03 ① 04 ①

빈출 순위별 예상 문제

# 5편 표준 발음법 / 표준어 규정 CH.01 표준 발음법

## 亦功 최빈출

**01. 다음 〈보기〉의 표준 발음법 규정에 비추어 이중 모음의 발음이 바르지 않은 것은?**

(보기)

제5항 'ㅑ, ㅒ, ㅕ, ㅖ, ㅘ, ㅙ, ㅛ, ㅝ, ㅞ, ㅠ, ㅢ'는 이중 모음으로 발음한다.
다만 1. 용언의 활용형에 나타나는 '져, 쪄, 쳐'는 [저, 쩌, 처]로 발음한다.
다만 2. '예, 례' 이외의 'ㅖ'는 [ㅔ]로도 발음한다.
다만 3. 자음을 첫소리로 가지고 있는 음절의 'ㅢ'는 [ㅣ]로 발음한다.
다만 4. 단어의 첫음절 이외의 '의'는 [ㅣ]로, 조사 '의'는 [ㅔ]로 발음함도 허용한다.

① 민주주의의 의의[민주주의에 의이]
② 갇혀[가쳐]
③ 계시다[게:시다]
④ 혼례[홀례]

**02. 표준 발음법 제12항을 고려할 때 표준 발음으로 옳은 것은?**

「표준어 규정」제2부 표준 발음법
제12항 받침 ㅎ 의 발음은 다음과 같다.
1. 'ㅎ(ㄶ, ㅀ)' 뒤에 'ㄱ, ㄷ, ㅈ'이 결합되는 경우에는, 뒤 음절 첫소리와 합쳐서 [ㅋ, ㅌ, ㅊ]으로 발음한다.
2. 'ㅎ(ㄶ, ㅀ)' 뒤에 'ㅅ'이 결합되는 경우에는, 'ㅅ'을 [ㅆ]으로 발음한다.
3. 'ㅎ' 뒤에 'ㄴ'이 결합되는 경우에는, [ㄴ]으로 발음한다.
4. <u>'ㅎ(ㄶ, ㅀ)' 뒤에 모음으로 시작된 어미나 접미사가 결합되는 경우에는, 'ㅎ'을 발음하지 않는다.</u>

① 나의 마음이 <u>닿는[닫는]</u> 데까지 해보겠다.
② 와, 찌개가 맛있게 <u>끓네[끌레]</u>
③ 흰둥이가 강아지를 <u>낳습니다.[난씁니다]</u>
④ 희망을 절대로 <u>놓지[놉찌]</u> 마라.

**03. 다음 중 표준발음법에 맞게 발음한 것은?**

① 넓네요.[널레요]
② 귀띔[귀뜸]
③ 않은[안는]
④ 차례[차레]

**04. 〈보기〉에서 밑줄 친 부분의 발음으로 가장 옳지 않은 것은?**

(보기)

철수: 영희야 ㉠<u>겉을</u> 다 구워주면 되는 거야?
영희: 응. 이 ㉡<u>겉만</u> 좀 태워줘
철수: 이 ㉢<u>겉</u> 다?
영희: 왜? ㉣<u>겉이</u> 너무 타려나?

① ㉠: [거슬]
② ㉡: [건만]
③ ㉢: [걷]
④ ㉣: [거치]

## 05.

**정답풀이** 받침소리로는 'ㄱ, ㄴ, ㄷ, ㄹ, ㅁ, ㅂ, ㅇ'의 7개 자음만 발음한다는 음절의 끝소리 규칙이므로 (다)는 옳지 않다. (다)의 예시는 자음군 단순화와 관련되므로 연결이 옳지 않다. '겹받침 'ㄳ', 'ㄵ', 'ㄼ, ㄽ, ㄾ', 'ㅄ'은 어말 또는 자음 앞에서 각각 [ㄱ, ㄴ, ㄹ, ㅂ]으로 발음한다.'와 연결되어야 한다.

**오답풀이** ① '부엌이[부어키], 낯이[나치], 무릎을[무르플]'을 각각 '부엌+이(모음으로 시작하는 조사), 낯+이(모음으로 시작하는 조사), 무릎+을(모음으로 시작하는 조사)로서 홑받침이 모음으로 시작하는 조사 앞에서 뒤 음절 첫소리로 옮겨 발음됨을 보여준다.

## 06.

**정답풀이** '훑자'는 [훋짜]가 아니라 [훌짜]로 발음해야 한다. 'ㄺ, ㄻ, ㄿ'을 제외한 겹받침은 앞 자음을 발음하기 때문이다.

**오답풀이** ① 받침 뒤에 모음으로 시작된 형식 형태소(어미, 조사, 접사)가 오는 경우에는 받침이 뒤 음절 첫소리로 옮겨 발음된다. 따라서 '먹을'의 발음은 [머글]이다. 또한 관형사형 '-ㄹ/-을' 뒤에서는 된소리되기가 일어나므로 [머글싸람]으로 발음되는 것은 적절하다.

② 겹받침 'ㄺ'은 [ㄱ]으로 발음되는 것이 원칙이다. 따라서 '굵지다'는 [국찌]로 소리 내어 읽을 수 있다. 하지만 겹받침 'ㄺ'은 'ㄱ' 앞에서는 [ㄹ]로 발음된다. 따라서 '굵게'를 [굴께]로 발음해야 한다.

③ 자음을 첫소리로 가지고 있는 음절의 'ㅢ'는 무조건 [ㅣ]로만 발음한다. 따라서 '희'는 [히]로만 발음해야 한다. 참고로 [김히혜](원칙), [김히헤](허용)로 발음될 수 있다. '계, 몌, 폐, 혜'는 [ㅖ]로 발음하는 것이 원칙이지만 [ㅔ]로 발음함도 허용하기 때문이다.

## 07.

**정답풀이** '쉬'에서 'ㅣ' 모음이 뒤에 있는 모음 어미 '어'를 동화하여 [쉬여]로 발음한 것은 옳다. '쉬어'는 [쉬어]가 원칙 발음이지만, 'ㅣ' 모음 순행 동화가 적용된 [쉬여]도 옳다.

**오답풀이** ① '폭발음'은 안울림소리 'ㄱ'과 안울림소리 'ㅂ'이 인접하므로 된소리되기가 일어나 [폭빠름]이 올바르다.

③ 'ㄿ'은 'ㄻ, ㄺ, ㄿ' 중 하나이므로 뒤의 자음이 발음된다. 따라서 [읊고 → (자음군 단순화) → 읖고 → (음절의 끝소리 규칙, 된소리되기) → 읍꼬]의 과정을 거치므로 [읍꼬]가 옳다.

④ '상견례'는 3글자 한자어이면서 의미상 '2+1'의 의미 구조를 갖는다. 이 경우에는 유음화가 아니라 비음화가 일어난다. 또한 '례'는 무조건 [례]로만 발음이 되므로[상견네]가 아니라 [상견녜]만 옳다.

## 08.

**정답풀이** 표기와 발음이 일치하는 것은 '설거지[설거지]'이다.

**오답풀이** ① 곳[곳 → (음절의 끝소리 규칙) → 곧]

② 앞[앞 → (음절의 끝소리 규칙) → 압]

③ 불세출(不世出)[불세출 → (한자어 'ㄹ' 뒤의 'ㄷ,ㅅ,ㅈ'은 된소리되기) → 불쎄출]

## 09.

**정답풀이** '문법'의 표준 발음은 [문뻡]만 옳으므로 [뭄뻡]은 옳지 않다. 뒤의 양순음 'ㅃ'이 앞의 'ㄴ'을 양순음화시켜 'ㅁ'으로 교체하게 하는 것을 '양순음화'라고 한다. 양순음화는 표준 발음으로 인정하지 않는다.

**오답풀이** ① '예, 례'와 달리 '계, 몌, 폐, 혜'는 [ㅖ](원칙), [ㅔ](허용)으로 발음된다. 따라서 [시계/시게] 모두 표준 발음이다.

③ '논의'는 연음되어 [노늬]로 발음된다. 표준 발음법 제5항의 '다만 3.'은 '자음을 첫소리로 가지고 있는 음절의 'ㅢ'는 [ㅣ]로 발음한다.'는 규정이다. 이 규정에 따르면 [논의 → 노늬(자음을 첫소리로 가지는 '늬') → 노니]의 과정을 거친다. 따라서 [노늬](원칙), [노니](허용)로도 발음이 가능하다

④ 표준 발음법 제5항의 '다만 4.'은 '단어의 첫음절 이외의 '의'는 [ㅣ]로, 조사 '의'는 [ㅔ]로 발음함도 허용한다.'는 규정이다. 이 규정을 풀어보면, 단어의 첫음절 이외의 '의'는 [ㅢ]로 발음하는 것이 원칙이나, [ㅣ]로도 발음함을 허용한다는 것이다. 따라서 [충의]와 [충이] 모두 가능하다. 또 조사 '의'는 [ㅢ]로 발음하는 것이 원칙이나, [ㅔ]로 발음함도 허용한다는 것이다. 따라서 [충의의], [충의에], [충이의], [충이에] 모두 가능하다.

## 10.

**정답풀이** 복합어(합성어나 파생어)에서는 앞말이 받침으로 끝나고 뒷말이 'ㅣ, ㅑ, ㅕ, ㅛ, ㅠ'일 때는 [ㄴ] 소리가 첨가된다. '웬일'은 합성어이면서 ㄴ첨가의 환경을 가졌다. 또 '웬'은 '어찌 된'의 뜻을 지닌 관형사로 길게 발음되므로 [웬 : 닐]이라 소리 난다.

**오답풀이** ① '밟-'은 'ㄼ'이지만 [ㄹ]이 아니라 [ㅂ]으로 발음되는 예외적인 단어이다. 또 장음 단어이기 때문에 [밥:께]는 옳다.

② 핥다 [할따] : '핥다'는 [할따]가 표준 발음(겹자음 어간 ㄹ이 대표음일 때 뒤의 예사소리가 된소리되기)이다.

④ 뚫네 [뚤레] : 자음군 단순화 후 유음화가 일어나야 하므로 [뚤레]가 옳다.

**정답**

05 ③ 06 ④ 07 ② 08 ④ 09 ② 10 ③

**05.** 다음 예시와 연결이 잘못된 것은?

> (가) 부엌이[부어키], 낮이[나치], 무릎을[무르플]
> (나) 닭[닥], 삶[삼:], 읊다[읍따]
> (다) 값[갑], 외곬[외골], 넋과[넉꽈]
> (라) 싫어도[시러도], 많아[마:나], 낳은[나은]

① (가) 홑받침이나 쌍받침이 모음으로 시작된 조사나 어미, 접미사와 결합되는 경우에는, 제 음가대로 뒤 음절 첫소리로 옮겨 발음한다.
② (나) 겹받침 'ㄺ, ㄻ, ㄿ'은 어말 또는 자음 앞에서 각각 [ㄱ, ㅁ, ㅂ]으로 발음한다
③ (다) 받침소리로는 'ㄱ, ㄴ, ㄷ, ㄹ, ㅁ, ㅂ, ㅇ'의 7개 자음만 발음한다.
④ (라) 'ㅎ(ㄶ, ㅀ)' 뒤에 모음으로 시작된 어미나 접미사가 결합되는 경우에는, 'ㅎ'을 발음하지 않는다.

**06.** 국어의 발음 및 표기와 관련하여 가장 적절하지 않은 것은?

① '먹을 사람'는 [머글싸람]으로 발음하면 된다.
② '굵게 굵지'를 [굴께]와 [국찌]로 소리 내어 읽었다.
③ 김희혜 씨의 이름을 글자대로 발음하기 어려워서 표준 발음법에 따라 [김히헤]로 호명하였다.
④ '훑자'를 표준발음법에 따라 [훋짜]로 소리 내어 읽었다.

**07.** 다음 단어의 표준 발음으로 옳은 것은?

① 폭발음[폭바름]
② 쉬어[쉬여]
③ 읊고 [을꼬]
④ 상견례[상견네]

**08.** 표기와 발음이 일치하는 것은?

① 곳
② 앞
③ 불세출
④ 설거지

**09.** 밑줄 친 발음이 표준 발음이 아닌 것은?

① 시계[시계/시게]
② 문법[문뻡/뭄뻡]
③ 합격에 대한 논의[노늬]
④ 충의의[충이에] 태도

**10.** 다음 표현의 발음 중 표준 발음이 아닌 것은?

① 밟게[밥:께]
② 핥다[할따]
③ 웬일[웬:닐]
④ 뚫네[뚤레]

## 11.

정답풀이 삼림[삼님], 심리[심니]는 앞 음절 종성이 /ㅁ, ㅇ/일 때 [ㄴ]으로 바뀌지만, 백로[뱅노], 박력[방녁]는 앞 음절 종성이 [ㄱ]일 때, [ㄴ]으로 바뀌므로 옳지 않다.

오답풀이 ① '피로(疲勞), 하류(下流)'처럼 한자어의 둘째 음절에 오는 경우에는 /ㄹ/이 실현되지만, '노동(勞動), 유행(流行)(勞: 노동할 로, 流 흐를 류)'처럼 한자어의 첫머리에 올 때에는 /ㄹ/이 실현되지 않는다.

② 앞 음절 종성이 /ㄴ/일 때 [ㄴ]으로 바뀌는 예는 의견란[의견난], 생산량[생산냥]에 드러난다. 3음절 한자어이면서 의미구성이 2+1인 경우에는 유음화 환경이더라도 비음화가 일어나 'ㄹ'이 'ㄴ'으로 교체된다. 음절 종성이 /ㄴ/일 때 음절 종성을 [ㄹ]로 바꾸는 예는 편리[펼리], 난로[날로]에 드러난다.

④ ㉣을 보니, 앞 음절이 모음 뒤일 때 /ㄹ/이 실현되는 예는 '고려[고려], 비리[비리]'이다. 또한 앞 음절 종성이 /ㄹ/일 때 /ㄹ/이 실현되는 예는 '철로[철로], 물리[물리]'이다.

## 12.

정답풀이 'ㅌ'은 한글 자음 이름을 'ㄷ(디귿)'과 헷갈려서는 안된다. 'ㅌ'은 '*티긑'이 아니라 '티읕'이다. 이는 1933년 한글 맞춤법에서 약속한 발음이므로 [티그시], [티그슬]이 아니라 [티으시], [티으슬]로 발음하는 것이 옳다. 주로 음절의 끝소리 규칙에 의해 [ㄷ]으로 발음나는 자음들은 모두 [ㅅ]으로 소리난다. [시오시], [지으시], [치으시], [히으시] 등이 있다.

오답풀이 ① 'ㅚ'는 [ㅚ](단모음 발음이 원칙) [ㅞ](이중 모음 발음도 허용)으로 발음이 가능하다. 따라서 '되고'는 [되고/뒈고]로 모두 발음될 수 있다.

③ '되'에서 'ㅣ' 모음이 뒤에 있는 모음 어미 '어'를 동화하여 [되여]로 발음한 것은 옳다. '되어'는 [되어]가 원칙 발음이지만, 'ㅣ' 모음 순행 동화가 적용된 [되여]도 옳다.

④ 'ㄼ' 받침은 일반적으로 대표음이 [ㄹ]이다. 또한 '제25항 | 어간 받침 'ㄼ, ㄾ' 뒤에 결합되는 어미의 첫소리 'ㄱ, ㄷ, ㅅ, ㅈ'은 된소리로 발음한다.'에 따라 [널찌]로 된소리로 발음하는 것이다. '넓고', '넓지'는 [널꼬], [널찌]라 발음한다.

## 13.

정답풀이 받침 'ㄺ'은 일반적으로 [ㄱ]으로 발음된다. 또한 안울림소리 'ㄱ'과 안울림소리 'ㅅ'이 인접하므로 된소리되기가 일어난다. 마지막으로 'ㄴ'이 앞의 'ㅂ'을 비음 'ㅁ'으로 교체시키는 비음화가 일어나서 [말씀니다]가 아니라 [막씀니다]로 발음되는 것이 옳다.

오답풀이 모두 표준 발음이다.

① 솜이불[솜:니불]: '솜+이불'에서 앞의 말 끝음이 자음(ㅁ)이고 뒷말이 모음 'ㅣ, ㅑ, ㅕ, ㅛ, ㅠ'로 시작되므로 'ㄴ'을 첨가하는 사잇소리 현상이 일어난다.

③ '져/쳐/쪄'는 단모음으로 발음되므로 [스쳐]가 아니라 [스처]로 발음되어야 한다.

④ 늙고[늘꼬]: 받침 'ㄺ'은 일반적으로 [ㄱ]으로 발음된다. 하지만! 'ㄱ'으로 시작하는 어미가 오는 경우에는 [ㄹ]로 발음이 된다.

## 14.

정답풀이 밭이랑[반니랑](○): [밭이랑 → (음절의 끝소리 규칙, ㄴ첨가) → 받니랑 → (비음화) → 반니랑]: '밭+이랑'은 합성어이면서, 받침(ㅌ)으로 끝나고 뒷말이 모음 'ㅣ, ㅑ, ㅕ, ㅛ, ㅠ'로 시작되므로 'ㄴ' 첨가가 일어난다.

오답풀이 ② '직행'의 경우 'ㄱ'과 'ㅎ'이 자음 축약(=거센소리되기)되어 'ㅋ'이 되므로 [지캥]이 된다. 앞의 말의 끝 음이 자음이며 뒤의 말이 'y(ㅣ, ㅑ, ㅕ, ㅛ, ㅠ)'로 시작하는 경우 ㄴ첨가가 일어나므로 '직행+열차'에서 'ㄴ'이 첨가되어 [지캥녈차]가 되어야 한다.

③ [삯일 → (자음군 단순화, ㄴ첨가) → 삭닐 → (비음화) → 상닐]

④ [막일 → ('ㄴ'첨가) → 막닐 → (비음화) → 망닐]
'막+일'에서 앞의 말 끝음이 자음(ㄱ)이고 뒷말이 모음 'ㅣ, ㅑ, ㅕ, ㅛ, ㅠ'로 시작되므로 'ㄴ' 첨가가 일어난다. 이후에 그 이후에 'ㄱ'이 뒤의 비음 'ㄴ'에 동화되어 비음 'ㅇ'이 되는 비음화가 적용되어 [망닐]로 최종 발음된다.

정답

11 ③ 12 ② 13 ② 14 ①

**11.** 〈보기〉는 초성 /ㄹ/의 제약을 탐구하기 위한 자료이다. 〈보기〉에서 초성 /ㄹ/을 탐구한 내용으로 적절하지 않은 것은?

| 보기 |
|---|
| ㉠ 노동(勞動), 유행(流行), 피로(疲勞), 하류(下流) |
| ㉡ 의견란[의견난], 생산량[생산냥], 편리[펼리], 난로[날로] |
| ㉢ 삼림[삼님], 심리[심니], 백로[뱅노], 박력[방녁] |
| ㉣ 고려[고려], 비리[비리], 철로[철로], 물리[물리] |

① ㉠을 보니, 한자어의 첫머리에 올 때 실현되지 않는군.
② ㉡을 보니, 앞 음절 종성이 /ㄴ/일 때 [ㄴ]으로 바뀌거나 앞 음절 종성을 [ㄹ]로 바꾸는군.
③ ㉢을 보니, 앞 음절 종성이 /ㅁ, ㅇ/일 때 [ㄴ]으로 바뀌는군
④ ㉣을 보니, 모음 뒤나 앞 음절 종성이 /ㄹ/일 때 실현되는군.

**12.** 다음 중 단어의 표기나 발음이 옳지 않은 것은?

① 나는 공무원이 되고[퉤고] 말았다.
② '티읕이'를 발음하면 [티그시]이고 '티읕을'을 발음하면 [티그슬]이다.
③ 나는 공무원이 되어[되여] 기뻤다.
④ 집이 넓지[널찌] 않다.

**13.** 다음 중 표준 발음법에 맞게 발음하지 않은 것은?

① <u>솜이불[솜:니불]</u>을 덮으면 따뜻하다.
② 그녀는 심성이 <u>맑습니다[말씀니다]</u>.
③ 그녀는 옆을 <u>스쳐[스처]</u> 지나갔다.
④ <u>늙고[늘꼬]</u> 병든 사람들을 보살피는 것 또한 사람의 도리가 아닌가?

**14.** 표준 발음법에 맞지 않는 것은?

① 밭이랑[바디랑]
② 직행열차[지캥녈차]
③ 삯일[상닐]
④ 막일[망닐]

## 15.

정답풀이 모두 발음 표기가 옳다.

- 늙고[늘꼬] : 받침 'ㄺ'은 일반적으로 [ㄱ]으로 발음된다. 하지만! 'ㄱ'으로 시작하는 어미가 오는 경우에는 [ㄹ]로 발음이 된다.
- 은혜[은혜] : [은혜(원칙)/은헤(허용)]

오답풀이 ① • 맑지[막찌](○) : 받침 'ㄺ'은 일반적으로 [ㄱ]으로 발음된다. 또한 안울림소리 'ㄱ'과 안울림소리 'ㅈ'이 인접하므로 된소리되기가 일어난다.
• 의견란[의:결란](×) : 3음절 한자어이면서 의미 구성이 2+1인 경우에는 유음화 환경이더라도 비음화가 일어나 'ㄹ'이 'ㄴ'으로 교체된다. [의:결란]이 아니라 [의:견난]이 옳다.

③ • 반창고[반창꼬](×) : '반창(어근)+고(어근)'의 합성어이면서 앞말의 끝소리가 울림소리(ㅇ)이고 뒤의 소리가 예사소리(ㄱ)인 단어이다. 이 경우 사잇소리 현상으로 인해 [반창꼬]로 발음되는 것이 맞을 것 같지만! 사잇소리 현상은 수의적인 현상이므로 환경이 일치하는데도 일어나지 않을 수 있다. 따라서 [반창고]가 옳다.
• 인기척[인기척](○) : 한자 '人'에 우리말 '기척'이 더해진 말로 사잇소리 현상의 된소리되기가 일어나 [인끼척]으로 발음된다. 다만, 2017년에 발음이 개정되어 이제 [인기척]도 표준 발음이 되었음을 반드시 기억하여야 한다.

④ • 쌓네[싼네](○) : 음절의 끝소리 규칙 후 비음화가 된 [싼네]는 옳은 발음이다.
• 이글이글[이글이글](×) : ㄴ첨가 후 유음화가 된 [이글리글]이 옳다. [이글이글 → (ㄴ첨가) → 이글니글 → (유음화) → 이글리글] 다만, 허용 발음으로 연음이 된 [이그리글]도 옳다.

이죽-이죽[이중니죽/이주기죽]
검열[검:녈/거:멸]
금융[금늉/그뮹], 야금-야금[야금냐금/야그먀금]
욜랑-욜랑[욜랑뇰랑/욜랑욜랑]
이글이글 [이글리글/이그리글]

## 16.

정답풀이 복합어(합성어나 파생어)에서는 앞말이 받침으로 끝나고 뒷말이 'ㅣ, ㅑ, ㅕ, ㅛ, ㅠ'일 때는 [ㄴ] 소리가 첨가된다.
[색+연필 → (ㄴ첨가) → 색년필 → (비음화) → 생년필]

오답풀이 ② 불볕더위[불볕더위 → (음절의 끝소리 규칙) → 불볃더위 → (된소리되기=경음화) → 불볃떠위] : 'ㅌ'과 'ㄷ'은 안울림소리이므로 된소리되기가 되어야 한다. 따라서 [불볃더위]가 아니라 [불볃떠위]가 옳다.

③ [옷맵시 → (음절의 끝소리 규칙, 비음화, 된소리되기) → 온맵씨] : 'ㅂ'과 'ㅅ'은 안울림소리이므로 된소리되기가 되어야 한다. 따라서 [온맵시]가 아니라 [온맵씨]가 옳다.

④ 폭발[폭발 → (된소리되기) → 폭빨] : 'ㄱ'과 'ㅂ'은 안울림소리이므로 된소리되기가 되어야 한다. 따라서 [폭팔]이 아니라 [폭빨]이 옳다.

정답

15 ② 16 ① 17 ④ 18 ②

## 17.

정답풀이 [설익다 → (ㄴ첨가, 된소리되기) → 설닉따 → (유음화) → 설릭따] 복합어 '설+익다'에서 앞말이 받침으로 끝나고 뒷말이 'ㅣ, ㅑ, ㅕ, ㅛ, ㅠ.'로 시작하는 경우에는 ㄴ첨가가 일어난다. 그 이후에 유음화가 일어나므로 [서릭따]가 아니라 [설릭따]가 옳다.

오답풀이 ① [옷 입다 → (음절의 끝소리 규칙, ㄴ첨가) → 옫닙다 → (비음화) → 온닙따] : 두 단어가 이어지는 경우, 이들을 한 단어처럼 한 마디로 발음하는 경우에는 'ㄴ'이 첨가되어 [온닙따]로 발음된다.

② [식용+유 → (연음, ㄴ첨가) → 시굥뉴] : '식용유'의 '식용(먹는 용도)'은 한 단어이므로 연음되어 [시굥뉴]로 발음된다.

③ 한글 자모의 이름은 음절의 끝소리 규칙이 적용된 채로 받침소리를 연음한다. [피으베]가 옳다. 다만, 음절의 끝소리 규칙에 따라 [ㄷ]받침으로 발음나는 한글 자음은 모두 [ㅅ]이 연음된다.

## 18.

정답풀이 받침 뒤에 모음 형식 형태소가 오면 그대로 연음되므로 [바츨]은 옳지 않고 [바틀]이 옳은 발음이다.

오답풀이 ① 값있는[가빈는](○) : [값있는 → (자음군 단순화, 음절의 끝소리 규칙) → 갑읻는 → (비음화) → 가빈는]

③ 협의[혀비](○) : 둘째 음절 이하의 모음 '의'는 [의(원칙) / 이(허용)]이므로 '협의'는 [혀븨(원칙) / 혀비(허용)] 모두 맞는 발음이다.

④ 망막염[망망념](○) : [망막염 → (ㄴ첨가) → 망막념 → (비음화) → 망망념]

**15.** 다음 중 발음 표기가 옳은 것으로만 이루어진 것은?

① 맑지 [막찌], 의견란 [의:결란]
② 늙고 [늘꼬], 은혜 [은헤]
③ 반창고 [반창꼬], 인기척[인기척]
④ 쌓네 [싼네], 이글이글 [이글이글]

**16.** 표준 발음법에 맞는 것은?

① 색연필[생년필]
② 불볕더위[불볃더위]
③ 옷맵시[온맵시]
④ 폭발[폭팔]

**17.** 표준 발음법에 맞지 않는 것은?

① 옷 입다[온닙따]
② 식용유[시굥뉴]
③ 피읖에[피으베]
④ 섣이다[서릭따]

**18.** 밑줄 친 부분이 표준 발음법에 맞지 않는 것은?

① 값있는 [가빈는] 것으로 골라 봐.
② 이 밭을[바츨] 다 갈아야 돼.
③ 협의[혀비]할 사항이 아직도 남아 있습니까?
④ 망막염 [망망념]에 걸려 많이 아프다.

05 PART

## 19.

정답풀이 모음으로 시작하는 형식형태소가 오는 경우에는 받침이 뒤로 그대로 연음되므로 [여더리]가 아니라 [여덜비]가 옳다.

오답풀이 ① '김밥'에서 '김'은 장음으로 발음하여야 한다. '김+밥'이므로 합성어이면서 앞말이 울림소리, 뒤의 말이 예사소리이므로 사잇소리 현상의 환경이지만, '김밥'에서 사잇소리 현상은 수의적인 현상이므로 일어나지 않았다. 비음화가 일어나 [김:밤만]이 되는 것은 옳다. 단! 최근에는 '[김:빱]도 인정하므로 ① [김:빰만]도 가능하다.
2017년 12월 1일에 복수 발음이 인정된 것들이다.

| 김밥[김:밥/김:빱] | 관건[관건/관껀] |
|---|---|
| 불법[불법/불뻡] | 효과[효:과/효:꽈] |
| 교과서[교:과서/교:꽈서] | 교과[교:과/교:꽈] |
| 반값[반:갑/반:깝] | 분수[분수/분쑤] |
| 안간힘[안깐힘/안간힘] | 인기척[인끼척/인기척] |
| 점수[점수/점쑤] | 함수[함:쑤/함:수] |

② 공권력: 주로 3글자 한자어에서 '공권/력'처럼 2글자+1글자 구성인 경우에는 유음화가 일어나지 않는다. 이러한 경우에는 오히려 비음화가 일어나 'ㄹ'을 [ㄴ]으로 발음하여 [공꿘녁]으로 발음된다. 참고로 '공'과 '권' 사이에는 사잇소리 현상의 된소리되기가 일어난 것이다.
④ '머리말'은 사잇소리 현상이 일어나지 않으므로 사이시옷이 표기되지 않은 단어이다. 따라서 발음도 사잇소리 현상이 일어나지 않은 [머리마를]로 발음되어야 한다.

## 20.

정답풀이 맛없다: [마덥따]만 표준 발음이다. 다만, '맛있다', '멋있다'의 두 경우에만 각각 [마딛따(원칙)/마싣따(허용)], [머딛따(원칙)/머싣따(허용)]가 표준 발음이 될 수 있다. 이 두 가지 예외만 외워도 된다!

오답풀이 나머지는 모두 옳다.

## 21.

정답풀이 한글 자음이 연음하는 경우에는 [지으즐]이 아니라 [지으슬]이 옳다.

오답풀이 ① 헛웃음: [헛웃음 → (음절의 끝소리 규칙, 연음) → 허두슴]
② 표준 발음법 제7항, 붙임에 의하면 '밀-물, 썰-물, 쏜-살-같이, 작은-아버지'와 같은 합성어에서는 본디의 길이에 관계없이 짧게 발음하므로 [썰물]이 옳다.
③ 무릎이: 모음으로 시작하는 형식 형태소가 오는 경우에는 그대로 연음되므로 [무르피]가 옳다.

정답

19 ③ 20 ③ 21 ④ 22 ② 23 ③ 24 ④

## 22.

정답풀이 합성어의 경우에는 첫음절 외에도 둘째 음절 이하에서도 분명한 긴소리를 인정하므로(표준 발음법 제6항, 다만) '반신반의'는 [반:신바:늬/반:신바:니]로 발음할 수 있다.
이와 관련된 것은 4개밖에 없다.

| 반신반의[반:신바:늬/반:신바:니]<br>반관반민[반:관반:민] | 재삼재사[재:삼재:사]<br>선남선녀[선:남선:녀] |
|---|---|

오답풀이 ① 자음이 얹힌 'ㅢ'는 [ㅣ]로만 발음되므로, '띄어쓰기[띠어쓰기, 띠여쓰기]로 발음해야 한다.
③ '신문'의 표준 발음은 [신문]이다. [심문]으로 발음하는 것은 양순음화가 반영된 것이므로 인정하지 않는다. (연구개음화와 양순음화는 표준 발음이 아님에 유의하여야 한다.
④ '깨끗이'는 그대로 연음되어 [깨끄치]가 아니라[깨끄시]로 발음된다.

## 23.

정답풀이 합성어인 '속임수'는 '속임+수'의 구성으로, 앞말이 울림소리(ㅁ)이고 뒤에 예사소리(ㅅ)가 있으므로 [소김쑤]로 발음되어야 하므로 [소김수]는 옳지 않다. 사잇소리 현상 중에서 된소리되기에 해당한다.

오답풀이 ① 받침 'ㄱ(ㄲ, ㅋ, ㄳ, ㄺ), ㄷ(ㅅ, ㅆ, ㅈ, ㅊ, ㅌ, ㅎ), ㅂ(ㅍ, ㄼ, ㄿ, ㅄ)'은 'ㄴ, ㅁ' 앞에서 [ㅇ, ㄴ, ㅁ]으로 발음된다. 즉, 비음화로 인해 [숭맥]으로 발음된다.
② 2017년 12월 ≪표준국어대사전≫에서 '효과'의 된소리 발음을 인정함에 따라 [효:과(원칙)/효:꽈(허용)] 모두 표준 발음이 되었으므로 옳은 발음이다.
④ '알약'은 앞이 자음으로 끝나는 어근이고, 뒤가 'ㅣ'나 반모음 'ㅣ'로 시작되는 자음이므로 'ㄴ'이 첨가되어 [알냑]이 되고 유음화되어 최종적으로는 [알략]으로 발음된다.

## 24.

정답풀이 '상견례, 의견란'은 각각 '상견/례' '의견/란'으로 나누어지는 단어로서, 유음화가 적용되지 않는 예외 사례이다. 유음화 대신에 'ㄹ'의 비음화가 적용되어 [상견녜], [의:견난]으로 발음된다. '백리'는 상호 비음화가 이루어져, [뱅니]로 발음된다. 모든 'ㄹ'이 'ㄴ'으로 발음되므로 ④이 정답이다.

오답풀이 ① '동원/령, 구근/류'는 'ㄹ'의 비음화가 일어나 각각 [동:원녕], [구근뉴]로 발음되지만, '난로'는 유음화로 인해 [날로]로 발음되므로 'ㄹ' 발음이 동일하지 않다.
② '임진/란' '공권/력'은 'ㄹ'의 비음화가 일어나 각각 [임:진난], [공꿘녁]으로 발음되지만 '광한루'는 유음화가 일어나 [광:할루]가 되므로 'ㄹ' 발음이 동일하지 않다.
③ '대관령'은 유음화로 인해 [대:괄령]으로 발음된다. '입원/료'는 'ㄹ'의 비음화가 일어나 [이뷘뇨]로 발음된다. '협력'은 상호 비음화로 [혐녁]으로 발음되므로 'ㄹ' 발음이 동일하지 않다.

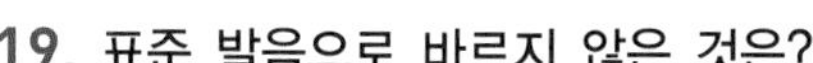

**19. 표준 발음으로 바르지 않은 것은?**

① 김밥만 먹었다. [김:밤만]
② 공권력 행사를 했다. [공꿘녁]
③ 넷에 넷을 더하면 여덟이 됩니다. [여더리]
④ 머리말을 잘 읽어 보세요. [머리마를]

**20. 다음 중 그 발음이 틀린 것은?**

① 아니오 → 원칙[아니오], 허용[아니요]
② 피어 → 원칙[피어], 허용[피여]
③ 맛없다 → 원칙[마덥따], 허용[마섭따]
④ 멋있다 → 원칙[머딛따], 허용[머싣따]

**21. 다음의 밑줄 친 부분에 대한 표준 발음으로 옳은 것은?**

① 그녀의 얼굴에는 더 이상 애써 짓는 헛웃음[허수슴]은 보이지 않았다.
② 관객들이 썰물[썰:물]처럼 빠져나갔다.
③ 30분 동안 앉아 있었더니 무릎이[무르비] 저리다.
④ 연변에 살던 분들은 한글 자모 '지읒을'[지으슬] 서울사람과는 달리 발음한다.

**22. 다음의 밑줄 친 부분에 대한 표준 발음으로 옳은 것은?**

① 띄어쓰기[띄어쓰기]가 시험에 나올 것이다.
② 반신반의[반:신바:늬] 하며 역공녀의 수업을 들었다.
③ 신문[심문]에 소식이 나와 있다.
④ 깨끗이[깨끄치] 씻어라.

**23 밑줄 친 부분의 발음이 현행 표준 발음법에서 표준 발음으로 인정되지 않는 것은? (단, ':'은 장모음 표시임.)**

① 그는 숯맥[숟맥]같이 굴었다.
② 영상에 음향 효과[효:과]를 넣었다.
③ 속임수[소김수]에 넘어갔다.
④ 그는 알약[알략]을 먹었다.

**24. 표준 발음법상 'ㄹ'의 발음이 동일한 것들을 바르게 묶은 것은?**

① 동원령, 구근류, 난로
② 임진란, 공권력, 광한루
③ 대관령, 입원료, 협력
④ 상견례, 의견란, 백리

## 25.

**정답풀이** [결막염 → (ㄴ 첨가) → 결막념 → (비음화) → 결망념]'으로 발음된다 따라서 '결막염'의 표준 발음은 [결망념]이고 뒤에 조사 '이'를 연음하면 [결망녀미]가 된다.

**오답풀이** ① 물난리[물랄리] : 'ㄹ'과 'ㄴ'이 인접하면 'ㄴ'이 'ㄹ'에 동화되어 'ㄹ'로 바뀌게 된다(유음화).
② 한여름[한녀름] : 합성어 및 파생어에서, 앞 단어나 접두사의 끝이 자음이고 뒤 단어나 접미사의 첫음절이 '이, 야, 여, 요, 유'인 경우에는, 'ㄴ' 음을 첨가하여 [니, 냐, 녀, 뇨, 뉴]로 발음한다. 따라서 [한녀름]은 옳다.
③ '우리의'의 '의'는 관형격 조사이므로 [ㅢ], [ㅔ]로 발음된다. 따라서 [우리의/우리에]로 발음되므로 ③은 옳다.

## 26.

**정답풀이** [협력하여 → (비음화의 상호 동화, 자음 축약) → 혐녀카여] : 비음화의 상호 동화에 해당한다.

**오답풀이** ① 제25항 어간 받침 'ㄼ, ㄾ' 뒤에 결합되는 어미의 첫소리 'ㄱ, ㄷ, ㅅ, ㅈ'은 된소리로 발음한다. 따라서 [넓습니다 → (자음군 단순화, 된소리되기) → 널씁니다 → (비음화) → 널씀니다]의 과정을 거친다.
② 합성어 및 파생어에서, 앞 단어나 접두사의 끝이 자음이고 뒤 단어나 접미사의 첫음절이 '이, 야, 여, 요, 유'인 경우에는, 'ㄴ' 음을 첨가하여 [니, 냐, 녀, 뇨, 뉴]로 발음한다. 따라서 [눈뇨기]가 옳다.
③ '닳소'의 'ㅎ+ㅅ=ㅆ'이 일어나므로 [닫쏘]가 아니라 [다:쏘]로 발음되어야 한다.

## 27.

**정답풀이** '금융'은 ㄴ첨가가 원칙이지만 연음도 허용하므로 '[금늉/그뮹]' 모두 옳다.

**오답풀이** ①②③ '등용문, 송별연, 절약'은 ㄴ첨가가 일어나지 않는 예외 단어이므로 각각 [등용문], [송:벼련], [저랴]으로 발음해야 하므로 이 선택지들은 옳지 않다.

## 28.

**정답풀이** 낱낱이'의 발음이 옳지 않다.
'[낱낱이 → (음절의 끝소리 규칙) → [낟나티] → (비음화, 구개음화) → [난나치]'로 발음된다.

**오답풀이** ① '불법(不法)'은 2017년 12월 ≪표준국어대사전≫에서 된소리 발음을 인정함에 따라 [불법(원칙)/불뻡(허용)] 모두 표준 발음이 되었다.
'묻혔다'는 자음 축약, 음절의 끝소리 규칙, 된소리되기가 일어나 [무텯따]가 된 후, 구개음화에 의해 [무쳗따]가 된다. 그런데 '표준 발음법 제5항의 다만1.'에 의하면 용언의 활용형에 나타나는 '져, 쪄, 쳐'는 [저, 쩌, 처]로 발음한다. 따라서 [무첟따]로 발음해야 한다.
② '비싼 가격'을 의미하는 '고가(高價)'는 [고까]처럼 된소리로 발음되어야 한다. 하지만 '고가도로'의 '고가(高架)'는 된소리로 발음하지 않으므로 [고가]가 옳다.
④ 모음으로 시작하는 실질 형태소가 오는 경우에는 대표음화가 일어난 후에 연음이 된다. 따라서 [꼬 뒤]는 옳다. 하지만 모음으로 시작하는 형식 형태소가 오는 경우에는 연음이 되어 [꼬최], [꼬체]로 발음될 수 있다.

## 29.

**정답풀이** 표준 발음법 제26항에 따르면 한자어에서, 'ㄹ' 받침 뒤에 연결되는 'ㄷ, ㅅ, ㅈ' 은 된소리로 발음한다. '열병'은 받침 'ㄹ' 뒤에 'ㄷ, ㅅ, ㅈ' 가 아니라, 'ㅂ'이므로 [열병]이 표준 발음이다.

**오답풀이** ① 뱃속[배쏙/밷쏙] : '배+속'에서 사잇소리 현상이 일어난 것이다.
② 구개음화가 일어나 [파치다]가 되었다.
③ 한글 자음은 주로 음절의 끝소리 규칙에 의해 [ㄷ]으로 발음나는 자음들은 모두 [ㅅ]으로 소리난다.

## 30.

**정답풀이**
- 낫으로[나스로] : '낫으로'는 '받침으로 끝난 실질 형태소+모음으로 시작하는 형식 형태소'의 구조이므로 연음되어 [나스로]로 발음한다.
- 나뭇잎[나문닙] : [나뭇잎 → (음절의 끝소리 규칙, ㄴ첨가) → 나묻닙 → (비음화) → 나문닙]
- 엷다[열:따] : 'ㄼ'는 [ㄹ]로 소리 나므로 '엷다'는 [열따]로 발음된다. (비슷한 예로는 '여덟[여덜]', '넓다[널따], 얇다[얄:따], 짧다[짤따], 떫다[떨:따], 섧다[설:따],' 등이 있다.)'ㄼ' 뒤에서는 된소리가 된다.
- 밟지[밥:찌] : '밟-'은 자음 앞에서 [밥]으로 발음한다. 'ㄼ' 뒤에서는 된소리가 된다.

**정답**

25 ④ 26 ④ 27 ④ 28 ③ 29 ④ 30 ②

**25.** 밑줄 친 부분의 발음이 현행 표준 발음법에서 표준 발음으로 인정되지 않는 것은?

① 비가 많이 내려서 물난리가 났다. – 물난리[물랄리]
② 날씨가 벌써 한여름과 같다. – 한여름[한녀름]
③ 우리의 소망이 이루어질까? – 우리의[우리에]
④ 결막염이 유행하였다. – [결막녀미]

**26** 밑줄 친 부분의 발음이 옳은 것은?

① 그 집은 의외로 주방이 넓습니다[널습니다].
② 돈이 없어 눈요기[누뇨기]로만 즐겼다. 하였다.
③ 내 마음이 그대에게 닿소[닫쏘].
④ 우리는 협력하여[혐녀카여] 승기를 쥐었다.

**27.** 밑줄 친 부분의 발음이 옳은 것은?

① 등용문[등뇽문]
② 송별연[송별련]
③ 절약[절략]
④ 금융[금늉]

**28.** 다음 중 표준 발음법에 맞지 않게 발음한 문장은?

① 불법[불법]을 저질렀으나 그 사건은 곧 묻혔다.[무친따]
② 고가[고까]의 옷을 훔쳐 고가[고가]도로로 도망갔다.
③ 낱낱이[난나치] 비리를 공개하여 끝이[끄치] 나게 하겠다.
④ 꽃 위[꼬 뒤]에 있는 나비는 꽃의[꼬츼] 향기에 취했다.

**29.** 밑줄 친 부분의 표준 발음으로 옳지 않은 것은?

① 뱃속[배쏙]에 음식을 넣었다.
② 그것이 팥이다[파치다]
③ 외래어를 표기할 때 받침에 'ㄷ'을[디그슬] 쓰지 않는다.
④ 열병[열뼝]이 나고 말았다.

**30.** 다음 단어들의 표준 발음으로 옳은 것은?

| 낫으로, 나뭇잎, 엷다, 밟지 |
|---|

① [나드로], [나무닙], [엽:따], [밥:찌]
② [나스로], [나문닙], [열:따], [밥:찌]
③ [나드로], [나문닙], [엽:따], [발:찌]
④ [나스로], [나무닙], [열:따], [밥:찌]

## 31.

정답풀이 • 면류[면뉴](×): 'ㄴ'은 'ㄹ'의 앞이나 뒤에서 유음화되어 [ㄹ]로 발음되므로 '면류'는 [멸류]로 발음된다.

• 다쳐[다쳐](×): 용언의 활용형에 나타나는 '져, 쪄, 쳐'는 [저, 쩌, 처]로 발음해야 하므로 [다쳐]가 아니라 [다처]로 발음해야 한다.

• 많소[만쏘](×): 어근 '많'은 장음으로 발음되는데, '많'이 첫 음절일 경우에는 그대로 장음을 살려서 발음해야 하므로 [만쏘]가 아니라 [만:쏘]로 발음해야 한다.
많소[만:쏘]: 'ㅎ(ㄶ, ㅀ)' 뒤에 'ㅅ'이 결합되는 경우에는 'ㅅ'을 [ㅆ]으로 발음한다.

오답풀이 ① • 깃발[기빨](○): '깃발'은 '기(旗)+발'의 '어근+어근'의 구성을 가진 합성어이다. 뒤의 어근의 예사소리가 된소리로 발음되어, 사이시옷이 표기된 단어는 2가지로 발음된다. 따라서 '깃발'은 [기빨/긷빨]로 발음할 수 있다.

• 도매금[도매금](×): '도매금(都賣金)'은 표기상으로 사이시옷이 없다. 모두 한자어이면 사이시옷이 올 수 없기 때문이다. 하지만 '도매+금'은 사잇소리 현상이 일어나므로 [도매끔]으로 발음해야 한다.

• 없애다[업쌔다](×): '끌다, 벌다, 없다, 썰다, 떫다'의 경우 어간의 장음 발음이 모음과 결합하거나 사동·피동의 접사와 결합하는 경우에도 장음이 사라지지 않으므로 [업:쌔다]가 옳다.

③ • 끌리다[끌:리다](○): '끌다, 벌다, 없다, 썰다, 떫다'의 경우 어간의 장음 발음이 모음과 결합하거나 사동·피동의 접사와 결합하는 경우에도 장음이 사라지지 않으므로 [끌:리다]가 옳다.

• 쏜살같이[쏜쌀가치](×): 활용형으로 쓰일 때에는 '쏜[쏜:]'과 같이 장모음이 나타나지만 합성어의 첫 요소로 쓰일 때에는 짧은 모음이 나타난다. 하지만 된소리되기 [쌀]이 될 이유가 없으므로 [쏜살가치]가 옳다.

• 밟히다[발피다](○): 원래 장음으로 발음이 되더라도 용언 어간에 피동, 사동의 접미사가 결합되는 경우는 단음으로 발음되므로 [발피다]는 옳다.

④ • 얽거나[얼꺼나](○): 'ㄺ'을 말음으로 가지는 어간에 'ㄱ' 어미가 오는 경우에는 'ㄹ'로 발음된다.

• 샛길[새:낄/샏:낄](○): '샛길'은 [새낄]과 [샏낄] 모두 표준 발음으로 인정한다.

• 닭 앞에[달가페](×): 받침 뒤에 모음 실질 형태소인 경우에는 대표음화가 먼저 일어난 후 연음된다. 따라서 [닭 앞에 → 닥아페 → 다가페]가 옳다.

정답

31 ② 32 ③ 33 ①

## 32.

정답풀이 • 넓다: 'ㄼ'은 [ㄹ]로 발음된다.

• 넓죽하다[넙쭈카다], 넓둥글다[넙뚱글다]: '넓-'은 원래는 [널]로 발음되지만 '넓죽하다[넙쭈카다], 넓둥글다[넙뚱글다], 넓적하다[넙쩌카다]' 등의 경우에 [넙]으로 발음한다.

오답풀이 ① 결단력[결딴녁](○): '결단(決斷)+력(力)'은 3글자 한자어이면서 의미상 '2+1'의 의미 구조를 갖는다. 이 경우에는 유음화가 아니라 비음화가 일어난다. 한자음 'ㄹ' 뒤의 'ㄷ, ㅅ, ㅈ'은 된소리로 발음되므로 [결딴]으로 발음된다.

• 상견례[상견네](×): '상견(相見)+례(例)'는 3글자 한자어이면서 의미상 '2+1'의 의미 구조를 갖는다. 이 경우에는 유음화가 아니라 비음화가 일어난다. 하지만 '례'는 무조건 [례]로만 발음이 되므로 [상견네]가 아니라 [상견녜]만 옳다.

• 의견란[의:결란](×): '의견(意見)+란(欄)'은 3글자 한자어이면서 의미상 '2+1'의 의미 구조를 갖는다. 이 경우에는 유음화가 아니라 비음화가 일어나므로 [의:견난]이 옳다.

② [과:반쑤](×): '과반수'는 '과+반수(= 반수가 넘는)'의 구조를 갖기 때문에 '수'가 갑자기 된소리로 발음되는 어떠한 이유도 가지지 않는다. 따라서 [과:반수]로 발음해야 한다.

④ 막일[마길](×): '막+일'이므로 [ㄴ] 소리가 첨가된 후 비음화가 일어나므로 [망닐]이 옳다. [막일 → (ㄴ 첨가) → 막닐 → (비음화) → 망닐]이 표준 발음이다.

## 33.

정답풀이 • 숙맥[쑥맥](×): 'ㅁ'이 'ㄱ'을 비음화하여 [숭맥]으로 발음된다.

• 젖먹이[점머기](×): [점머기]는 양순음화가 일어난 것인데, 이는 비표준 발음 동화이므로 [점머기]는 옳지 않다.

오답풀이 ② • 꽃밭이[꼳빠치](○): [꽃밭이 → (음절의 끝소리 규칙, 연음) → 꼳바티 → (된소리되기, 구개음화) → 꼳빠치]

• 그믐달[그믐딸](○): '그믐+달'로 사잇소리 현상이 일어나므로 [그믐딸]이 옳다.

• 막론[망논](○): 상호 비음화가 일어나므로 [망논]이 옳다.

③ • 아침녘의[아침녀킈](○): [아침녘의 → (연음) → 아침녀킈/아침녀케] '의'가 모음의 형식 형태소이므로 연음이 되었다.

• 갈증[갈쯩](○): 갈증(渴症)은 한자음 'ㄹ' 뒤의 'ㄷ,ㅅ,ㅈ'은 된소리로 발음되므로 [갈쯩]으로 발음된다.

④ • 윷놀이도[윤노리도](○): [윷놀이도 → (음절의 끝소리 규칙, 연음) → 윧노리도 → (비음화) → 윤노리도]

• 개폐(開閉)[개페](○): '예, 례'를 제외한 '계, 몌, 폐, 혜'는 [ㅖ]로 발음하는 것이 원칙이나, [ㅔ] 발음을 허용한다. 따라서 '개폐'는 [개폐/개페] 모두 바른 발음이 되므로 [개페]는 옳다.

• 혜택[해택](×): '혜'는 [혜/헤] 모두 발음 가능하므로 [해택은 옳지 않다.

**31.** 표준 발음이 아닌 것으로만 짝지어진 것은?

① 깃발[기빨], 도매금[도매금], 없애다[업쌔다]
② 면류[면뉴], 다쳐[다쳐], 많소[만쏘]
③ 끌리다[끌:리다], 쏜살같이[쏜쌀가치], 밟히다[발피다]
④ 읽거나[얼꺼나], 샛길[새:낄], 닭 앞에[달가페]

**32.** 표준 발음인 것으로만 짝지어진 것은?

① 결단력[결딴녁], 상견례[상견네], 의견란[의:결란]
② 밭 아래[바다래], 과반수[과:반쑤], 등불[등뿔]
③ 넓다[널따], 넓죽하다[넙쭈카다], 넓둥글다[넙뚱글다]
④ 막일[마길], 홑이불[혼니불], 늑막염[능망념]

**33.** 표준 발음이 아닌 것으로만 묶인 것은?

① 숙맥[쑥맥], 젖먹이[점머기]
② 꽃밭이[꼳빠치], 그믐달[그믐딸], 막론[망논]
③ 아침녘의[아침녀킈], 갈증[갈쯩]
④ 윷놀이도[윤노리도], 혜택[해:택], 개폐(開閉)[개폐]

05 PART

## 34.

정답풀이 ㉣의 예시로 '일요일'은 맞지만 표준 발음이 옳지 않다. '요일'은 ㄴ첨가가 일어나지 않고 연음되므로 [이료일]이 옳다.

오답풀이 ① '이기죽이기죽하다'의 준말 '이죽이죽'은 [이중니죽](ㄴ첨가), [이주기죽(연음)]을 표준 발음으로 인정하므로 ㉠의 예시로 적절하다.
② '휘발유'는 '휘발(명사)+유(명사)' 구성의 합성어이다. 앞의 말이 받침(ㄹ)으로 끝나고 뒤의 말이 '이, 야, 여, 요, 유'로 시작되므로 이는 ㄴ 첨가의 예에 해당된다. 이후 'ㄹ'이 'ㄴ'을 유음화시켜 [휘발류]로 발음되므로 ㉡의 예로 적절하다.
③ '열여덟'은 '열(수사)+여덟(수사)' 구성의 합성어이다. 두 단어를 이어서 한마디로 발음하는 경우에는 ㄴ 첨가가 일어나므로 'ㄹ'이 뒤의 'ㄴ'을 유음화시켜 [열려덜]로 발음되므로 ㉢의 예로 적절하다. (참고로 한마디로 이어 발음하지 않고 각각 발음한다면 [여려덜]처럼 'ㄹ'을 연음하여 발음할 수도 있다.)

## 35.

정답풀이 '유리+잔'은 합성어이면서, 앞의 끝소리가 울림소리(모음)이고 뒤가 예사소리이므로 사잇소리 현상이 일어나는 환경이다. 하지만 사잇소리 현상은 환경이 갖추어져 있어도 필수적인 현상이 아니기 때문에 '유리잔'처럼 된소리되기가 되지 않을 수 있다. 따라서 [유리짠]이 아니라 [유리잔]이 표준 발음이다.

오답풀이 ③과 달리 나머지는 발음에는 사잇소리 현상의 된소리되기가 일어나 모두 옳은 발음이라고 볼 수 있다.

## 36.

정답풀이 사잇소리 현상은 환경이 갖추어져 있어도 필수적인 현상이 아니기 때문에 '고래기름'처럼 된소리되기가 되지 않을 수 있다. 따라서 [고래끼름]이 아니라 [고래기름]이 표준 발음이다.

오답풀이 ①② 나머지는 발음에는 사잇소리 현상의 된소리되기가 일어나 모두 옳은 발음이라고 볼 수 있다. 나머지는 모두 합성어이지만 한자어(소주잔(燒酒盞), 맥주잔(麥酒盞)이기 때문에 사이시옷이 표기될 수 없는 단어들이다.
③ '안+간힘'이므로 사잇소리 현상에 의해 [안깐힘]이 원칙 발음이지만 [안간힘]도 허용한다.

## 37.

정답풀이 '제29항 다만, 다음과 같은 말들은 'ㄴ' 음을 첨가하여 발음하되, 표기대로 발음할 수 있다.'에 따라 'ㄴ' 첨가와 연음 모두 인정하는 발음들을 익혀야 한다. '금융, 검열'은 각각 '금융[금늉(원칙) / 그뮹(허용)], [검녈(원칙) / 거멸(허용)]로 발음되므로 옳다.

오답풀이 ① '공권력'은 장음으로 발음되지 않으므로 옳지 않다. 주로 3글자 한자어에서 '공권/력'처럼 2글자+1글자 구성인 경우에는 유음화 대신 비음화가 일어나 [공꿘녁]으로 발음된다. 참고로 '공'과 '권' 사이에는 사잇소리 현상의 된소리되기가 일어난 것이다.
③ '모자(帽子)[모자]'는 단음으로 발음된다. 또한 먹는 '밤'은 단독일 때는 [밤:]으로 발음되나 둘째 음절 이하에서는 장음이 사라지므로 [밤]으로 발음된다.
④ '부자(父子)[부자]'는 단음으로, '모자(母子)[모:자]'는 장음으로 발음된다.

## 38.

정답풀이 ㄱ. 계절병[계:절뼝/게:절뼝]: '계, 몌, 폐, 혜'는 [ㅖ(원칙) / ㅔ(허용)]으로 발음한다. 따라서 '계절병'의 '계'는 [계/게]로 발음된다. 또한 합성어 '계절+병'에서 앞 어근의 끝음이 울림 소리(ㄹ)이면서 뒤 어근의 첫 음이 예사소리(ㅂ)이므로 사잇소리 현상이 일어나 [계:절뼝/게:절뼝]으로 발음된다. (참고로 '계절'은 장음으로 발음되므로 [계:/계]로 발음되는 것이다.)
ㄹ. 관세[관세]: '관세'는 된소리되기가 일어날 까닭이 없다. 따라서 표기대로 [관세]로 발음해야 한다.

오답풀이 ㄴ. [신뉸복](×)→[시뉸복](○): ㄴ 첨가는 합성어나 파생어가 만들어질 때 일어나, 주로 앞말이 자음으로 끝나고 뒤의 말이 '이, 야, 여, 요, 유'로 끝날 때 일어난다. 하지만 국립국어원에서는 이름은 합성어나 파생어가 아니라 하나의 단어라고 보므로 'ㄴ'을 첨가하지 않고 연음하여 발음한다. 따라서 [시뉸복]으로 발음한다.
ㄷ. [논쪼](×)→[논조](○): '논조'는 된소리되기가 일어날 까닭이 없다. 따라서 표기대로 [논조]로 발음해야 한다.

정답

34 ④ 35 ③ 36 ④ 37 ② 38 ③

**34.** ㉠~㉣에 해당하는 예로 옳지 않은 것은?

「표준 발음법」 제29항
합성어 및 파생어에서, 앞 단어나 접두사의 끝이 자음이고 뒤 단어나 접미사의 첫음절이 '이, 야, 여, 요, 유'인 경우에는, 'ㄴ' 음을 첨가하여 [니, 냐, 녀, 뇨, 뉴]로 발음한다.
예 색-연필[생년필]

- 다만, 다음과 같은 말들은 'ㄴ' 음을 첨가하여 발음하되, 표기대로 발음할 수 있다. ···· ㉠
  예 야금-야금[야금냐금/야그먀금]
- [붙임 1] 'ㄹ' 받침 뒤에 첨가되는 'ㄴ' 음은 [ㄹ]로 발음한다. ···································· ㉡
  예 서울-역[서울력]
- [붙임 2] 두 단어를 이어서 한 마디로 발음하는 경우에도 이에 준한다. ······················ ㉢
  예 잘 입다[잘립따]
- 다만, 다음과 같은 단어에서는 'ㄴ(ㄹ)' 음을 첨가하여 발음하지 않는다. ······················ ㉣
  예 3.1절[사밀쩔]

① ㉠: 이죽이죽
② ㉡: 휘발유
③ ㉢: 열여덟
④ ㉣: 일요일

## 亦功 중간 빈출, 제3빈출

**35.** 표준 발음으로 바르지 않은 것은?

① 난치병[난치뼝]
② 면허증[면:허쯩]
③ 유리잔[유리짠]
④ 사기죄[사기쬐]

**36.** 표준 발음으로 바르지 않은 것은?

① 소주잔[소주짠]
② 맥주잔[맥쭈짠]
③ 안간힘[안깐힘]
④ 고래기름[고래끼름]

**37.** 다음 중 표준어 규정에 맞게 발음한 문장은?

① 공권력[공:꿘녁] 발동을 최대한 자제할 것이다.
② 금융[금늉] 위기를 막기 위해 검열[검녈]을 철저히 했다.
③ 예쁜 모자[모:자]와 쌍동밤[쌍동밤:]을 선물했다.
④ 부자[부:자]간보다 모자[모자]간이 더 친밀하다.

## 亦功 난이도 조절용

**38.** 밑줄 친 단어의 표준 발음이 옳은 것만을 〈보기〉에서 모두 고르면?

ㄱ. 마치 계절병[계:절뼝]을 앓는 것 같았다.
ㄴ. 신윤복[신뉸복]은 조선 후기의 풍속화가이다.
ㄷ. 이 신문의 논조[논쪼]는 매우 보수적이다.
ㄹ. 정부는 수입 상품에 높은 관세[관세]를 물렸다.

① ㄱ, ㄴ ② ㄱ, ㄷ
③ ㄱ, ㄹ ④ ㄴ, ㄹ

관련교재 [ 요 족집게 적중 노트 p.69~92 / 기 출좋포 문법 p.198~230 ]

Chapter

# 02 (어문 규정) 표준어 규정

대표 출좋포 한눈에 보기

1. 2011, 2014, 2015, 2016 개정 표준어 완벽하게 외우기
2. 시험에 나온 표준어는 모두 익히기

## 01.

정답풀이 '눈곱'으로 고쳐야 한다. 눈에 곱(=기름)이 낀 것이기 때문이다.

오답풀이 ① 눈썹: '한글 맞춤법 제5항 한 단어 안에서 뚜렷한 까닭 없이 나는 된소리는 다음 음절의 첫소리를 된소리로 적는다.'에 따라 '눈썹'이 옳다.
③ '늴리리'는 [닐리리]로 소리나더라도 '늴리리'로 적는 것이 옳다.
④ '물크러지다'는 '너무 무르거나 풀려서 본 모양이 없어지도록 헤어지다.'의 의미이다.

## 02.

정답풀이 '나지막하다'는 '높이나 소리가 매우 나직하다.'를 의미하는 표준어이다.

오답풀이 ① '콧망울'은 비표준어이므로 '콧방울'이 옳다. '콧방울'은 코끝의 좌우 양쪽에 불쑥이 내민 부분을 의미한다.
② '꼰지르다'는 비표준어로 '고자질하다'가 옳다.
③ '한글 맞춤법 제13항 한 단어 안에서 같은 음절이나 비슷한 음절이 겹쳐 나는 부분은 같은 글자로 적는다.'에 따라 '짭잘하다'는 비표준어이므로 '짭짤하다'가 옳다.

정답

01 ② 02 ④ 03 ③

## 03.

정답풀이 '끄나풀'이 옳은 표준이이다. '끄나불(=남의 앞잡이 노릇을 하는 사람.)'은 거센소리 형태를 표준어로 삼은 단어이다.

오답풀이 ① 눌어붙다: '눋+어'에서 '눋다'는 '누른빛이 나도록 조금 타다.'라는 의미의 ㄷ불규칙 용언이므로 모음 어미 앞에서 'ㄷ'이 'ㄹ'로 교체된 것이다.
② '수평아리'는 표준어이다. 접두사 다음에서 나는 거센소리를 인정하는 단어는 '개(강아지), 돼지, 닭(병아리), 당나귀, 것, 돌쩌귀, 기와'의 총 9개의 단어이다. 개돼지닭당 것돌기!!!!
④ '깡충깡충'은 모음 조화가 파괴된 단어이지만 표준어이다.

빈출 순위별 예상 문제

# 5편 표준 발음법 / 표준어 규정 CH.02 (어문 규정) 표준어 규정

## 亦功 최빈출

**01.** 밑줄 친 어휘 중 표준어가 아닌 것은?

① 눈썹을 움직여서 웃어보렴.
② 그는 눈꼽을 떼었다.
③ 늴리리 노래를 부르며 흥을 냈다.
④ 고기가 물크러지도록 삶다.

**02.** 밑줄 친 어휘 중 표준어인 것은?

① 콧망울이 크고 두둑해야 복이 있다고 한다.
② 그 녀석은 치사하게 나를 선생님께 꼰지르고 말았다.
③ 나는 짭잘한 맛을 좋아한다.
④ 그녀는 나지막하게 과거를 이야기하였다.

**03.** 밑줄 친 어휘 중 표준어가 아닌 것은?

① 밥은 결국 눌어붙었다.
② 닭이 수평아리를 낳았다.
③ 그는 끄나불에 지나지 않은 인간이었다.
④ 토끼가 깡충깡충 뛰었다.

05 PART

## 04.

정답풀이 • '아둥바둥'이 아니라 '아등바등'만 표준어로 삼는다.

• '정상적 시장이 아닌 일정한 곳에서, 상품·중고품·고물 따위의 도산매·투매·비밀 거래가 이루어지는 질서가 없고 시끌벅적한 시장.'을 도떼기시장이라 한다. 돗데기시장으로 표기하는 것은 옳지 않다.

• '허구하다'란 '날이나 세월 따위가 매우 오래다.'를 의미한다. '허구한 날' 등으로 활용된다.

오답풀이 ② • 돐(×): '태어난 뒤에 해마다 돌아오는 그날'은 '돐'이 아니라 '돌'이다. 나머지는 모두 옳다.

• '황소'와 '수소'는 모두 '수컷 소'를 뜻하는 표준어이다.

• '장끼'와 '수꿩'도 모두 '수컷 꿩'을 뜻하는 표준어다.

③ 삵괭이(×)–사글세(○)–햇님(×):

• 거센소리 형태를 표준어로 삼은 '살쾡이'가 옳은 표준어이다.

• '사글세'는 올바른 표준어이다. 어원에서 멀어진 형태로 굳어져서 널리 쓰이는 것을 표준어로 삼기 때문이다. '삭월+세'의 의미에서 멀어졌나고 본다.

• '해님'이 옳다. '햇님'은 '해님'의 잘못된 표기이다. 사이시옷은 어근+어근 구성의 합성어에만 쓰일 수 있는데, '해+님'은 각각 '어근+접미사'의 파생어 구성이므로 사이시옷 표기가 불가능하다.

④ • 오뚝이(○): ('오뚜기'는 기업 이름일 뿐! 표준어가 아니다.)

• 아지랭이(×): '아지랑이'가 옳다.

• 찰지다(○): '차지다–찰지다(추가)' 복수 표준어이다. '찰지다'는 2015년 새로 인정된 복수 표준어이다.

## 05.

정답풀이 표준어 규정 2장 제3항의 '거센소리를 가진 형태를 표준어로 삼는다.'에 따라 '후텁지근하다'가 표준어이다. '불쾌할 정도로 무더운 기운이 있다. 몹시 후터분하다.'라는 의미의 단어이다(참고로 '후덥지근하다'도 표준어이다).

오답풀이 ① '헤매던'이 옳다. '헤메–(어간)+던(어미)'이기 때문이다. '헤매이다'는 사동접미사 '–이–'가 남용된 것이다. '해메게 하는'으로 바꿔 읽으면 매우 부자연스럽다.

② '내로라하는'이 옳다. '나이로라'의 준말이므로 '내로라'가 옳다. '어떤 분야를 대표할 만하다'를 뜻한다.

③ '칠흑(漆黑)같이'가 옳다. '흙'이 아니라 '黑 검을(흑)'이 와야 하기 때문이다. '칠흑'은 '옻칠처럼 검고 광택이 있음. 또는 그 빛깔.'을 뜻한다.

## 06.

정답풀이 • 윗돈(×): '아랫돈'이 없기 때문에 '윗돈'이 아니라 '웃돈'이 표준어이다. '위/아래'의 대립이 없는 경우에는 '웃–'이 붙는다.

• 우뢰(×): '우뢰(雨雷)'는 예전에 표준어였으나 현재는 표준어가 아니고 고유어 '우레'가 표준어이다.

• 애닯다(×): '애닯다'는 조선시대에 쓰이고 없어진 사어(死語)이므로 '애달프다'는 표준어이고 '애닯다'는 표준어가 아니다.

오답풀이 ① • 총부리: 총에서 총구멍이 있는 부분.

• 추켜올리다=추어올리다, 치켜올리다: 옷이나 물건, 신체 일부 따위를 위로 가뜬하게 올리다. 실제보다 과장되게 칭찬하다.

• 께름직하다=께름칙하다, 꺼림직하다, 꺼림칙하다: 마음에 걸려서 언짢고 싫은 느낌이 꽤 있다.

③ • 두리뭉실하다: 2011년에 '두리뭉실하다'가 표준어로 인정되어 '두루뭉술하다(○)/두리뭉실하다(○)' 모두 현재 표준어이다. '말이나 태도 따위가 확실하거나 분명하지 아니하다.'의 의미이다.

• '잎사귀–잎새(추가)': '잎새'는 2015년 새로 인정된 복수 표준어이다.

• 예쁘디예쁘다–이쁘디이쁘다(추가): '이쁘다'는 2015년 새로 인정된 복수 표준어이다. '이쁘장스럽다, 이쁘장스레, 이쁘장하다, 이쁘디이쁘다'도 표준어로 인정하였다.

④ • '계면쩍다', '겸연쩍다' 모두 표준어이다. '멋쩍다'와 마찬가지로 [쩍]으로 소리나면 소리나는 대로 적는 경우이다.

• '지루하다': '지리하다'는 비표준어이지만 '지루하다'는 표준어이다.

• 삐지다: 2014년 새로 인정된 복수 표준어로 '삐치다'와 함께 표준어이다.

## 07.

정답풀이 '어깨에서 팔꿈치까지의 부분.'을 의미하는 말은 '웃팔'이 아니라 '위팔'이다. '팔꿈치부터 손목까지의 부분.'을 의미하는 '아래팔'이 존재하기 때문에 '위/윗'이 올 수 있는데 거센소리 'ㅍ'이 있으므로 '위–'가 결합되어야 한다.

오답풀이 나머지는 모두 옳다.

정답

04 ① 05 ④ 06 ② 07 ①

**04. 맞춤법에 맞는 어휘로 짝지어진 것은?**

① 아등바등 – 도떼기시장 – 허구하다
② 황소 – 장끼 – 돐(생일)
③ 삵괭이 – 사글세 – 햇님
④ 오뚝이 – 아지랭이 – 찰지다

**05. 다음 중 어법에 어긋남이 없이 바른 문장은?**

① 헤매이던 길에서 등불을 발견했다.
② 내노라하는 가수들이 모였다. .
③ 칠흙같이 어두운 밤에 그가 찾아왔다.
④ 후텁지근해서 많이 지친다.

**06. 다음 중 표준어로 묶이지 않은 것은?**

① 총부리, 추켜올리다, 께름직하다
② 윗돈, 우뢰, 애닯다
③ 두리뭉실하다, 잎새, 이쁘디이쁘다
④ 계면쩍다, 지루하다, 삐지다

**07. 〈보기〉는 표준어 규정 제12항의 일부이다. 이에 어긋나는 표준어는?**

(보기)
제12항 ‘웃-’ 및 ‘윗-’은 명사 ‘위’에 맞추어 ‘윗-’으로 통일한다.
다만 1. 된소리나 거센소리 앞에서는 ‘위-’로 한다.
다만 2. ‘아래, 위’의 대립이 없는 단어는 ‘웃-’으로 발음되는 형태를 표준어로 삼는다.

① 웃팔을 잠시 들어주셔야 진단이 가능합니다.
② 우리는 위층에서 만나면 될 거 같아.
③ 그는 윗입술에 상처가 났다.
④ ‘맨 겉에 입는 옷’은 ‘웃옷’이라고 한다.

05 PART

## 08.

정답풀이 • 엥간한(×) → 엔간한(○) : '엥간하다'는 사전에 없는 비표준어로, '엔간하다'가 옳은 표기이다. '엔간하다'는 '대중으로 보아 정도가 표준에 꽤 가깝다.'는 뜻을 가진 형용사이다. '웬만하다'와 비슷한 의미이다.
• '딴죽 − 딴지(추가) − 딴전 − 딴청' 모두 2014년 새로 인정된 복수 표준어이다. 모두 '이미 동의하거나 약속한 일에 대하여 딴전을 부림을 비유적으로 이르는 말.'이다. '~을 피우다, 부리다'의 구성으로 잘 쓰인다.

오답풀이 나머지는 모두 맞춤법에 맞는 단어이다.
① • 까짓것 : 별것 아닌 것을 의미하는 말이다. 여기에서는 '감탄사'로 쓰였지만, 문장에 따라 '명사'로도 쓰인다.
• 만날 − 맨날(추가) : '맨날'은 2011년 새로 인정된 복수 표준어이다.
② • 같잖다 : '하는 짓이나 꼴이 제격에 맞지 않고 눈꼴 사납다. / 말하거나 생각할 거리도 못 되다.'의 의미가 있는 형용사이다.
• 조지다 : '호되게 때리다'를 의미하는 표준어이다.
④ • 끄물끄물하다 : '날씨가 활짝 개지 않고 몹시 흐려지다. / 불빛 따위가 밝게 비치지 않고 몹시 침침해지다.'의 의미가 있는 동사로, '그물그물하다'보다 센말이다.
• '가꾸로/거꾸로'는 모두 표준어이다.

## 09.

정답풀이 '기다랗다'가 'ㅎ' 불규칙 용언이므로 어간과 어미가 모두 바뀌어 어간의 'ㅎ'이 탈락하고 어미의 '아'가 'ㅣ'로 교체된 채로 축약된 것이다. 따라서 '기다랗+아지다'는 '기다래지다'로 활용된다.

오답풀이 ② '눈의 가장자리'를 이르는 말은 '눈초리'가 맞다. '눈꼬리'도 같은 의미의 표준어이다.
③ '귓바퀴의 아래쪽에 붙어 있는 살', 즉 '귓불'을 이르는 말로 '귓밥'도 표준어이다. (참고로 '귓볼'은 표준어가 아니다.)
④ '종아리의 살이 불룩한 부분'을 이르는 말은 '장딴지'가 맞다.

## 10.

정답풀이 ㉠ '만날 − 맨날(추가)' 모두 2011년 새로 인정된 복수 표준어이다.
㉡ '딴죽 − 딴지(추가) − 딴전 − 딴청' 모두 2014년 새로 인정된 복수 표준어이다. 모두 '이미 동의하거나 약속한 일에 대하여 딴전을 부림을 비유적으로 이르는 말.'이다. '~을 피우다'의 구성으로 잘 쓰인다.
㉢ '마을꾼 − 마실꾼(추가)'은 모두 2015년 새로 인정된 복수 표준어이다. 모두 '이웃에 놀러 다니는 사람'을 의미한다. '마실꾼, 마실방, 마실돌이, 밤마실'도 표준어로 인정한다. 참고로 '마실'은 놀러가다의 의미가 있을 때만 사용 가능하다.
㉣ '가꾸로/거꾸로'은 모두 표준어이다.
㉤ '조지다(호되게 때리다)'도 표준어이다.

## 11.

정답풀이 • '주책'은 '일정하게 자리 잡힌 주장이나 판단력'을 뜻하여 '주책없다'로 주로 쓰였다. 하지만 2016년 새로 인정된 복수 표준어에서 '주책이다'도 '주책없다'와 마찬가지로 '줏대 없이 이랬다저랬다 해서 몹시 실없다.'의 의미도 갖는 것으로 정해졌다.
• '두루뭉술하다', '두리뭉실하다' 모두 표준어이다.
• '허드레'는 '그다지 중요하지 아니하고 허름하여 함부로 쓸 수 있는 물건'을 의미하는 표준어이다.

오답풀이 ① 덩쿨(×) − 눈두덩이(○) − 놀이감(×)
• 덩쿨(×) : '넝쿨', '덩굴'만 표준어이다.
• 눈두덩이(○) : '눈두덩이', '눈두덩' 모두 표준어이다.
• 놀이감(×) : '놀이+감'이 결합한 합성어로 고유어+고유어 구성이다. 발음도 [놀이깜 / 놀읻깜]으로 된소리로 소리나므로 사이시옷을 표기해야 한다. '장난감'과 함께 표준어이다.
② 윗어른(×) − 호루라기(○) − 숫양(○)
• 윗어른(×) : 웃어른'은 위, 아래 대립이 없으므로 '웃어른'으로 적는다.
• '양, 염소, 쥐('양념쥐'로 외우기)'에는 '숫-'을 붙이므로 '숫양'은 표준어이다.
③ 마을꾼(○) − 눈커풀(×) − 닥달하다(×)
• '마을꾼(○) − 마실꾼(추가)(○)'은 모두 2015년 새로 인정된 복수 표준어이다. 모두 '이웃에 놀러 다니는 사람'을 의미한다. '마실꾼, 마실방, 마실돌이, 밤마실'도 표준어로 인정한다. 참고로 '마실'은 놀러가다의 의미가 있을 때만 사용 가능하다.
• 눈커풀(×) → 눈꺼풀(○) : '눈꺼풀'은 '눈을 덮는 꺼풀.'을 뜻한다. '눈까풀'도 복수 표준어이다.
• 닥달하다(×) → 닦달하다(○) : '단단히 윽박질러서 혼을 내다.'를 의미하는 것으로 '닦아세우다'와 관련이 있다. 따라서 받침은 'ㄲ'이어야 한다.

정답

08 ③ 09 ① 10 ⑤ 11 ④

**08.** 밑줄 친 단어 중 맞춤법에 어긋난 것은?

① 까짓것, 만날 공부만 하는데 오늘은 쉬자고.
② 그런 같잖은 일로 사람을 조져 댄 거니?
③ 그가 딴청을 부리는 것은 엥간한 일이 아니었다.
④ 아침부터 하늘이 끄물끄물하더니 물이 가꾸로 샜다.

**09.** 밑줄 친 어휘 중 표준어가 아닌 것은?

① 옷을 하도 입다 보니 소매가 기다라졌다.
② 그 사람 눈초리가 굉장히 날렵해.
③ 귓밥이 두툼한 귀, 빠질 데 없이 잘생긴 얼굴이다.
④ 많이 맞았더니 장딴지가 얼얼하다.

**10.** 다음 〈보기〉의 밑줄 친 ㉠~㉤ 중 표준어를 모두 고르면?

(보기)
ㄱ. 너는 시험이 코앞인데 ㉠맨날 놀기만 하니?
ㄴ. 당신은 돌아가는 상황을 잘 알면서도 ㉡딴청을 붙이시는군요.
ㄷ. 아버지의 사랑방에는 밤이면 밤마다 ㉢마을꾼들이 모여들었다.
ㄹ. 총소리에 그는 얼마나 급했던지 옷도 ㉣가꾸로 입고 밖으로 나왔다.
ㅁ. 형은 사정없이 구둣발로 그 사람을 ㉤조져 대더니 막판에는 돌멩이를 집어 들었다.

① ㉠, ㉡, ㉢
② ㉠, ㉣, ㉤
③ ㉡, ㉢, ㉣
④ ㉠, ㉡, ㉢, ㉤
⑤ ㉠, ㉡, ㉢, ㉣, ㉤

**11.** 다음 중 표준어로만 짝지어진 것은?

① 덩쿨 – 눈두덩이 – 놀이감
② 윗어른 – 호루라기 – 숫양
③ 마을꾼 – 눈커풀 – 닥달하다.
④ 주책 – 두루뭉술하다 – 허드레

## 12.

정답풀이 '옷매무시'란 '옷을 입을 때, 매고 여미는 등의 뒷단속을 하는 일.'을 의미하므로 옳다. 참고로 이와 구분해야 하는 '매무새'는 '옷, 머리 따위를 수습하여 입거나 손질한 모양새.'로, 완성된 것을 의미한다.

오답풀이 나머지는 옳다.

② 인두껍(×) → 인두겁(○) : '인두겁'은 '사람의 형상이나 탈'을 의미한다.

③ 설레였다(×) → 설레었다, 설렜다(○) : 기본형 '설레다'의 어간 '설레-'에 어미 '-었다'가 결합한 것이다. '설레였다'는 사동접미사 '-이-'가 불필요하게 결합된 것이다. '설레었다'는 '설렜다'로 줄어서 쓸 수 있다.

④ 떨어먹다(×) → 털어먹다(○) : '재산이나 돈을 함부로 써서 없애다.'를 의미하는 것은 '털어먹다'이다. '떨어먹다'는 아예 존재하지 않는 비표준어이다.

## 13.

정답풀이 어간 '서투르-'에 어미 '-ㄴ'이 결합한 것으로 옳다. 참고로 '서투르다'의 준말은 '서툴다'로 복수 표준어이다. '서툴다'는 모음 어미와 활용하지 못하고 자음 어미와만 활용하는데, 이 경우에는 '서툴-'에 '-ㄴ'이 결합하여 '서툰'으로 교체가 가능하다.

오답풀이 ① 창란젓(×) → 창난젓(○) : '창난젓'은 고유어로서, '卵(알 란)'이 아님에 유의해야 한다.

② 깍뚜기(×) → 깍두기(○)

④ 넓다란(×) → 널따란(○) : '널따랗다'의 활용형

## 14.

정답풀이 이 문맥에는 '어떤 일을 하기 위해 기회를 이용하다.'를 의미하는 '빌리다'를 사용하여야 한다. '빌다'는 '밥을 빌어 먹다, 용서를 빌다, 성공을 빌다'로 쓰이는 단어이므로 '빌어서'는 문맥상 옳지 않다.

오답풀이 ② '깨우치다'는 '깨치다'에 사동 접미사 '-우-'가 결합된 것으로, '깨닫게 하다.'라는 사동의 의미가 있다. 하지만 이 문맥에서는 스스로 잘못을 깨닫는 것이므로 '깨치다'를 사용해야 한다.

③ '깃들어'의 기본형은 '깃들다'이다. '깃들다'는 '아늑하게 서려 들다. / 감정, 생각, 노력 따위가 어리거나 스미다.'를 의미하는 것이므로 '새가 깃들다'라는 말은 어색하다. 이 문장에는 '사람이나 건물 따위가 어디에 살거나 그곳에 자리 잡다.'를 의미하는 '깃들이다'를 사용하여 '새가 깃들여 있다'라고 해야 한다.

④ '와중'은 '일이나 사건 따위가 시끄럽고 복잡하게 벌어지는 가운데'를 의미하므로 옳지 않다. 하교하는 일이 시끄럽고 복잡하지는 않기 때문이다. 따라서 '중에, 도중에'로 고쳐야 한다.

정답

12 ① 13 ③ 14 ① 15 ② 16 ④

## 15.

정답풀이 '웃기'는 떡, 포, 과일 따위를 괸 위에 모양을 내기 위하여 얹는 재료를 의미한다. '윗옷'은 윗몸에 입는 옷으로 '아래'와 '위'의 대립이 있다.

오답풀이 아래, 위 대립이 있으면 '위' '윗'이다. 여기서 된소리나 거센소리 앞에서는 '위-'로 한다. '아래, 위' 대립이 없는 것은 '웃-'으로 적는다.

① 웃목(×), 웃옷(○) : '아래'와 '위'의 대립이 있으므로 '웃목'이 아니라 '윗목'으로 적는 것이 옳다. '아랫목'도 있기 때문이다. '웃옷'은 아래 위의 대립이 없는 '겉옷'을 의미한다.

③ 웃비(○), 윗국(×) : '아직 우기(雨氣)는 있는데 좍좍 내리다가 그친 비.'는 '웃비'는 옳다. 하지만 '윗국'이 되려면 '아랫국'이 있어야 하는데 '아랫국'은 존재하지 않으므로 '윗국'이 아니라 '웃국'이 옳다. '웃국'은 간장이나 술 따위를 담가서 익힌 뒤에 맨 처음에 떠낸 진한 국을 의미한다.

④ 윗눈시울에 있는 속눈썹이므로 '윗눈썹'이 옳다.
'윗층'에서 'ㅊ'은 거센소리이므로 '위'가 붙어 '위층'으로 고쳐야 한다.

| 표준어(○) | 비표준어(×) | |
|---|---|---|
| 웃-국 | 윗-국 | 간장이나 술 따위를 담가서 익힌 뒤에 맨 처음에 떠낸 진한 국 |
| 웃-기 | 윗-기 | 떡, 포, 과일 따위를 괸 위에 모양을 내기 위하여 얹는 재료 |
| 웃-돈 | 윗-돈 | 본래의 값에 덧붙이는 돈. |
| 웃-비 | 윗-비 | 아직 우기(雨氣)는 있으나 좍좍 내리다가 그친 비 |
| 웃-어른 | 윗-어른 | |
| 웃-옷 | 윗-옷 | 겉옷 |

## 16.

정답풀이 • 깨단-하다「동사」【…을】: 오랫동안 생각해 내지 못하던 일 따위를 어떠한 실마리로 말미암아 깨닫거나 분명히 알다.

• '주책없다'만 표준어로 인정했지만, 2016년 말부터는 '주책이다' 또한 표준어로 인정하여 '주책이다/주책없다' 모두 표준어가 되었다.

오답풀이 ① 새벽녘(×), 동틀녘(○) : 거센소리를 가진 형태를 표준어로 삼는 경우에 해당하므로 '녁'이 아니라 모두 '녘'으로 써야 한다. '녘'은 어떤 때의 무렵이나 어떤 방향・지역을 가리키는 말인데, '녁'은 아예 쓰이지 않는다.

② 광우리(×) → 광주리(○), 설겆이(×) → 설거지(○)

③ 보조개의 복수 표준어는 '볼우물'이다. 하지만 '강남콩'이 아니라 '강낭콩'이다. '강낭콩'은 어원에서 멀어진 형태로 굳어져서 널리 쓰이는 것은, 그것을 표준어로 삼기 때문이다.

**12.** 다음 중 밑줄 친 단어가 표준어 규정에 옳은 것은?

① 면접 전에 모두 옷매무시를 하고 오세요.
② 세상에 인두껍을 쓰고 그딴 행동을 한단 말이야?
③ 역공녀를 만나는 것은 늘 설레였다.
④ 그 사람은 가진 재산을 모두 떨어먹었다.

**13.** 밑줄 친 어휘의 표기가 옳은 것은?

① 창란젓을 담가서 먹었다.
② 나는 깎두기를 매우 좋아한다.
③ 그녀는 서투른 애정 표현 때문에 오해를 샀다.
④ 넓다란 길로 가다 보면 목적지에 다다르게 된다.

**14.** 다음 중 밑줄 친 부분의 사용이 옳은 것은?

① 이 자리를 빌려서 한 말씀 올리겠습니다.
② 그는 헤어지고 나서야 잘못을 깨우쳤다.
③ 그 공원에는 여러 종류의 새가 깃들어 있다.
④ 하교하는 와중에 엄마를 만났다.

**15.** 다음 중 표준어가 모두 옳은 것은?

① 웃목, 웃옷
② 웃기, 윗옷
③ 웃비, 윗국
④ 윗눈썹, 윗층

**16.** 다음 중 표준어로만 묶인 것은?

① 새벽녘에 일어났더니 동틀 녘이었다.
② 광우리를 설겆이 하다 보니 시간이 금방 갔다.
③ 그녀의 볼우물은 강남콩만 했다.
④ 이제야 잘못을 깨단하다니 주책이다.

## 17.

**정답풀이** '예쁘다/이쁘다(2015년 추가)'는 모두 복수 표준어이다. '새초롬하다/새치름하다(2011년 추가)'는 '조금 쌀쌀맞게 시치미를 떼는 태도가 있다.'를 의미한다.

**오답풀이** ① 된소리 앞에는 사이시옷이 올 수 없으므로 '뒤꿈치'가 옳다. '복숭아뼈/복사뼈'는 복수 표준어이다.
② 마늘·파 등의 꽃줄기 끝에 달린 망울을 의미하는 '종'이 붙은 것이므로 '마늘종'이 옳다. '주구장창'은 '주야장천(晝夜長川)(○)'의 잘못이다. '주야장천(晝夜長川: 晝 낮 주 夜 밤 야 長 길 장 川 내 천)'은 '밤낮으로 쉬지 않고 잇따라'를 의미한다.
③ '마실'은 '마을'과 함께 표준어이지만, '이웃에 놀러 다니는 일'을 의미하는 경우에만 쓰인다. 따라서 이 문장에서는 쓰일 수 없으므로 '마을'로 고쳐야 한다. '아구찜'이 아니라 '아귀찜'이 표준어이다.

## 18.

**정답풀이** '얼레리꼴레리'가 아니라 '알나리깔나리'가 표준어이다. '알나리깔나리'는 아이들이 남을 놀릴 때 하는 말이다. 나머지는 표준어이다. 참고로 국어에서 '-거리다, -대다'가 붙는 어근에는 '-이다'가 붙을 수 있는 경우가 많다. '끄적거리다, 끄적대다, 끄적이다' 모두 표준어이다.

**오답풀이** ① 모두 표준어이다. 참고로 '섞박지'는 나머지 절인 배추·무·오이를 섞어 만든 것이므로 받침이 'ㄲ'이다.
② 모두 표준어이다. '푸르르다'는 '푸르다'를 강조할 때 이르는 말로 표준어이다. ('으' 탈락 용언이다) '누렇+아지+다'에서 'ㅎ' 불규칙용언이므로 'ㅎ'이 탈락하고 'ㅏ'가 'ㅣ'로 교체된 후 축약되어 '누레지다'가 된 것이다.
③ '걸판지다, 거방지다'와 '움츠리다', '개개다, 개기다' 모두 표준어이다.

## 19.

**정답풀이** '가여운'은 '가엽+-(으)ㄴ'의 결합으로 인해 'ㅂ'이 '우'로 바뀌어 된 형태이다. '가엽다'는 어간만 바뀌는 'ㅂ' 불규칙 용언이다. 참고로 '가엾다'도 복수 표준어이다. '가엾다'는 '가엾은, 가엾어'처럼 규칙적으로 활용한다.

**오답풀이** ① 뒤연히(×) → 버젓이(○): '버젓하다'의 어근 '버젓'+부사 파생 접미사 '이'=버젓이(부사)
「부사」「1」남의 시선을 의식하여 조심하거나 굽히는 데가 없이
② 뒤어내지(×) → 뒤져내지(○): '뒤져내다'의 활용형
뒤져-내다 「동사」【…에서 …을】: 샅샅이 뒤져서 들춰내거나 찾아내다.
④ '허구헌(×) → 허구한(○): '허구하다'의 활용형
허구-하다01(許久--) 「형용사」: ((‘허구한’ 꼴로 쓰여)) 날, 세월 따위가 매우 오래다.

## 20.

**정답풀이** '제끼다'는 '제치다'의 비표준어이다. '제치다'는 '거치적거리지 않게 처리하다.'를 의미하므로 이 자리에 '제치다'가 와도 의미가 어색하다. 따라서 이 자리에는 '뒤로 기울다.'라는 뜻을 가지는 '젖히고'가 와야 한다.

**오답풀이** ① 배다: 스며들거나 스며 나오다.
② 떨구다: '시선을 아래로 향하다. / 고개를 아래로 숙이다.'라는 뜻으로, 비슷한 뜻의 말로 '떨어뜨리다, 떨어트리다'가 있다.
④ 꼬이다: '그럴듯한 말이나 행동으로 남을 속이거나 부추겨서 자기 생각대로 끌다.'라는 의미로, 준말로는 '꾀다'가 있다. 비슷한 의미의 '꼬시다'가 많이 쓰여 2014년 표준어로 추가하였다.

## 21.

**정답풀이** '진즉(趁卽)'은 부사로 '진작'과 같은 말이다. 주로 기대나 생각대로 잘되지 않은 지나간 사실에 대하여 뉘우침이나 원망의 뜻을 나타내는 문장에 쓴다.

**오답풀이** ① 희안한(×) → 희한한(○): '희한(稀罕: 稀 드물 희 罕 드물 한)하다'가 기본형이다.
② 착찹하기(×) → 착잡하기(○): '착잡(錯雜: 錯 어긋날 착 雜 섞일 잡)하다'가 기본형이다.
④ 흉칙스러운(×) → 흉측스러운(○): '흉측(凶測: 凶 흉할 흉 測 헤아릴 측)스럽다'가 기본형이다.

## 22.

**정답풀이** '돋구다'는 안경의 도수를 높일 때만 쓰이는 단어이므로 옳지 않다. '입맛을 당기게 하다'를 의미하는 '돋우다'로 고쳐야 한다.

**오답풀이** ① 알음: '사람끼리 서로 아는 일'을 의미하므로 문맥에 적절하다.
③ 바투: '시간이나 길이가 아주 짧게'를 의미하므로 문맥에 적절하다.
④ 깨단-하다「동사」【…을】: 오랫동안 생각해 내지 못하던 일 따위를 어떠한 실마리로 말미암아 깨닫거나 분명히 알다.

## 23.

**정답풀이** 뗄레야(×) → 떼려야(○): '떼-'에 어미 '-(으)려야'가 결합된 것이므로 '떼려야 뗄 수 없다'와 같이 표현하는 것이 맞다. 어미 '-려'는 앞에 어미 'ㄹ'이 절대 오지 않는다.

**오답풀이** ① 피부에 나는 종기를 통틀어 이르는 말은 '부스럼'이다.
② 시간과 방향을 나타내는 접미사는 '녘'이므로 옳다.
③ '스무 살, 스무 마리'에만 '스무'가 쓰인다. 따라서 '스물두 번째'를 의미하는 '스물두째'로 고쳐야 한다.
(참고로, '스물둘째'는 '스물두 개째'를 뜻한다. 다만, '열두째', '열둘째', '스물두째', '스물둘째' 외에는 '두째'와 '둘째'를 구분하지 않고 '둘째'만 표준어로 삼는다.)

**정답**

17 ④ 18 ④ 19 ③ 20 ③ 21 ③ 22 ② 23 ④

**17.** 다음 중 밑줄 친 부분의 사용이 옳은 것은?

① 뒷꿈치와 복숭아뼈를 모두 다쳤다.
② 할 일이 없어 마늘쫑만 주구장창 만들었다.
③ 우리 마실에서 가장 유명한 아구찜을 먹었다.
④ 이쁘고 새치름한 그녀를 보고 설레었다.

**18.** 다음 중 표준어가 아닌 것이 포함된 것은?

① 눈엣가시, 섞박지, 돌멩이
② 푸르르다, 손주, 누레지다,
③ 걸판지다, 움츠리다, 개기다
④ 골차다, 끄적이다, 얼레리꼴레리

**19.** 밑줄 친 부분이 표준어인 것은?

① 뉘연히 나타나면 내가 용서할 줄 알았어?
② 밥 좀 맛없게 뒤어내지 마.
③ 가여운 소녀가 성냥을 주었다.
④ 너처럼 허구헌 날 그렇게 공부해 봐라.

**20.** 밑줄 친 말이 표준어가 아닌 것은?

① 역공녀는 친절이 몸에 배어 있다.
② 눈물을 떨구며 집에 갔다.
③ 그는 고개를 뒤로 제끼고 졸고 있었다.
④ 철수는 영희를 꼬여서 밥을 먹었다.

**21.** 밑줄 친 단어 중 표준어인 것은?

① 와 정말 희안한 일이 다 있구나.
② 마지막 기차를 놓친 그는 착찹하기 이를 데 없었다.
③ 이럴거면 진즉 병원에 가지 그랬니?
④ 계모는 흉칙스러운 생각으로 홍련이를 해쳤다.



**22.** 밑줄 친 말의 쓰임이 바르지 않은 것은?

① 그와 나는 전부터 알음이 있는 사이이다.
② 해초 샐러드가 입맛을 돋군다.
③ 시험 날짜를 너무 바투 잡았다.
④ 국어의 원리를 드디어 깨단하게 되었다.

**23.** 밑줄 친 것 중 어법에 맞게 수정하지 않은 것은?

① 온몸에 부시럼이 나다. (부시럼 → 부스럼)
② 그는 동틀 녘에 그곳을 떠났다. (동틀 녁 → 동틀 녘)
③ 저기 스무두째 자리에 앉으면 된다. (스무두째 → 스물두째)
④ 우리는 뗄레야 뗄 수 없는 사이야. (뗄레야 → 뗄려야)

## 24.

**정답풀이** '먹거리/먹을거리, 오순도순/오손도손'은 복수 표준어들이다. '숫염소, 널빤지, 후드득 후드득'도 표준어이다.

**오답풀이** ① 맛쩍은(×) → 맛적은(○): 이 경우에는 된소리로 적으면 안 된다. 예사 안울림소리(ㅅ)와 예사 안울림소리(ㅈ)가 만나는 경우에는 아주 자연스럽게 뒤의 소리가 된소리([맛쩌근])가 되므로 굳이 된소리로 표기할 필요가 없기 때문이다.(물론 이 환경에도 된소리로 표기되는 단어가 있기는 하다.) 참고로 '맛적다'는 재미나 흥미가 거의 없어 싱겁다는 뜻이다.
'끄적거리다-끼적거리다' '만날-맨날', '접때', '삐치다-삐지다' 모두 표준어이다.
③ 떠벌이(×) → 떠버리(○): '떠버리'는 자주 수다스럽게 떠드는 사람을 낮잡아 이르는 말이다.
'남사스럽다, 남우세스럽다'는 복수 표준어이다.
'핼쑥하다, 해쓱하다'는 복수 표준어이다.
④ 여직껏(×) → 여태껏/입때껏(○): '여태(지금까지)'를 강조는 말로 '여태껏' 또는 '입때껏'이 있다. '여직껏'은 잘못 쓰이는 말이다.
'쌉싸래하다-쌉싸름하다(추가)'는 2011년에 인정되었고, '뾰두라지-뾰루지'는 복수 표준어이다.

## 25.

**정답풀이** '도리어'의 준말은 '되레'가 옳다. '예상이나 기대 또는 일반적인 생각과는 반대되거나 다르게'란 뜻이 있다.

**오답풀이** ② '으레'는 표준어이다.
③ 부사 '깡그리'는 '하나도 남김없이'란 뜻의 표준어이다.
④ 명사 '억수'는 '물을 퍼붓듯이 세차게 내리는 비, 끊임없이 흘러내리는 눈물, 코피 따위를 비유적으로 이르는 말'을 뜻하는 표준어이다. 여기에 부사격 조사 '로'가 붙은 것이다.

## 26.

**정답풀이** • 늴리리(×) → 닐리리[닐리리](○): 자음을 첫소리로 가지고 있는 음절의 'ㅢ'는 'ㅣ'로 소리 나는 경우가 있더라도 'ㅢ'로 적는다. 표준 발음과 표기는 각각 음운론과 형태론의 영역이므로 분리해서 봐야 한다.
• 남존녀비(×) → 남존여비(男尊女卑)[남존녀비](○): 접두사처럼 쓰이는 한자가 붙어서 된 말이나 합성어에서, 뒷말의 첫소리가 'ㄴ' 소리로 나더라도 두음 법칙에 따라 적는다. 두음 법칙은 형태 자체가 바뀌는 현상이므로 'ㄴ'을 표기해서는 안 된다.
• 칼치구이(×) → 갈치구이(○)

**오답풀이** ① 이면수구이(×) → 임연수어구이(○)
③ 모두 옳다. 특히 '하마터면'은 '하마하더면'의 준말이므로 옳다.
④ 앞의 음이 '모음'이나 'ㄴ'일 때 '열/율'이 붙으므로 '선율'은 옳다.

**정답**

24 ② 25 ① 26 ② 27 ② 28 ④

## 27.

**정답풀이** 짜집기(×) → 짜깁기(○): '직물의 찢어진 곳을 그 감의 올을 살려 본디대로 흠집 없이 짜서 깁는 일'은 '짜집기'가 아니라 '짜깁기'이다.
꼬매다(×) → 꿰매다(○): '꼬매다'는 '꿰매다'의 비표준어이다.
넙찍하다(×) → 널찍하다(○): '널찍하다, 널따랗다'가 옳다.
핼쓱하다(×) → 핼쑥하다, 해쓱하다(○)

**오답풀이** ① 발가숭이(○): '발가숭이/벌거숭이/빨가숭이/뻘거숭이' 모두 '옷을 모두 벗은 알몸뚱이'를 의미하는 표준어이다.
빠삭하다(○): 형용사 '빠삭하다'는 어떤 일을 자세히 알고 있어 그 일에 대하여 환하다는 의미이다.
어중되다(○): 형용사 '어중되다'는 이도 저도 아니어서 어느 것에도 알맞지 아니하다는 의미이다 '어중띄(띠)다'는 옳지 않다.
③ 뻗정다리(○): '뻗정다리/벋정다리' 모두 '구부렸다 폈다 하지 못하고 늘 뻗어 있는 다리'를 의미하는 표준어이다.
유기장이, 미장이(○): '유기장이, 미장이' 모두 표준어이다.
④ 구레나룻(○): '구레나룻'는 '귀밑에서 턱까지 잇따라 난 수염'을 의미하는 표준어이다.
곪기다(○): '곪기다'는 '곪은 자리에 딴딴한 멍울이 생기다'라는 뜻의 표준어이다. '곪다'는 '상처에 염증이 생겨 고름이 들게 되다.'라는 뜻이다.
가물(○): '가물, 가뭄' 모두 표준어이다.

## 28.

**정답풀이** '대물림'은 '대를 이어 물려줌'이라는 의미의 표준어이다.

**오답풀이** ① 문맥상 '아주 먼 과거'의 뜻을 나타내는 '예'를 써서 '예부터'로 표기하는 것이 적절하다. '옛'은 '지나간 때의'라는 뜻을 나타내는 관형사이므로 뒤에 조사 '부터'가 결합될 수 없다.
② 통채로(×) → 통째로(○)
③ 문맥상 '물 따위를 마구 마시다'라는 뜻의 '들이켜다'로 고치는 것이 적절하다. '들이키지'는 '안쪽으로 가까이 옮기다'라는 뜻이므로 문맥상 적절하지 않다.

**24.** 다음 중 표준어로만 묶인 것은?

① 끄적거리다, 맨날, 접때, 삐친, 맛쩍은
② 숫염소, 먹거리, 오순도순, 널빤지, 후드득후드득
③ 남사스럽다, 점쟁이, 떠벌이, 핼쑥하다
④ 쌉싸름하다, 여직껏, 뾰두라지, 셋째

**25.** 밑줄 친 단어 중 표준어가 아닌 것은?

① 그는 되려 더 큰 잘못을 저질렀다.
② 시험이 코앞일 때에는 으레 공부해야 한다.
③ 그는 전달해야 할 것을 깡그리 태워버렸다.
④ 억수로 슬픈 영화구나.

**26.** 맞춤법 사용이 올바르지 않은 것으로만 묶인 것은?

① 이면수구이, 사흗날, 베갯잇
② 닐리리, 남존녀비, 칼치구이
③ 적잖은, 생각건대, 하마터면
④ 홑몸, 밋밋하다, 선율

## 亦功 중간 빈출, 제3빈출

**27.** 다음 중 표준어가 아닌 것으로만 묶인 것은?

① 발가숭이, 빠삭하다, 어중되다
② 짜집기, 꼬매다, 넓찍하다, 핼쓱하다
③ 뻗정다리, 유기장이, 미장이
④ 구레나룻, 곰기다, 가물

**28.** 밑줄 친 말이 어문 규범에 맞는 것은?

① 옛부터 김치를 즐겨 먹었다.
② 혜선이가 햄버거 20개를 통채로 먹었다.
③ 찬물을 한꺼번에 들이키지 말아라.
④ 우리 집은 대물림으로 이어받은 땅이 많았다.

## 29.

정답풀이 '겸연쩍다'는 '너무 미안하여 낯이 화끈하다.'를 의미한다.

오답풀이 ① '맛적다'로 고쳐야 한다. '재미나 흥미가 거의 없어 싱겁다.'를 의미하므로 '적다'의 의미가 있기 때문이다.
② '멋쩍다'로 고쳐야 한다. '멋쩍다'는 '어색하고 쑥스럽다.'를 의미한다.
③ '딴기적은'으로 고쳐야 한다. '딴기적다'는 '기력이 약하여 앞질러 나서는 기운이 없다.'

'-적다/-쩍다'가 혼동될 수 있는 단어는 다음과 같이 적는다.
① [적따]로 발음되는 경우는 '적다'로 적는다.
예 괘다리적다, 괘달머리적다, 딴기적다, 열퉁적다
② '적다[少]'의 뜻이 유지되고 있는 합성어의 경우는 '적다'로 적는다.
예 맛적다(재미나 흥미가 거의 없어 싱겁다.)
③ '적다[少]'의 뜻이 없이 [쩍따]로 발음되는 경우는 '쩍다'로 적는다.
예 맥쩍다, 멋쩍다, 해망쩍다, 행망쩍다

## 30.

정답풀이 '주꾸미볶음'이 맞고 '쭈꾸미볶음'은 틀리다.

오답풀이 ② 농짓거리(×) → 농지거리(○): '농지거리'는 [농지거리]로 발음된다. 즉 사잇소리 현상이 일어나지 않으므로 사이시옷을 표기하면 안된다. '농지거리'는 점잖지 아니하게 함부로 하는 장난이나 농담을 낮잡아 이르는 말이다.
③ 수쥐(×) → 숫쥐(○): '숫-'이 붙는 단어는 '숫양, 숫염소, 숫쥐'가 있다. 양념치킨처럼, 각 동물의 앞의 말을 따서 '(숫)양, (숫)념(숫)쥐'로 외우면 아주 쉽다.
④ 켸켸묵은(×) → 케케묵은(○): 모음이 단순화한 형태를 표준어로 삼은 예로 '케케묵은'이 옳은 표기이다.

## 31.

정답풀이 궁시렁거리다(×) → 구시렁거리다(○): '궁시렁거리다'가 아니라 '구시렁거리다'가 적절한 표현이다.
외눈퉁이(×) → 애꾸눈이(○)
발자욱(×) → 발자국(○)
느지막하다(○)

오답풀이 ① '배냇저고리'는 깃과 섶을 달지 않은 갓난아이의 옷을 의미하며 '배내옷'이라고도 부른다.
'감감(消息)소식'은 '감감무소식'과 복수 표준어이다.
'검은엿'은 '갱엿'과 복수 표준어이다.
② '통채(×) → 통째(○)'가 있기는 하지만 나머지 예시가 옳기 때문에 가장 옳지 않은 것은 아니므로 답이 될 수 없다.
④ '겉창'은 창문 겉에 덧달려 있는 문짝으로, '덧문' 혹은 '덧창'이라고도 표기할 수 있다.
'뚱딴지'는 '돼지감자'와 복수 표준어이다.
'툇돌'은 '댓돌', '첨계'와 복수 표준어이다.
'들랑날랑'은 표준어이다.

정답

29 ④ 30 ① 31 ③

**29. 다음 밑줄 친 말 중 표준어인 것은?**

① 혼자 있기가 맛쩍어 이내 일어났다.
② 나는 그들을 다시 보기가 멋적었다.
③ 딴기쩍은 목소리로 말했다.
④ 실수가 겸연쩍은지 실실 웃었다.

**30. 다음 밑줄 친 말 중 표준어인 것은?**

① 주꾸미볶음이 참 맛있다.
② 낄낄대며 농짓거리들을 주고받다.
③ 수쥐들이 들판을 떼를 지어 달리고 있었다.
④ 그런 켸켸묵은 관습은 없애야 해.

**31. 표준어끼리 묶었을 때 가장 옳지 않은 것은?**

① 배냇저고리, 감감소식, 검은엿
② 세로글씨, 상관없다, 귀퉁배기, 통채
③ 궁시렁거리다, 외눈퉁이, 발자욱, 느지막하다
④ 겉창, 뚱딴지, 툇돌, 들랑날랑

# Chapter 03 표준어 규정 中 복수 표준어

## 亦功 최빈출

**01.** 표준어끼리 묶인 것으로 가장 옳지 않은 것은?

① 등물, 남사스럽다, 쌉싸름하다,
② 까탈스럽다, 걸울음, 푸르르다
③ 찰지다, 잎새, 꼬리연
④ 개발새발, 이쁘다, 덩쿨

**02.** 다음 중 표준어로만 묶인 것은?

① 메꾸다, 찌뿌듯하다, 내음
② 꼬시다, 품세, 봉숭화
③ 새치롬하다, 구안괘사, 먹거리
④ 늘상, 짜장면, 허접쓰레기

**03.** 다음은 같은 의미를 지닌 단어들을 묶은 것이다. 이들 가운데 표준어가 아닌 예가 들어 있는 것은?

① 눈대중 – 눈어림 – 눈짐작
② 보통내기 – 여간내기 – 예사내기
③ 멀찌감치 – 멀찌가니 – 멀찍이
④ 부스스하다 – 부시시하다

05 PART

### 01.

**정답풀이** 덩쿨(×) → 넝쿨/덩굴(○): '덩쿨'은 '넝쿨'과 '덩굴'의 잘못이다. 한편, '개발새발(2011년 추가 표준어)'과 '괴발개발', '이쁘다(2015년 추가 표준어)'와 '예쁘다'(2015년 추가 표준어)는 모두 표준어이다.

**오답풀이** 나머지는 모두 표준어로 잘 묶였다.
② '까다롭다–까탈스럽다(추가)–가탈스럽다(추가)'는 2016년에 추가되었다.

### 02.

**정답풀이** '메우다 – 메꾸다(추가)', '찌뿌듯하다–찌뿌둥하다(추가) – 찌뿌드드하다(추가)', '냄새 – 내음(추가)' 모두 2011년 새로 인정된 복수 표준어이다.

**오답풀이** ② 봉숭화(×): '봉숭화'가 아니라 '봉선화, 봉숭아'가 표준어이다. 나머지는 모두 표준어이다. '꾀다 – 꼬시다(추가)'는 2014년, '품세 – 품새(추가)'는 2011년에 모두 새로 인정된 복수 표준어이다.
③ 새치롬하다(×): '새치롬하다'는 '새치름하다'가 잘못 표기된 것이다. '새초롬하다 – 새치름하다'는 2011년 새로 인정된 복수 표준어이다. '구안괘사 – 구안와사(추가)'는 2014년 새로 인정된 복수 표준어이다. '먹을거리–먹거리(추가)'는 2011년 새로 인정된 복수 표준어이다.
④ 늘상(×): '늘'의 비표준어이다.
'짜장면, 자장면' 모두 표준어이다.
'허섭스레기–허접쓰레기(추가)'는 2011년에 인정된 표준어이다.

### 03.

**정답풀이** '부시시하다'는 비표준어이다. '부스스하다'만 표준어이다.

**오답풀이** 나머지는 모두 같은 의미를 지닌 복수 표준어이다.

**정답**

01 ④ 02 ① 03 ④

## 04.

정답풀이 '허섭쓰레기'가 아니라 '허섭스레기, 허접쓰레기'가 표준어이다.

오답풀이 ① 뜰 - 뜨락(추가) (2011 개정 복수 표준어) '뜨락'에는 추상적 공간을 비유하는 뜻이 있음.
② 메우다 - 메꾸다(추가) (2011 개정 복수 표준어)
③ 날개 - 나래(추가) (2011 개정 복수 표준어)

## 05.

정답풀이 '쪽밤(×)'이 아니라 '쌍동밤(○)'이 표준어이다.

오답풀이 모두 2014년 12월 새로 추가된 표준어 목록에 해당한다.
① '장난감'만 표준어였으나 '놀잇감'도 표준어로 인정되었다.
② '섬뜩만 표준어였으나 '섬찟'도 표준어로 인정되었다.
④ '속앓이, 속병' 모두 복수 표준어이다.
- 속앓이 : ① 속이 아픈 병. 또는 속에 병이 생겨 아파하는 일 ② 겉으로 드러내지 못하고 속으로 걱정하거나 괴로워하는 일
- 속병 : ① 몸속의 병을 통틀어 이르는 말 ② '위장병01'을 일상적으로 이르는 말 ③ 화가 나거나 속이 상하여 생긴 마음의 심한 아픔

## 06.

정답풀이 여직껏(×) → 여태껏/입때껏(○) : '여태(지금까지)'를 강조는 말로 '이제껏, 여태껏, 입때껏'이 있다. '여지껏, 여직껏'은 잘못 쓰이는 말이다.

오답풀이 나머지는 2011년에 새로 추가된 표준어들이다.
① 말아라(○) : 과거 '말다'에 명령형 어미 '-아, -아라, -아요' 등이 결합할 때는 어간 끝의 'ㄹ'이 탈락하는 '하지마, 하지마라, 하지마요'만 맞는 표기였지만 2015년부터 'ㄹ'이 탈락하지 않는 경우도 표준어로 인정함에 따라 '하지 말아, 하지 말아라, 하지 말아요'도 맞는 표기가 되었다. 따라서 '말아라'는 맞는 표기이다.
③ 주책스러운(○) : 2016년에 명사 '주책' 뒤에 서술격 조사 '이다'가 결합한 '주책이다'도 표준형으로 인정하였다. 마찬가지로 동일한 의미를 지니는 어근 '주책'에 접사 '-스럽다'가 결합된 어휘 '주책스럽다'도 표준어로 인정하였다. '주책없다, 주책이다, 주책스럽다' 모두 표준어이다.
④ '날개, 나래'는 복수 표준어이다.

## 07.

정답풀이 실을 풀기 좋게 공 모양으로 감은 뭉치를 '실몽당이'라고 하므로 이 문장에는 적절하지 않았다. 실을 한데 뭉치거나 감은 덩이를 의미하는 '실뭉치'로 고쳐야 한다.

오답풀이 ① '야멸치다 - 야멸차다(2011년 추가)'
② '치근거리다 - 추근거리다(2011년 추가)'
③ '눈두덩 - 눈두덩이(2011년 추가)'

## 08.

정답풀이 '파라니'로 고쳐야 한다. 연결형 '파랗+니'에서는 'ㅎ'만 탈락한다.

오답풀이 ① '고프다'도 표준어로 인정하므로 기능하다.
② 2016년에 표준어 규정 제25항에서 '에는'의 비표준형으로 규정해 온 '엘랑'을 표준형으로 인정하였다.
③ '굽실거리다 - 굽신거리다(2014년 추가)'는 표준어로 인정한다.

## 09.

정답풀이 '어림재다'는 '어림잡다'의 잘못이므로, 표준어로 인정하지 않는다. '어림잡다'만 '대강 짐작으로 헤아려 보다'를 의미하는 표준어이다.

오답풀이 ② '변덕스럽다', '변덕맞다' 모두 '변하기 쉬운 태도나 성질이 있다.'를 의미하는 복수 표준어이다.
③ '장가가다', '장가들다' 모두 '혼인하여 아내를 맞다.'를 의미하는 복수 표준어이다. 다만, '서방가다'는 비표준어이다.
④ '기세부리다', '기세피우다' 모두 '남에게 자기의 기세를 드러내 보이다.'를 의미하는 복수 표준어이다.

정답

04 ④ 05 ③ 06 ② 07 ④ 08 ④ 09 ①

**04.** 다음 중 복수 표준어가 아닌 것은?

① 뜰 – 뜨락
② 메우다 – 메꾸다
③ 날개 – 나래
④ 허섭쓰레기 – 허접쓰레기

**05.** 다음 밑줄 친 단어 가운데 새로 인정된 표준어가 아닌 것은?

① 나뭇잎도 아이들에게는 훌륭한 놀잇감이 된다.
② 길형이는 뱀을 발견하고 섬찟 놀랐다.
③ 어제 딴 쪽밤을 아이들이 몰래 까서 먹고 있다.
④ 인절미 사오라는 말은 엄마의 속앓이가 가라앉았다는 것을 뜻했다

**06.** 밑줄 친 단어 중 표준어가 아닌 것은?

① 휴지를 함부로 버리지 말아라.
② 그는 여직껏 그 일을 모르는 척했다.
③ 살짝 주책스러운 면이 있지만 인품은 훌륭한 사람이다.
④ "상상의 나래를 펴는 중국어"는 듣기, 말하기 중심의 학습을 도와주는 교재이다.

**07.** 밑줄 친 단어 중 표준어가 아닌 것은?

① 도움의 손길을 야멸치게 뿌리쳤다.
② 그는 결혼하자며 치근거렸다.
③ 눈두덩에 섀도를 발랐다.
④ 그의 머릿속은 엉클어진 실몽당이같이 갈피를 못 잡고 있었다.

**08.** 밑줄 친 단어 중 표준어가 아닌 것은?

① 그 아이는 밥을 먹고파 앙앙 울었다.
② 서울엘랑 가지를 마오.
③ 그는 그에게 굽실거렸다.
④ 하늘이 파래니 아름답다.

## 亦功 중간 빈출, 제3빈출

**09.** 다음 중 복수 표준어가 아닌 것은?

① 어림잡다 – 어림재다
② 변덕스럽다 – 변덕맞다
③ 장가가다 – 장가들다
④ 기세부리다 – 기세피우다

## 10.

**정답풀이** '몹시'를 의미하는 동일한 의미의 복수 표준어이다.

**오답풀이** ② • 개기다 : (속되게) 명령이나 지시를 따르지 않고 버티거나 반항하다.
• 개개다 : 성가시게 달라붙어 손해를 끼치다.
③ • 의론(議論) : 어떤 사안에 대하여 각자의 의견을 제기함. 또는 그런 의견
• 의논(議論) : 어떤 일에 대하여 서로 의견을 주고 받음.
④ '손주'는 '손자(자식의 아들)'와 '손녀(자식의 딸)'를 함께 이르는 말이다. '손자'가 '손주'에 속하는 말이므로 동일한 의미의 복수 표준어가 아니다.

## 11.

**정답풀이** '맨송맨송 – 맨숭맨숭(추가) – 밴숭맹숭(추가)'는 표준어이지만 '맹송맹송'은 비표준어이다.

**오답풀이** ① '기에 – 길래(2011년 추가)'는 표준어이다.
② '고운대 – 토란대(2011년 추가)'는 표준어이다.
③ '어수룩하다 – 어리숙하다(2011년 추가)'는 표준어이다.

**정답**

10 ① 11 ④

**10.** 동일한 의미의 복수 표준어인 것은?

① 되우 – 된통 – 되게
② 개개다 – 개기다
③ 의론 – 의논
④ 손주 – 손자

**11.** 밑줄 친 단어 중 표준어가 아닌 것은?

① 그 사람이 얼마나 일을 잘하길래 그러는가.
② 토란대를 넣고 끓인 국이 맛있다.
③ 어수룩한 그는 거짓말에 넘어갔다.
④ 머리털이 맹송맹송 다 빠졌다.

박혜선 亦功 국어

**콤단문** 문법

콤팩트한 단원별 문제풀이

# 한글 맞춤법

PART 06

관련교재 요 족집게 적중 노트 p.93~118
기 출좋포 문법 p.242~281

# Chapter 01 띄어쓰기 제외한 한글 맞춤법

## 대표 출좋포 한눈에 보기

1. 한글 맞춤법 제1항 적용하기: 표음주의 + 표의주의

2. 사전 배열 순서

3. ㄹ → ㄷ

4. 된소리 표기의 맞춤법

5. 두음 법칙

6. '하'가 줄어드는 방식

7. '-이-' vs '-히-'

8. 사이시옷의 표기

9. 표기나 발음이 비슷한 단어의 쓰임

10. 준말의 표기

11. '-대기' vs '-때기' / '-배기' vs '-빼기'

빈출 순위별 예상 문제

# 6편 한글 맞춤법 CH.01 띄어쓰기 제외한 한글 맞춤법

## 亦功 최빈출

**01. 〈보기〉의 밑줄 친 ㉠과 ㉡의 사례로 옳지 않게 짝지은 것은?**

(보기)
제1항 한글 맞춤법은 표준어를 ㉠ 소리대로 적되, ㉡ 어법에 맞도록 함을 원칙으로 한다.

| | ㉠ | ㉡ |
|---|---|---|
| ① | 며칠 | 무릎이 |
| ② | 마감 | 여덟에 |
| ③ | 빛깔 | 없었고 |
| ④ | 젊은이 | 꼬락서니 |

**02. ㉠과 ㉡의 예로 적절하지 않은 것은?**

(한글 맞춤법)
총칙 제1항 한글 맞춤법은 표준어를 ㉠ 소리대로 적되, ㉡ 어법에 맞도록 함을 원칙으로 한다.

① ㉠: '실락원'로 적지 않고 '실낙원'로 적음
② ㉠: '열닫다'로 적지 않고 '여닫다'로 적음
③ ㉡: '법썩'으로 적지 않고 '법석'로 적음
④ ㉡: '수강아지'로 적지 않고 '수캉아지'로 적음

## 01.

정답풀이 '㉠ 빛깔[빋깔]'은 어법에 맞도록 적은 것이므로 ㉡이 되어야 하므로 ㉠의 사례로 적절하지 않다.
'㉡ 없었고[업썯꼬]'는 어법에 맞도록 용언 어간의 원형을 밝히어 적은 것이다.

오답풀이 나머지 선지는 ㉠과 ㉡의 사례로 적절하다.
① '며칠'은 소리대로 적은 것이다.
'무릎이[무르피]'는 어법에 맞도록 명사와 조사의 원형을 밝혀 적은 것이다.
② '마감'은 어근 '막-'에 '-암'이 결합한 것으로, 소리대로 적은 것이다.
'여덟에[여덜베]'는 수사와 조사의 원형을 밝혀 적은 것이므로 ㉡의 사례로 적절하다.
④ '젊은이[절므니]'는 어법에 맞도록 원형을 밝혀 적은 것이므로 ㉠의 사례가 아니라 ㉡의 사례임을 알 수 있다.
'꼬락서니'는 '꼴'에 '-악서니'가 결합한 것으로, 원형을 밝혀 적지 아니한 것이므로 ㉡의 사례가 아니라 ㉠의 사례임을 알 수 있다.

## 02.

정답풀이 '㉠ 소리대로 적되,'는 음운 변동이 반영된 표기법, '㉡ 어법에 맞도록 함'은 단어의 원형을 적는 표기법이다. '수ㅎ'과 '강아지'가 결합될 때 자음 축약이라는 음운 변동 현상이 일어난다. 이것을 소리 나는 대로 적어 '수캉아지'가 된 것이므로 ㉡이 아니라 ㉠에 해당된다.(수ㅎ은 'ㅎ' 종성 체언이다.)

오답풀이 ① '실'과 '락원'이 결합할 때에 두음 법칙이 일어나 '실낙원'이 된 것이므로 음운 변동이 표기에 반영된 것이다. 따라서 '실낙원'은 ㉠의 예로 적절하다.
② '열'+'닫다'에서 'ㄹ'이 탈락되어 '여닫다'가 된 것은 음운 변동이 표기에 반영된 것이다. 따라서 '여닫다'는 ㉠의 예로 적절하다.
③ '법석'은 [법썩]으로 발음되지만 원형을 밝혀 '법석'으로 표기한 것이므로 ㉡의 예로 적절하다.

정답

01 ③ 02 ④

06 PART

## 03.

정답풀이 '불+나비'에서 ㄹ이 탈락된 것이므로 소리대로 적은 ㉠에 해당한다.
㉡ '쌍룡'은 龍(용 룡)에서 두음 법칙이 적용되지 않은 채 표기된 것이므로 ㉡에 해당한다. (만일 두음 법칙이 적용되는 환경이었다면 ㉡에 해당한다.)

오답풀이 ① '살ㅎ+고기'는 'ㅎ+ㄱ'의 자음 축약이 일어나므로 ㉠에 해당한다.
'드러나다'는 소리대로 적은 것이므로 ㉠에 해당한다.
③ '가십시오'는 [가십씨요]로 소리나도 '가십시오'로 원형을 밝혀 적고 있으므로 ㉡에 해당한다.
'돌잔치'는 소리대로 적은 것이므로 ㉠에 해당한다.
④ '짭짤하다, 곱빼기' 모두 소리대로 적은 것이므로 ㉠에 해당한다.

## 04.

정답풀이 자음이 아닌 모음으로 시작하는 말들이므로 모음의 순서에 유의하여 파악해야 한다. 모음을 순서대로 배열하면 'ㅏ ㅐ ㅑ ㅒ ㅓ ㅔ ㅕ ㅖ ㅗ ㅘ ㅙ ㅚ ㅛ ㅜ ㅝ ㅞ ㅟ ㅠ ㅡ ㅢ ㅣ'이다. 이에 따라 배열하면, '애도-야외-와들와들-외갈소로'이다.

## 05.

정답풀이 초성을 먼저 보면 '되묻다, 뒤묻다'가 앞선다. 이들의 초성은 같으므로 중성을 보면 '되묻다'가 앞선다. '틀니, 뜨다' 중에 된소리가 앞서므로 '뜨다'가 앞선다.

오답풀이 ① 괴리-꾸기다-쾌거-쿠키 : 초성의 순서를 보면 '괴리'가 가장 앞선다. 그 다음 된소리가 오므로 '꾸기다'가 온다. '쾌거, 쿠키'는 초성이 같으므로 중성으로 배열해야 한다. 'ㅙ'가 'ㅜ'보다 앞에 있으므로 '쾌거-쿠키'순이다.
② 삵-삽-새가슴-세모 : 초성이 모두 같으므로 중성을 봐야 한다. '삵, 삽'은 중성이 같으므로 받침을 봐야 한다. 받침 배열 순서는 받침의 앞 자음에 따라 배열된다. 'ㄺ'의 앞 자음 'ㄹ'과 'ㅂ'을 보면 'ㄹ'이 앞서므로 받침 'ㄺ'이 더 앞선다. 따라서 '삵-삽' 순이다. '세모, 새가슴'의 중성을 보면 '새가슴-세모' 순임을 알 수 있다.

받침 배열 순서
ㄱ ㄲ ㄳ ㄴ ㄵ ㄶ ㄷ ㄹ ㄺ ㄻ ㄼ ㄽ ㄾ ㄿ ㅀ ㅁ ㅂ ㅄ ㅅ ㅆ
ㅇ ㅈ ㅊ ㅋ ㅌ ㅍ ㅎ

③ 여름-엮다-열매-옯다 : 초성이 없으므로 중성을 살펴보면 받침이 없는 '여름'이 가장 앞선다. 받침 배열 순서는 받침의 앞 자음에 따라 배열된다.
'엮다'에서 'ㄱ'이 있으므로 '엮다'가 앞선다. '열매'와 '옯다' 중 홑자음인 '열매'가 앞선다.

## 06.

정답풀이 '걷잡다, 얻다가'는 '거두잡다, 어디에다가'의 준말이므로 〈보기〉의 규정이 적용된 단어가 아니다.

오답풀이 ① '설+부르다' : 'ㄹ'이 'ㄷ'으로 교체되었다. (참고로 합성어로 보면 '설다'는 익숙하지 못함을 의미한다. 하지만 파생어로 보게 되면 접두사 '설-'은 '충분하지 못하게'의 뜻을 더한다.)
'잘+다랗다' : 'ㄹ'이 'ㄷ'으로 교체되었다. (참고로 '잘다'는 '작다'를 의미한다.)
③ '잘+주름' : 'ㄹ'이 'ㄷ'으로 교체되었다. (참고로 '잘다'는 가늘고 작음을 의미한다.)
'바느질+고리' : '바느질'이 축약되어 '반질'이 되고 'ㄹ'이 'ㄷ'으로 교체되었다.
④ '풀+소' : 'ㄹ'이 'ㄷ'으로 교체되었다.
'잘+다듬다' : 'ㄹ'이 'ㄷ'으로 교체되었다. (참고로 '잘다'는 '작다'를 의미한다.)

## 07.

정답풀이 'ㄱ, ㅂ' 받침 뒤의 예사소리가 된소리로 발음되는 경우에는 자연스럽게 발음에서 된소리되기가 일어나므로 굳이 된소리로 표기할 필요가 없다. 따라서 '법석'은 [법썩]으로 발음되지만 표기는 된소리로 적지 아니한다.

오답풀이 ① '눈곱'은 '눈'과 '곱'이 결합된 말로 합성어이므로 울림소리 뒤의 예사소리는 된소리로 발음된다. 이는 사잇소리 현상이 일어난 것이다.
② '눈썹'은 소리나는 대로 표기한 것이다.
④ 한글 맞춤법 제13항에 따르면 한 단어 안에서 같은 음절이나 비슷한 음절이 겹쳐 나는 부분은 같은 글자로 적는다. '씁쓸하다, 짭짤하다, 딱따구리' 등이 그 예이다.

정답
03 ② 04 ③ 05 ④ 06 ② 07 ③

**03.** 다음 한글 맞춤법 총칙의 내용에 모두 부합하는 것은?

> 한글 맞춤법은 표준어를 ㉠ 소리대로 적되, ㉡ 어법에 맞도록 함을 원칙으로 한다.

| | ㉠ | ㉡ |
|---|---|---|
| ① | 살코기 | 드러나다 |
| ② | 부나비 | 쌍룡 |
| ③ | 가십시오 | 돌잔치 |
| ④ | 짭짤하다 | 곱빼기 |

## 출.종.포 1 사전 배열 순서

**04.** 다음의 단어를 사전에 수록된 순서대로 바르게 나열한 것은?

> 외갈소로　　야외　　애도　　와들와들

① 야외 – 애도 – 와들와들 – 외갈소로
② 야외 – 애도 – 외갈소로 – 와들와들
③ 애도 – 야외 – 와들와들 – 외갈소로
④ 애도 – 야외 – 외갈소로 – 와들와들

**05.** 사전 등재 순서에 맞게 배열된 것은?

① 괴리, 쾌거, 쿠키, 꾸기다
② 삽, 삵, 세모, 새가슴
③ 여름, 열매, 엮다, 옰다
④ 되묻다, 뒤묻다, 뜨다, 틀니

## 출.종.포 2 ㄹ → ㄷ의 표기

**06.** 〈보기〉의 규정이 적용된 단어가 아닌 것은?

> (보기)
> 제29항 끝소리가 'ㄹ'인 말과 딴 말이 어울릴 적에 'ㄹ' 소리가 'ㄷ'소리로 나는 것은 'ㄷ'으로 적는다.
>
> 예 삼짇날[삼질+날]　　숟가락[술+가락]

① 섣부르다, 잗다랗다
② 걷잡다, 얻다가
③ 잗주름, 반짇고리
④ 푿소, 잗다듬다

**07.** 다음 중 '[발음]–표기'가 잘못 연결된 것은?

① [눈꼽] – 눈곱
② [눈썹] – 눈썹
③ [법썩] – 법석
④ [딱따구리] – 딱따구리

## 출.종.포 3 두음 법칙

1. 한자어 두음에 'ㄴ, ㄹ' 뒤에 'ㅣ, 반모음 ㅣ'가 오는 경우에는 탈락된다.

| | | |
|---|---|---|
| 여자(女子) | 연세(年歲) | 요소(尿素) |
| 유대(紐帶) | 이토(泥土) | 익명(匿名) |
| 양심(良心) | 역사(歷史) | 예의(禮儀) |
| 용궁(龍宮) | 유행(流行) | 이발(理髮) |

2. 한자어 두음에 'ㄹ' 뒤에 단모음('ㅣ' 제외)이 오는 경우에는 'ㄹ'이 'ㄴ'으로 교체된다.

| | | |
|---|---|---|
| 낙원(樂園) | 내일(來日) | 노인(老人) |
| 뇌성(雷聲) | 누각(樓閣) | 능묘(陵墓) |

3. 접두사처럼 쓰이는 한자가 붙어서 된 단어는 뒷말을 두음 법칙에 따라 적는다.

| | |
|---|---|
| 신-여성(新女性) | 공-염불(空念佛) |
| 남존-여비(男尊女卑) | 역-이용(逆利用) |
| 연-이율(年利率) | 열-역학(熱力學) |
| 내-내월(來來月) | 상-노인(上老人) |
| 중-노동(重勞動) | 실-낙원(失樂園) |
| 비-논리적(非論理的) | |

4. 외자인 이름, 외자가 아닌 이름

5. '모난 유희열'과 '양(量) / 난(欄) / 능(陵)'

| | | | |
|---|---|---|---|
| 음운론적 환경 | 모음, 'ㄴ' 받침 | 열/율 | 예 나열, 분열, 실패율, 백분율 |
| | 'ㄴ'을 제외한 받침 | 렬/률 | 예 행렬, 직렬, 합격률, 체지방률 |
| 어휘론적 환경 | 고유어, 외래어 | 양/난/능 | 예 구름-양(量), 허파숨-양(量), 먹이-양(量), 벡터(vector) 양(量), 에너지(energy)-양(量), 어머니-난(欄), 가십(gossip) 난(欄), 어린이-난(欄), 아기-능(陵) |
| | 한자어 | 량/란/릉 | 예 운행-량(運行量), 수출-량(輸出量), 공-란(空欄), 투고-란(投稿欄), 동구-릉(東九陵), 서오-릉(西五陵) |

### 08.

정답풀이 '어머니'는 고유어, '가십(gossip), 칼럼(column)'은 외래어이므로 '난'이 결합되는 것은 옳다. '가정(家庭), 정답(正答)'은 한자어이므로 '란'이 붙으므로 옳다.

오답풀이 ② • 실락원(失樂園)(×) : 접두사처럼 쓰이는 한자 '실(失)'이 붙은 것이므로 두음 법칙이 적용되어 '실낙원'으로 고쳐야 한다.
• 장농(欌籠)(×) : 단어의 첫머리 이외에는 'ㄹ'이 오므로 본음대로 적어야 하므로 '장롱'으로 고쳐야 한다.
③ • 상로인(上老人)(×) : 접두사처럼 쓰이는 '상'과 '로인'이 결합할 때 두음 법칙이 적용되므로 '상노인'으로 고쳐야 한다.
④ 구름량(×) : '구름'은 고유어이므로 '양'으로 고쳐야 한다.
합격율(×) : '합격(合格)'은 ㄴ받침 이외의 자음이므로 '률'이 옳다
발생율(×) : '발생(發生)'은 ㄴ받침 이외의 자음이므로 '률'이 옳다

### 09.

정답풀이 인명은 원칙적으로 두음 법칙을 적용하므로 두음 법칙이 적용된 '김입(○)'이 원칙적으로는 옳다. 단, 외자는 예외적으로 본음대로 적을 수 있으므로 '김립' 또한 옳다. (하지만 김인수를 '김린수'라고 할 수는 없다. 외자만 본음을 적을 수 있다.)

오답풀이 ① '脂肪尿'는 '한자어+뇨(尿)'의 구성이므로 둘째 음절 이하에 '뇨'가 있으므로 두음 법칙이 적용되지 않아 '지방요'가 아니라 '지방뇨'가 옳다.
③ 준말에서 본음으로 소리 나는 것은 본음대로 적어야 하므로 '한시련'으로 고쳐야 한다.
④ 접두사처럼 쓰이는 한자 '공(空)'이 붙은 것이므로 두음 법칙이 적용되어 '공염불'로 고쳐야 한다.

정답

08 ① 09 ②

**08.** 다음 중 한글 표기가 모두 옳은 것은?

① 어머니난, 가십난, 가정란, 정답란, 칼럼난
② 실락원, 중노동, 장농, 쌍룡
③ 상로인, 내내월, 동구릉, 비논리적
④ 구름량, 수출량, 합격율, 발생율, 흡입량

**09.** 다음 한자어의 표기가 옳은 것은?

① 지방 섞인 오줌인 지방요(脂肪尿)는 건강의 적신호이다.
② 안녕? 내 이름은 김립(金笠)이야.
③ 한시연(韓視聯)(한국 시각 장애인 연합회)에서 나왔습니다.
④ 공념불(空念佛)을 외워봤자 소용없다.

## 10.

정답풀이 • 삼가치(×) → 삼가지(○): '삼가다'이므로 '삼가-'에 '-지'가 결합하면 '삼가지'가 된다. '삼가하다'라는 말은 이 세상에 없다.

• 섭섭케(×) → 섭섭게(○): '하' 앞의 받침의 소리가 [ㄱ, ㄷ, ㅂ]인 경우에는 '하'가 통째로 탈락되므로 '섭섭+게 = 섭섭게'가 옳다.

오답풀이 나머지는 모두 옳다.

## 11.

정답풀이 '말끔하다'에서 '하' 바로 앞의 음이 울림소리(ㅁ)에 해당하므로 'ㅏ'만 줄게 된다. '말끔ㅎ+게'가 되므로 자음 축약이 일어나 '말끔케'로 표기할 수 있다.

오답풀이 ① 한글 맞춤법 제40항에 따르면, 어간의 끝음절 '하'의 앞의 소리가 안울림소리면 '하'가 탈락된다. '하' 앞에 'ㄱ'이 오므로 따라서 '넉넉지 않다'로 고쳐야 한다.

② '적지 않다'를 줄이면 '적쟎다'이지만 단모음으로 표기해야 하므로 '적잖다'로 고쳐야 한다. '잖', '찮'은 한글 맞춤법 제 39항에 따라 무조건 '잖', '찮'으로 표기해야 한다.

③ '만만하다'에서 '하' 바로 앞의 음이 울림소리(ㄴ)에 해당하므로 'ㅏ'만 줄게 된다. '만만ㅎ+지 않+다'가 되므로 자음 축약이 일어나 '만만치 않다'로 표기할 수 있다. 이 표기를 줄이면 '만만챦다'가 아니라 '만만찮다'가 된다. '잖', '찮'은 한글 맞춤법 제 39항에 따라 무조건 '잖', '찮'으로 표기해야 한다.

## 12.

정답풀이 '강력한 반대의 부딪음을 당하다'는 뜻이므로 피동 접미사 '히'가 붙은 '부딪히다'로 고쳐야 한다. '부딪치다(=부딪다('치'는 강조 접미사), 충돌하다)'는 서로 충돌한다는 의미인데 여기에서는 일방적으로 반대를 당한 것이므로 '부딪치다'는 적절하지 않다.

오답풀이 ① 한글 맞춤법 제39항에서는 '-지 않-', '-치 않-'이 한 개 음절로 줄어지는 경우는 모두 무조건 '잖, 찮'으로 적어야 한다고 했다.

② 형용사 '변변하다'는 '됨됨이나 생김새가 흠이 없고 어지간하다.', '지체나 살림살이가 남보다 떨어지지 아니하다.'는 긍정적인 의미로 쓰인다. 따라서 뒤의 '없던'과 결합하여 사용하면 문맥상 자연스러우므로 '변변한'을 쓰는 것이 옳다.
(반면 형용사 '변변찮다'는 '됨됨이나 생김새가 흠이 있다.'는 뜻으로 이 문맥에는 어울리지 않는다.)

③ '칠칠하다'는 '성질이나 일 처리가 반듯하고 야무지다.'는 긍적적인 의미이다. 따라서 부정적인 의미로 사용할 때는 '칠칠하지 못하다', '칠칠하지 않다', '칠칠맞지 못하게'로 쓰면 된다. '칠칠하게'나 '칠칠맞게'는 '야무지게'라는 긍정적인 의미이므로 부정적인 의미로 쓰고 싶을 땐 반드시 '못하다, 않다'와 함께 써 줘야 한다.

## 13.

정답풀이 ㉡㉦ '의젓하다, 깨끗하다'처럼 '하다' 앞에 'ㅅ' 받침이 있는 경우에는 '이'가 결합된다.

㉤ '무단히'는 '사전에 허락이 없이. 또는 아무 사유가 없이.'를 의미하는 부사이다. ('가만히, 간편히, 나른히, 꾸준히'가 옳다.)

오답풀이 ㉠ 번번히(×) → 번번이(○): 겹친 명사 뒤에 '이'가 붙은 것이 옳다. '한 번 두 번, 여러 번'을 의미한다. ('번번히'도 있지만 '번번히'는 '번듯하게.'를 의미하므로 옳지 않다)

㉢ 곰곰히(×) → 곰곰이(○): '곰곰하다'라는 말이 없으므로 '곰곰이'이다.

㉣ 딱이(×) → 딱히(○): '딱히'는 '정확하게 꼭 집어서.'를 의미하는 부사이다.

㉥ '가리가리'의 준말이므로 '갈가리'가 옳다. '여러 가닥으로 갈라지거나 찢어진 모양.'을 나타내는데 어원이 분명하지 않으므로 '갈가리'로 표기한다.

㉧ 나지막히(느지막히)(×) → 나지막이(느지막이)(○): 'ㄱ'받침 뒤에서는 '이'가 붙는 경우가 있다. 따라서 '나지막이, 느지막이'가 옳다.

## 14.

정답풀이 접미사 '-박이, -배기, -빼기'를 구별해야 하는 문제이다.

㉠ '안울림소리+-빼기'이므로 '얼룩빼기(겉이 얼룩얼룩한 동물이나 물건.)'가 옳다.

㉡ '알이 들어 배가 부른 생선.'을 뜻하므로 '알박이'가 아니라 '알배기'로 표기하여야 한다. '그것이 들어 있거나 차 있음'의 뜻을 더하는 접미사 '-배기'가 쓰여야 한다.

㉥ 언덕의 꼭대기. 또는 언덕의 경사가 심한 곳. 언덕바지. 언덕배기'는 [언덕빼기]로 발음이 되지만 '언덕바지'와의 형태적 연관성을 보이기 위해 '언덕배기'로 적는다.

오답풀이 ㉢ 나이배기: 겉보기보다 나이가 많은 사람을 얕잡아 이르는 말. (준말: 나배기)

㉣ 오이소박이: '박다'의 의미가 있는 경우에는 '-박이'를 사용한다. '오이에 '소(=재료)'를 박는다.'를 의미하므로 옳다.

㉤ 판박이: 판에 박은 듯이 매우 비슷하게 닮은 사람

정답

10 ③ 11 ④ 12 ④ 13 ③ 14 ①

**10.** 다음 올바르게 표기된 경우가 아닌 것으로만 묶인 것은?

> • 어간의 끝음절 '하'의 'ㅏ'가 줄고 'ㅎ'이 다음 음절의 첫소리와 어울려 거센소리로 될 적에는 거센소리로 적는다.
> • 어간의 끝음절 '하'가 아주 줄 적에는 준 대로 적는다.

① 갑갑지 않다, 무정타
② 공부케 두다, 선발토록
③ 삼가치 않다, 섭섭케 하였다
④ 절실치 못했다, 생각건대

**11.** 다음 밑줄 친 단어 중 맞춤법이 옳은 것은?

① 넉넉치 않으실텐데 이거 더 가져가세요.
② 이번 수해로 우리 마을은 적잖은 피해를 봤다.
③ 그 여자의 수완은 엄청나서 만만잖다.
④ 그는 외모가 말끔케 생겼다.

**12.** 밑줄 친 부분이 어법상 적절하지 않은 것은?

① 우연찮게 범죄자 검거에 성공했다.
② 당시 변변한 직업이 없던 그는 산으로 갔다.
③ 칠칠치 못하게 그런 행동을 하면 어떡하니?
④ 혐오시설을 세우는 것에 대한 강력한 반대에 부딪쳐 소란이 예상된다.

## 출.종.포 4 -이- vs -히-

**13.** 밑줄 친 부분이 한글 맞춤법에 맞는 것을 고른 것은?

> ㉠ 그는 번번히 지각을 하였다.
> ㉡ 그 아이는 의젓이 행동한다.
> ㉢ 곰곰히 생각해 봐도 네가 잘못했다.
> ㉣ 딱이 갈 만한 곳도 없다.
> ㉤ 남의 물건에 무단히 손을 대다.
> ㉥ 그녀의 마음이 갈갈이 찢겨나간다
> ㉦ 그녀는 깨끗이 쌀을 씻었다.
> ㉧ 행복하게 살라고 나지막히(느지막히) 말했다.

① ㉠, ㉡, ㉦  ② ㉡, ㉢, ㉦
③ ㉡, ㉤, ㉦  ④ ㉤, ㉦, ㉧

**14.** 밑줄 친 단어 중에서 맞춤법에 맞지 않는 것은?

> ㉠ 얼룩배기 송아지가 아주 귀엽다.
> ㉡ 사월 초파일 알박이 조기는 가격이 비싸다.
> ㉢ 철수는 동안이지만 지긋이 나이 든 나이배기이다.
> ㉣ 오이소박이를 가장 좋아해요.
> ㉤ 그녀는 엄마와 얼굴이 판박이다.
> ㉥ 언덕빼기를 넘자 평지가 나왔다.

① ㉠ ㉡ ㉥  ② ㉠ ㉢ ㉤
③ ㉡ ㉣ ㉤  ④ ㉣ ㉤ ㉥

06 PART

## 15.

**정답풀이** '인사말(人事말)'은 [인사말]로 'ㄴ' 소리가 덧나지 않는다. 즉, 사잇소리가 나지 않는 단어이므로 사이시옷을 표기해서는 안되므로 '인사말'로 표기한 것은 옳다.

**오답풀이** ① 뒷처리(×)→뒤처리(○): 사이시옷은 강하게 발음하라는 인위적인 표기인데, 이미 'ㅊ'은 강한 발음이므로 '뒤처리'로 표기해야 한다.
② 편짓글(×)→편지글(○): 사잇소리 현상이 일어나지 않고 [편지글]이라고 발음되므로 사이시옷을 표기하는 것은 옳지 않다.
③ 등교길(×) → 등굣(登校)길(○): [등교낄/등굗낄]처럼 된소리로 나는 사잇소리 현상이 일어나면서 '길'이 고유어이므로 사이시옷을 표기해야 한다.

## 16.

**정답풀이** • 마구간(○)이 옳다.: 한자어 '마구(馬廏)'와 한자어 '간(間)'의 결합으로 이루어진 어휘이다. '한자어+한자어' 구성의 합성어에는 사이시옷을 받쳐 적지 않는다. '마구간'은 '말을 기르는 곳'이라는 뜻으로 발음은 [마:구깐]이다.
• 백지장(○)이 옳다.: 한자어 '백지(白紙)'와 한자어 '장(張)'의 결합으로 이루어진 어휘이므로 사이시옷을 받쳐 적지 않는다. '한자어+한자어' 구성의 합성어에는 사이시옷을 받쳐 적지 않는다. '하얀 종이의 낱장'이라는 뜻으로 발음은 [백찌짱]이다.
• 꼭짓점(○)이 옳다.: [꼭찌쩜/꼭찓쩜]으로 사잇소리 현상이 일어나며, '꼭지'라는 고유어가 있으므로 사이시옷을 표기해야 한다. 참고로 '점(點)'은 한자어이다.

**오답풀이** ㉣ 머리털(○): 된소리나 거센소리 앞에서는 사이시옷을 쓰지 않으므로 '머리털'로 적는 것이 바르다. '머리털'의 표준 발음은 [머리털]이다.
㉤ 붕어빵(○): 된소리나 거센소리 앞에서는 사이시옷을 쓰지 않으므로 '붕어빵'으로 적는 것이 바르다. '붕어 모양의 틀에 묽은 밀가루 반죽과 팥소를 넣어 만든 풀빵'이라는 뜻으로 발음은 [붕:어빵]이다.

## 17.

**정답풀이** • 댓가(×): '대가(代價)'는 한자어 구성이므로 사이시옷을 쓸 수 없으므로 사잇소리 현상이 일어나더라도 사이시옷을 표기하면 안 된다. 따라서 '댓가'는 옳지 않다.
• 햇님(×): 사이시옷은 합성어일 때만 표기되는데, 접미사 '님'이 붙은 '해님'은 파생어이므로 사이시옷이 표기될 수 없다. 따라서 '햇님'이 아니라 '해님'이 옳다.

**오답풀이** ① • 공붓벌레(○): [공부뻘레]로 사잇소리 현상이 일어나면서 '벌레'가 고유어이므로 사이시옷을 표기하는 것은 옳다.
• 제삿날(○): [제산날]로 사잇소리 현상이 일어나면서 '날'이 고유어이므로 사이시옷을 표기하는 것은 옳다. ('제사(祭祀)'는 한자어)
③ • 공깃밥(○): [공기빱]으로 [공부뻘레]로 사잇소리 현상이 일어나면서 '밥'이 고유어이므로 사이시옷을 표기하는 것은 옳다. ('공기(空器)'는 한자어)
• 촛점(×): '초점(焦點)'은 모두 한자어 구성이므로 사이시옷을 쓸 수 없다. (사잇소리 현상이 일어나더라도 사이시옷을 쓸 수 없다)
④ • 도맷값(○): [도매깝]으로 사잇소리 현상이 일어나면서 '값'이 고유어이므로 사이시옷을 표기하는 것은 옳다. ('도매(都賣)'는 한자어)
• 아랫층(×): 사이시옷은 뒤에 거센소리나 된소리가 오는 경우에는 올 수 없으므로 '아랫층'이 아니라 '아래층'이 옳다.

## 18.

**정답풀이** 머리기름(×): [머리끼름/머릳끼름]으로 사잇소리 현상이 일어나면서 순우리말끼리 결합된 합성어이므로 '머릿기름'처럼 사이시옷이 표기되어야 한다. (머리털에 바르는 기름.)

**오답풀이** ② 전셋(傳貰)집[전세찝/전섿찝]: 사잇소리 현상이 일어나면서 '집'이 고유어이므로 사이시옷을 표기해야 한다.
③ 전세(傳貰)방(房)[전세빵]: 사잇소리 현상이 일어나기는 하지만 '전세'와 '방' 모두 한자어이므로 사이시옷을 표기할 수는 없다.
④ 머릿방[머리빵/머릳빵]: 사잇소리 현상이 일어나면서 '머리'가 고유어이므로 사이시옷을 표기해야 한다. (안방의 뒤에 달려 있는 방.)

**정답**

15 ④ 16 ① 17 ② 18 ①

**15.** 밑줄 친 부분이 어법에 맞는 것은?

① 사고 뒷처리를 잘 해야 한다.
② 나는 편짓글을 읽었다.
③ 등굣길은 늘 아이들로 북적인다.
④ 책에는 인사말이 빼곡하게 써 있다.

**16.** 다음 〈보기〉에서 사이시옷에 대한 표기 중 옳고 그름의 표시(○, ×)가 틀린 것만을 고른 것은?

〈보기〉
㉠ 마구간(×) / 마굿간(○)(馬廐間)
㉡ 백지장(×) / 백짓장(○)(白紙張)
㉢ 꼭짓점(×) / 꼭지점(○)
㉣ 머릿털(×) / 머리털(○)
㉤ 붕엇빵(×) / 붕어빵(○)

① ㉠㉡ ② ㉡㉣
③ ㉢㉣ ④ ㉣㉤

**17.** 사이시옷 표기가 모두 옳지 않은 것은?

① 공붓벌레 – 제삿날
② 댓가 – 햇님
③ 공깃밥 – 촛점
④ 도맷값 – 아랫층

**18.** 다음 밑줄친 단어의 표기가 옳지 않은 것은?

① 머리기름을 바르고 나타난 그의 모습에 웃었다.
② 전셋집을 얻고 나니 마음이 놓였다.
③ 요즘엔 전세방이 매우 비싸다.
④ 머릿방에 여러 쓸데없는 물건들을 모아 놓았다.

06 PART

## 19.

정답풀이 • 갯수(×) : '개수'는 한자어에도 사이시옷이 붙는 예외 6개에 포함되지 않으므로 사이시옷이 표기되지 않는다.
• 키값(×) : [키깝]으로 사잇소리 현상이 일어나면서 '키, 값'이 고유어이므로 사이시옷을 표기하여 '킷값'으로 써야 한다.
• 노자돈(×) : 한자어 '노자(路資)'와 고유어 '돈'이 결합하면서 '[노자똔/노잗똔]'으로 된소리가 난다. 따라서 사이시옷을 받치어 '노잣돈'으로 써야 한다.

오답풀이 ① 수랏간(×) → 수라간(○) : '수라간(水剌間)'처럼 한자어로만 된 합성어인 경우에는 사이시옷을 적을 수 없다. 따라서 '수라간'이 옳다. 사이시옷이 표기되려면 적어도 하나는 고유어여야 한다.
② 모두 사이시옷 표기 조건에 해당하므로 옳다.
무싯날(無市날)이란 '장이 서지 않는 날.'을 의미한다.
③ 홧병(×) → 화병(○) : '화병(火兵)'은 2글자 한자어이므로 사이시옷을 표기할 수 없나. 2글자 한자어의 경우 표기할 수 있는 것은 6개 단어밖에 없다. (툇간, 곳간, 셋방, 찻간, 횟수, 숫자)

## 20.

정답풀이 ㉠ 사삿일[사산닐] : 한자어 '사사(私私)'와 고유어 '일'이 결합하면서 '[사산닐]'로 발음된다. 'ㄴㄴ'이 덧나기 때문에 사이시옷을 받치어 적는 것이 옳다.
㉡ 푯말[푠말] : 'ㄴ'이 덧나는 사잇소리 현상이 일어나면서 '표(標)+말(고유어)' 구성이므로 사이시옷을 표기한 것은 옳다. (2의 (2)이 적용됨)
㉣ 횟배[회빼/휃빼] : 뒤의 소리가 된소리로 나는 사잇소리 현상이 일어나면서 '회(蛔 : 회충 회)+배(고유어)' 구성이므로 사이시옷을 표기한 것은 옳다. (2의 (1)이 적용됨)

오답풀이 ㉢ 머리말[머리말] : 'ㄴ'이 덧나는 사잇소리 현상이 일어나지 않으므로 합성어임에도 사이시옷을 적지 않아야 한다.
㉤ 위쪽[위쪽] : 사이시옷은 된소리나 거센소리 앞에 올 수 없다.
㉥ 대푯값[대표깝/대푣깝](代表―) : 사잇소리현상과 고유어 '값'이 있으므로 사이시옷을 표기해야 한다.

## 21.

정답풀이 '웃옷'은 [웃옷 → (음절의 끝소리 규칙, 연음) → 우돋]으로 발음이 된다. 뒷말의 첫소리가 된소리로 나지도, 'ㄴ'소리나 'ㄴㄴ'소리가 덧나지도 않는다. 따라서 보기의 조건에 부합하지 않는 것이다.

오답풀이 ① 시래깃국 : 순우리말 '시래기'와 순우리말 '국'이 결합하면서 '[시래기꾹/시래긷꾹]'으로 된소리가 난다. 따라서 조건에 부합한다.
③ 훗날[훈:날] : 'ㄴ'이 덧나는 사잇소리 현상이 일어나면서 '훗날'은 한자어 '후(後)'와(고유어로 등재되어 있기는 하다.) 순우리말 '날'이 결합하여 만들어진 합성어이므로 "순우리말과 한자어로 된 합성어로서 앞말이 모음으로 끝난 경우 [2]"에 해당한다.
④ 댓잎[댄닙] : 순우리말 '대'와 '잎'이 결합하면서 'ㄴㄴ' 소리가 덧나므로 조건에 부합한다.

## 22.

정답풀이 소나깃밥(×) : '보통 때에는 얼마 먹지 아니하다가 갑자기 많이 먹는 밥'을 뜻한다. [소나기밥]으로 사잇소리 현상이 일어나지 않으므로 사이시옷을 표기하면 안 된다.

오답풀이 ① 뒤풀이(○) : 사이시옷은 뒤에 거센소리나 된소리가 오는 경우에는 올 수 없다. 따라서 '뒤풀이'는 옳다.
③ 예삿일(○) : [예:산닐]로 'ㄴㄴ' 소리가 덧나는 사잇소리 현상이 일어나면서 한자어 '예사(例事)'와 순우리말 '일'이 결합하여 만들어진 합성어이므로 사이시옷 표기하는 것은 옳다.
④ 콧병(○) : [코뼝]으로 사잇소리 현상이 일어나면서 '코'가 고유어이므로 사이시옷 표기하는 것은 옳다.

정답

19 ④ 20 ② 21 ② 22 ②

**19.** 다음 중 사이시옷의 쓰임이 틀린 것으로만 묶인 것은?

① 순댓국, 댓가지, 수랏간
② 쇳조각, 연둣빛, 무싯날
③ 봇둑, 홧병, 하굣길
④ 갯수, 키값, 노자돈

**20.** 〈보기1〉을 참고할 때, 〈보기2〉에서 사이시옷을 적을 수 있는 것끼리 바르게 짝지은 것은?

( 보기1 )

제30항 사이시옷은 다음과 같은 경우에 받치어 적는다.
1. 순우리말로 된 합성어로서 앞말이 모음으로 끝난 경우
 (1) 뒷말의 첫소리가 된소리로 나는 것
 (2) 뒷말의 첫소리 'ㄴ, ㅁ' 앞에서 'ㄴ'소리가 덧나는 것
 (3) 뒷말의 첫소리 모음 앞에서 'ㄴㄴ'소리가 덧나는 것
2. 순우리말과 한자어로 된 합성어로서 앞말이 모음으로 끝난 경우
 (1) 뒷말의 첫소리가 된소리로 나는 것
 (2) 뒷말의 첫소리 'ㄴ, ㅁ'앞에서 'ㄴ'소리가 덧나는 것
 (3) 뒷말의 첫소리 모음 앞에서 'ㄴㄴ' 소리가 덧나는 것
3. 두 음절로 된 다음 한자어: 곳간(庫間), 셋방(貰房), 숫자(數字), 찻간(車間), 툇간(退間), 횟수(回數)

( 보기2 )

| | |
|---|---|
| ㉠ 사사(私私)+일 | ㉡ 표(標)+말 |
| ㉢ 머리+말 | ㉣ 회(蛔)+배 |
| ㉤ 위+쪽 | ㉥ 대표(代表)+값(數) |

① ㉠, ㉡, ㉢　② ㉠, ㉡, ㉣
③ ㉡, ㉣, ㉤　④ ㉢, ㉤, ㉥

**21.** 다음은 사이시옷 규정의 일부이다. 이 조건에 부합하지 않는 것은?

• 순우리말로 된 합성어로서 앞말이 모음으로 끝난 경우
[1] 뒷말의 첫소리가 된소리로 나는 것
[2] 뒷말의 첫소리 'ㄴ, ㅁ' 앞에서 'ㄴ' 소리가 덧나는 것
[3] 뒷말의 첫소리 모음 앞에서 'ㄴㄴ' 소리가 덧나는 것
• 순우리말과 한자어로 된 합성어로서 앞말이 모음으로 끝난 경우
[1] 뒷말의 첫소리가 된소리로 나는 것
[2] 뒷말의 첫소리 'ㄴ, ㅁ' 앞에서 'ㄴ' 소리가 덧나는 것
[3] 뒷말의 첫소리 모음 앞에서 'ㄴㄴ' 소리가 덧나는 것

① 시래깃국　② 웃옷
③ 훗날　④ 댓잎

**22.** 한글 맞춤법 제30항의 사이시옷 표기 규정에 맞게 사이시옷을 옳지 않게 표기한 것은?

① 학교 뒤풀이에서 정말 재밌게 놀았다.
② 나는 소나깃밥에 체하고 말았다.
③ 그렇게 말한 것은 예삿일이 아니다.
④ 그는 콧병이 심해 조퇴를 했다.

## 23.

**정답풀이** ㉠ 우윳빛[우유삗/우윧삗]: 사잇소리 현상이 일어나면서 모두 고유어이므로 사이시옷을 표기해야 한다.
㉡ 두 음절로 된 한자어 중 '곳간(庫間), 셋방(貰房), 숫자(數字), 찻간(車間), 툇간(退間), 횟수(回數)' 등 6개의 한자어는 사이시옷을 받치어 적는다.
외우는 방법은 '퇴, 고세, 차, 회수'로 외우면 된다.

**오답풀이** ㉢ 윗층(×): 사이시옷은 된소리나 거센소리 앞에 올 수 없다.
㉣ 콧배기(×): '비하'의 뜻을 나타내는 접미사 '-빼기'가 붙어야 하므로 '코빼기'가 옳다.

## 24.

**정답풀이** ㉠ [인몸]으로 사잇소리 현상이 일어나면서 순우리말 '이'와 순우리말 '몸'의 합성어이므로 사이시옷을 표기하는 것이 옳다.
㉡ [아래빵 / 아랟빵]으로 사잇소리 현상이 일어나면서 순우리말 '아래'와 한자어 '방(房)'의 합성어이므로 사이시옷을 표기하는 것이 옳다.

**오답풀이** ① ㉠ X ㉡ X
- '병(病)'은 한자어이므로 '귓병[귀뼝/귇뼝]'은 ㉠이 아니라 ㉡에 짝지어져야 한다.
- '귀'와 '밥' 모두 순우리말이므로 '귓밥[귀빱/귇빱]'은 ㉡이 아니라 ㉠에 짝지어져야 한다.

② ㉠ ○ ㉡ X
- '바다'와 '가'는 모두 순우리말이므로 '바닷가[바다까/바닫까]'는 잘 짝지어졌다.
- '배'와 '길' 모두 순우리말이므로 '뱃길[배낄/밷낄]'은 ㉡이 아니라 ㉠에 짝지어져야 한다.

③ ㉠ X ㉡ ○
- '세(貰)' 한자어이므로 '자릿세[자리쎄/자릳쎄]'는 ㉠이 아니라 ㉡에 짝지어져야 한다.
- 순우리말 '아래'와 순우리말 '집'의 합성어이므로 '아랫집'은 ㉡이 아니라 ㉠에 짝지어져야 한다.

## 25.

**정답풀이**
- 노랫말(○): [노랜말]로 소리 나면서 '노래(고유어)+말(고유어)'이므로 사이시옷을 표기할 수 있다.
- 귀갓길(O): 한자어 '귀가(歸家)'와 고유어 '길'이 결합하면서 '[귀가낄/귀갇낄]'로 된소리가 난다. 따라서 사이시옷을 받치어 적는 것이 옳다.
- 아랫마을(O): [아랜마을]로 사잇소리 현상이 일어나면서 '아래, 마을' 모두 고유어이므로 사이시옷을 표기하는 것은 옳다.

**오답풀이** ① 가게집(×)→가겟집(○): '가겟집'은 고유어 '가게'와 고유어 '집'이 결합하면서 '[가:게찝/가:겓찝]'으로 된소리가 난다. 따라서 사이시옷을 받치어 적는 것이 옳다.
② 장밋과(×) → 장미과(○): '장미과(薔薇科)[장미꽈]'는 사이소리 현상이 일어나지만 모두 한자어이므로 사이시옷을 표기할 수 없다.
③ 공기밥(×) → 공깃밥(○): [공기빱]으로 [공부뻴레]로 사잇소리 현상이 일어나면서 '밥'이 고유어이므로 사이시옷을 표기하는 것은 옳다. ('공기(空器)'는 한자어)

## 26.

**정답풀이** 사자밥(×): [사자빱]으로 사잇소리 현상이 일어나며 '밥'은 고유어이므로 '사잣밥(=저승사자에게 대접하는 밥)'으로 사이시옷을 표기해야 한다. (사자는 '使者' 한자이이다.)

**오답풀이** ② 모깃불(O): [모기뿔]로 사잇소리 현상이 나면서 '모기, 불'이 고유어이므로 사이시옷이 표기되는 것은 옳다.
③ 두렛일(O): [두렌닐]로 사잇소리 현상이 나면서 '두레, 일'이 고유어이므로 사이시옷이 표기되는 것은 옳다. (여러 사람이 두레를 짜서 함께 하는 농사일.)
④ 푸줏간(O): 고깃간을 의미하는 것으로! '푸주'가 고유어임을 꼭 기억해야 한다. '간(間)'은 한자어이다. [푸주깐]으로 사잇소리 현상도 나므로 사이시옷을 표기하는 것은 옳다.

## 27.

**정답풀이** '선짓국'은 '선지(순우리말)+국(순우리말)'로 순우리말로 된 합성어이면서 뒷말의 첫소리가 된소리로 나므로 ㉢이 아니라 ㉠에 해당한다.
'잇자국'은 '이(순우리말)+자국(순우리말)'로 순우리말로 된 합성어이면서 뒷말의 첫소리가 된소리로 나므로 ㉢이 아니라 ㉠에 해당한다.

**오답풀이** ① '체+바퀴, 못+자리'는 모두 순우리말이다.
'쳇바퀴'는 [체빠퀴/첻빠퀴]에서 보듯 ㉠ 뒷말의 첫소리가 된소리로 발음되는 경우이다.
'못자리'는 '[몯짜리/모짜리]'에서 보듯, ㉠ 뒷말의 첫소리가 된소리로 발음되는 경우이다.
② '뒤+머리, 메+나물'는 모두 순우리말이다.
'뒷머리'는 '[뒨머리]'에서 보듯, ㉡ 뒷말 첫소리 ㄴ, ㅁ 앞에서 ㄴ 소리가 덧나는 경우이다.
'멧나물'은 '[멘나물]'에서 보듯, ㉡ 뒷말 첫소리 ㄴ, ㅁ 앞에서 ㄴ 소리가 덧나는 경우이다.
④ '계(契), 퇴(退)'는 모두 한자어이다.
'곗날'은 [겐날]에서 보듯, ㉣뒷말의 첫소리 'ㄴ, ㅁ' 앞에서 'ㄴ' 소리가 덧나는 것이다.
'툇마루'는 [퇸마루]에서 보듯, ㉣ 뒷말의 첫소리 'ㄴ, ㅁ' 앞에서 'ㄴ' 소리가 덧나는 것이다.

**정답**

23 ① 24 ④ 25 ④ 26 ① 27 ③

**23.** 한글 맞춤법 제30항의 사이시옷 표기 규정에 맞게 사이시옷을 표기한 것을 모두 고른 것은?

| | |
|---|---|
| ㉠ 우윳빛 | ㉡ 횟수 |
| ㉢ 윗층 | ㉣ 콧배기 |

① ㉠, ㉡　② ㉠, ㉣
③ ㉡, ㉢　④ ㉡, ㉢, ㉣

**24.** 다음은 한글 맞춤법 제30항의 일부이다. ㉠과 ㉡에 들어갈 사이시옷 표기가 된 합성어의 예로 적절하게 짝지어진 것은?

> 제30항 사이시옷은 다음과 같은 경우에 받치어 적는다.
> 1. 순 우리말로 된 합성어로서 앞말이 모음으로 끝난 경우
>
> 예 ㉠
>
> 2. 순 우리말과 한자어로 된 합성어로서 앞말이 모음으로 끝난 경우
>
> 예 ㉡

| | ㉠ | ㉡ |
|---|---|---|
| ① | 귓병 | 귓밥 |
| ② | 바닷가 | 뱃길 |
| ③ | 자릿세 | 아랫집 |
| ④ | 잇몸 | 아랫방 |

**25.** 다음 중 사이시옷의 쓰임이 모두 옳은 것은?

① 아랫집, 볏가리, 가겟집
② 화젯거리, 나뭇잎, 장밋과
③ 버드나뭇과, 구둣발, 공깃밥
④ 노랫말, 귀갓길, 아랫마을

**26.** 다음 밑줄친 단어의 표기가 옳지 않은 것은?

① 그는 정말 슬프게 죽은 남자의 사자밥을 준비하였다.
② 모기가 너무 많으니 모깃불을 피워라.
③ 두렛일을 위해 여러 사람들이 모였다.
④ 푸줏간에서 고기 좀 사오렴.

**27.** 사이시옷의 표기에 대한 이해로 적절하지 않은 것은?

> 제30항 사이시옷은 다음과 같은 경우에 받치어 적는다.
> 1. 순 우리말로 된 합성어로서 앞말이 모음으로 끝난 경우
> (1) 뒷말의 첫소리가 된소리로 나는 것 … ㉠
> (2) 뒷말의 첫소리 'ㄴ, ㅁ' 앞에서 'ㄴ' 소리가 덧나는 것 ………… ㉡
> (3) 뒷말의 첫소리 모음 앞에서 'ㄴㄴ' 소리가 덧나는 것
> 2. 순 우리말과 한자어로 된 합성어로서 앞말이 모음으로 끝난 경우
> (1) 뒷말의 첫소리가 된소리로 나는 것 …. ㉢
> (2) 뒷말의 첫소리 'ㄴ, ㅁ' 앞에서 'ㄴ' 소리가 덧나는 것 ………… ㉣
> (3) 뒷말의 첫소리 모음 앞에서 'ㄴㄴ' 소리가 덧나는 것

① '쳇바퀴, 못자리'의 사이시옷은 ㉠에 의한 것이다.
② '뒷머리, 멧나물'의 사이시옷은 ㉡에 의한 것이다.
③ '선짓국, 잇자국'의 사이시옷은 ㉢에 의한 것이다.
④ '곗날, 툇마루'의 사이시옷은 ㉣에 의한 것이다.

## 28.

정답풀이 '-데'는 '-더라'의 준말이다. '-더라'는 화자가 직접 경험(목격)한 것을 전달할 때 쓰는 어미이다. 내가 옆에 서 보고 확인한 것이므로 '데'는 적절하게 쓰였다. (여기에서 물음표는 억양일 뿐이다)

오답풀이 ① 남이 말한 내용을 궁금해 하는 것이므로 화자가 직접 경험한 것이 아니다. 따라서 '집에 간데요?'가 아니라 '집에 간대요?'가 옳다.
② 신문 기사의 말을 간접적으로 전달한 것이므로 '대'가 옳다.
④ 화자가 직접 봤다고 했으므로 '데.'가 옳다.

## 29.

정답풀이 '-던'은 과거에 직접 경험하여 새로이 알게 된 사실에 대한 물음을 나타내는 종결 어미로, '-더냐'보다 더 친근하게 쓰는 말이므로 어법에 맞게 쓰였다.

오답풀이 '-대'는 남이 말한 내용을 간접적으로 전달할 때 쓰이는 말로 '-다고 해'와 같은 말이다. '-데'는 화자가 직접 경험한 사실을 나중에 보고하듯이 말할 때 쓰이는 말로 '-더라'와 같은 말이다.
① 다른 사람의 말을 간접적으로 전달한 것이므로 '대'가 옳다. '대'는 '-다고 해'의 준말이다.
② 화자가 직접 철수의 몸무게를 본 것이므로 '데.'가 옳다.
④ 놀라거나 못마땅하게 여기는 뜻이 섞여 있는 어미는 '데'가 아니라 '대'이다.

## 30.

정답풀이 '편지나 물건 따위를 일정한 수단이나 방법을 써서 상대에게로 보낸다'를 의미하는 것이므로 '부치다'는 옳다.

오답풀이 ① 남의 집 땅뙈기를 부치다.('논밭을 이용하여 농사를 짓다')
② 본문에 주석을 붙이다.('주가 되는 것에 딸리게 하다')
④ 여행 계획을 비밀에 부치다. (문제 삼지 아니하는 상태에 있게 하다.)

**부치다**

① 모자라거나 미치지 못하다.
　예 그 일은 이제 기력이 **부쳐** 할 수 없다
② 편지나 물건 따위를 상대에게 보내다.
　예 아들에게 학비와 용돈을 **부치**다.
③ 논밭을 이용하여 농사를 짓다.
　예 **부쳐** 먹을 내 땅 한 평 없다.
④ 프라이팬 따위에 기름을 바르고 빈대떡 따위의 음식을 만들다.
　예 전을 **부치다**.
⑤ 어떤 행사나 특별한 날에 즈음하여 어떤 의견을 나타내다.
　예 젊은 세대에 **부치는** 서(書), 식목일에 **부치**는 글.
⑥ 어떤 문제를 다른 곳이나 다른 기회로 넘기어 맡기다.
　예 안건을 회의에 **부치다**.
⑦ 원고를 인쇄에 넘기다.
　예 접수된 원고를 편집하여 인쇄에 **부쳤다**.
⑧ 먹고 자는 일을 제집이 아닌 다른 곳에서 하다.
　예 삼촌 집에 숙식을 **부치다**.

**붙이다**

① 맞닿아 떨어지지 아니하게 하다. 예 우표를 **붙이다**.
② 물체와 물체 따위를 서로 바짝 가깝게 놓다.
　예 가구를 벽에 **붙이다**.
③ 겨루는 일 따위가 서로 어울려 시작되게 하다.
　예 싸움을 **붙이다**.
④ 불을 옮겨 타게 하다. 예 연탄에 불을 **붙이다**.
⑤ 사람 등을 딸려 붙게 하다. 예 아이에게 가정 교사를 **붙여** 주다.
⑥ 조건, 이유, 구실 따위를 달다. 예 계약에 조건을 **붙이다**.
⑦ 어떤 김징이나 삼삭이 생겨나게 하다.
　예 공부에 흥미를 **붙이다**, 아이와 정을 **붙이다**.
⑧ 이름 따위를 만들어 주다. 예 별명을 **붙이다**.

## 31.

정답풀이 '희망을 붙이고'가 옳다. 여기에서 '붙이다'는 '「7」기대나 희망을 걸다.'를 의미한다.

오답풀이 '붙이다'에는 '붙게 하다'의 의미가 있는 반면, '부치다'에는 그런 의미가 없다.
①② '밀어붙이다, 걷어붙이다, 올려붙이다'는 합성어이다. '부치다'는 '벗어부치다' 등이 있으나 그 수가 훨씬 적다.
④ 모자라거나 미치지 못하다

## 32.

정답풀이 '쫓다'는 '어떤 자리에서 떠나도록 내몰다.'를 의미하므로 '존경하는 선생님의 말을 쫓다'는 부자연스럽다. 여기에서는 '추구하다, 따르다'를 의미하는 '좇다'가 쓰여야 자연스럽다.

오답풀이 ② '모기'가 떠나도록 내모는 대상이므로 '쫓다'의 쓰임은 옳다.
③ 이따가(≒이따)는 '조금 지난 뒤에'를 의미하는 부사이다. 뒤의 용언 '만나자'를 꾸미므로 옳은 쓰임이다.
④ '있다가'는 어간 '있-'에 연결 어미 '-다가'가 붙은 것으로 부사 '이따가'와는 달리 서술성이 있다.

정답

28 ③ 29 ③ 30 ③ 31 ③ 32 ①

## 출.좋.포 5 표기나 발음이 비슷한 단어의 쓰임

**28. 밑줄 친 표현이 가장 적절한 것은?**

① 다음 주에 집에 간데요?
② 신문 기사에서 그 사람이 법정으로 갔데.
③ 내가 어제 봤는데 철수랑 영희랑 사귀데?
④ 내가 직접 봤는데 철수가 공부하대요.

**29. 다음 중 어법에 맞게 쓰인 것은?**

① 반 친구들 말로는 역공녀가 가장 웃기데.
② 철수가 몸무게가 많이 나가대.
③ 그렇게 짬뽕이 맛있던?
④ 얘가 진짜 요즘 왜 이렇게 말을 안 듣는데.

**30. 밑줄 친 어휘가 옳게 쓰인 것은?**

① 남의 집 땅뙈기를 붙여 먹었다.
② 본문에 주석(註釋)을 부쳤다.
③ 그는 아들에게 학비와 용돈을 부쳤다.
④ 그들은 여행 계획을 비밀에 붙였다.

**31. 밑줄 친 부분이 바르지 않게 쓰인 것은?**

① 이번 일을 계획대로 밀어붙였다.
② 모두 바지를 걷어붙이고(올려붙이고) 개울로 뛰어 들었다.
③ 희망을 부치고 사는 것이 필요하다.
④ 이 일은 정말 힘에 부치는 일이다.

**32. 밑줄 친 어휘가 옳지 않은 것은?**

① 존경하는 선생님의 말을 좇기로 했다.
② 모기가 너무 성가셔서 쫓았다.
③ 이따가 3시에 집 앞에서 만나자.
④ 집에 있다가 3시쯤에 와라.

## 33.

정답풀이 '(과녁을) 맞춘'이 아니라 '맞힌'이 옳다. '물체를 쏘거나 던져서 어떤 물체에 닿게 하다.'를 의미하는 '맞히다'가 와야 한다. '맞추다'는 '서로 떨어져 있는 부분을 제자리에 맞게 대어 붙이다.' '비교하다' '조정하다'를 의미한다.

오답풀이 ① 부딪치다 : 함께 충돌함을 의미한다. '부딪다'를 강조한 말로 강조의 접미사 '치'가 붙은 것이다.
'부딪히다' 는 '부딪다'의 피동사로 충돌을 당했다는 피동의 의미가 있어야 한다. 하지만 자동차가 가로수에 의해 충돌 당한 것이 아니므로 '부딪치다'가 옳다.
③ 벌리다 : 관용어 '손을 벌리다'는 '무엇을 달라고 요구하다.'를 의미한다.
④ 꽁지 : 새의 꽁무니에 달린 기다란 깃.
(참고로 꽁무니는 짐승이나 새의 등마루뼈의 끝진 곳을 의미한다.)

## 34.

정답풀이 '지방의 여러 곳'은 인간이 아니기 때문에 '개발'이 와야 한다. '개발'은 인간이 아닌 것과 인간의 능력에 쓰일 수 있지만 '계발'은 인간의 능력과 관련이 있어야 한다.

오답풀이 ① '반듯이'는 '반듯하게'와 같은 의미를 갖는다. '물건이 비뚤어지거나 기울거나 굽지 않고 바르다.'를 의미하므로 옳다.
② '반드시'는 '꼭. 틀림없이'를 의미하므로 옳다.
④ 종전의 기록을 깨뜨린다는 의미로 쓰였으므로 '경신'은 옳다.
'갱신'은 기간을 연장할 때 쓰이는 단어이다.

## 35.

정답풀이 '벗어지다'는 '머리카락이나 몸의 털 따위가 빠지다.'를 의미할 때에는 '머리가 벗어지다, 머리가 벗겨지다' 모두 쓰일 수 있다.

오답풀이 ① 한문의 쓰임이 옳지 않다. "실렸다."라는 뜻의 '게재(揭載)되었다'가 옳다.
③ 오랜동안(×) → 오랫동안(○) : '오래+동안'의 합성어이므로 사이시옷도 표기해 주어야 한다.
④ '결재'는 상관이 안건을 승인하는 의미이므로 이 문장의 문맥상으로 '결제'가 옳다.

정답

33 ② 34 ③ 35 ② 36 ① 37 ② 38 ③

## 36.

정답풀이 '금시에'의 준말이므로 '금세'는 옳다.

오답풀이 ② 햇빛(×) → 햇볕(○)
햇빛 : 해의 빛. 태양 광선.
햇볕 : 해에서 내리쬐는 뜨거운 기운.
③ 밭떼기(×) → 밭뙈기(○)
밭떼기 : '밭에서 나는 작물을 밭에 나 있는 채로 몽땅 사는 일'을 의미한다.
밭뙈기 : '얼마 안 되는 자그마한 밭.'이 옳다.
④ 부숴졌다(×) → 부서졌다(○) : '부수+어지다'는 착각이다.
'부서지다'만 표준어이다.

## 37.

정답풀이 혼동(混同) 「명사」 : '어떤 현상을 잘못 판단하다'
'A, B의 두 대상을 헷갈려 한다'로 많이 사용된다. (예 자유와 방종을 혼동하다.) 하지만 이 문맥에서는 두 대상이 나온 것이 아니므로 옳지 않다. '혼돈(混沌)'이 이 문맥상에서는 옳다. (「명사」 : '마구 뒤섞여 있어 갈피를 잡을 수 없음. 또는 그런 상태')

오답풀이 ① 2011년에 '날개'와 함께 복수 표준어로 '나래'가 인정되었다. '나래'는 '날개'의 문학적 표현이다.
③ 성적의 양상이 다르다는 것이므로 '다르다'는 잘 쓰였다. 다만 정답이 아니다를 의미하는 '틀리다'가 들어가서는 안 된다.
④ '부문'이 적절하다. '부문'은 '일정한 기준에 따라 분류하거나 나누어 놓은 낱낱의 범위나 부분', '부분'은 '전체를 이루는 작은 범위 또는 전체를 몇 개로 나눈 것의 하나'이다.

## 38.

정답풀이 딸리다(×) → 달리다(○) : '재물이나 기술 · 힘 따위가 모자라다.'를 의미하는 '달리다'가 옳다.

오답풀이 ① '둘 이상의 일정한 대상들을 나란히 놓고 비교하여 살피다.'를 의미하므로 옳다.
② '소박을 맞히다'의 '맞히다'는 '「2」 어떤 좋지 아니한 일을 당하게 하다.'를 의미하는 '맞다'의 사동사이다.
④ '약속 시간 따위를 넘기지 아니하다.'를 의미하므로 옳다.

**33.** 밑줄 친 단어의 쓰임이 적절하지 않은 것은?

① 자동차가 가로수에 부딪쳤다.
② 과녁을 맞춘 화살이 저기에 있다.
③ 영희는 급기야 철수에게도 손을 벌렸다.
④ 너의 모습이 마치 꽁지 빠진 수탉 같구나.

**34.** 밑줄 친 단어의 쓰임이 적절하지 않은 것은?

① 삐뚤어진 안경을 반듯이 하였다.
② 반드시 시간에 맞춰서 문제를 풀어야 한다.
③ 지방의 여러 곳을 관광지로 계발(啓發)하였다.
④ 뛰어난 신인이 나와 올림픽 기록을 경신(更新)하였다.

**35.** 다음 밑줄 친 어휘의 쓰임이 가장 적절한 것은?

① 그의 논문이 유명 학회지에 개재(介在)되었다.
② 머리가 벗겨진 아저씨는 머리털을 소중히 여겼다.
③ 고향을 오랜동안 떠나 있었다.
④ 그 회사는 어음을 결재(決裁)하지 못해 부도 처리가 되었다.

**36.** 밑줄 친 말의 쓰임이 옳은 것은?

① 금세 비가 내렸다.
② 양지바른 곳에 앉아 햇빛을 쬐면서 이야기를 나누었다.
③ 손바닥만 한 밭떼기에 농사를 지어 살아가는 형편이다.
④ 부실 공사 때문에 건물이 부숴졌다.

**37.** 다음 중 밑줄 친 어구가 표기나 어법상으로 올바르지 못한 것은?

① 상상의 나래를 펼친 영화가 인상 깊었다.
② 외래문화의 무분별한 수입은 가치관의 혼동을 초래하였다.
③ 형제가 시험 성적이 다를까?
④ 올해 영화제 시상식은 11개 부문으로 나뉜다.

**38.** 다음 문장에서 밑줄 친 단어의 쓰임이 올바르지 않은 것은?

① 관계자와 일정을 맞춰 보아야 확답을 줄 수 있다.
② 착한 여자에게 소박을 맞히다니 용서할 수 없다.
③ 영희는 실력이 딸리니 음모를 꾸몄다.
④ 그는 교회 예배 시간을 제대로 맞추지 않아 혼이 났다.

06 PART

## 39.

정답풀이 부자가 되는 방법으로 은행에 적금을 붓겠다는 의미이므로 방법이나 수단, 도구를 나타내는 조사 '-으로써'를 쓰는 것이 적절하다. '벗어지다'는 '머리카락이나 몸의 털 따위가 빠지다.'를 의미하는데 '벗어지지, 벗겨지지' 모두 가능하다.

오답풀이 ① 불어(×) → 부어(○) : '성이 나서 뾰로통해지다.'를 의미하는 '붓다'는 'ㅅ' 불규칙 용언이므로 모음 어미가 올 때 'ㅅ'이 탈락되므로 '부어'로 고쳐야 한다. 모음 어미가 올 때 'ㄷ'이 'ㄹ'로 교체되는 'ㄷ' 불규칙 용언인 '붇다'는 '물에 젖어서 부피가 커지다.'를 의미하는 것으로 옳지 않다.
③④ 썩이고(×) → 썩히고(○) : 여기에서는 '물건이나 사람 또는 사람의 재능 따위가 쓰여야 할 곳에 제대로 쓰이지 못하고 내버려진 상태로 있게 하다'를 의미하는 '썩히다'로 고쳐야 한다.

## 40.

정답풀이 '등이 받쳐서'의 '받치다'는 : 앉거나 누운 자리가 바닥이 딴딴하게 배기다

오답풀이 ① '설움에 받쳐'의 '받치다' : 화 따위의 심리적 작용이 강하게 일어나다.
③ '먹은 것이 받쳐서'의 '받치다' : 먹은 것이 잘 소화되지 않고 위로 치밀다.
④ '받히다'는 '받다'의 피동사로 주로 쓰여, '세차게 부딪히다.'를 의미한다.
예 마을 이장이 소에게 받혀서 꼼짝을 못한다. 하지만 '받히다'는 '받다⑤(여러 사람에게 팔거나 대어 주기 위해 한꺼번에 많은 양의 물품을 사다)'의 사동사로도 쓰인다는 언급이 있으므로 '~백 근을 시장 상인에게 받혀도(=사게 하여도)'로 써야 한다.

## 41.

정답풀이 '받치다'는 '어떤 물건의 밑이나 안에 다른 물건을 대다.'를 의미하므로 옳다.

오답풀이 ② 소에게 바쳐서(×) → 받혀서(○)
☞ 바치다 : 신이나 웃어른에게 드리다. 마음과 몸을 아낌없이 내놓다. 세금·공납금 등을 내다.
받히다 : (받다의 피동사) 머리나 뿔 따위에 세차게 부딪히다.
③ 제물을 밭쳐야(×) → 바쳐야(○)
☞ 밭치다 : (밭+치(강조의 접미사)+다) 건더기와 액체가 섞인 것을 체나 거르기 장치에 따라서 액체만을 따로 받아 내다.
바치다 : 신이나 웃어른에게 드리다. 마음과 몸을 아낌없이 내놓다. 세금·공납금 등을 내다.
④ 체로 받혀서(×) → 밭쳐(○)
☞ 받히다 : (받다의 피동사) 머리나 뿔 따위에 세차게 부딪히다
밭치다 : (밭+치(강조의 접미사)+다) 건더기와 액체가 섞인 것을 체나 거르기 장치에 따라서 액체만을 따로 받아 내다.

## 42.

정답풀이 작렬하고(×) → 작열하고(○) : '작렬하다'는 '폭발물이 터져서 산산이 흩어짐.'을 의미하므로 옳지 않다. 해당 문맥에는 '불 따위가 이글이글 뜨겁게 타오름.'을 의미하는 '작열하다'로 고쳐야 한다.

오답풀이 ① '받치다'는 구멍이 뚫린 물건 위에 국수나 야채 따위를 올려 물기를 뺀다는 뜻이므로 문맥상 적절하다.
③ '받치다'는 물건의 밑이나 옆 따위에 다른 물체를 댄다는 의미이므로 문맥상 적절하다.
④ '받치다'는 옷의 색깔이나 모양이 조화를 이루도록 함께 한다는 의미이므로 문맥상 적절하다.

## 43.

정답풀이 받치다 : 2 「1」 어떤 일을 잘할 수 있도록 뒷받침해 주다.

오답풀이 ② 종이로 받혀서(×) → 종이로 받쳐서(○)
받히다 : '받다'의 피동사 머리나 뿔 따위에 세차게 부딪히다.
받치다 : 어떤 물건의 밑이나 안에 다른 물건을 대다.
③ 엿가락처럼 늘리고(×) → 늘이고(○)
엿가락의 길이를 길게 하는 것이므로 '본디보다 길게 하다.'를 의미하는 '늘이다'로 고쳐야 한다. (고무줄, 엿가락, 바짓단은 '늘이다'와 쓰인다)
④ 흥미를 부치는(×) → 흥미를 붙이는(○)
부치다 : 힘이 모자라거나 미치지 못하다
붙이다 : 마음에 당기게 하다

정답

39 ② 40 ② 41 ① 42 ② 43 ①

**39.** 밑줄 친 부분이 한글 맞춤법 규정에 맞는 것은?

① 오랫동안 나를 기다리던 친구는 화가 나서 잔뜩 불어 있었다.
② 은행에 적금을 꾸준히 부음으로써 부자가 되었다.
③ 그는 아까운 능력을 썩이고 있다.
④ 그들은 새로 구입한 기계를 창고에서 썩이고 있다.

**40.** 다음 밑줄 친 단어의 사용이 적절한 것은?

① 그는 설움에 받혀 울음을 터뜨렸다.
② 맨바닥에서 잠을 자려니 등이 받쳐서 잠이 오지 않는다.
③ 아침에 먹은 것이 자꾸 받혀서 아무래도 점심은 굶어야겠다.
④ 고추가 워낙 값이 없어서 백 근을 시장 상인에게 바쳐도 변변한 옷 한 벌 사기가 힘들다.

**41.** 다음 중 밑줄 친 단어가 바르게 쓰인 것은?

① 아이는 책받침을 받치고 글씨를 쓴다.
② 마을 이장이 소에게 바쳐서 꼼짝을 못한다.
③ 제물을 받쳐야 바다를 안전하게 건널 수 있다.
④ 이것을 돌절구에 빻아 가는 체로 받혀서 다시 가져오겠다.

**42.** 밑줄 친 동사의 쓰임이 옳지 않은 것은?

① 씻어 놓은 상추를 채반에 밭쳤다.
② 오후의 태양이 뜨겁게 작렬하고 있었다
③ 그녀는 세운 무릎 위에 턱을 받치고 앉아 있었다.
④ 양복 속에 두꺼운 내복을 받쳐서 입으면 옷맵시가 나지 않는다.

**43.** 밑줄 친 단어 중 어법에 맞게 사용된 것은?

① 배경 음악이 영화 장면을 잘 받쳐 주었다.
② 그는 의자 밑을 종이로 받혀서 움직이지 않게 했다.
③ 그 학생은 거짓말을 엿가락처럼 늘리고 있다.
④ 공부에 흥미를 부치는 것은 어려운 일이다.

## 44.

정답풀이 '자연 현상에 따라 내리는 눈, 비 따위를 닿게 하다.' '맞다'의 사동사이므로 '맞히다'를 쓰는 것은 옳다.

오답풀이 ② 주사를 맞춰야(×) → 주사를 맞혀야(○)

☞ 맞히다3 : 침, 주사 따위로 치료를 받게 하다. '맞다'의 사동사.

③ 정답을 맞출(×) → 정답을 맞힐(○)

☞ 맞히다1 : 문제에 대한 답을 틀리지 않게 하다. '맞다'의 사동사.

④ 서로의 답을 맞혀(×) → 서로의 답을 맞춰(○)

맞히다 : 문제에 대한 답을 틀리지 않게 하다. '맞다'의 사동사.

맞추다 : 비교하여 살피다.

참고 맞히다

맞-히다1

문제에 대한 답을 틀리지 않게 하다.

예 정답을 맞히다.

맞-히다2

「1」 자연 현상에 따라 내리는 눈, 비 따위를 닿게 하다. '맞다'의 사동사.

예 화분에 눈을 맞히지 말고 안으로 들여놓아라.

「2」 어떤 좋지 아니한 일을 당하게 하다. '맞다'의 사동사.

예 그렇게 착한 여자에게 바람을 맞히다니 용서할 수 없다.

맞-히다3

「1」 침, 주사 따위로 치료를 받게 하다. '맞다'의 사동사.

「2」【…을 …에】【…을 …으로】물체를 쏘거나 던져서 어떤 물체에 닿게 하다. 또는 그렇게 하여 닿음을 입게 하다. '맞다'의 사동사.

## 45.

정답풀이 '-는지'는 연결 어미이며 적절한 표기이다. '-런지'는 무조건 틀린 표기이다. '도망쳤을는지'가 옳다.

오답풀이 ① 달이다 : 「1」 액체 따위를 끓여서 진하게 만들다.

② 들어내다 : 물건을 들어서 밖으로 내놓다.

③ 혼동(混同) 「명사」 : '어떤 현상을 잘못 판단하다'

'A, B를 헷갈려 한다'처럼 대상이 2개 나온다.

기출 예시 지역 간, 세대 간의 갈등을 혼동하고 희망찬 미래로 나아갑시다.

## 46.

정답풀이 '주책없다'만 표준어로 인정했지만, 2016년 말부터는 '주책이다' 또한 표준어로 인정하여 '주책이다/주책없다' 모두 표준어가 되었다.

오답풀이 ① '빌다'는 '밥을 빌어 먹다, 용서를 빌다, 성공을 빌다'로 쓰이는 단어이므로 문맥상 옳지 않다. 이 문맥에는 '어떤 일을 하기 위해 기회를 이용하다.'를 의미하는 '빌리다'를 사용하여야 한다.

② '와중'은 '일이나 사건 따위가 시끄럽고 복잡하게 벌어지는 가운데'를 의미하므로 옳지 않다. 집에 가는 것이 시끄럽고 복잡하지는 않으므로 '중에'를 사용해야 한다.

③ '깃들어'의 기본형은 '깃들다'이다. '깃들다'는 '아늑하게 서려 들다. / 감정, 생각, 노력 따위가 어리거나 스미다.'를 의미하는 것이므로 '사찰이 깃들다'라는 말은 어색하다. 이 문장에는 '사람이나 건물 따위가 어디에 살거나 그곳에 자리 잡나.'를 의미하는 '깃들이다'를 사용하여 '사찰이 깃들여 있다.'라고 해야 한다.

참고 맞추다('맞히다' 이외의 의미)

1. 【…을 …에】【 …을 (…과)】 (('…과'가 나타나지 않을 때는 여럿임을 뜻하는 말이 목적어로 온다))

예 서로 떨어져 있는 부분을 제자리에 맞게 대어 붙이다.

예 문짝을 문틀에 맞추다.

2. 【(…과) …을】【 …을 (…과)】 (('…과'가 나타나지 않을 때는 여럿임을 뜻하는 말이 주어나 목적어로 온다))

「1」 ((주로 '보다'와 함께 쓰여)) 둘 이상의 일정한 대상들을 나란히 놓고 비교하여 살피다.

예 나는 가장 친한 친구와 답을 맞추어 보았다.
여자 친구와 다음 주 일정을 맞추어 보았더니 목요일에만 만날 수 있을 것 같다.

「2」 서로 어긋남이 없이 조화를 이루다.

예 다른 부서와 보조를 맞추다.

3. 【…을 …에/에게】

「1」 어떤 기준이나 정도에 어긋나지 아니하게 하다.

예 원고를 심사 기준에 맞추다. 줄을 맞추다.

## 47.

정답풀이 고무줄, 엿가락, 바짓단은 '늘이다'와 쓰인다.

오답풀이 ② '설레이는'은 옳지 않은 표기이다. '설레이다'라는 말은 이 세상에 없기 때문이다. 대신 '설레다'가 있다. 따라서 '설레는'으로 고쳐야 한다. '설레는, 설레고, 설렘' 등으로 활용한다.

③ '부모나 사랑하는 사람이 죽어서 이별하다'를 의미하는 것은 '여의다'이다. '여위다'는 몸의 살이 빠져 파리하게 되다는 뜻이다.

④ 애먼 : '일의 결과가 다른 데로 돌아가 억울하게 느껴지는'을 나타내는 관형사로 고쳐야 한다.

정답

44 ① 45 ④ 46 ④ 47 ①

**44.** 다음 중 밑줄 친 단어의 쓰임이 가장 적절한 것은?

① 아들을 이렇게 눈을 <u>맞히니</u> 열이 이렇게 나지!
② 코로나 예방을 위해 주사를 <u>맞춰야</u> 한다.
③ 전교 1등이라면 정답을 <u>맞출</u> 수 있을 것이다.
④ 중간고사가 끝난 후 영희와 철수는 서로의 답을 <u>맞혀</u> 보았다.

**45.** 맞춤법이 가장 옳지 않은 것은?

① 김씨는 몸이 아픈 동생을 위해 약을 <u>달이는</u> 중이다.
② 이삿짐을 마당으로 <u>들어내어</u> 새집으로 옮겼다.
③ 자유와 방종을 <u>혼동해서는</u> 안 된다.
④ 적을 피해 잘 <u>도망쳤을런지</u> 모르겠어.

**46.** 다음 중 밑줄 친 부분의 사용이 옳은 것은?

① 이 자리를 <u>빌어서</u> 사과하고 싶습니다.
② 학교가 끝나서 집에 가는 <u>와중에</u> 친구를 만났다.
③ 우리 명산에는 곳곳에 사찰이 <u>깃들어</u> 있다.
④ 그런 이상한 춤을 추다니 <u>주책이다</u>.

**47.** 밑줄 친 단어의 쓰임이 옳은 것은?

① 그녀는 바짓단을 <u>늘이려고</u> 세탁소에 옷을 맡겼다.
② 그는 <u>설레이는</u> 마음을 가지고 길을 떠났다.
③ 철수는 평생 사랑하는 여자를 <u>여위었다</u>.
④ 법이 문제여서 <u>엄한</u> 사람들이 벌을 받게 되었다.

## 48.

정답풀이 '채'는 일정한 정도에 아직 이르지 못한 상태를 나타내는 부사이므로 문맥상 옳다.
'체(=척)'는 '그럴듯하게 꾸미는 거짓 태도. 척'.'를 의미하므로 문맥상 옳다.

오답풀이 ② • 흡연하는 것을 지향하였다.(×) → 지양하였다.(O): '지향하다'는 '어떤 목적으로 뜻이 쏠리어 향하다'를 의미하므로 '흡연'이라는 부정적인 대상에는 '지양하다'가 와야 한다.
• 합격하는 것을 지양하였다.(×) → 지향하였다.(O): '합격'이라는 긍정적인 대상에는 '지향하다'가 와야 한다. '지양하다'는 '하지 않다'를 의미한다.
③ • 친분이 두껍다(×) → 친분이 두텁다.(O): '두껍다'는 '두께가 두툼하다. 층의 높이나 집단의 규모가 크다. 어둠이나 안개 따위가 짙다.'를 의미하므로 '신의, 믿음, 관계, 인정 따위가 굳고 깊다.'를 의미하는 '두텁다'가 옳다.
• 선수층은 '두텁다'(×) → 선수층은 '두껍다'.(O): '선수층, 집단의 규모'이므로 '두껍다'가 옳다.
④ • 공연을 지연하기로(×) → 취소하기로.(O): '지연하다'는 '무슨 일을 더디게 끌어 시간을 늦추다'를 의미하므로 '순회공연을 지연하다'는 옳지 않다. 순회공연을 더디게 끄는 것이 아니기 때문이다.
• 수요일로 연장되었다. (×) → 연기되었다.(O): '연장하다'는 '시간이나 거리 따위를 본래보다 길게 늘리다.'를 의미한다. 시험 시작 날짜를 뒤로 미루는 것이므로 '연기되었다'가 옳다.

## 49.

정답풀이 • 한참 물들고(×) → 한창 물들고(O): '한참'은 '시간이 상당히 지나는 동안. 오랜 동안'을 의미하므로 '가장 활기 있고 왕성하게'를 의미하는 '한창'으로 고쳐야 한다.
• 눈을 한창 바라보더니.(×) → 한참 바라보더니(O): 오랜 시간 동안 바라본다는 의미이므로 '한참'으로 고쳐야 한다.

오답풀이 나머지는 모두 옳은 쓰임이다.
① '금방(今方)'=방금(方今)': 조금 뒤에 곧. 조금 전이나 후. 말하고 있는 시점과 같은 때에
☞ '벼가 '한창' 무르익고 있었다 / 그는 가방을 '한참' 바라보았다.
③ '근본이 미천하다'의 '근본(根本)': 자라 온 환경이나 혈통. '근간으로 하여'의 '근간(根幹)': '사물의 바탕이나 중심이 되는 중요한 것'
④ '타락(墮落)하다': 올바른 길에서 벗어나 잘못된 길로 빠지다.
'몰락(沒落)하다': 「1」 재물이나 세력 따위가 쇠하여 보잘것없어지다. 「2」 멸망하여 모조리 없어지다'라는 뜻이다.

## 50.

정답풀이 • '돋구다'는 '안경의 도수 따위를 더 높게 하다'를 의미한다. '안경의 도수'를 높이는 것에는 '돋구다'가 쓰임이 옳다.
• 이 의미 외의 것은 모두 '돋우다'에 해당한다.

오답풀이 ② 예산안을 결재하다(O) / 어음을 결제하다(O)
• '상관이 부하가 제출한 안건을 검토하여 승인함.'을 의미하는 것은 '결재'이다.
• '증권이나 대금의 수수(授受)에 의해서 매매 당사자 간의 거래 관계를 끝맺음.'을 의미하는 것은 '결제'이다.
③ 분을 삭이다(O) / 곡식을 삭히다(O)
• '긴장이나 화가 풀려 마음이 가라앉다.'를 의미하는 것은 '삭이다'이다.
• '김치나 젓갈 따위의 음식물이 발효되어 맛이 들다.'를 의미하는 것은 '삭히다'이다.
④ 속을 썩이다(O) / 음식을 썩히다(O)
• '걱정・근심 따위로 마음을 상하게 하다'를 의미하는 것은 '썩이다'이다.
• '부패하게 하다'를 의미하는 것은 '썩히다'이다.

## 51.

정답풀이 잊혀지다(×) → 잊어지다(○), 잊히다(○)
: '잊 + 히 + 어 + 지 + 다'는 이중 피동 표현이므로 옳지 않다.

오답풀이 ② 공부깨나: '깨나'는 '어느 정도는'의 뜻을 나타내는 보조사로 옳은 쓰임이다. ('깨다'라는 의미와 관련이 없다!)
③ 붙이다: '바로 옆에서 돌보다.'를 뜻하는 '붙다'의 사동사이다.
④ 바투: '시간이나 길이가 아주 짧게'를 의미하므로 문맥에 적절하다.

## 52.

정답풀이 '말을 걸거나 치근대며 가까이 다가서다'를 의미하므로 '붙이다'는 옳다.

오답풀이 ① 붙여(×) → 부쳐(○): "다른 곳 또는 다른 기회에 넘기어 맡기다.(= 보내다)"를 의미하는 '부치다'로 고쳐야 한다.
③ 찌은(×) → 찧은(○)
찧다: '곡식 따위를 쓿거나 빻으려고 절구에 담고 공이로 내리치다.'이므로 이 문장에 어울리는 단어이다.
찌다: '뜨거운 김으로 익히거나 데우다.'로 활용하게 되더라도 '찌은'이 아니라 '찐'으로 활용된다.
④ 있다가(×) → 이따가(○)
'커피가 있다가'가 아니므로 부사 '이따가'가 와야 한다. 용언 '마시자'를 꾸민다.

정답

48 ① 49 ② 50 ① 51 ① 52 ②

**48. 밑줄 친 부분의 쓰임이 모두 옳은 것은?**

① 마무리가 채 끝나지도 않았는데 그는 집에 갔다.
영희는 본 체도 하지 않고 있었다.

② 정부는 건물에서 흡연하는 것을 지향하였다.
철수는 시험에 합격하는 것을 지양하였다.

③ 둘 사이는 친분이 두껍다.
우리나라의 야구 선수층은 매우 두텁다.

④ 눈이 와서 해외 공연을 지연하기로 하였다.
지진 때문에 시험 날짜가 화요일에서 수요일로 연장되었다.

**49. 밑줄 친 단어의 쓰임이 옳지 않은 것은?**

① 금방 울 것처럼 울먹였다..
철수는 방금 잠에서 깨었다.

② 가을 숲의 잎이 한참 물들고 있었다.
철수는 영희의 눈을 한창 바라보더니 도망갔다.

③ 홍길동은 근본이 미천하여 호부호형 못했다. .
그 사회는 자본주의가 사상의 근간을 이루고 있다.

④ 그는 결국에는 타락하여 갱생이 불가능해졌다.
박인로는 조선후기의 몰락한 양반이었다.

**50. 다음 중 어법상 옳은 문장은?**

① • 눈이 침침해서 안경의 도수를 돋궜다.
• 된장찌개가 입맛을 돋운다.

② • 부장님, 지난번에 드린 예산안을 결제해 주세요.
• 만기가 돌아온 어음을 결재하지 못해 부도를 냈다.

③ • 그는 분을 삭히느라 깊이 숨을 들이마셨다.
• 민속주는 곡식을 삭여서 만드는 경우가 많다.

④ • 너 왜 그렇게 내 속을 썩히느냐?
• 음식을 썩여 거름을 만들다.

**51. 밑줄 친 단어의 쓰임이 바르지 않은 것은?**

① 시간이 지나자 끔찍했던 사건이 잊혀졌다.
② 하는 거 보니 공부깨나 할 것 같다.
③ 공부를 잘하도록 개인 교사를 붙이기로 했다.
④ 결혼 날짜를 너무 바투 잡았다.

**52. 밑줄 친 단어 중 한글 맞춤법에 맞는 것은?**

① 제안을 표결에 붙여 결정하자.
② 지나가는 사람이 말을 붙여 왔다.
③ 아침에 찌은 쌀이라서 밥맛이 정말 고소하군요.
④ 커피는 있다가 밥 먹고 나서 마시자.

## 53.

정답풀이 제치다(×) → 젖히다(○)
'제치다'는 '거치적거리지 않게 처리하다.'를 의미한다. (골키퍼를 제치고 골을 넣다. 선두를 제치고 우승하다.)
젖히다 : '안쪽이 겉으로 나오게 하다.'가 옳다.

오답풀이 ① 알음(○) : '사람끼리 서로 아는 일'을 의미하므로 문맥에 적절하다.
② 부딪치다(○) : '부딪다'에 강조 접미사 '치'가 붙은 것이다. '부딪다'는 서로 충돌함을 의미하는데 이 문맥에서 차들이 서로 충돌한 것이므로 옳다.
③ 개다(○) : 흐리거나 궂은 날씨가 맑아지다. '개이다'는 옳지 않은 말이므로 유의하여야 한다.

## 54.

정답풀이 '유래(由來)'는 '사물이나 일이 생겨남.'을 뜻하는 단어이다. (이 설은 그 유래가 깊다.) 여기서는 '같거나 비슷한 예'라는 뜻으로 '유례(類例)'를 사용해야 한다.

오답풀이 ① '닫혔다'는 '닫다'의 피동형으로, 열린 문짝이나 뚜껑, 서랍 따위가 도로 제자리로 가 막힌다는 뜻이므로 적절하다.
② 알은척하다(=알은체하다) : 어떤 일에 관심을 가지는 듯한 태도를 보이다./사람을 보고 인사하는 표정을 짓다.
(주의) '아는 체하다'는 모르면서 아는 것처럼 행동하는 것을 의미한다. 띄어 쓰는 것이 원칙이지만 '아는체하다'처럼 붙이는 것도 허용한다.
④ 벌이다 : 일을 시작하거나 펼치다.

## 55.

정답풀이 • 누가 형이고 동생인지 구분할 수 없다(×)
→ 구별할 수 없다(○)
• 문학은 시, 소설, 수필 등으로 구별할 수 있다.(×)
→ 구분할 수 있다(○)
: '구별'은 '성질이나 종류에 따라 차이가 남.'을 의미하므로 형과 동생의 차이에 초점을 맞춘 앞의 문장에 쓰여야 한다. '구분'은 '일정한 기준에 따라 전체를 몇 개로 갈라 나눔.'을 의미하므로 뒤의 문장에 쓰여야 한다.

오답풀이 나머지는 모두 적절하다.
① • 반듯이(○): '반듯하게'의 의미로 옳다.
• 반드시(○): '꼭, 틀림없이'의 의미로 옳다.
② • 안주 일체(○): '일체(= 모두, 전부)'는 긍정적인 문맥에 '일절'은 부정적인 문맥에 쓰인다. '일체'는 '모든 것, 온갖 사물, 통틀어서, 모두'를 의미한다.
• 일절 금합니다(○): '일절(= 전혀)'은 '사물을 부인하거나 행위를 금지할 때 씀'을 의미하는 것으로 존재 자체가 부정된다.
④ • 지그시(○): 「1」 슬며시 힘을 주는 모양
• 지긋이(◯): 나이가 비교적 많아 듬직하게

정답

53 ④ 54 ③ 55 ③ 56 ② 57 ③

## 56.

정답풀이 • '웃음기를 띄다'가 틀리다. '웃음기를 띠다'로 고쳐야 한다. '감정이나 기운 따위를 나타내다.'를 의미하는 경우에는 '띠다'를 써야 한다.
• '간격을 띄우다, 띄다('띄우다'의 준말)'는 옳다.
'띄다'는 '간격을 띄다, 눈에 띄다'에만 쓰인다. 이 경우 이외의 나머지는 모두 '띠다'이다.

오답풀이 나머지는 쓰임이 적절하다.
① • 방증(傍證) : 증명에 간접적으로 도움이 되는 증거.
• 반증(反證) : 증거를 들어 그 사실을 부정하는 증거.
③ • 가름하다 : 승부나 등수 따위를 정하다.
• 가늠하다 : 목표나 기준에 맞고 안 맞음을 헤아려 보다.
예 이 경기는 승패를 가늠하기 어렵다
④ • 졸이다 : 속을 태우다시피 조바심하다.
• 조리다 : 양념을 배게 하다.

## 57.

정답풀이 '갈음하다'는 '다른 것으로 바꾸어 대신하다'를 의미하므로 옳다. '치사'는 '고맙다는 뜻을 나타냄.'을 의미한다. 즉 고맙다는 인사를 '행운이 깃들기를 기원하는 것'으로 대신하겠다는 의미이다.

오답풀이 ① 거치지(×) → 걷히지(○)
☞ 거치다 : 오가는 도중에 어디를 지나거나 들르다.
걷히다 : (걷다의 피동사) 돈 · 곡식 따위가 거두어지다.
② 가능한 빨리(×) → 가능한 한 빨리(○)
☞ 관형어 '가능한' 뒤에 명사가 반드시 와서 수식을 받아야 한다. 따라서 명사 '한'이 와야 한다. '가능한 한 빨리'가 옳다.
④ 배추를 저리는(×) → 배추를 절이는(○)
☞ 저리다 : 살이나 뼈마디가 오래 눌려서 피가 잘 통하지 않아 감각이 둔하게 되다.
절이다 : ('절다1'의 사동) 소금이나 식초 따위를 먹여서 절게 하다.

**53.** 밑줄 친 말의 쓰임이 바르지 않은 것은?

① 그와 나는 전부터 알음이 있던 사이였다.
② 앞에서 사고가 나 차들이 심하게 부딪쳤다.
③ 비 갠 거리를 우산을 쓰고 걸어갔어.
④ 커튼을 걷어 제치니, 햇살이 쏟아져 들어왔다.

**54.** 다음 중 밑줄 친 단어의 사용이 옳지 않은 것은?

① 대문 앞에 서 있는데 대문이 저절로 닫혔다.
② 쓸데없이 남의 일에 함부로 알은체하지 마라.
③ 이 사건은 인류 역사상 유래가 없는 일이다.
④ 가게 주인이 상품을 벌여 놓기 시작했다.

**55.** 다음 중 밑줄 친 어휘의 쓰임이 적절하지 않은 것은?

① 선을 반듯이 그어라.
반드시 선을 똑바로 그어야 한다.
② 술집 간판에 '안주 일체'라고 써 있다.
면회 시간 외에 출입을 일절 금합니다.
③ 누가 형이고 동생인지 구분할 수 없다.
문학은 시, 소설, 수필 등으로 구별할 수 있다.
④ 그는 눈을 지그시 감고 과거를 회상했다.
그녀는 나이가 지긋이 들어 보였다.

**56.** 다음 중 밑줄 친 어휘의 쓰임이 적절하지 않은 것은?

① 그 저서는 저자의 해박함을 방증하는 역작이다.
그 논리의 오류를 입증할 수 있는 반증을 제시해 보십시오.
② 그는 웃음기(붉은 빛)를 띈 얼굴로 나를 보았다.
그녀는 책상 사이의 간격을 띄웠다.
③ 선수들의 투지가 이 경기의 승패를 가름했다.
이 경기는 승패를 가늠하기 어렵다
④ 그의 전화를 마음을 졸이며 기다렸다
생선을 조린 반찬을 가장 좋아한다.



**57.** 다음 중 밑줄 친 단어가 바르게 쓰인 것은?

① 외상값이 잘 거치지 않다.
② 가능한 빨리 해 주시기를 부탁드립니다.
③ 가정에 행운이 깃들기를 기원하는 것으로 치사를 갈음합니다
④ 배추를 저리는 과정이 너무 힘들다.

## 58.

정답풀이 병세가 겉잡을(×) → 병세가 걷잡을(○)
경기장에는 걷잡아서(×) → 경기장에는 겉잡아서(○)
☞ 겉잡다 : 겉으로만 보고 대강 헤아려 어림잡다.
걷잡다 : 한 방향으로 치우쳐 흘러가는 형세 따위를 바로잡거나 진정시키다.

오답풀이 ② 그슬다 : 불에 쬐어 거죽만 살짝 타게 하다.
그을다 : 햇볕・연기 등을 오래 쐬어 검게 되다.
③ 로써 : 수단, 방법
로서 : 자격
④ 늘리다 : '늘다'의 사동사로서 '물체의 길이나 넓이, 부피 따위가 본디보다 커지다. / 살림이 넉넉해지다.' 등의 의미를 나타낸다. '재산'의 경우는 살림이 넉넉해지는 경우에 속하므로 '늘리다'를 써야 옳다.
'늘이다'는 '본디보다 더 길게 하다.'를 의미한다. 주로 물리적인 길이를 길게 할 때 쓰인다. '고무줄, 엿가락, 바짓단을 늘이다.'로 쓰인다.

## 59.

정답풀이 '선보이다(=선뵈다)'는 '선보다'의 사동형으로서 어간 '선뵈-'에 '어야'가 결합되면 '선보여야(=선뵈어야)'로 표기할 수 있으므로 옳다. '선뵈어야'를 축약하면 '선봬야'로 표기할 수 있다.

오답풀이 ① 'ㅂ' 불규칙 용언이 활용할 때 'ㅂ'이 '오'로 변하는 단어는 '곱다, 돕다'밖에 없다. '가깝다'는 '가까워 – 가까우니'로 활용한다.
② 어간 '잘되-'에 어미 '-어서'가 결합된 후 모음 축약이 이뤄지면 '잘돼서'로 표기한다.

참고로 '잘되다'는 합성어로서 '일, 현상, 물건 따위가 썩 좋게 이루어지다 / 사람이 훌륭하게 되다 / 일정한 수준이나 정도에 이르다'를 의미한다.

③ '쇠다'는 '명절・생일 같은 날을 기념하고 지내다.'를 의미한다. 어간 '쇠-'에 어미 '-어서'가 결합되면 '쇠서'가 아니라 '쇠어서, 쇄서'로 표기해야 한다.

정답

58 ① 59 ④ 60 ④ 61 ② 62 ⑤ 63 ③

## 60.

정답풀이 '간격'과 관련된 의미가 있을 때에는 '띄었다'만 가능하다. '뜨였다'라고 하면 틀리다.

오답풀이 ① '되+어요'로 결합되므로 '돼요'로 고쳐야 한다.
② '되+었다'로 결합되므로 '됐다'로 고쳐야 한다.
③ '간격'과 관련된 의미가 있을 때에는 '띄어'만 가능하다. 따라서 '띄어쓰기'로 고쳐야 한다. (참고로 '눈에 뜨이다'를 의미하는 경우에는 '뜨였다, 띄었다' 모두 가능)

## 61.

정답풀이 모음이나 'ㄴ' 받침 뒤에 이어지는 '렬, 률'은 '열, 율'로 적는다. 따라서 '흡연률'을 '흡연율'로 고쳐야 한다. 이와 같은 예로, 내재율, 실패율(失敗率), 백분율(百分率) 등이 있다.

오답풀이 ① '옥조이다(=옥죄다)'는 '옥여 바싹 죄다'를 의미한다. 어간 '죄-'에 어미 '-어야'가 결합되면 '죄어야(=좨야)'로 표기되므로 옳다.
③ '씌다'는 '쓰다'의 피동사 '쓰이다'의 준말이다. '쓰이-'에 모음 어미 '-어'가 오는 경우(쓰이어)에 '씌어/쓰여'로 활용이 가능하다.
④ '뵈+어요'로 결합하면 '뵈어요'인데, 이를 축약하면 '봬요'이다.

## 62.

정답풀이 '꽃을, 꽃이, 꽃밭'으로 적고 글자 그대로 읽는 것이 아니라 소리나는 대로 [꼬츨], [꼬치], [꼳빧]으로 읽어야 한다.

오답풀이 나머지는 모두 옳은 설명이다. 나머지 예들을 꼼꼼하게 익혀야 한다.

## 63.

정답풀이 • 아뭏튼(×) → 아무튼(○)
• 생각컨대(×) → 생각건대(○) : '하' 앞의 음이 'ㄱ'이므로 '생각+건대'로 결합하여 '생각건대'가 옳다.
• 하마트면(×) → 하마터면(○) : '하마하더면'의 준말이 굳은 것이다. '하' 앞 음이 'ㅏ'로 울림소리이므로 '하마ㅎ+더면'이 결합되면 '하마터면'이 옳다.

오답풀이 ① 모두 옳다.
② • '늴리리, 남존여비'로 고쳐야 한다.
• 하지만 '맥줏집'은 옳다. [맥쭈찝/맥쭏찝]의 사잇소리 현상이 일어나고 고유어가 하나('집') 있으므로 사이시옷을 표기하는 것은 옳다.
④ 모두 옳다.

**58.** 다음 중 밑줄 친 단어가 바르게 쓰이지 않은 것은?

① 병세가 걷잡을 수 없게 악화되었다.
경기장에는 겉잡아서 천 명이 온 듯하다.
② 바닷가에서 새우를 불에 그슬어서 먹었다.
들판 곳곳에는 까맣게 그을린 농부들이 있다.
③ 이 사건은 의협과 용기로써 대처해야 한다.
그녀는 엄마로서 할 수 있는 노력을 하였다.
④ 재산을 늘리는 그의 모습은 놀라웠다.
그녀는 고무줄을 늘였다.

## 준말의 표기

**59.** 밑줄 친 용언의 활용형의 표기가 옳은 것은?

① 그와 그녀의 사이가 가까왔다.
② 너가 잘되서 기분이 좋다.
③ 추석을 잘 쇠서 컨디션이 회복되었다.
④ 획기적인 물건을 선뵈야 돈을 벌 수 있어. .

**60.** 다음 중 준말의 표기가 옳은 것은?

① 밥이 10분 후에 되요.
② 그는 공무원이 됬다.
③ 그는 뜨여쓰기를 잘했다.
④ 그는 책상과의 간격을 띄었다.

**61.** 다음 중 밑줄 친 부분의 표기가 옳지 않은 것은?

① 얼마나 목을 옥죄야 하는지 모르겠다.
② 흡연률이 많이 급증했다.
③ 칠판에 낙서가 씌어 있었다.
④ 그럼 그 시간에 봬요.

## 출.종.포 6 나머지 한글 맞춤법 복합

**62.** 다음 중 한글 맞춤법에 대한 설명으로 옳지 않은 것은?

① '돗자리, 웃어른, 얼핏'처럼 'ㄷ' 소리로 나는 받침 중에서 'ㄷ'으로 적을 근거가 없는 것은 'ㅅ'으로 적는다.
② '깨끗이, 버젓이, 정확히, 솔직히, 도저히'처럼 부사의 끝음절이 분명히 '이'로만 나는 것은 '-이'로 적고, '히'로만 나거나 '이'나 '히'로 나는 것은 '-히'로 적는다.
③ '소쩍새, 해쓱하다, 움찔'처럼 한 단어 안에서 뚜렷한 까닭 없이 나는 된소리는 다음 음절의 첫소리를 된소리로 적지만, '싹둑, 갑자기, 깍두기'는 된소리로 적지 않는다.
④ '해돋이, 같이, 걷히다'처럼 'ㄷ, ㅌ' 받침 뒤에 종속적 관계를 가진 '-이(-)'나 '-히-'가 올 적에는, 그 'ㄷ, ㅌ'이 'ㅈ, ㅊ'으로 소리나더라도 'ㄷ, ㅌ'으로 적는다.
⑤ 한글 맞춤법은 표준어를 소리대로 적되, 어법에 맞도록 함을 원칙으로 하므로, '꽃을, 꽃이, 꽃밭'으로 적고 글자 그대로 읽는다.

**63.** 맞춤법 사용이 올바르지 않은 것으로만 묶인 것은?

① 웃어른, 사흗날, 베갯잇
② 닐리리, 남존녀비, 맥줏집
③ 아뭏든, 생각컨대, 하마트면
④ 홑몸, 밋밋하다, 선율

06 PART

## 64.

정답풀이 한글 맞춤법 제40항 [붙임 2]의 규정에서 '하' 앞에 울림소리가 있는 경우에는 'ㅏ'만 줄어든다. 따라서 '부지런ㅎ+다'가 결합되어 거센소리되기로 인해 '부지런타'가 된 것이므로 이는 맞춤법에 맞는 표기이다. '부지런타'는 '부지런하다'의 준말로서 맞게 쓰였다.

오답풀이 ① 문맥상 '살이 쪘다'는 의미이므로 '붇는'으로 고쳐야 한다. '불다'를 기본형으로 잡아서 '부는'이 된 것인데, '불다'는 '바람이 일어나다, 입술을 오므리고 입김을 내어 보내다.'의 의미이므로 적절하지 않다.

③ '뒤풀이'는 명사 '뒤' 이후에 나오는 '풀이'가 이미 거센소리로 시작되기 때문에 사이시옷이 오지 못하므로 '뒤풀이'로 고쳐야 한다. '붕어빵'도 '빵'이 이미 된소리이므로 사이시옷을 표기해서는 안 된다.

④ 지위나 신분 또는 자격을 나타내는 격 조사인 '로서'를 쓰는 것이 적절하다. '로써'는 '어떤 물건의 재료나 원료를 나타내는 격 조사, 어떤 일의 수단이나 도구를 나타내는 격 조사, 시간을 셈할 때 셈에 넣는 한계를 나타내거나 어떤 일의 기준이 되는 시간임을 나타내는 격 조사'의 의미를 갖는다.

## 65.

정답풀이 연결 어미 '-든'은 '선택의 의미'를 가지므로 '무슨 일을 하든지'는 적절하다.
어떤 일이 과거에 일어났다는 의미를 지닌 '-던'과 잘 구별해야 한다.

오답풀이 ① '인사말'의 표준 발음은 [인사말]이므로 'ㄴ'소리가 나지 않는다. 이는 사이시옷의 음운론적 조건에 부합하지 않으므로 '인사말'로 고쳐야 한다.

② 모음이나 'ㄴ' 받침 뒤에 이어지는 '렬, 률'은 '열, 율'로 적는다. 따라서 '출산률'을 '출산율'로 고쳐야 한다. 이와 같은 예로, 내재율, 실패율(失敗率), 백분율(百分率) 등이 있다.

③ '개다'는 ' 비나 눈이 그치고 구름 · 안개가 흩어져서 날이 맑아지다.'를 의미한다. 어간 '개-'에 어미 '-어서'가 결합하면 '개어서'가 된다. 축약하면 '개서'로도 표기할 수 있다. '개여서'는 사동접미사 '이'가 쓸데없이 들어간 표현이므로 옳지 않다.

## 66.

정답풀이 '쳐져서'의 기본형은 '(피아노를) 치다'이다.
따라서 '치(다)+어+지+어+요'에서 모음 축약(치+어, 지+어)이 일어나 표기도 '쳐져요'가 된 것이므로 옳은 표기이다.

오답풀이 ① 개어도 : '개-'에 '어도'가 결합된 것이므로 '개어도'가 옳다. '개다'는 '비나 눈이 그치고 구름 · 안개가 흩어져서 날이 맑아지다.'를 의미한다.

③ 슬퍼졌대요 : '데'는 화자가 직접 경험(목격)한 것이어야 하는데 이 문장에서는 영희의 말을 전달하는 것이므로 '-대'를 써야 한다. 남이 말한 내용을 간접적으로 전달할 때는 '-다고 해'의 준말인 '-대'를 써야 한다.

④ 체언 뒤에 붙는 서술격 조사의 활용형인 '이에요/이어요'는 받침 없는 체언에 붙을 때는 '예요' '여요'로 축약이 가능하다. 따라서 '어린이+이에요'를 줄여 쓸 때에는 '어린이예요'가 옳다.

## 67

정답풀이 '-이' 이외의 모음으로 시작된 접미사에 해당하는 것이지만 '떠벌+이, 얼룩+이'처럼 '이'로 시작하는 접미사가 결합된 것은 (다)와 관련이 없다.

오답풀이 ① (가) : '죽-'과 '묻-'은 동사이지만, '-이'나 '-음' 이외의 모음으로 시작된 접미사인 '엄'과 붙은 것이다.

② (가) : '막-'은 동사이지만, '-이'나 '-음' 이외의 모음으로 시작된 접미사인 '암, 애'와 붙은 것이다.

③ (나) : 명사 '육손(손가락이 여섯 개)'과 '곰배팔(꼬부라져 붙어 펴지 못하는 팔)'에 '-이'가 붙은 것이므로 옳다.

## 68.

정답풀이 '바가지(박+아지)'는 명사 '박' 뒤에 접미사 '아지'('-이' 이외의 모음으로 시작된 접미사)가 붙었지만, 품사가 그대로 명사이므로 (나)의 예가 될 수 없고 오히려 (라)에 해당된다. '마중[맞(동사)+웅]', '무덤[묻(동사)+엄]'은 (나)의 예로 적절하다. '맞-, 묻-'이라는 동사가 접미사로 인해 '명사'가 되었기 때문이다.

오답풀이 ① (가) '달맞이'는 어간에 '-이'가 붙어서 명사로 품사가 바뀐 것[달맞-(합성 동사) → 달맞이(명사)]의 예이고, '졸음'은 어간에 '-음'이 붙어서 명사로 품사가 바뀐 것[졸-(동사) → 졸음(명사)]의 예, '작히'는 '작하다'의 '작-'에 '-히'가 붙어서 부사로 품사가 바뀐 것[작-(동사) → 작히(부사)]의 예에 해당한다.

③ (다) '바둑이', '절름발이'는 명사 뒤에 '-이'가 붙어 명사가 된 예이고, '틈틈이'는 명사 뒤에 '-이'가 붙어 부사로 된 것의 예에 해당한다.

④ (라) '집+웅', '끝+으머리', '짚+우라기'는 모두 '-이' 이외의 모음으로 시작된 접미사가 붙어 된 말의 예에 해당한다.

정답

64 ② 65 ④ 66 ② 67 ④ 68 ②

**64.** 다음 밑줄 친 부분 중 한글 맞춤법에 따라 바르게 표기된 것은?

① 방학 동안 몸이 부는 통에 건강이 안 좋아졌다.
② 그 사람은 태생이 참 부지런타.
③ 오늘 뒷풀이에서 붕엇빵을 먹었다.
④ 훈민정음은 한글을 연구하는 자료로써 중요하다.

**65.** 다음 중 '한글 맞춤법'에 맞는 문장은?

① 인삿말을 뭘 쓸지 고민하였다.
② 혼삿길이 막히자 출산률이 줄고 있다.
③ 날씨가 개여서 밖으로 놀러 갔다.
④ 무슨 일을 하든지 넌 응원하겠다.

**66.** 밑줄 친 단어의 표기가 옳은 것은?

① 날씨가 개여도 기분이 나쁘다.
② 오르간이 오늘 따라 잘 쳐져서 기분이 좋다.
③ 영희가 그러는데 철수가 지금 슬퍼졌데요.
④ 저희들은 착한 어린이에요.

## 亦功 중간 빈출, 제3빈출

### 출.좋.포 7 품사와 관련된 한글 맞춤법

**67.** 다음 한글 맞춤법 규정의 예로 옳지 않은 것은?

(가) 제19항 [붙임] 어간에 '-이'나 '-음' 이외의 모음으로 시작된 접미사가 붙어서 다른 품사로 바뀐 것은 그 어간의 원형을 밝히어 적지 아니한다.
(나) 제20항 명사 뒤에 '-이'가 붙어서 된 말은 그 명사의 원형을 밝히어 적는다.
(다) 제20항 [붙임] '-이' 이외의 모음으로 시작된 접미사가 붙어서 된 말은 그 명사의 원형을 밝히어 적지 아니한다.

① (가): 주검, 무덤
② (가): 마감, 마개
③ (나): 육손이, 곰배팔이
④ (다): 떠버리, 얼루기

**68.** 다음 한글 맞춤법 규정의 예로 옳지 않은 것은?

(가) 제19항 어간에 '-이'나 '-음/ㅁ'이 붙어서 명사로 된 것과 '-이'나 '-히'가 붙어서 부사로 된 것은 그 어간의 원형을 밝히어 적는다.
(나) 제19항 [붙임] 어간에 '-이'나 '-음' 이외의 모음으로 시작된 접미사가 붙어서 다른 품사로 바뀐 것은 그 어간의 원형을 밝히어 적지 아니한다.
(다) 제20항 명사 뒤에 '-이'가 붙어서 된 말은 그 명사의 원형을 밝히어 적는다.
(라) 제20항 [붙임] '-이' 이외의 모음으로 시작된 접미사가 붙어서 된 말은 그 명사의 원형을 밝히어 적지 아니한다.

① (가): 달맞이, 졸음, 작히
② (나): 마중, 무덤, 바가지
③ (다): 바둑이, 틈틈이, 절름발이
④ (라): 지붕, 끄트머리, 지푸라기

06 PART

## 69.

**정답풀이** 구개음화는 '이'나 반모음 '이'로 시작하는 형식 형태소에서 일어나므로 이 선택지는 옳지 않다. 실질 형태소가 오는 경우에는 '홑이불[혼니불]'처럼 ㄴ첨가가 일어나게 된다.

**오답풀이** ① [구치다], [부처]로 발음되더라도 'ㄷ, ㅌ'의 원형을 밝혀 적어야 한다.
② 구개음화가 일어나더라도 소리대로 적지 않고 'ㄷ, ㅌ'으로 적는다고 했으므로, 이는 '어법에 맞게 적는다'는 원리를 따른 것이다.
④ 구개음화는 두 형태소 사이에서 일어난다. '잔디, 버티다'의 '디, 티'는 하나의 형태소 내부이므로 위 조항에 해당되지 않는다.

## 70.

**정답풀이** 신체의 일부 뒤에는 '비하'의 뜻을 더하는 접미사 '때기'가 붙어야 하므로 '귀때기'로 고쳐야 한다.

**오답풀이** ①② 접미사 '-대기'는 없으므로 무조건 '때기'로 적어야 하므로 '판때기, 거적때기'로 적는 것은 옳다.
③ '상-판대기'는 '얼굴'을 속되게 이르는 말인데, 접미사 '-때기', '판때기'와는 무관하다. '판대기'도 없는 말이다.

## 71.

**정답풀이** 뚝빼기(×) → 뚝배기(○) : 원래 단어의 형태가 단일어로 '뚝배기'이다. '뚝배기'는 '찌개나 지짐이 등을 끓이거나 국밥・설렁탕 따위를 담는 오지그릇.'을 의미한다.

**오답풀이** ①③ 신체의 일부를 비하하는 의미를 지닌 '빼기'가 붙은 '이마빼기, 대갈빼기'는 옳다.
④ 곱빼기 : 음식의 두 몫을 한 그릇에 담은 분량.
안울림소리 'ㅂ' 뒤에는 '빼기'가 와야 한다.

## 72.

**정답풀이** 불이 옮아 붙는 것은 '댕기다'이다. 'ㅣ' 모음 역행 동화가 오히려 표준어가 된 예외의 예시이기도 하다.

**오답풀이** ② '덮히다'는 '덮이다'의 잘못으로 세상에 없는 단어이다. 애초에 거센소리 'ㅍ'과 'ㅎ'이 같이 오는 것 자체가 매우 어색하다.
③ '후송(後送)'은 '적군과 맞대고 있는 지역에서 부상자, 전리품, 포로 따위를 후방으로 보내는 것'이나 '뒤에 보냄'을 의미하므로 문맥에 적합하지 않다. 여기서는 '목적지까지 보호하여 운반함.'의 뜻인 '호송(護送)'을 사용하여야 한다.
④ 이 문장에는 '아이를 배지 않은 몸'을 뜻하는 '홑몸'을 사용하여야 한다. '홀몸'은 배우자나 형제가 없는 사람을 의미하므로 문맥에 적합하지 않다.

## 73.

**정답풀이** 물체의 겉을 싸고 있는 단단하지 않은 물질을 이르는 말은 '껍질'이다. 따라서 '돼지 껍데기'가 아니라 '돼지 껍질'이 옳다.

**오답풀이** ① 달걀이나 조개 따위의 겉을 싸고 있는 단단한 물질을 이르는 말은 '껍데기'이므로 '달걀 껍데기'는 옳다. '굴 껍데기' 등이 있다.
② 물체의 겉을 싸고 있는 단단하지 않은 물질을 이르는 말은 '껍질'이다. 따라서 '나무껍질'은 옳다.
④ '조개껍질/조개껍데기'는 복수 표준어로 사전에 등재되어 있다.

**정답**

69 ③ 70 ④ 71 ② 72 ① 73 ③

## 출.좋.포 8 구개음화 표기

**69. 다음 한글 맞춤법 제6항에 대한 설명으로 옳지 않은 것은?**

> 'ㄷ, ㅌ' 받침 뒤에 종속적 관계를 가진 '-이(-)'나 '-히-'가 올 적에는, 그 'ㄷ, ㅌ'이 'ㅈ, ㅊ'으로 소리 나더라도 'ㄷ, ㅌ'으로 적는다.

① 예시로는 '굳히다, 붙여'가 있다.
② 위 조항은 한글 맞춤법 총칙 중 '어법에 맞게 적는다'는 원리를 따른 것이다.
③ '이'나 반모음 '이'로 시작하는 실질 형태소인 경우에 실현된다.
④ '잔디, 버티다'는 하나의 형태소에서 'ㄷ, ㅌ'과 'ㅣ'가 만난 것으로서 위 조항의 예에 해당되지 않는다.

## 출.좋.포 9 -대기 vs -때기

**70. 밑줄 친 부분이 한글 맞춤법에 맞지 않는 것은?**

① 검정 칠을 한 판때기에 이름을 새겼다.
② 구석에 거적때기를 깔았다.
③ 알기는 아는데 나도 상판대기는 아직 못 봤네
④ 추워서 귀대기가 떨어져 나가려고 한다.

## 출.좋.포 10 -배기 vs -빼기

**71. 밑줄 친 부분이 한글 맞춤법에 맞지 않는 것은?**

① 네 이마빼기 받힌다고 죽을 나도 아니다.
② 뚝빼기를 시켜 먹으니 맛있었다.
③ 무엇으로 대갈빼기를 얻어맞은 것 같다.
④ 난 양이 많으니 곱빼기를 시켜야 한다.

**72. 밑줄 친 단어가 적절한 것은?**

① 그의 초라한 모습이 내 호기심에 불을 댕겼다.
② 산이 구름에 덮혀서 잘 보이지 않았다.
③ 운동 선수가 다쳤으니 병원으로 후송해야 한다.
④ 오늘부터 그녀는 임신하게 되어 홑몸이 아니게 되었다. .

## 赤功 난이도 조절용



**73. 다음 중 밑줄 친 단어의 사용이 옳지 않은 것은?**

① 달걀 껍데기를 깨다.
② 나무껍질을 벗겨서 삶아 먹었다.
③ 돼지 껍데기에는 콜라겐이 많다.
④ 조개껍질을 모아 선물을 줬다.

Chapter

# 02 문법과 관련된 표기들

## 01.

정답풀이 • 명중률(○): 한글 맞춤법 제11항에 따르면 모음이나 'ㄴ' 받침 뒤에 이어지는 '렬, 률'은 '열, 율'로 적는다. '명중률'에서 '률' 앞의 'ㅇ'은 모음이나 'ㄴ' 받침이 아니므로 원래대로 '렬, 률'로 표기한다. 여기에서는 맞게 잘 표기했다.

• 장구(○): '타악기'를 의미하는 경우에는 '장구'가 옳다. '장고'가 아님에 유의하여야 한다.

오답풀이 ① • 에두르다(○): 동사 '에두르다'는 '「1」 에워서 둘러막다. 「2」 바로 말하지 않고 짐작하여 알아듣도록 둘러대다'란 뜻으로 사전에 등재되어 있는 표준어이다.

• 장미빛(×) → 장밋빛(○): [장미삗/장믿삗]처럼 사잇소리 현상이 일어나면서 '장미(薔薇)+빛'에서 고유어가 하나 있으므로 사이시옷을 표기해야 한다.

② • 쓱삭쓱삭(×) → 쓱싹쓱싹(○): 한글 맞춤법 제13항에 따르면 한 단어 안에서 같은 음절이나 비슷한 음절이 겹쳐 나는 부분은 같은 글자로 적는다.

• 머릿말(×) → 머리말(○): [머리말]로 사잇소리 현상이 일어나지 않으므로 사이시옷을 표기해서는 안 된다.

④ • 시덥잖다(×) → 시답잖다(○): '시덥지 않다'의 준말이므로 '시덥잖다'만 옳다.

• 세 살배기(○): '배기'는 '그 나이를 먹은 아이'를 의미하는 접미사로 옳다.

## 02.

정답풀이 '늘리다'는 '수나 분량, 시간 따위를 본디보다 많아지게 하다.'는 뜻을 갖는 동사이다. 그러나 '늘이다'는 주로 '고무줄을 늘이다.'와 같이 '물체의 길이를 더 길게 하다.'는 뜻으로 쓰이므로 확실히 구분해야 한다.

오답풀이 ① 표준어 규정 제25항의 예시에서 '안절부절못하다'만 표준어로 제시하고 있다. '마음이 초조하고 불안하여 어찌할 바를 모르는 모양'이라는 뜻의 부사 '안절부절'에서 나온 말로서, '안절부절하다'는 표준어가 아니다!

② 그들에(×) → 그들에게(○): 사람을 뜻하는 대명사 '그들'에는 부사격 조사 '에게'를 써야 한다. 부사격 조사 '에'는 무정 명사에 쓰인다.

예 역공녀는 **학생들에** 답변을 남겼다. (→ 학생들에게)
학생들은 시험 오류를 **정부에게** 항의했다. (→ 정부에)

④ '마구', '많이'의 뜻을 더하는 접두사 '처-'를 활용한 형태이다. 이와 같은 예로 '처대다, 처먹다, 처먹다, 처넣다, 처바르다.' 등이 있다.

정답

01 ③ 02 ③ 03 ① 04 ④

## 03.

정답풀이 '오다'의 어간 '오-'+았+연결 어미 '(으)매'가 결합된 형태로 옳다. 연결 어미 '-(으)매'는 '어떤 일에 대한 원인이나 근거를 나타내는' 어미이다. '-음에'와 혼동할 수 있으나, '-음에'는 '어떤 일에 대한 원인이나 근거'를 나타내는 의미가 없다. 다만, '이것을 연구함에 큰 문제가 없다.'와 같은 경우에 쓸 수 있다.

오답풀이 ② 한소금(×) → 한소끔(○): '한소끔'이 옳다. '한 번 끓어오르는 모양.'을 의미한다.

③ 푼푼이(×) → 푼푼히(○): '푼푼이(첩이 명사)'와 '푼푼히'가 모두 있으므로 주의하여야 한다. 여기에서는 '모자람이 없이 넉넉하다.'를 의미하는 '푼푼히'가 쓰여야 한다. '푼푼이'는 '한 푼씩 한 푼씩.'을 의미한다.

④ 엇다가(×) → 얻다가(○): '어디에다가'의 준말인 '얻다가'가 옳다. (얻다 대고=어디에다 대고)

## 04.

정답풀이 오랜동안(×)→오랫동안(○): '오래+동안'은 합성어이면서 [오래똥안/오랟똥안]으로 사잇소리 현상이 일어나므로 사이시옷을 표기하게 된 것이다. (단, 띄어 쓰는 경우에는 '오랜 동안'만 가능하다. 관형사 '오랜'이 쓰인 것이다.)

오답풀이 ① 안 돼요(○): '금지'를 의미하는 경우에는 '안 되다'로 띄어 쓴다. '안 되+어요'가 축약되면 '안 돼요'로 준다.

② 깨트리다(○): 접미사 '뜨리' '트리' 모두 표준이므로 '깨뜨리다, 깨트리다' 모두 옳다.

③ 하지 말아라(○): '말-'에 명령형 어미 '-아(라)'가 결합하는 경우 '마라'가 된다. 2015년 개정 이후 '말아, 말아라'도 옳게 되었다.

빈출 순위별 예상 문제

# 6편 한글 맞춤법 CH.02 문법과 관련된 표기들

## 亦功 최빈출

**01.** 한글 맞춤법에 맞는 것으로만 묶은 것은?

① 에두르다, 장미빛
② 쓱삭쓱삭, 머릿말
③ 명중률, 장구(악기)
④ 시덥잖다, 세 살배기

**02.** 밑줄 친 부분이 어법상 가장 적절한 것은?

① 그는 본인이 저지른 범죄에 <u>안절부절하는</u> 모습을 보였다.
② 그는 <u>그들에</u> 뒤지지 않는 경쟁력을 갖춰야 한다.
③ 수명을 <u>늘리는</u> 것에 대한 연구는 계속되고 있다.
④ 지수는 파운데이션을 얼굴에 덕지덕지 <u>쳐발랐다.</u>

**03.** 밑줄 친 단어의 맞춤법이 옳은 것은?

① 비가 <u>왔으매</u> 강물이 불었을 것이다.
② 국이 <u>한소금</u> 끓어오르면 스프를 넣어라.
③ 부유한 부모님은 그녀에게 용돈을 <u>푼푼이</u> 주었다.
④ 집에 <u>엇다가</u> 휴대폰을 뒀는지 기억이 안 난다.

**04.** 한글 맞춤법에 맞지 않는 것은?

① 울면 안 돼요.
② 그는 신뢰를 깨트렸다.
③ 그 일을 하지 말아라.
④ 고향을 오랜동안 떠나 있었다.

06 PART

## 05.

정답풀이 • 미처: (부사) 아직 거기까지 미치도록.

• '거저 '는 서술어 '먹는'을 꾸미는 부사로서 '대가나 조건 없이. 무료로.'를 의미한다.

• 생각지 못해: 용언 어간의 끝음절 '하' 앞에 받침 'ㄱ, ㅂ, ㅅ'이 오는 경우에는 '하'가 통째로 준다. 따라서 '생각하다'의 준말은 '생각다'이다.

오답풀이 ① • 회계년도(×) → 회계연도(○)

'연도(年度)'는 사무나 회계 결산 따위의 처리를 위하여 편의상 구분한 1년의 기간을 의미한다. '졸업 연도, 제작 연도' 등을 예로 들 수 있다. '제50항 전문 용어는 단어별로 띄어 씀을 원칙으로 하되, 붙여 쓸 수 있다'는 조항에 따라 '회계 연도'와 '회계연도' 모두 가능하다.

• 신년도(○): '신년(新年)+도(度)'이므로 '년'에 두음법칙이 적용되지 않는다. 단어의 첫머리에 '년'이 오지 않기 때문이다.

② 치주마(×) → 쳐주마(○): '셈을 맞추어 주다.'를 의미하는 '쳐주다'가 와야 하므로 '쳐주마'가 옳은 표기이다. '쳐주다'는 사전에 등재되지 않은 비표준어이다.

③ • 어떡해(×) → 어떻게(○): '어떡해'는 '어떻게 해'의 줄임말이므로 옳지 않다. 뒤의 용언 '낮습니까'를 수식해야 하므로 용언의 부사형 '어떻(용언의 어간)+게(부사형 어미)'가 와야 한다.

• 번번히(×) → 번번이(○): 첩어 명사 뒤에는 부사 파생 접사 '-이'가 결합된다.

예 간간이, 누누이, 일일이, 집집이, 겹겹이, 틈틈이

• 합격율(×) → 합격률(○)

☞ '모음'이나 'ㄴ' 뒤에는 '열/율'이 나머지 자음 뒤에는 '렬/률'이 결합된다. 예 내재율, 백분율, 치사율 / 합격률, 외형률

## 06.

정답풀이 인칭 접미사 '-이'가 붙은 '정직이'까지가 체언이다. '이에요'는 서술격 조사 '이-'와 종결 어미 '-에요'를 결합한 형태이다. '정직이(체언)+이(서술격 조사 어간)+에요(어미)'는 '정직이이에요'도 가능하고 '정직이예요'처럼 '이(서술격 조사 어간)+에요(어미)'가 축약된 표현도 가능하다.

오답풀이 ① 한자어 '연월일(年月日)'에서 '년(年)'은 두음 법칙에 따라 '연'으로 표기된다. '-별'은 ((일부 명사 뒤에 붙어)) '그것에 따른'의 뜻을 더하는 접미사이므로 붙여 쓴다.

> 제10항 | 한자음 '녀, 뇨, 뉴, 니'가 단어 첫머리에 올 적에는 두음 법칙에 따라 '여, 요, 유, 이'로 적는다.

② '이쁘다'는 '예쁘다'의 비표준어였으나 2015년 11월 개정으로 인해 '예쁘다'와 복수 표준어로 인정되었다. 활용 형태인 '이쁘디이쁘다'도 표준어로 인정되었다.

③ '중요한 임무를 띤'의 '띠다'는 '용무 · 직책 · 사명을 가지다.'는 의미로 옳다. '(눈에) 뜨이다', '(간격을) 띄우다' 이외의 의미는 '띠다'를 쓴다.

> 띄다1
> '(눈에) 뜨이다'의 준말
> 띄다2
> '(간격을) 띄우다'의 준말

## 07.

정답풀이 "끝소리가 'ㄹ'인 말과 딴 말이 어울릴 적에 'ㄹ' 소리가 나지 아니하는 것은 아니 나는 대로 적는다."는 한글 맞춤법 제28항 규정에 따라 '차지다'로 적는 것이 맞다. 참고로, 2015년 개정 시 '찰지다' 역시 '차지다'이 원말로 표준어로 인정되었다.

오답풀이 ② '윗옷의 좌우에 있어 두 팔을 꿰는 부분'을 가리키는 '소매'에 '저고리나 두루마기의 목에 둘러대어 앞에서 여밀 수 있도록 된 부분'을 뜻하는 '옷깃'의 준말인 '깃'을 합성해 '소맷깃'이라고 쓰는 것은 옳지 않다. '옷깃'은 윗옷의 위쪽에 달려 있는 것이지 소매에 달려 있는 것이 아니다. '소맷깃'의 옳은 말은 '소맷귀'이며 '소맷귀'에서 '귀'는 '두루마리나 저고리의 섶 끝부분'을 뜻한다.

③ '이어서'가 옳다. 기본형은 '잇다'로, 모음 어미가 결합할 때, 'ㅅ'이 탈락하는 불규칙 활용이다. '잇+어서'가 '이어서'가 된다. '이여서'는 사동 접미사 '이'가 불필요하게 결합된 것이다.

④ 띄지 → 띠지: '(눈에) 뜨이다', '(간격을) 띄우다'의 경우에만 '띄다'로 표기해야 한다. 하지만 이 경우에는 '활기를 가지다'의 의미이므로 '띄다'가 아니라 '띠다'로 표기해야 한다.

> 띄다1
> '(눈에) 뜨이다'의 준말
> 띄다2
> '(간격을) 띄우다'의 준말

## 08.

정답풀이 동사 어간 '만들-'에 명사형 어미 '-ㅁ'이 그대로 결합하여 '만듦'으로 표기해야 한다.

오답풀이 ① '나았다'가 옳다. 기본형 '낫다'로, 모음 어미가 결합할 때, 'ㅅ'이 탈락하는 불규칙 활용이다.

② '오십시오'로 고쳐야 한다. 명령형의 '하십시오'체로 고쳐야 한다.

④ '잇따르다'와 '잇달다'는 유의어로, '뒤를 이어 따르다.'의 뜻이므로 둘 다 쓸 수 있다. '잇따르다'는 '—' 규칙 활용을 하여 '잇따른', '잇달다'는 'ㄹ' 규칙 활용을 하여 '잇단'으로 표기해야 한다.

정답

05 ④ 06 ④ 07 ① 08 ③

**05.** 현행 「한글 맞춤법」에 따른 표기로 가장 적절한 것은?

① 신년도는 회계년도 기준으로 5월부터입니다.
② 하나에 백 원씩 쳐주마.
③ 어떡해 번번히 합격율이 낮습니까?
④ 미처 그가 거저 먹는 것이라고 생각지 못했다.

**06.** 밑줄 친 부분이 어법에 맞지 않는 것은?

① 출생 연월일별로 파일을 구분해 놓으렴.
② 그녀의 이쁘디이쁜 얼굴이 많이 상했다.
③ 중요한 임무를 띤 그녀는 열심히 뛰었다.
④ 내가 좋아하는 사람은 정직예요.

**07.** 밑줄 친 부분의 어법이 옳은 것은?

① 밥이 차져서 내 입맛에 맞았다.
② 그녀가 내 소맷깃을 슬며시 잡아당겼다.
③ 줄을 이여서 언덕배기로 올라 가자.
④ 그녀는 실망하여 얼굴에 활기를 띄지 못했다.

**08.** 밑줄 친 부분의 표기로 적절한 것은?

① 병이 씻은 듯이 낳았다.
② 온도를 재야 하니 이쪽으로 오십시요.
③ 이 나라의 기틀을 최종적으로 만듦.
④ 선수들의 잇딴 부상으로 전력에 문제가 생겼다.

06 PART

## 09.

정답풀이 '누레도'는 기본형 '누렇다'가 활용한 것이다. '누렇다'에 음성 모음 어미 '어도'가 오면 '누레도'로 활용된다. 이는 어간과 어미가 함께 변하는 'ㅎ' 불규칙 활용이다.

오답풀이 ① 날으는(×) → 나는(○): '날-'에 어미 '-는'이 결합되어 'ㄹ' 탈락이 일어나 '나는'으로 표기해야 한다. '-으는'이라는 어미는 아예 존재하지 않는다.

② 서슴치(×) → 서슴지(○): '서슴다'가 기본형이므로 용언 어간이 '서슴-'이다. 용언 어간 '서슴-'에 어미 '-지'가 그대로 결합하여 '서슴지'로 표기해야 한다. '서슴하다'라는 단어는 없음에 유의하여야 한다. ('삼가다'도 같은 활용 양상을 보인다.)

③ 뒤쳐졌다(×) → 뒤처졌다(○): '뒤쳐지다'는 '물건이 뒤집혀서 젖혀지다.'의 의미이므로 문맥에 맞지 않는다. '어떤 수준이나 대열에 들지 못하고 뒤로 처지거나 남게 되다'의 의미인 '뒤처지다'로 써야 한다.

## 10.

정답풀이 또아리(×) → 똬리(○): '준말이 널리 쓰이고 본말이 잘 쓰이지 않는 경우에는, 준말만을 표준어로 삼는다.'는 표준어 규정 제14항에서 '똬리'만을 표준어로 인정한다.

오답풀이 ① '널따랗다, 짤막하다, 얄찍하다'와 같은 단어들은 어원적으로 'ㄼ'으로 끝나는 '넓-, 짧-, 얇-'과 관련을 맺지만 겹받침을 표기하지 않고 종성의 발음을 표기에 그대로 반영했기 때문에 표기대로 발음하면 된다.

② '바라-(어간)+-아(종결 어미)'이므로 '바래'가 아니라 '바라'가 옳다. '바래다'는 '볕이나 습기를 받아 색이 변하다.'를 의미하는 단어로 '바라다'와는 의미 자체가 아주 다르므로 표기에 유의해야 한다.

③ 어떡해(= 어떻게 해): '어떡해'가 옳다. '어떡해'는 '어떻게 해'의 준말이다. 참고로 '어떻해'는 아예 틀린 표기이다.

## 11.

정답풀이 막역(莫逆: 莫 없을 막 逆 거스를 역)하다: 허물없이 아주 친하다. (참고로 '막연(漠然)하다'는 '아득하다.'를 의미한다.)

오답풀이 ① 믿음으로(×) → 믿으므로(○): 당신이 나를 믿는 이유로 나도 당신을 믿는 결과가 있는 것이므로 '믿으므로'로 표기하는 것이 옳다.

② 바램(×) → 바람(○): '원하다'를 의미하는 용언 어근 '바라-'에 명사 파생 접사 '-ㅁ'이 결합하면 '바람'으로 표기하는 것이 옳다. '바래다'는 '색이 변하다'를 의미한다.

③ 안밖(×) → 안팎(○): '안팎'이 맞는 표기이다. 중세에는 '안'은 'ㅎ' 종성 체언이었기 때문이다. '안팎'은 그 흔적이 남은 것이다. 이외에도 '살코기, 암컷, 수컷, 머리카락' 등이 있다.

정답

09 ④ 10 ④ 11 ④ 12 ① 13 ④

## 12.

정답풀이 '원하다'를 의미하는 용언 어근 '바라-'에 명사 파생 접사 '-ㅁ'이 결합하면 '바람'으로 표기하는 것이 옳다. '바래다'는 '색이 변하다'를 의미한다.

오답풀이 ② '안팎'이 맞는 표기이다. 중세에는 '안'은 'ㅎ' 종성 체언이었기 때문이다. '안팎'은 그 흔적이 남은 것이다. 이외에도 '살코기, 암컷, 수컷, 머리카락' 등이 있다.

③ 막연한(×) → 막역한(○): 막역(莫逆: 莫 없을 막 逆 거스를 역)하다: 허물없이 아주 친하다. '막연(漠然)하다'는 '아득하다.'를 의미한다.

④ '게시판(揭示板)'이 옳은 표기이다.

## 13.

정답풀이 '서럽다'와 복수 표준어인 '섧-'에 자음 어미가 붙을 때에는 예쁘게 결합되므로 '섧고'는 옳다.

오답풀이 ① 눌지(×) → 눋지(○) ('눋다'는 'ㄷ' 불규칙 용언): '누른빛이 나도록 조금 타다.'를 의미하는 어간 '눋-'에 자음 어미가 결합하는 경우에는 그대로 '눋지'가 된다. 'ㄷ'이 'ㄹ'로 교체되는 것은 '눋-' 뒤에 모음 어미가 왔을 때만이다. (눌어, 눌으니, 눌었다)

② 내딛었다(×) → 내디뎠다(○): '내딛다'는 '내디디다'의 준말이다. 준말 중에 '내딛다, 서둘다, 서툴다, 머물다, 갖다' 등은 모음 어미와는 결합하지 못하고 자음 어미와만 결합할 수 있다. 따라서 '내디디+었+다'로 '내디뎠다'로 표기해야 한다.
(단, 모든 준말이 모음 어미와 활용하지 못하는 것은 아니다. '외우다'의 준말인 '외다', '거두다'의 준말인 '걷다'는 각각 '외어', '걷어'와 같이 활용할 수 있다.)

③ '휴게실(休憩室)'이 옳다.

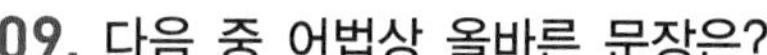

**09.** 다음 중 어법상 올바른 문장은?

① 하늘을 날으는 용단을 탔다.
② 그는 범죄도 서슴치 않았다.
③ 방심을 한 그 선수는 뒤쳐졌다.
④ 상자가 누레도 상한 게 아니니 걱정 마.

**10.** 밑줄 친 어휘의 표기가 옳지 않은 것은?

① 널따란 도로를 내서 통행료를 걷을 수 있다.
② 네가 행복하길 바라!
③ 대갈빼기가 깨진 거 같아. 어떡해?
④ 또아리 튼 뱀은 쳐다보지 마라.

**11.** 다음 중 맞춤법에 맞는 표현은?

① 그가 우리를 믿음으로 우리도 그를 믿습니다.
② 우리의 바램은 언젠가는 이뤄질 것이다.
③ 나라 안밖에서 피난민을 위한 성금을 모금하였다.
④ 철수와 나는 한시도 떨어질 수 없는 막역한 친구였다.

**12.** 밑줄 친 단어가 맞춤법에 맞는 것은?

① 어머니는 나의 간절한 바람을 들어주지 않았다.
② 나라 안밖에서 피난민을 위한 성금을 모금하였다.
③ 철수와 나는 한시도 떨어질 수 없는 막연한 친구였다.
④ 매점 앞 계시판에는 학생들이 원하는 과자 이름이 가득 적혀 있다.

**13.** 밑줄 친 맞춤법이 옳은 것은?

① 볶음밥은 밥이 눌지 않으면 맛이 없다.
② 산이 가팔라서 힘들었지만 우리는 힘차게 발을 내딛었다.
③ 코로나가 위험하니 휴계실에서는 음식을 먹으면 안 된다.
④ 지난 일을 생각하니 서럽고 분했다.

## 14.

정답풀이 〈한글 맞춤법〉에 따라 바르게 표기된 것은 '새까맣다－시뻘겋다－샛노랗다'이다. '매우 짙고 선명하게'의 뜻을 더하는 접두사는 환경에 따라 '새－/샛－/시－/싯－'으로 쓰인다.

| 구분 | 어두음 : 된소리나 거센소리 또는 'ㅎ' | 어두음 : 유성음(울림소리) |
|---|---|---|
| 첫음절의 모음 : 양성 모음 'ㅏ, ㅗ' | 새<br>(새파랗다, 새까맣다) | 샛<br>(샛노랗다) |
| 첫음절의 모음 : 음성모음 'ㅓ, ㅜ' | 시<br>(시퍼렇다, 시꺼멓다, 시뻘겋다, 시허옇다) | 싯<br>(싯누렇다) |

오답풀이 ① 시하얗다(×) → 시허옇다(○), 새하얗다(○)
② 샛파랗다(×) → 새파랗다(○)
샛누렇다(×) → 샛노랗다(○)
③ 세피렇다(×) → 시퍼렇다(○)

## 15.

정답풀이 '입을 조금 벌리고 소리 없이 살짝 웃는 모양.'을 의미하는 '방끗'은 '방긋' 보다 조금 센 느낌을 주는 것으로 표기가 옳다.

오답풀이 ① 껍질채(×) → 껍질째(○) : '그대로', '전부'의 뜻을 더하는 접미사 '－째'로 고쳐야 한다.
② 갈께(×) → 갈게(○) : '－ㄹ게'는 종결 어미로서, 어미 내부의 'ㄹ' 뒤의 소리가 된소리로 발음되어도([할께]) 표기는 예사소리로 한다.
③ 채하였다(×) → 체하였다(○) : '채'는 '이미 있는 상태 그대로 있다'는 뜻의 의존 명사로 '－은/는 채로', '－은/는 채'로 사용되므로 이 문맥에는 맞지 않다. 어떤 행동이나 상태를 거짓으로 그럴듯하게 꾸밈을 나타내는 보조 동사인 '체하다(=척하다)'로 고쳐야 한다.

## 16.

정답풀이 '오면가면'은 '오면서 가면서'를 뜻하는 부사이므로 옳다. '오명가명'이 아님에 유의하여야 한다.

오답풀이 ① 설겆이(×) → 설거지(○) : '표준어 규정 제20항 | 사어(死語)가 되어 쓰이지 않게 된 단어는 고어로 처리하고, 현재 널리 사용되는 단어를 표준어로 삼는다'에 따라 '설겆다'는 사어이므로 '설겆이'가 아니라 '설거지'로 표기해야 한다.
③ 낫가리(×) → 낟가리(○) : '낟알이 붙은 곡식의 단을 쌓은 더미.'를 의미하므로 '낟가리'로 쓰는 것이 옳다.
④ 얼키고설켜서(×) → 얽히고설켜서(○) : '얽히다'는 사전에 등재된 단어이지만 '섥히다'는 등재되어 있지 않는다. 한글 맞춤법 제21항에 따라 '섥히다'의 경우 어원이 분명하지 않으므로 소리대로 적어서 '얽히고설키다'로 적는다.

정답

14 ④ 15 ④ 16 ② 17 ② 18 ① 19 ①

## 17.

정답풀이 '거어요'는 의존 명사 '거('것'의 준말)' 뒤에, 서술격 조사 어간 '이－', 어미 '－어요/－에요'가 붙어 '여요/예요'로 줄어 쓰이므로, '거여요/거예요'로 쓰일 수 있다.

오답풀이 ① 쳐대고(×) → 처대고(○) / 쳐먹는다(×) → 처먹는다(○) : 여기에서 '처'는 '마구, 함부로'의 뜻을 더하는 접두사이므로 '처'로 고쳐야 한다.
③ 어렵살이(×) → 어렵사리(○) : '매우 어렵게.'를 의미하는 부사는 '어렵사리'로 표기해야 한다.
④ '예/아니오'(×) → '예/아니요'(○) : 감탄사 '예/네'에 상대되는 말은 감탄사 '아니요'이다. '아니오'는 형용사 어간 '아니－'에 설명·의문·명령의 뜻을 나타내는 종결 어미 '－오'가 붙은 것은 감탄사 '예/네'에 상대된다고 볼 수 없다.

## 18.

정답풀이 '매다'는 '끈 따위의 두 끝을 풀리지 않게 잡아 동여 묶다.'를 의미한다. 하지만 이 문장에서는 '메우다'의 준말인 '메다'가 쓰여야 한다. '메우다'는 '통 따위의 둥근 물체에 테를 끼우다.'를 의미한다.
예 빌려 쓴 망건이 머리에 테를 메운 것 같아서 훌떡 벗어 버리고….≪홍명희, 임꺽정≫

오답풀이 ② '사료(思料 : 思 생각 사 料 헤아릴 료(요))되다'는 '생각하여 헤아리다.'를 의미한다.
③ 동사 어간 '뵈－'에 어미 '－어' 보조사 '요'가 결합된 후 축약하면 '봬요'가 된다.
④ '부닥치다'는 '세게 부딪치다'를 의미한다. '부딪치다'와 함께 복수 표준어이다.

## 19.

정답풀이 ㉠ 절대절명(×) → 절체절명(絶體絶命)(○) : 몸도 목숨도 다 되었다는 뜻으로, 어찌할 수 없는 절박한 경우를 비유적으로 이르는 말은 '절체절명(絶體絶命 : 絶 끊을 절 體 몸 체 命 목숨 명)'이다.
㉣ 동거동락(×) → 동고동락(同苦同樂)(○) : '괴로움도 즐거움도 함께 함.'을 의미한다. '쓸 고'가 옳다.
㉤ 주구장창(×) → 주야장천(晝夜長川)(○) : '밤낮으로 쉬지 않고 잇따라.'를 의미한다.

오답풀이 ㉡ 삼수갑산(三水甲山 : 三 석 삼 水 물 수 甲 갑옷 갑 山 메 산) : 함경남도의 삼수와 갑산이 교통이 불편한 오지(奧地)라는 뜻으로, '몹시 어려운 지경'을 이르는 말이다. '산수갑산'이 아님에 유의해야 한다.
㉢ '대증 요법(對症療法)'이란 '병이 생기는 원인과 관계없이 겉으로 나타난 증상에 따라 적절히 치료하는 법.'으로 이 문장에 적절하게 쓰였다.
㉥ 오곡 백과(五穀百果) : '온갖 곡식과 여러 가지 과실.'을 의미한다.

## 亦功 중간 빈출, 제3빈출

**14. 한글 맞춤법에 따라 바르게 표기된 것만 나열한 것은?**

① 시하얗다－시꺼멓다－싯누렇다
② 샛파랗다－시허옇다－샛누렇다
③ 새퍼렇다－새빨갛다－샛노랗다
④ 새까맣다－시뻘겋다－샛노랗다

**15. 다음 예문에서 밑줄 친 부분이 맞춤법에 맞는 것은?**

① 껍질채 먹는 것이 몸에 좋다.
② 나는 집에 갈께.
③ 그녀는 그의 마음을 아는 채하였다.
④ 그녀는 영화가 만족스러운지 방끗 웃었다.

**16. 밑줄 친 말 중 맞춤법에 따라 올바르게 쓰인 것은?**

① 너가 밥을 했으니 설겆이는 내가 할게.
② 그곳은 내가 자주 오면가면 들르는 곳이다.
③ 낫가리 속에서 불을 댕기자 불이 붙었다.
④ 일이 얼키고설켜서 해결할 수 없었다.

**17. 한글 맞춤법에 맞게 표기된 문장은?**

① 가망 없는 사업에 돈을 마구 쳐대고 돈을 쳐먹는다.
② 기출 회독을 끝내면 합격할 수 있을 거여요.
③ 어렵살이 서울로 올라왔으나 하릴없이 거지꼴이었다.
④ '예/아니오'로 답하기만 하면 된다.

## 亦功 난이도 조절용

**18. 밑줄 친 단어의 쓰임이 적절하지 않은 것은?**

① 통에 테를 매다.
② 이 물건에 하자가 없다고 사료됩니다.
③ 먼저 갈 테니 집에서 봬요.
④ 그 사람과 부닥치니 골절되었다.

**19. 밑줄 친 한자어가 바르지 않은 것만 고른 것은?**

| |
|---|
| ㉠ 절대절명의 위기를 겪고 있다.<br>㉡ 삼수갑산에 가는 한이 있어도 성공할 것이다.<br>㉢ 대증 요법을 통해 암을 치료했다.<br>㉣ 동거동락한 정도 있는데 좀 봐 줘라.<br>㉤ 그렇게 주구장창 공부한다고 뭐가 달라지냐.<br>㉥ 오곡백과가 익은 가을에 잔치를 벌였다. |

① ㉠, ㉣, ㉤　　② ㉠, ㉣, ㉥
③ ㉡, ㉢, ㉤　　④ ㉢, ㉣, ㉥

06 PART

# Chapter 03 띄어쓰기

## 출.좋.포 11 최빈출 띄어쓰기

| | | |
|---|---|---|
| 만 | 의존 명사 | 시간, 거리, 횟수를 나타내는 말<br>예 떠난 지 사흘 만에 돌아왔다. / 세 번 만에 시험에 합격했다. |
| | 조사 | • 다른 것으로부터 제한하여 어느 것을 한정함.<br>예 하나만 알고, 둘은 모른다. / 이것은 그것만 못하다.<br>• 앞말이 나타내는 정도에 달함.<br>예 집채만 한 파도가 몰려온다. 청군이 백군만 못하다. 안 가느니만 못하다. |
| 지 | 의존 명사 | 지금까지의 동안을 나타냄. (시간의 경과)<br>예 그를 만난 지도 꽤 오래되었다. / 집을 떠나온 지 어언 3년이 지났다. |
| | 어미 | 어미의 일부(-ㄴ지, -ㄹ지)<br>예 집이 큰지 작은지 모르겠다. / 어떻게 해야 할지 모르겠다. |
| 데 | 의존 명사 | '곳'이나 '장소', '일'이나 '것', '경우'의 뜻을 나타냄.<br>예 지금 가는 데가 어디인데? / 그 책을 다 읽는 데 삼 일이 걸렸다.<br>사람을 돕는 데 애 어른이 어디 있겠습니까? / 머리 아픈 데 먹는 약<br>이 그릇은 귀한 거라 손님을 대접하는 데 쓴다. |
| | 어미 | 연결 또는 종결 어미로 쓰이는 '-ㄴ데'<br>예 여기가 우리 고향인데 인심 좋고 경치 좋은 곳이지. / 나무가 정말 큰데 대체 몇 살인 걸까? |
| 바 | 의존 명사 | '~니까'를 넣었을 때 말이 안 됨.<br>예 평소에 느낀 바를 말해라. / 어찌할 바를 모르다. / 어차피 매를 맞을 바에는 먼저 맞겠다. |
| | 어미 | '~니까'를 넣었을 때 말이 됨.<br>예 서류를 검토한바 몇 가지 미비한 사항이 발견되었다. / 그는 나와 동창인바 그를 잘 알고 있다. /<br>너의 죄가 큰바 응당 벌을 받아야 한다. |
| 망정 | 의존 명사 | 괜찮거나 잘된 일이라는 뜻을 나타냄.<br>예 그 집은 마침 네 눈에 띄었기에 망정이다. |
| | 어미 | '-ㄹ망정' 연결 어미<br>예 머리는 나쁠망정 손은 부지런하다. |
| 같이 | 부사 | 뒤의 용언을 수식<br>예 친구와 같이 사업을 하다. / 모두 같이 갑시다. |
| | 부사격 조사 | 체언 뒤<br>예 얼음장같이 차가운 방바닥 / 눈같이 흰 박꽃 |

| | | |
|---|---|---|
| 밖에 | 명사+조사 | '바깥'을 넣었을 때 말이 됨.<br>예 교실 밖에 그가 와 있다. 시험 범위 밖에 있는 단원이다. |
| | 보조사 | '그것 말고는', '그것 이외에는', '피할 수 없는'의 뜻을 지님. (보통 뒤에 부정어가 옴)<br>예 공부밖에 모르는 학생. 널 사랑할 수밖에 없다. |
| | 어미 | -ㄹ밖에(='-ㄹ 수밖에'의 준말)<br>예 선생님이 시키는데 할밖에 없다. 어른들이 다 가시니 나도 갈밖에. |
| 씨(氏) | 의존 명사 | 특정인 뒤<br>예 그 일은 김 씨가 맡기로 했네. 길동 씨, 홍길동 씨 |
| | 접미사 | '그 성씨 자체', '그 성씨의 가문이나 문중'<br>예 김씨, 이씨, 박씨 부인 |
| 간(間) | 의존 명사 | '한 대상에서 다른 대상까지의 사이'나 '둘 사이' 또는 '어느 경우든지 관계없이'의 뜻을 나타냄.<br>예 서울과 광주 간 열차 / 부모 자식 간에 / 음식을 먹든지 말든지 간에 |
| | 합성어 | 부부간, 부자간, 부녀간, 모자간, 모녀간 / 고부간 / 동기간, 인척간 / 피차간, 좌우간, 조만간, 국제간, 천지간 |
| | | 단, 부모∨간, 자식∨간(혈육∨간) / 친구∨간, 친척∨간 / 국가∨간, 남녀∨간 |
| | 접미사 | '동안'의 뜻을 나타냄.<br>예 이틀간 / 한 달간 |

## 01.

**정답풀이** 십여 년 만에(○): '-여(餘)'는 한자로 된 수사 뒤에 붙어, 그 이상이란 뜻을 나타내는 접미사이므로 앞의 어근과 붙여야 한다. '만'이 '시간'의 의미를 나타내는 경우에는 의존 명사이므로 띄어 써야 한다.
세 번 만에(○): '앞말이 가리키는 횟수를 끝으로'의 뜻을 나타내는 의존 명사이므로 띄어쓰는 것이 옳다.

**오답풀이** ① 제친 바(×) → 제친바(○): '-ㄴ바'는 '-니까'를 의미하는 어미이다. '-ㄴ바'가 나오는 경우에는 '-니까'를 넣어서 말이 되면 어미이고 말이 어색하면 '바'는 의존 명사이므로 앞과 띄어 써야 한다.
② 돕는데(×) → 돕는 데(○): '데'가 나왔을 때 '것에'를 넣어서 자연스러우면 '데'는 의존 명사이므로 띄어 쓴다. 어미 '는데'와 구분해야 한다.

의존 명사 '데'의 의미
1. '곳'이나 '장소'의 뜻을 나타내는 말
예 의지할 데 없는 사람
2. '일'이나 '것'의 뜻을 나타내는 말
예 그 책을 다 읽는 데 삼 일이 걸렸다. 사람을 돕는 데에 애 어른이 어디 있겠습니까?
3. '경우'의 뜻을 나타내는 말
예 머리 아픈 데 먹는 약

④ 온지(×) → 온 지(○): '지'가 '시간'의 의미를 나타내는 경우에는 의존 명사이므로 띄어 써야 한다. (어떤 일이 있었던 때로부터 지금까지의 동안을 나타내는 말.)

## 02.

**정답풀이** 쓰인바(×): '쓰인 바'의 '바'는 앞에서 말한 내용 그 자체를 나타내는 말로, 조사가 붙을 수 있는 의존 명사이므로 앞말과 띄어 써야 한다.
공무원인 바(×): '공무원인바'의 '-ㄴ바'는 '-으니까'를 의미하는 어미로 치환했을 때 말이 되면 '-ㄴ바'는 어미이므로 모두 붙여 써야 한다.

**오답풀이** 나머지는 모두 옳다.
① 그녀뿐이다(○): 앞에 체언 '그녀'가 나오므로 '뿐'은 조사이다. 따라서 붙여 써야 한다.
좋아할 뿐이고(○): 관형어 '좋아'이므로 '뿐'은 명사이다. 따라서 띄어 써야 한다.
② 유리대로(○): 앞에 체언 '유리'가 나오므로 '대로'는 조사이다. 따라서 붙여 써야 한다.
찾아보는 대로(○): 찾아보다'는 합성어이므로 '찾아보아라'의 띄어쓰기는 옳다. 관형어 '찾아보는'이므로 '대로'는 명사이다. 따라서 띄어 써야 한다.
③ 어릴망정(○): '-ㄹ망정'은 받침 없는 어간에 붙어, '비록 그러하지만 그러나'의 뜻을 나타내는 연결 어미이므로 붙여 써야 한다.
왔기에 망정이지(○): 의존 명사 '망정'은 (주로 '-기에'·'-니(까)' 따위의 뒤에서 '망정이지'의 꼴로 쓰여) 다행히 그러함의 뜻을 나타내는 말.
예 네가 도왔기에 망정이지 밤늦게까지 해야 할 뻔했다

## 03.

**정답풀이** 찾아오라는 대로(○): '대로'는 관형어 '찾아오라는'의 수식을 받는 의존 명사이므로 앞과 띄어 쓴다.
찾아올밖에(○): '찾아오다'는 사전에 등재된 합성어이므로 붙이는 것이 맞다. '-ㄹ밖에'는 하나의 어미이므로 앞의 용언 어간 '찾아오-'와 붙여 써야 한다.

**오답풀이** ① 그밖에(×) → 그 밖에(○): 일정한 한도나 범위에 들지 않는 나머지를 의미할 때 '밖'은 의존 명사 '외(外)'의 의미를 갖는 명사이므로 '그 밖에'로 띄어 써야 한다.
② 수 밖에(×) → 수밖에(○): '밖에'는 '그것 말고는'을 의미하는 조사이므로 의존 명사 '수'에 붙여 쓴다. 참고로 '수밖에'는 항상 붙여 쓴다. 조사 '밖에'는 뒤에 반드시 부정을 나타내는 말이 따른다.
④ 저 밖에(×) → 저밖에(○): '밖에'는 '그것 말고는'을 의미하는 조사이므로 재귀 대명사 '저'에 붙여 쓴다.

## 04.

**정답풀이** 제 일장(×) → 제일 장, 제일장(○): '제-'는 '그 숫자에 해당되는 차례'의 뜻을 더하는 접두사이므로 반드시 수관형사 '일' 뒤에 붙여 써야 한다. 순서는 붙여 씀도 허용하므로 '제일'과 '장'을 붙여 쓸 수 있다.

**오답풀이** ① '대한민국'을 뜻하는 '우리나라'는 어근 '우리'와 어근 '나라'가 결합한 것이므로 파생어가 아니라 합성어이다.
② '지'는 시간을 의미하는 의존 명사가 아니라 어미 '-는지'이므로 '언제∨오는지'처럼 붙여 써야 한다. 어미 '-는지'는 추측이나 의문의 뜻을 나타낸다.
④ '해(海), 섬, 강(江), 산(山), 산맥(山脈), 고원(高原), 평야(平野)' 등은 앞이 외래어든 고유어이든 한자어이든 모두 붙여 써야 하므로 '에베레스트산'은 옳다.

정답

01 ③ 02 ④ 03 ③ 04 ③

빈출 순위별 예상 문제

# 6편 한글 맞춤법 CH.03 띄어쓰기

## 亦功 최빈출

**01.** 다음 중 띄어쓰기가 가장 옳은 것은?

① 황대헌은 앞서가던 중국 선수 두 명을 제친 바 진정한 금메달이다.
② 이 돈은 불우 이웃을 돕는데 쓰일 것이다.
③ 그녀가 십여 년 만에, 즉 세 번 만에 소송을 이겼다는 것은 매우 놀랍다.
④ 강원도에 놀러 온지 얼마 안되었다.

**02.** 다음 중 띄어쓰기가 옳지 않은 것은?

① 내가 좋아하는 사람은 아직도 그녀뿐이다.
내가 그녀를 좋아할 뿐이고 그녀는 나를 떠났다.
② 나는 유리는 유리대로 쓰레기를 분리했다.
그것을 찾아보는 대로 여기로 와라.
③ 우리는 어릴망정 어떤 고난도 참아 냈다.
내가 여기에 왔기에 망정이지, 큰일 날 뻔했다.
④ 내 생각은 편지에 쓰인바와 같다.
그는 성실한 공무원인 바 매일 열심히 일했다.

**03.** 띄어쓰기가 옳은 문장은?

① 그밖에 더 논의할 사항은 두 가지 관점으로 요약될 수 있다.
② 그렇게 그 시험은 합격할 수 밖에 없었다.
③ 그가 찾아오라는 대로 찾아올밖에.
④ 사람들은 그가 저 밖에 모른다고 비난했다.

**04.** 다음의 띄어쓰기가 옳지 않은 것은?

① 우리나라가 강국이 된 이유는 인력 자원 때문이다.
② 그가 언제 오는지 확인했다.
③ 목차의 제 일장을 보면 집합이 나온다.
④ 에베레스트산 정상에 가서 너의 이름을 외쳤다.

## 05.

정답풀이 1시간 내에(○): '일정한 범위의 안과 밖'을 의미하는 '내(內)', '외(外)'는 의존 명사이므로 앞말과 띄어 쓴다.
한잔하자.(○): 동사 '한잔하다'는 사전에 등재되었으므로 '한잔해야지'와 같이 붙여 쓰는 것은 맞는 표현이다.

오답풀이 ① 이틀∨간(×) → 이틀간(○): '이틀간'이 옳다. '-간(間)'은 '동안'의 뜻을 더하는 접미사이므로 붙여써야 한다. 아래의 의미가 아닌 경우에는 의존 명사 '간(間)'임에 유의해야 한다.

-간(間)
「1」((기간을 나타내는 일부 명사 뒤에 붙어)) '동안'의 뜻을 더하는 접미사.
예 이틀간. 한 달간. 삼십 일간.
「2」((몇몇 명사 뒤에 붙어)) '장소'의 뜻을 더하는 접미사.
예 대장간. 외양간.

③ 할덴데(×) → 할 텐데(○): '텐데'는 '터인데'의 준말이다. '터'는 의존 명사이므로 앞말과 띄어 써야 하므로 '할 텐데'가 옳다.
잘돼야(○): 동사 '잘되다'는 사전에 등재되었다. '일, 현상, 물건 따위가 썩 좋게 이루어지다.'를 의미한다. 어간 '잘되-'에 어미 '-어야'가 결합된 것이므로 모음 축약되어 '잘돼야'가 된 것이다.
④ 시험에서 만큼은(×) → 시험에서만큼은(○): 조사가 둘 이상 겹쳐지거나 조사가 어미 뒤에 오는 경우에는 모두 붙여야 하므로 '시험에서만큼은'으로 고쳐야 한다.
낼 거야(○): '거야'는 '것이야'의 준말이다. '것'은 의존 명사이므로 앞말과 띄어 써야 하므로 '낼 거야'는 옳은 띄어쓰기이다.

## 06.

정답풀이 '가량'은 ((수량을 나타내는 명사 뒤)) '정도'의 뜻을 더하는 접미사이므로 앞말에 붙여 쓰는 것은 옳다.

오답풀이 ① 12월말까지(×) → 12월∨말까지(○): 어떤 기간의 '처음'이나 '끝'을 의미하는 '초(初)', '말(末)'은 의존 명사이므로 앞말과 띄어 쓴다.
③ 70000여명(×) → 70000여∨명(○): '-여(餘)'는 '그 수를 넘음'을 뜻하는 접미사이므로 앞말과 붙여 쓴다.
④ 가벼워지기 는커녕(×) → 가벼워지기는커녕(○): '는', '커녕'은 모두 조사이므로 반드시 앞말에 붙여 써야 한다.

## 07.

정답풀이 이천이십이∨년∨사∨월∨이십팔∨일∨제일∨차∨공무원∨시험(○): 단위 명사(년, 월, 일)는 앞말과 띄어 쓰는 것이 원칙인데, ③의 띄어쓰기는 원칙을 잘 지킨 띄어쓰기이다.
이천이십이년∨사월∨이십팔일∨제일차∨공무원∨시험(허용)

심화 '연월일, 시각, 순서(차례), 아라비아 숫자'의 경우에는 붙여 씀도 허용한다.
(허용) 이천십팔년 / 삼월 / 이십사일: '연, 월, 일'은 각각 붙여 씀도 허용
제일차: 순서(차례)는 붙여 씀도 허용
('제-'는 접두사이므로 뒤의 '일'과 붙여 씀)
공무원∨시험: 각각의 단어는 띄어 씀

오답풀이 나머지는 틀린 띄어쓰기이거나 허용 띄어쓰기이므로 답이 될 수 없다.
① 밝아 온다(원칙: ○), 밝아온다(허용: ○): '밝아온다'는 허용 띄어쓰기이므로 답이 될 수 없다. 본용언과 보조 용언이 '-아/-어'로 연결될 때는 띄는 것이 원칙이나 붙여 씀도 허용한다. ('오다'는 진행을 의미하는 보조 용언이다.)
② 박문각∨대학교∨인문∨대하∨박혜선∨교수(원칙: ○), 박문각대학교∨인문대학∨박혜선∨교수(허용: ○): '박문각대학교∨인문대학∨박혜선∨교수'는 허용 띄어쓰기이므로 답이 될 수 없다. 성명 이외의 고유 명사는 단어별로 띄어 씀을 원칙으로 하되, 단위별로 띄어 쓸 수 있다.
④ 여기에서∨만이라도(×) → 여기에서만이라도(○): '에서, 만, 이라도' 모두 조사이므로 붙여 쓰는 것이 옳다.
못∨되게(×) → 못되게(○): 문맥상 '되지 못하다(못∨되다)'의 뜻이 아니라 '(성질, 품행 따위가) 좋지 않다'는 의미이므로 합성어 '못되다'로 붙여써야 한다.
굴지∨마.(○): '굴지∨말아(=마)'는 각각의 단어이므로 띄는 것이 옳다.

## 08.

정답풀이 알아볼∨때까지(○): '알아보다, 찾아보다' 등은 합성어이므로 반드시 붙여야 한다. '알아볼'은 명사 '때'를 수식하는 관형어이므로 띄어써야 한다.
시립∨교향∨악단(원칙: ○) 시립교향악단(허용: ○): 단어별로 띄어 쓰는 것이 원칙이나 하나의 명칭으로 굳었다 보아 '시립교향악단'처럼 붙여 쓰는 것도 허용한다.

오답풀이 ① • 이루어∨진(×) → 이루어진(○) / 미워∨하기(×) → 미워하기(○): '-아/-어지다', '-아/-어하다'는 항상 앞말에 붙여 쓰는 보조 동사이다. '이루어지다 – 이루어진', '미워하다 – 미워한'처럼 앞말과 붙여 써야 한다.
② • 제∨2분과(×) → 제2∨분과(○), 제2분과(○): '제-'는 그 숫자에 해당되는 차례'의 뜻을 더하는 접두사이므로 반드시 뒤의 수 관형사와 붙여 써야 한다. '분과' 앞은 띄는 것이 원칙이지만 차례(순서)이므로 붙임도 허용한다.
• 끝날∨성싶다.(원칙: ○) 끝날성싶다.(허용: ○): 관형어와 '의존 명사+하다(싶다)'의 경우 관형어와 '의존 명사+하다(싶다)' 사이를 띄는 것이 원칙이지만 붙임도 허용한다.
③ 하는데 (×) → 하는∨데 (○): '데'에 '것에'를 넣었을 때 말이 되므로 '데'는 의존 명사이므로 앞의 관형어 '하는'과 띄어 써야 한다.
있는∨듯(○): 관형어 '있는'이 명사 '듯'을 수식하고 있으므로 띄는 것이 옳다.

정답

05 ② 06 ② 07 ③ 08 ④

**05.** 띄어쓰기가 옳은 것은?

① 이틀 간 한 끼도 못 먹었다.
② 1시간 내에 우리 한잔하자.
③ 토론에서 말이 잘돼야 할텐데.
④ 공무원 시험에서 만큼은 최고의 결과를 낼 거야.

**06.** 밑줄 친 부분의 띄어쓰기가 옳은 것은?

① 올해 12월말까지 소득세를 신고해야 한다.
② 우리나라의 출산율이 50%가량 떨어져 충격을 주고 있다.
③ 70000여명의 중국인들이 이 동네에 살고 있다.
④ 역공녀는 가벼워지기 는커녕 점점 더 살이 쪘다.

**07.** 다음 띄어쓰기 규정의 '원칙'에 맞게 쓴 것 중 가장 적절한 것은?

① 날이∨밝아온다.
② 박문각대학교∨인문대학∨박혜선∨교수
③ 이천이십이∨년∨사∨월∨이십팔∨일∨제일∨차∨공무원∨시험
④ 여기에서∨만이라도∨못∨되게∨굴지∨마.

**08.** 다음 중 띄어쓰기가 가장 적절한 것은?

① 사랑으로∨이루어∨진∨가정을∨미워∨하기 힘들다.
② 제∨2분과∨회의가 빨리∨끝날∨성싶다.
③ 합격을∨하는데∨목적이∨있는∨듯∨나머지에는∨관심이∨없었다.
④ 그는∨나를∨알아볼∨때까지∨시립교향악단에서∨활동했다.

## 09.

정답풀이 그동안 : '그동안'은 합성어이므로 붙이는 것은 옳다.
찾아온 : '찾아오다'가 합성어이므로 붙이는 것은 옳다.

오답풀이 ② '지금∨부터는'는 옳지 않다. : '지금부터는'이 옳다. '부터'는 조사이므로 앞의 체언 '지금'과 붙여야 한다.
'잡을 것이다'에서 '것'은 의존 명사이므로 띄는 것이 옳다.
③ '그밖의'는 옳지 않다. : '그∨밖의'가 옳다. '그밖'이 사전에 등재되지 않았으므로 각각의 단어로 띄어 써야 한다. '밖의'라는 조사도 존재하지 않는다.
④ '꽃중의'는 옳지 않다. '중(中)'은 '(여럿의) 가운데를 의미하는 의존 명사'이므로 앞의 관형어 '꽃'과 띄어 써야 한다.
'중'이 붙는 경우는 합성어 '은연중, 부재중, 한밤중, 무의식중, 무심중' 등 뿐이다.

## 10.

정답풀이 관계 없이(×) : '관계없이'가 옳다. '관계없이'가 하나의 단어(합성어)로 등재되었으므로 붙여 써야 한다.

오답풀이 ② 얽히고설켜서(○) : '얽다(=이리저리 걸어 묶다.)'는 어원이 명확하므로 '얽히고'로 어원을 밝혀 적는다. 하지만 '섥다'는 없으므로 '설키다'로 쓴다. 이들은 하나의 합성어이므로 붙여 쓰는 것이 옳다.
③ 아무것(○) : '아무것'은 하나의 '명사'로 굳은 말이므로 붙여 쓴다.
④ 발리섬(○) / 카리브해(○) : 2017년 개정부터 '해(海), 섬, 강(江), 산(山), 산맥(山脈), 고원(高原), 평야(平野), 인(人), 족(族), 어(語)'는 모두 붙여 쓴다.

예 지중해 – 발트해, 남이섬 – 발리섬, 낙동강 – 나일강, 설악산 – 알프스산, 태백산맥 – 우랄산맥, 개마고원 – 데칸고원, 김포평야 – 도카치평야, 한국인 – 그리스인, 만주족 – 게르만족, 한국어 – 그리스어

## 11.

정답풀이 부부간(○) : '부부간'은 하나의 단어이므로 붙인다.
자식간(×) → 자식∨간(○) : '간'은 의존 명사이므로 앞말과 띄어 써야 한다.

**외워야 하는 붙여쓰는 '간'** (사전에 하나의 단어로 등재)
부부간, 부자간, 부녀간, 모자간, 모녀간 / 형제간, 고부간, 인척간

오답풀이 ② 다년간의(○) : '-간(間)'이 '동안'의 뜻을 나타내면 접미사이므로 붙여 써야 한다.
③ 박 양(○) : '양'은 결혼하지 않은 특정한 여자를 조금 높여 부르는 의존 명사이므로 앞말과 띄어 써야 한다. '군'도 마찬가지이다.
박씨(○) : 특정인을 의미하는 것이 아니라 성씨 그 자체이므로 '-씨'는 접사이다. 접사는 앞말과 붙여 써야 한다.
④ 이충무공(○) : '이충무공'은 '이순신'의 성과 시호를 함께 이르는 말로 사전에 등재된 하나의 단어이므로 띄어쓰지 말고 붙여 써야 한다.

## 12.

정답풀이 우리같이(×) : '같이'는 조사가 있기는 하지만 여기에서는 서술어 '그만두어야 한다'를 수식하는 부사이다. 따리시 '우리 같이'로 띄어 써야 한다.
그만두다(○) : 하나의 단어(합성어)로 사전에 등재되었으므로 붙여 써야 한다.

오답풀이 ①③ '같은'은 조사가 아니다. 조사에는 '같이'가 있다. '같은'은 형용사 '같다'가 활용한 것이다. 따라서 띄어 써야 한다.
② 매일같이(○) : '같이'는 조사이므로 명사와 붙여 쓴다.
'같이'가 조사일 때는 '처럼'과 같은 의미이다.
김 선생(○) : 성과 이름 등에 붙는 호칭어, 관직명은 띄어 써야 하므로 '김∨선생'이 맞다.

## 13.

정답풀이 등지고(○) : '등지다'는 하나의 단어이므로 붙이는 것이 옳다.
정처 없이(○) : '정처 없다'는 하나의 단어가 아니므로 띄어 쓰는 것이 옳다.

오답풀이 ① 이성적이기 보다는(×) : '이성적이기보다는'이 옳다. '보다' '는' 모두 조사이므로 앞말에 붙여야 한다.
② 알아 주는(×) : '알아주는'이 옳다. '알아주다'가 하나의 단어(합성어)로 사전에 등재되어 있다.
도와주다(○) : '도와주다'는 하나의 합성어이므로 붙이는 것이 옳다.
④ 소용 없는(×) : '소용없는'이 옳다. '소용없다'는 하나의 단어이므로 붙이는 것이 옳다.

**하나의 단어로 붙여 쓰는 경우**
관계없다, 상관없다, 주책없다, 시름없다, 쓸데없다, 보잘것없다, 속절없다(=소용없다), 하잘것없다, 끊임없다, 아낌없다, 어림없다, 어처구니없다(=어이없다), 온데간데없다, 올데갈데없다, 인정사정없다

정답
09 ① 10 ① 11 ① 12 ④ 13 ③

**09.** 띄어쓰기 규정이 가장 적절하게 적용된 것은?

① 그동안∨너를∨찾아온∨사람을∨박대하지∨마라.
② 지금∨부터는∨내가∨승기를∨잡을∨것이다.
③ 그밖의∨안건은∨다음∨회의에서∨다루도록∨하자.
④ 꽃중의∨꽃∨할미꽃이∨활짝∨피었다.

**10.** 다음 중 띄어쓰기가 옳지 않은 것은?

① 기간에 관계 없이 피부 관리를 받을 수 있다.
② 일이 얽히고설켜서 풀기가 어렵다.
③ 아무것도 남지 않은 폐허였다.
④ 이번 신혼여행으로 발리섬과 카리브해를 갔다.

**11.** 띄어쓰기가 옳지 않은 것은?

① 부부간, 자식간에는 애정이 있어야 한다.
② 다년간의 경험이 쌓여 훌륭한 공무원이 되었다.
③ 박 양의 할아버지는 밀양 박씨로 유명하다.
④ 이충무공의 기개는 지금도 전해진다.

**12.** 띄어쓰기가 옳지 않은 것은?

① <u>백옥 같은</u> 피부가 예쁘다.
② <u>매일같이</u> 지각하던 김 선생이 죽었다.
③ <u>너 같은</u> 인간은 혼쭐나야 한다.
④ <u>우리같이</u> 학교를 그만두어야 한다.

**13.** 띄어쓰기가 옳은 것은?

① 영희는 이성적이기 보다는 감성적이다.
② 내가 널 도와주는 것을 알아 주면 좋겠다.
③ 그는 집을 등지고 정처 없이 유랑하였다.
④ 그 말을 해 봤자 이제는 소용 없는 말이다.

06 PART

## 14.

정답풀이 '-ㄹ걸'은 '가벼운 뉘우침이나 아쉬움'을 나타내므로 이는 하나의 어미로 '할걸'이라 붙여 쓴 것은 옳다.

오답풀이 ② 할거야(×): '할 거야'가 옳다. '거야'는 '것이야'의 준말이므로 '거야' 앞과 띄어야 한다.
③ 잘못한게(×): '게'는 '것이'의 준말이므로 '잘못한 게'로 띄어야 한다.
없다는건(×): '건'은 '것은'의 준말이므로 '없다는 건'로 띄어야 한다.
안된다(×): '되지 않는다'는 의미이므로 '안 된다'로 띄어야 한다.
④ 말하는걸(×): '걸'은 '것을'의 준말이므로 '말하는 걸'로 띄어야 한다.

## 15.

정답풀이 본래 '중(中)'은 의존 명사로 '~하는 가운데, ~하는 동안'의 의미일 경우 띄어 써야 한다. 그러나 '무의식중, 은연중, 부재중, 한밤중' 등은 합성어로 붙여 써야 한다.

오답풀이 ① 갈지(○): '지'에 시간의 의미가 없으면 띄지 않는다. 추측이나 의문을 의미하는 경우에는 '-ㄹ지'는 어미이므로 붙여 써야 한다.
② 함께하면(○): '함께(부사 어근)+하다(접미사)'는 파생어이므로 붙이는 것이 옳다.
④ 클수록(○): '-ㄹ수록'이라는 어미가 붙은 것이므로 옳다.
잘한다(○): '잘하다'는 '남보다 낫게 또는 훌륭하게 하다.'를 의미하는 합성어이므로 붙여 써야 한다.

## 16.

정답풀이 지난주에(○): '지난주'는 하나의 단어(합성어)로 사전에 등재되었으므로 붙여 써야 한다.

| 지난봄, 지난여름,<br>지난가을, 지난겨울,<br>지난주, 지난밤, 지난날, 지난달 | 지난∨계절, 이번∨주<br>다음∨주, 저번 ∨ 주 |
|---|---|

오답풀이 ② 안 되어도(×): '안되어도'가 옳다. 여기에서 '안되다'는 '되다'의 부정형과는 의미가 멀어진 것으로 '적어도'를 의미한다. '안되다'가 하나의 단어이므로 붙여 써야 한다.
③ '것에'를 넣었을 때 부자연스러우므로 '데'는 의존 명사가 아니기 때문에 띄면 안 된다. 여기에서 '는데'는 하나의 어미이므로 붙여야 한다.
④ '하고'는 '하다'가 활용한 형태이므로 띄어 써야 한다.
(다만 직접 인용격 조사 '라고'는 붙여야 한다.)

정답

14 ① 15 ③ 16 ① 17 ③ 18 ③ 19 ②

## 17.

정답풀이 떠내려∨가∨버렸다(×) → 떠내려가∨버렸다(○): 이 문장에서 '버리다'는 보조 용언이다. 보조 용언은 띄어 씀을 원칙으로 하되, 경우에 따라 붙여 씀도 허용한다. 다만 앞말이 합성 동사인 경우 그 뒤에 오는 보조 용언은 무조건 띄어 써야 한다. '떠내려가다'는 합성 동사이므로 '떠내려가∨버렸다'로만 써야 한다.

오답풀이 ① '먹어 간다.'(원칙), 먹어간다.(허용) 모두 인정한다.: '먹어 간다'로서 '-아/-어+보조 용언' 구성이므로 띄는 것이 원칙이나 붙여 씀도 허용하는 것이다.
② 올∨법한다.(원칙), 올법한다.(허용) 모두 인정한다.: '법하다'는 보조 용언이다. '보조 용언(의존 명사+-하다/싶다)' 구성이므로 띄는 것이 원칙이나 붙여 씀도 허용하는 것이다.
④ 아는∨체를∨하였다(○): 조사가 없을 때는 '아는 체하다/아는체하다'로 표기하는 것이 옳지만, 조사 '를'과 결합할 경우 뒷말과 띄어 써야 한다.

## 18.

정답풀이 '번'이 차례나 일의 횟수를 나타내기 때문에 '한 번'으로 띄어 써야 한다. 이는 '두 번', '세 번'을 바꾸어 넣어 봐서 말이 되면 '한 번'이지만, 어색하면 '한번'으로 붙여 쓴다. 여기에서는 '두 번(세 번) 밖에 못 본다.'로 바꿔도 말이 되므로 '한 번'으로 띄어 써야 한다.

오답풀이 ① '한번'은 어떤 행동이나 상태를 강조하는 뜻을 나타내는 부사이므로 붙여 쓴다.
② '한번'은 어떤 일을 시험 삼아 시도함을 나타내는 부사이므로 붙여 쓴다.
④ '한번'은 '일단 한 차례'의 뜻을 나타내는 부사이므로 붙여 쓴다.

## 19.

정답풀이 '하고'는 동사 '하다'의 활용형이 아니라 격 조사이다. '상대로 하는 대상임'을 나타내는 격 조사이므로 앞말 '너, 나'에 붙여서 쓴다.

오답풀이 ① '지난 어느 때나 기회'를 뜻하는 '한번'은 합성어이므로 붙여 써야 한다.
참고로 '한 지점에서 길이 네 방향으로 갈라져 나간 곳'을 뜻하는 '네거리'는 명사로 등재된 합성어이므로 붙여 쓰는 것이 옳다.
③ '깨뜨리다'의 의미가 없는 경우에는 '깨나'는 보조사로 쓰인 것이므로 앞의 명사 '공부'와 붙여 쓴다.
④ '(손으로)치다'의 의미가 없으므로 '치고'는 보조사로 쓰인 것이므로 '말했다'와 붙여 쓴다.

**14.** 다음 문장 중 띄어쓰기가 바른 것은?

① 공부를∨조금∨더∨열심히∨할걸.
② 나는∨오늘∨저녁에∨엄마를∨도와∨요리를∨할 거야.
③ 니가∨잘못한게∨없다는건∨말도∨안∨된다.
④ 너가∨말하는걸∨내가∨듣고∨있었다.

**15.** 띄어쓰기가 옳지 않은 것은?

① 나는 거기에 어떻게 갈지 결정하지 못했다.
② 우리가 함께하면 어떠한 난관도 극복할 수 있다.
③ 은연 중에 자신의 속뜻을 내비치고 있었다.
④ 손이 클수록 축구를 잘한다는 말은 일리가 있다.

**16.** 다음 중 띄어쓰기가 옳은 것은?

① 지난주(지난달)에 밥을 뭘 먹을지 회의를 했다.
② 우리 중 안 되어도 두 명은 결혼할 듯하다.
③ 그 애는 노래는 잘 부르는 데 춤은 잘 못 춰.
④ 사람들은 "사람 살려."하고 뛰어나왔다.

**17.** 다음 중 띄어쓰기가 옳지 않은 것은?

① 밥을 다 먹어간다.
② 그녀는 지금쯤 올법한다.(= 올성싶다)
③ 폭포수에 떠내려 가 버렸다.
④ 그녀는 그것을 아는 체를 하였다.

**18.** 밑줄 친 부분의 띄어쓰기가 옳지 않은 것은?

① 동네 인심 <u>한번</u> 고약하구나.(고 녀석 울음 한번 크구나)
② 심심한데 노래나 <u>한번</u> 불러 볼까?
③ <u>한 번</u> 실패했더라도 다시 도전하면 된다.
④ <u>한번</u> 먹으면 멈출 수 없는 맛이다.

**19.** 띄어쓰기가 가장 옳은 것은?

① 한 번은 네거리에서 큰 사고를 낼 뻔했다.
② 너하고 나하고 빵을 나눠 먹었다.
③ 공부 깨나 한 모양인지 말은 청산유수다.
④ 니가 그렇게 말했다 치고 집에 가자.

## 20.

정답풀이 '보잘것없다'는 '볼만한 가치가 없을 정도로 하찮다.'를 의미하는 합성어이므로 붙여 쓰는 것이 옳다.

오답풀이 ① 말∨걸기는∨커녕(×): '커녕'은 보조사이므로 '말∨걸기는커녕'처럼 앞말에 붙여 써야 하므로 '말∨걸기는∨커녕'은 옳지 않다.
알은체도(○): '알은체(= 알은척)'는 명사로 등재된 합성어이므로 붙여 쓰는 것이 맞다.
② 집채∨만한(×): 체언 뒤에 오는 '만'은 '~의 정도에 달함'의 뜻을 더해 주는 보조사이므로 '집채만 한'처럼 앞말과 붙여 써야 한다.
아는∨체했다.(○): 보조 용언이 '의존 명사+하다'인 경우에는 띄는 것이 원칙이지만 붙이는 것도 허용하므로 옳다.
③ 쓸데없는(○) / 쓸데있는(×): '쓸데없다'는 합성어이므로 무조건 붙여야 하지만 '쓸 데 있다'는 합성어가 아니고 '데'는 의존 명사이므로 각각 띄어야 한다.

## 21.

정답풀이 '한 대상에서 다른 대상까지의 사이'를 뜻하는 '간'은 의존 명사이므로 앞말과 띄어 쓴다. 따라서 '세대∨간'이 맞다.
참고로 '부부간, 부자간, 부녀간, 모자간, 모녀간, 형제간, 동기간, 고부간' 등은 합성어이므로 붙여 적는다.

오답풀이 ② 잠시후(×): '후'는 '전'과 같은 명사이므로 '잠시 후'처럼 띄어야 한다.
실시되는바(○): '실시되는바'에서 '-는바'는 '-으니까'의 어미로 치환하여도 자연스러우므로 '-는바'는 어미이다. 따라서 앞말과 붙여 쓴다.
③ 시작시(×): '시(時)'는 의존 명사이므로 '시작∨시'처럼 띄어 써야 한다.
재조정 하여야(×): 접미사 '-하다'가 붙어 동사가 된 단어는 붙여 써야 하므로 '재조정 하여야'가 아니라 '재조정하여야'처럼 붙여 써야 한다.
인원수(○): 합성어이므로 '인원'과 '수'는 붙이는 것이 옳다.
④ 환경 마저(×): '마저'는 체언 뒤에 붙는 조사이므로 '환경마저'처럼 붙여 써야 한다.
참고로 '수행할∨만한'에서 '만하다'는 보조 용언이므로 띄어 쓰는 것이 맞다. 또한 '역량뿐'에서 '뿐'은 체언 뒤에 붙는 보조사이므로 앞말에 붙여 쓰는 것이 맞다.

## 22.

정답풀이 그 만큼(×) → 그만큼(○): '그만큼'은 합성 부사이므로 붙여 써야 한다. 마찬가지로 '이만큼, 저만큼/ 이것, 그것, 저것 / 이분, 그분, 저분, 여러분 / 이이, 그이, 저이 / 이자, 그자, 저자 / 이놈, 그놈, 저놈 / 이쪽, 그쪽, 저쪽 / 이편, 그편, 저편 / 이곳, 그곳, 저곳 / 이때, 그때, 접때 / 이번, 저번'도 붙인다.

## 23.

정답풀이 사업 차(×): '목적'의 뜻을 더하는 접미사이므로 '사업차'처럼 붙여 써야 한다. (연구차, 인사차, 사업차.)
10년차(×): '차'가 주기나 경과의 해당 시기를 나타내는 경우에는 의존 명사로 쓰인 것이므로 '10년차'처럼 붙여서 쓸 수는 없다. 한편, 의존 명사가 아라비아 숫자 뒤에 붙는 경우 띄는 것이 원칙이나, 붙여 쓰는 것도 허용한다. 따라서 '10∨년∨차(원칙), 10년∨차(허용)' 모두 가능하다.

오답풀이 ① 도착한 순(○): 관형어 '도착한'이 '순'이라는 명사를 꾸미므로 각각 띄어야 한다.
가나다순(○): '가나다순'의 '순'은 접미사이므로 붙여 써야 한다. 한 단어로 한글의 '가, 나, 다……'를 차례로 매기는 순서를 이르는 말이다.
③ 사과, 감, 귤 들이(○): 앞에 나열되는 말이 있는 경우 '들'은 의존 명사이므로 띄어야 한다.
과일들이(○): 복수의 의미를 더하는 접미사로 쓰이는 경우에는 붙여야 한다.
④ 부부간(○): '부부간'은 한 단어이므로 붙여 쓴다.
얼마간을(○): '얼마간'은 한 단어이므로 붙여 쓴다.

## 24.

정답풀이 열두살, 열한살(×): 단위를 나타내는 의존 명사는 띄어 써야 하므로 '열두 살, 열한 살'이 옳다.
'큰놈, 작은놈'은 '큰아들, 작은아들'을 속되게 이르는 합성어로 붙여 쓰는 것이 옳다.

오답풀이 ② 두 번꼴로(○): '두'는 관형사이므로 띄어 써야 한다. '번'은 관형사 '두'의 수식을 받는 의존 명사이므로 앞말과 띄어 쓴다. '꼴'은 '그 수량만큼 해당함.'의 뜻을 더하는 접미사이므로 붙여 써야 한다.
걸어오려고(○): '걸어오다'는 '걷다'와 '오다'가 합쳐진 통사적 합성어로 〈표준국어대사전〉에 합성 동사로 등재되어 있으므로 붙여 써야 한다.
③ 하게나그려(○): '그려(=그래)'는 청자에게 문장의 내용을 강조함을 나타내는 보조사로서 종결형에 주로 붙는다.
④ 사 년(○): 단위를 나타내는 의존 명사는 띄어 써야 하므로 '사 년'이 옳다.
이학년(○): '학년'처럼 순서를 나타내는 경우에는 띄는 것이 원칙이지만 붙이는 것도 허용한다. 따라서 '이학 년, 이학년' 모두 옳다.

정답

20 ④ 21 ① 22 ② 23 ② 24 ①

**20.** 다음 중 띄어쓰기가 옳은 것은?

① 그∨사람은∨말∨걸기는∨커녕∨알은체도∨안∨하데.
② 집채∨만한∨파도의∨원인을∨아는∨체했다.
③ 쓸데없는∨고민을∨하지∨말고∨쓸데있는∨고민을 해라.
④ 보잘것없는∨사람이지만∨나를∨받아∨줄래?

**21.** 다음 중 띄어쓰기가 바른 것은?

① 요즘 세대 간 갈등이 심화되었다.
② 시합이 잠시후 실시되는바 자세를 잡으십시오.
③ 시험 시작시 인원수를 재조정 하여야 한다.
④ 그는 그것을 수행할 만한 역량뿐 아니라 환경 마저 갖지 못하는 사람이다.

**22.** 밑줄 친 부분의 띄어쓰기가 바르지 않은 것은?

① 학교에서만이라도 제발 공부해라.
② 그 만큼 했으면 이제 됐다.
③ 이게 다 이번 시험에 합격하기 위해서입니다.
④ 친구가 나에게 먼저 알은체했다.

**23.** 밑줄 친 부분의 띄어쓰기가 바르지 않은 것은?

① 도착한 순으로 도시락을 나눠줬다.
이름을 가나다순으로 정리하니 좋았다.
② 사업 차 중국으로 출장을 갔다.
합격 10년차에 내 차를 구입했다.
③ 가게에는 사과, 감, 귤 들이 진열되어 있었다.
여러 과일들이 죽 벌여 있었다.
④ 저 집은 부부간에 금실이 좋아.
집을 살 때 부모님이 얼마간을 보태 주셨어.

06
PART

**24.** 다음 중 띄어쓰기가 잘못된 것은?

① 큰놈과 작은놈은 각각 열두살, 열한살이다.
② 건강을 위해 일주일에 두 번꼴로 걸어오려고 노력한다.
③ 앞으로는 자주 이야기를 하게나그려.
④ 영희는 사 년이 흐르고 이학년이 되었다.

## 25.

정답풀이 의존 명사는 띄어 쓰는 것을 원칙으로 하므로, 수사 '열'과 '스무' 뒤의 의존 명사 '명'은 띄어 쓰는 것이 적절하다.

오답풀이 ① 창∨밖에(×) : '창밖'은 '창'과 '밖'이 결합한 합성어로 사전에 등재되었으므로 '창밖'처럼 붙여 써야 한다.
② 들킬까봐(×) : '들킬까 봐'가 옳다. '들키다'와 '보다'의 활용형이므로 각각의 단어는 띄어써야 한다.
안절부절∨못했다(×) : '안절부절못하다'가 하나의 단어이므로 모두 '안절부절못했다'처럼 붙여 써야 한다.
③ 옷∨한벌을(×) : '옷∨한∨벌을'이 옳다. 수 관형사(한)와 단위 명사(벌)는 띄어 쓴다. 단음절이 세 번 이상 연속하는 경우에는 띄는 것이 원칙이지만 붙이는 것을 허용한다. 하지만 여기에서는 '벌을'은 2글자이므로 단음절이 아니다. 따라서 '한'과 '벌을' 사이를 띄어야 한다.

## 26.

정답풀이 '한밤중'은 '깊은 밤'을 의미하는 하나의 단어이므로 붙여 쓴다.
✓ '중(中)'은 의존 명사이므로 앞의 말과 띄어 쓰는 것이 원칙이나, '그중, 무심중, 무언중, 무의식중, 부재중, 부지불식중, 부지중, 은연중, 한밤중, 허공중 등'과 같은 경우는 붙여 써야 한다.

오답풀이 ② 잘할 뿐더러(×) → 잘할뿐더러(○) : '뿐'은 의존 명사가 아니라, 연결 어미 '-ㄹ뿐더러'의 일부이다. '어떤 일이 그것만으로 그치지 않고 나아가 다른 일이 더 있음.'의 뜻을 가지는 연결 어미이므로 붙여 써야 한다.
✓ A ㄹ뿐더러 B=A 하기도 하고 B 하기도 하다.
③ 할 수록(×) → 할수록(○) : '-ㄹ수록'이 하나의 어미이기 때문이다. '알아 가다'는 '본용언+-아/-어+보조 용언' 구성이므로 '알아 가는'(원칙), 알아가는(허용)' 모두 가능하다.
④ 뛸듯이(×) → 뛸∨듯이(○) : '뛸'은 어간 '뛰'에 관형사형 어미 'ㄹ'이 결합한 형태이므로, '뛸'은 관형어이고 '듯이'는 의존 명사이므로 띄어야 한다.

## 27.

정답풀이 안 된다(×) → 안된다(○) : 장사가 잘 안 풀린다는 의미이므로 '안되다'는 한 단어이다. 따라서 붙여 써야 한다.

오답풀이 ① 안됐어(○) : '안되다'가 한 단어이므로 붙여 쓴다. '섭섭하거나 가엾어 마음이 언짢다'의 의미인 형용사이다. '안∨되다'가 되려면 '금지, 부정'의 의미가 있어야 한다.
② 안 돼(○) : '안'이 '금지'를 뜻하는 부정 부사로 쓰일 때에는 띄어 쓴다.
④ 안 되고(○) : '의사가 되거나 안 되는' 극단적인 선택지가 있는 경우에는 '안'이 '되다' 자체를 부정하는 것이므로 띄어 써야 한다.

## 28.

정답풀이 '총금액'은 접두사 '총-'에 '금액'이 결합한 파생어이므로 붙여 쓰는 것이 적절하다. '총-'은 '전체를 아우르는' 또는 '전체를 합한'의 뜻을 나타내는 접두사이다.

오답풀이 ① 못했다(×) → 못 했다(○) : 부정부사 '못'이 결합한 형태로, '못'은 동사가 나타내는 동작을 할 수 없거나 상태가 이루어지지 않았다는 뜻을 더해준다. 따라서 '못 하다'로 쓰는 것이 적절하다. '못하다'라고 붙여 표기할 경우 어떤 일을 일정한 수준에 못 미치게 하거나, 그 일을 할 능력이 없다는 뜻이 되어 문맥상 부적절하다.
③ 한달간(×) → 한 달간(○) : '한 달간'으로 표기하는 것이 적절하다. 기간을 세는 단위인 '달'은 의존 명사이므로 앞말과 띄어 쓰는 것이 원칙이다. 접미사 '-간'은 '동안'의 뜻을 더해주는 기능을 하므로 어근과 붙여 쓰는 것이 적절하다.
④ 인천간(×) → 인천 간(○) : 한 대상에서 다른 대상까지의 사이를 뜻하는 의존 명사 '간'은 띄어 쓰는 것이 적절하다.

## 29.

정답풀이 가져다드린다는 게(○) : '도와주다, 건네주다, 가져다주다, 갈아주다'는 합성어이다. 따라서 이들의 높임 표현인 '도와드리다, 건네드리다, 가져다드리다, 갈아드리다'도 하나의 합성어이므로 무조건 붙여 써야 한다. 또한 '게'는 '것이'의 준말이므로 띄어 써야 한다.
깨뜨려 버렸다.(○) : 본용언과 보조 용언은 띄어 씀을 원칙으로 한다.

오답풀이 ① 올듯도 하다(×) → 올 듯도 하다(○) : '듯하다' 중간에 조사 '도'가 끼면 '듯도 하다'로 띄어야 한다. 또한 '올'과 '듯도' 사이도 무조건 띄어야 한다.
② 잘될 듯 싶었다(×)→듯싶었다(○) : 보조 형용사 '듯싶다'는 하나의 단어이므로 붙여야 한다. '일·현상·물건 등이 좋게 이루어지다.'를 의미하는 '잘되다'는 하나의 단어이므로 붙여 쓴다.
④ 칠칠맞지못한(×) → 칠칠맞지 못한(○) : '칠칠맞다'는 '(주로 부정문으로 쓰여) 성질이나 일 처리가 반듯하고 야무지다.'를 의미하는 합성어이다.
하지만 '칠칠맞지못하다'가 사전에 등재되지는 않았으므로 본용언 '칠칠맞지'와 보조 용언 '못하다' 사이를 띄어야 한다.

## 30.

정답풀이 사랑할리(×) → 사랑할 리(○) : 용언의 관형사형(=관형어) '사랑할'의 꾸밈을 받는 '리'는 의존 명사이므로 띄어 쓴다.

오답풀이 ① '씨'는 '박혜선'처럼 특정인 뒤에 오는 경우에는 의존 명사이므로 앞과 띄어 써야 한다.
② '놀아나다'는 하나의 합성어이므로 옳다.
③ '만'이 시간을 의미하는 의존 명사이므로 앞말과 띄어 쓰는 것은 옳다.

정답

25 ④ 26 ① 27 ③ 28 ② 29 ③ 30 ④

**25.** 띄어쓰기가 바른 것은?

① 창∨밖에∨비가∨내려∨마음이∨따뜻했다.
② 그녀는∨거짓말이∨들킬까봐∨안절부절∨못했다.
③ 나는∨졸업 기념으로∨옷∨한벌을∨샀다.
④ 열∨명∨내지∨스무∨명의∨학생들이∨참석했다.

**26.** 밑줄 친 부분의 띄어쓰기가 옳은 것은?

① 한밤중에 걸린 전화에 잠이 깼다.
② 그는 처신을 잘할 뿐더러 일도 잘한다.
③ 의미를 알려고 하면 할 수록 더 알아 가는 것이 없다.
④ 공시에 합격했다는 결과에 뛸듯이 감격했다.

**27.** 띄어쓰기가 옳지 않은 것은?

① 모든 가족을 잃었다니 참 안됐어.
② 산타 할아버지께 선물을 받으려면 울면 안 돼.
③ 요즘 경기가 안 좋아서 장사가 잘 안 된다.
④ 커서 의사가 안 되고 싶다.

**28.** 밑줄 친 부분의 띄어쓰기가 맞는 것은? 2023 국회직 8급

① 일이 있어서 숙제를 못했다.
② 총금액이 얼마 되지 않는다.
③ 한달간 전국 일주 여행을 하고 돌아왔다.
④ 서울과 인천간 국도를 이용한다.

**29.** 띄어쓰기가 옳은 것은?

① 비가 올듯도 하다.
② 일이 잘될 듯 싶었다.
③ 할아버지께 그릇을 가져다드린다는 게 깨뜨려 버렸다.
④ 칠칠맞지못한 행동을 고쳐야 한다.

06 PART

**30.** 다음 중 띄어쓰기가 잘못된 것은?

① 박혜선 씨가 집으로 돌아왔다.
② 철수는 그들의 속셈에 놀아났다.
③ 이게 얼마 만에 보는 거야?
④ 당신이 나를 사랑할리 없다.

## 31.

정답풀이 '지난 계절'은 용언의 관형사형 '지난'과 명사 '계절'은 띄어야 한다. (참고로 '지난봄, 지난여름, 지난가을, 지난겨울'은 붙여 써야 한다.)

오답풀이 ① 펼∨줄 : '줄'은 의존 명사로 용언의 관형사형(=관형어)의 수식을 받으므로 띄어 써야 한다.

② • 이∨같은 : '이'는 지시 대명사, '같은'은 형용사 '같다'의 활용형이다. 각각의 단어이므로 띄어야 한다. (참고로 '이같이'는 하나의 단어이다.)

• 몇∨가지 : 수 관형사 '몇'과 단위 명사 '가지'는 띄어야 한다.

③ 슬퍼할지라도 : '-ㄹ지라도'는 하나의 어미이므로 모두 붙여야 한다.

## 32.

정답풀이 동사의 어간에 붙어 욕망의 뜻을 나타내는 연결 어미는 '-고져'가 아니라 '-고자'이다.

오답풀이 ② '마다'의 뜻을 더하는 접미사 '당'은 붙여 쓴다.

③ '그 수량이나 크기로 나뉘거나 되풀이됨'의 뜻을 더하는 접미사 '씩'은 붙여 쓴다.

④ '앞에서 말한 내용 그 자체나 일 따위'를 나타내는 의존 명사 '바'는 띄어 쓴다. '바'가 나오면 '-니까'를 넣어서 읽어서 말이 되면 '바'가 어미의 일부이므로 붙여 쓰면 된다.

## 33.

정답풀이 동네 반장 겸 지주(○) : '겸'은 '명사나 어미 '-ㄹ' 뒤에 쓰여, 한 가지 일 외에 또 다른 일을 아울러 함을 나타내는 의존 명사이므로 앞 뒤를 띄는 것은 옳다.

오답풀이 ① 먹었을 걸요(×) → 먹었을걸요(○) : '걸'은 '것을'의 준말이 아니다. 받침 없는 어간에 붙어, 불확실한 추측을 나타내는 종결 어미인 '-ㄹ걸'과 보조사 '요'는 붙여 써야 한다.

③ 알아 보셨다(×) → 알아보셨다(○) : '알아보다'는 하나의 동사(합성어)이므로 붙이는 것이 옳다.

④ 해결하는데(×) → 해결하는 데(○) : '데'가 있을 때 '것에'를 넣어서 말이 어느 정도 되면 '데'는 의존 명사이므로 띄어야 한다. (그 문제를 해결하는 '것에')는 말이 되므로 띄는 것으로 고쳐야 한다.

정답

31 ④ 32 ① 33 ② 34 ④ 35 ① 36 ④

## 34.

정답풀이 검토한바(○) : '-니까'를 넣어서 읽어서 말이 되면 '바'가 어미의 일부이므로 붙여 쓰면 된다. 이 문장은 '검토하니까~발견되었다'로 자연스러우므로 '-ㄴ바'는 어미이므로 붙이는 것이 옳다.

오답풀이 ① 집밖에(×) → 집∨밖에(○) : 여기에서 '밖'은 'outside'의 의미이므로 명사이다. 따라서 '집'과 띄어야 한다.
'그것 말고는'의 의미를 가지는 조사 '밖에'가 존재하기는 한다. (조사 '밖에'는 ≪뒤에 반드시 부정을 나타내는 말이 따름≫)

② 잘난체∨하는(×) → 잘난∨체하는(○) : 용언의 관형사형 '잘난' 뒤에 '체하다(의존 명사+하다)'가 왔으므로 띄어야 한다. '잘난체하다'는 합성어가 아니기 때문에 띄어야 한다. (붙여 씀도 허용하기는 한다.)

③ 먹을만큼만(×) → 먹을∨만큼만(○) : 용언의 관형사형 '먹을'이 뒤에 의존 명사 '만큼'을 꾸밈으로 띄어야 한다.

## 35.

정답풀이 • 부모님에게만큼이라도(○) : 주어 자리에 쓰인 '에게', '만큼', '이라도'는 모두 조사이기 때문에 붙여 쓰는 게 옳다.

• 잘해 드리고(×) : '잘하다'는 '친절히 성의껏 대하다.'를 의미하는 하나의 단어이므로 붙여 써야 한다.

오답풀이 ② 박 모 씨(○) : '아무개'란 뜻을 갖고 있는 '모(某)'는 대명사이므로 띄어야 한다. 또한 '씨' 앞에 특정인이 오면 띄는 것이 옳다.

③ 한마디가(○) : '한마디'는 짧은 말을 의미하는 하나의 단어이므로 붙여 쓰는 것이 옳다.

④ 사랑이기에(○) : '이(서술격 조사)+기에(어미)'이므로 '이기에'는 서술격 조사 '이다'의 활용형이다. 따라서 '이기에'는 조사이므로 앞말에 붙여야 한다.

## 36.

정답풀이 꿈속의(○) : '꿈속'은 하나의 단어로 사전에 등재된 합성어이므로 붙여야 하므로 옳다.
있는 듯했다.(○) : '듯하다' 앞의 관형어 '있는'과 띄어 쓰는 것은 옳다.

✓ '속'과 관련된 띄어쓰기 (굵은 글씨는 이미 기출됨)
**마음속**, 가슴속, 머릿속, 숲속, **꿈속**, **굴속**, **물속**, 산속, 땅속, 몸속, 귓속, 뱃속

오답풀이 ① 한길(×) → 한 길(○) / 열길(×) → 열 길(○) : 여기에서 '길'은 '길이의 단위(2.4m)'이므로 단위 명사이다. 따라서 앞의 수 관형사와 띄어 써야 한다.

② 하늘 만큼(×) → 하늘만큼(○) : 앞에 체언이 있으므로 '만큼'은 조사이므로 앞말에 붙여 써야 한다.

③ 티베트 인(×) → 티베트인(○) : '-인(人)'은 '사람'을 뜻하는 접미사이므로 붙이는 것이 옳다.
데칸 고원(×) → 데칸고원(○) : 산 이름, 강 이름, 산맥 이름, 평야 이름, 고원 이름 등은 굳어진 지명이므로 띄어 쓰면 안 되므로 '데칸고원'으로 붙여 써야 한다.

**31.** 다음 중 띄어쓰기가 모두 옳은 것은?

① 그는 운동을 할 때 어깨를 펼줄 아는 사람이다.
② 이같은 현상이 일어나 몇 가지 해결책이 필요했다.
③ 그가 슬퍼할 지라도 어쩔 수 없다.
④ 지난 계절, 특히 지난봄에는 꽃이 참 예뻤다.

**32.** 밑줄 친 부분을 잘못 고친 것은?

> 제목 : 통일 교육 자료집 배부 알림
> 호국안보의 달을 맞이하여 각 학교의 통일 교육의 수월성에 기여하고져, 통일 교육 관련 자료집을 학교 당 1권 씩 배부하오니 각 학교에서는 교육 자료로 활용하여 주시고, 교육 지원청에서는 이전 회의에서 말씀드린바와 같이 관내 학교로 배부하여 주시기 바랍니다.

① 기여하고져 → 기여하고저
② 학교 당 → 학교당
③ 1권 씩 → 1권씩
④ 말씀드린바 → 말씀드린 바

**33.** 띄어쓰기가 옳은 것은?

① 이쯤이면 역공녀가 밥을 다 먹었을 걸요.
② 할아버지는 동네 반장 겸 지주이십니다.
③ 할머니는 잃어버렸던 아들을 이제야 알아 보셨다.
④ 그 문제를 해결하는데 가장 좋은 방법이 무엇인지 생각해 보자.

**34.** 띄어쓰기가 옳은 것은?

① 집밖에∨나가서∨놀지∨않을래?
② 길동이는∨잘난체∨하는∨것도∨밉지가∨않아.
③ 음식은∨각자∨먹을만큼만∨접시에∨담아∨가세요.
④ 자료를∨검토한바∨몇∨가지∨미비한∨사항이∨발견되었다.

**35.** 다음 중에서 띄어쓰기가 잘못된 곳이 들어 있는 문장은?

① 부모님에게만큼이라도 잘 해 드려야 한다.
② 박 모 씨가 이 사건의 범인이다.
③ 말 한마디라도 따뜻하게 해 주면 좋겠다.
④ 이것은 나의 사랑이기에 매우 소중하다.

06 PART

## 亦功 중간 빈출, 제3빈출

**36.** 다음 중 띄어쓰기가 옳은 것은?

① 한길 사람의 속은 몰라도 열길 물속은 안다.
② 너를 하늘 만큼 사랑해!
③ 그는 티베트 인 셰르파와 함께 데칸 고원에 올랐다.
④ 그는 꿈속의 여인이 앞에 있는 듯했다.

## 37.

**정답풀이** 원래 해를 세는 단위 의존 명사인 '년'은 '30∨년'처럼 띄어 씀이 원칙이다. 하지만 의존 명사가 아라비아 숫자 뒤에 붙는 경우 붙여 쓰는 것도 허용한다. 따라서 '30년'으로 적는 것은 허용된 표기이다. 또한, '어느 한때에서 다른 한때까지 시간의 길이'를 뜻하는 의존 명사 '동안'은 앞말과 띄어 써야 한다.

**오답풀이** ① '창밖'은 '창'과 '밖'이 결합한 합성어로 사전에 등재되었으므로 ㉠은 '창밖'처럼 붙여 써야 한다. '창밖'은 '창문의 밖'을 의미한다.
② '우단'은 '거죽에 곱고 짧은 털이 촘촘히 돋게 짠 비단'을 뜻하는 '벨벳'과 같은 말이다. '우단'은 사전에 등재되어 있으나 '우단천'이라는 말은 등재되어 있지 않으므로 ㉡은 '우단 천'처럼 띄어 써야 한다.
④ '밖에'는 품사 통용에 주의해야 하는 조사이다. '집 밖에 강아지가 있다'에서의 '밖에'는 'outside'의 의미를 갖는다. 이 경우에는 명사 '밖'과 조사 '에'의 결합이므로 앞말과 띄어 써야 한다. 그러나 '그것 말고는'의 뜻을 나타내는 '밖에'는 조사이기 때문에 앞에 오는 체언이나 명사형 어미와 무조건 붙여 쓴다. 따라서 ㉣은 '일밖에'와 같이 붙여 써야 한다.

## 38.

**정답풀이** '아는 척한다'는 '본용언+보조 용언(의존 명사+하다)'의 구성이므로 띄어 쓰는 것이 원칙이나, 붙여 씀도 허용한다. '아는 척한다, 아는척한다' 모두 가능하다.

**오답풀이** ① '빨아(서) 말렸다'는 본용언과 본용언이 결합된 것이므로 붙여 쓸 수가 없다. '그녀는 가족의 빨래를 빨았다. 그리고 그녀는 가족의 빨래를 말렸다.'는 2개의 문장을 품고 있는 겹문장이다.
③ 먹어는보고(×) → 먹어는 보고(○) 물어도보았다.(×) → 물어도 보았다(○) : 본용언과 보조 용언 사이에 조사가 들어간 경우에는 무조건 띄어 써야 한다.
④ 도와 드렸다(×) → 도와드렸다(○) : '도와주다, 건네주다, 가져다주다, 갈아주다'는 합성어이다. 따라서 이들의 높임 표현인 '도와드리다, 건네드리다, 가져다드리다, 갈아드리다'도 하나의 합성어이므로 무조건 붙여 써야 한다.

## 39.

**정답풀이** 죽을망정(○) : '-ㄹ망정'은 하나의 어미이므로 붙여야 한다. 명사 '망정'은 '우리가 한발 앞섰기에 망정이지'처럼 쓰인다.

**오답풀이** ① 마지 못해서(×) → 마지못해서(○) : '마지못하다'는 하나의 형용사이므로 붙여야 한다.
안 된다.(○) : 금지를 의미할 때에는 '안'과 '된다'를 띄어야 한다.
② 도외시 하였기(×) → 도외시하였기(○) : '도외시하다'는 하나의 동사이므로 붙여 써야 한다.
③ 한국대 일본(×) → 한국 대 일본(○) : '대'는 사물과 사물의 대비나 대립을 나타내는 의존 명사이므로 띄어야 한다.

## 40.

**정답풀이** 쏜살같이 : '쏜 화살과 같이 매우 빠르다.'를 의미하는 하나의 단어이므로 붙이는 것이 옳다.

**오답풀이** ① 먹듯한다(×) → 먹듯 한다(○) : 용언 어간 '먹-'에 어미 '-듯'이 붙으면 '먹듯'은 동사의 활용형이 된다. 그럼 뒤의 '한다'는 하나의 단어이므로 띄어야 한다.
② 못다한(×) → 못다∨한(○) : '못다'는 '다하지 못함'을 뜻하는 부사로서 뒤의 '하다'의 활용형 '한'을 수식한다. 따라서 '못다'와 '한'을 띄어야 한다.
③ 시설 당 1박스 씩(×) → 시설당 1박스씩(○) : '마다'의 뜻을 더하는 접미사 '당'과 '그 수량이나 크기로 나뉘거나 되풀이됨'의 뜻을 더하는 접미사 '씩'은 붙여 쓴다.

## 41.

**정답풀이** 복수의 뜻을 나타내는 접미사 '-들'은 앞말과 붙여 쓰는 것이 원칙이다. 또한 단음절 단어가 연이어 나타날 경우 붙여 쓸 수 있다. '좀∨더∨큰∨것∨'이 원칙이지만 '좀더∨큰것'으로 표기하는 것도 허용된다. 따라서 '저 사과들 중에서 좀더 큰 것을 주세요.'는 올바르게 띄어쓰기 한 문장이다.

**오답풀이** ① 지난 달(×) → 지난달(○) : '지난달에 나는 딸도 만날∨겸 여행도 할∨겸 미국에 다녀왔어.'로 고쳐야 한다. '이 달의 바로 앞의 달'을 의미하는 '지난달'은 붙여 써야 한다.
만날겸, 할겸(×) → 만날 겸, 할 겸(○) : '두 가지 이상의 동작이나 행위를 아울러 함'을 뜻하는 의존 명사 '겸'은 앞말과 띄어 쓴다.
② 물 샐 틈없이(×) → 물샐틈없이(○) : '이 회사의 경비병들은 물샐틈없이 경비를 선다.'로 고쳐야 한다. 부사 '물샐틈없이'는 조금도 빈틈이 없이, 물을 부어도 샐 틈이 없다는 의미이며 한 단어이므로 붙여 써야 한다.
④ 제문제(×) → 제 문제(○) : '제 문제'로 띄어 쓰는 것이 적절하다. 관형사 '제'는 '여러'라는 의미를 지니며, 수식하는 명사와 띄어 쓰는 것이 원칙이다.

**정답**

37 ③ 38 ② 39 ④ 40 ④ 41 ③

**37.** 다음 중 〈보기〉 중 띄어쓰기가 옳은 것은?

(보기)

> ㉠ 창 밖은 가을이다. 남쪽으로 난 창으로 햇빛은 하루하루 깊이 안을 넘본다. 창가에 놓인 우단 의자는 부드러운 잿빛이다. 그러나 손으로 ㉡ 우단천을 결과 반대 방향으로 쓸면 슬쩍 녹둣빛이 돈다. 처음엔 짙은 쑥색이었다. 그 의자는 아무짝에도 쓸모가 없다. ㉢ 30년 동안을 같은 자리에서 움직이지 않은 채 하는 일이라곤 햇볕에 자신의 몸을 잿빛으로 바래는 ㉣ 일 밖에 없다.

① ㉠ ② ㉡
③ ㉢ ④ ㉣

**38.** 띄어쓰기가 바른 것은?

① 역공녀는 어제 넌 빨래를 빨아말렸다.
② 철수가 나를 아는 척한다.
③ 음식을 먹어는보고 레시피를 물어도보았다.
④ 영희는 하루 종일 할아버지를 도와 드렸다.

**39.** 다음 밑줄 친 부분의 띄어쓰기가 옳은 것은?

① 마지 못해서 청을 들어주기는 하지만 다음에는 그러면 안 된다.
② 그녀는 안전을 도외시 하였기 때문에 큰 부상을 입었다.
③ 상황상 이 경기는 한국대 일본의 결승전이다.
④ 죽을망정 너랑은 결혼 안 하겠다.

**40.** 띄어쓰기가 바른 것은?

① 그 사람은 거짓말을 밥 먹듯한다.
② 미처 못다한 말이 많아 아쉬웠다.
③ 우유를 시설 당 1박스 씩 공급하였다.
④ 그 남자가 쏜살같이 학교로 갔다.

**41.** 다음 중 띄어쓰기가 가장 옳은 것은?

① 지난 달에 나는 딸도 만날겸 여행도 할겸 미국에 다녀왔어.
② 이 회사의 경비병들은 물 샐 틈없이 경비를 선다.
③ 저 사과들 중에서 좀더 큰것을 주세요.
④ 현대사회의 제문제에 대한 토론을 하였다.

# Chapter 04 문장 부호

## 01.

정답풀이 고유어에 대응하는 한자어를 함께 보일 때는 소괄호가 아니라 대괄호를 써야 하므로 '낱말[單語=단어]'로 고쳐야 한다. 큰따옴표는 말이나 글을 직접 인용할 때 쓰이므로 간접 인용 부사격 조사 '라고'로 고쳐야 한다.

오답풀이 ① 한 문장 안에서 앞말을 '즉', '곧', '다시 말해' 등과 같은 어구로 다시 설명할 때 앞말 다음에 쉼표를 쓰므로 옳다. 또한 우리말 표기와 원어 표기를 아울러 보일 때는 소괄호를 쓰므로 '전설(傳說)'은 옳다.

③ 글 가운데에서 직접 대화를 표시할 때 큰따옴표(" ")를 쓴다. 쓴다. 또한 할 밀을 줄였을 때 줄임표(……)를 쓴다. 줄임표는 여섯 점을 찍는 것이 원칙이나 세 점을 찍는 것도 허용된다. 마침표가 필요한 경우에는 마침표를 찍어야 한다. 마침표를 포함하면 아래에 네 점 또는 일곱 점을 찍게 된다.

④ 표제 다음에 해당 항목을 들거나 설명을 붙일 때 쌍점(:)을 쓴다. 이때 쌍점의 앞은 붙여 쓰고 뒤는 띄어 쓴다. 또한 아라비아 숫자만으로 연월일을 표시할 때에는 마침표( . )를 숫자 뒤에 각각 쓴다.

## 02.

정답풀이 건물[에, 로, 까지](×) → 건물{에, 로, 까지}(○)
: 명사 '건물'에 사용할 조사 중 '에, 로, 까지'를 선택하는 문장이므로 중괄호 '{ }'로 고쳐야 한다. (참고로 중괄호 안에 열거된 항목들은 쉼표로 구분할 수도 있고, 경우에 따라서는 빗금으로 구분할 수도 있다.)

오답풀이 ② '말소리[音聲]'와 같이 고유어에 대응하는 한자어를 함께 보일 때는 대괄호를 쓴다. 낱말[單語], 나이[年歲], 손발[手足] 등이 있다.

③ 괄호 안에 또 괄호를 쓸 필요가 있을 때 바깥쪽의 괄호로 대 괄호를 쓴다. '(1958)'에 소괄호가 있으므로 바깥쪽 괄호는 대괄호를 쓰는 것은 옳다.

④ 원문에 대한 이해를 돕기 위해 설명이나 논평 등을 덧붙일 때는 대괄호를 쓴다. '그 이야기'가 '합격 소식'임을 알려주기 위해 대괄호를 썼다. (참고로 원문에 대한 이해를 돕기 위해 대괄호 대신 소괄호를 쓰기도 한다.)

정답

01 ② 02 ① 03 ① 04 ③ 05 ④

## 03.

정답풀이 ㉠ '아름다운' 다음에 쉼표가 있으므로 '동생'만 수식함을 알 수 있다. 쉼표를 통해 문장의 중의성이 해소된 것이다.

오답풀이 ㉡ 제목이나 표어에는 마침표를 쓰지 않음을 원칙으로 하므로 옳다.

㉢ 물음표는 의문문 외에도 의문을 나타내는 어구의 끝에도 쓰인다.

㉣ 작은따옴표는 마음속으로 한 말을 적을 때 쓴다. 그 밖에도 인용한 말 안에 있는 인용한 말을 나타낼 때도 쓰인다.

## 04.

정답풀이 한 문장 안에 몇 개의 선택적인 물음이 나올 때는 맨 끝의 물음에만 물음표를 써야 한다.
(단, 각 물음이 선택적이지 않고 독립적일 때는 물음표를 각각 쓴다.)
예 그녀는 언제 만났니? 어디서 만났니? 무엇 하고 놀았니?

오답풀이 ① 참: 거짓을(×) → 참・거짓을(○): 짝을 이루는 어구들 사이에는 쌍점(:)이 아니라 가운뎃점(・)을 써야 한다.

② 라디오[radio](×) → 라디오(radio)(○): 우리말 표기와 원어 표기를 아울러 보일 때는 대괄호가 아니라 소괄호를 쓴다.

④ 나이(年歲)(×) → 나이[年歲](○): 고유어에 대응하는 한자어를 함께 보일 때에는 소괄호가 아니라 대괄호를 써야 한다.
(다만 우리말 표기와 원어 표기를 아울러 보일 때에는 소괄호를 쓴다.)
예 기호(嗜好), 자세(姿勢)

## 05.

정답풀이 한 문장 안에 몇 개의 선택적인 물음이 이어질 때는 맨 끝의 물음에만 써야 한다.
예 너는 중학생이냐, 고등학생이냐?

오답풀이 ① 책의 제목이나 신문 이름 등을 나타낼 때는 겹낫표(『 』)와 겹화살괄호(≪ ≫)를 쓰며, 겹낫표나 겹화살괄호 대신 큰따옴표(" ")를 쓸 수도 있다.

② '민수・영희, 선미・준호가 서로 짝이 되어 윷놀이를 하였다. 빨강・초록・파랑이 빛의 삼원색이다.'를 보면 가운뎃점( ・ )은 열거된 여러 단위가 대등하거나 밀접한 관계임을 나타냄을 알 수 있다.

③ '환경 보호 — 숲 가꾸기 —라는 제목으로 글짓기를 했다.'를 보면 줄표(—)는 이미 말한 내용을 다른 말로 부연하거나 보충할 때 쓰임을 알 수 있다.

빈출 순위별 예상 문제

# 6편 한글 맞춤법 CH.04 문장 부호

## 亦功 최빈출

**01.** 현행 「한글 맞춤법」에 따른 문장 부호의 사용으로 가장 적절하지 않은 것은?

① 예로부터 전해 내려오는 이야기, 즉 '전설(傳說)'을 말한다.
② 그는 "낱말(單語)이란 자립할 수 있는 말이다"고 말했다.
③ 철수는 "그 사람은 그만...." 이라며 울먹거렸다.
④ 날짜: 2022. 2. 11. 금요일

**02.** 대괄호의 사용이 적절하지 않은 것은?

① 모두가 건물[에, 로, 까지] 달려갔다.
② 말소리[音聲]의 특징을 알아보자.
③ 이윽고 겨울이 오면 초록은 실색한다. [이상전집 3(1958), 235쪽 참조]
④ 난 그 이야기[합격 소식]를 듣고 미소 짓기 시작했다.

## 亦功 중간 빈출, 제3빈출

**03.** 다음의 ㉠~㉣에 대한 이해로 가장 옳지 않은 것은?

> ㉠ 아름다운, 그녀의 동생이 나를 좋아한다고 했다.
> ㉡ 개같이 공부해서 정승같이 살아 보자
> ㉢ 휴가를 낸 김에 며칠 푹 쉬고 온다?
> ㉣ 나는 '역시 난 합격할 수밖에 없군' 하고 생각하였다.

① ㉠: 쉼표를 보니 관형어 '아름다운'은 '그녀'와 '동생'을 동시에 수식함을 알 수 있다.
② ㉡: 마침표가 없는 것을 보니 이 문장은 제목이나 표어임을 알 수 있다.
③ ㉢: 물음표를 보니 의문형 종결 어미로 끝나지 않았더라도 의문을 나타낼 수 있음을 알 수 있다.
④ ㉣: 작은따옴표를 보니 '역시 난 합격할 수밖에 없군.'은 마음속으로 한 말이 인용되었음을 알 수 있다.

**04.** 다음의 밑줄 친 문장 부호 중에서 그 쓰임이 가장 적절한 것은?

① 참: 거짓을 판단할 수 있는 경찰관이 있었다.
② 역공녀는 라디오[radio]를 틀었다.
③ 철수는 남자입니까, 여자입니까?
④ 그녀의 나이(年歲)가 60세일 때 그 일이 터졌다.

**05.** 문장 부호 사용법에 대한 설명으로 옳지 않은 것은?

① 책의 제목이나 신문 이름 등을 나타낼 때, 겹화살괄호(≪ ≫)를 쓴다.
② 가운뎃점( · )은 열거된 여러 단위가 대등하거나 밀접한 관계임을 나타낸다.
③ 줄표(—)는 이미 말한 내용을 다른 말로 부연하거나 보충할 때 쓰인다.
④ 한 문장 안에 몇 개의 선택적인 물음이 이어질 때 각 물음의 뒤에 물음표를 쓴다.

06 PART

## 06.

**정답풀이** 쌍점은 그 표시를 ' : '와 같이 표시하는 것으로서, 마침표의 일종이 아닌 전혀 다른 개념이다. 작은 제목 뒤에 간단한 설명을 붙일 때 쌍점( : )을 쓰는 것은 맞다.

**오답풀이** ① 열거할 어구들을 일정한 기준으로 묶어서 나타낼 때 가운뎃점을 쓴다.
예 민수 · 영희, 선미 · 준호가 서로 짝이 되어 윷놀이를 하였다. 지금의 경남 · 경북, 전남 · 전북, 충남 · 충북 지역을 예부터 삼남이라 일러 왔다.
③ 바로 다음 말과 직접적인 관계에 있지 않음을 나타낼 때 쉼표를 쓴다. 예 갑돌이는, 울면서 떠나는 갑순이를 배웅했다.
④ 의문문이나 의문을 나타내는 어구 끝에는 보통 물음표(?)를 쓴다.
- 하지만 의문의 정도가 약할 때는 물음표 대신 마침표를 쓸 수 있다. 예 도대체 이 일을 어쩐단 말이냐. 이것이 과연 내가 찾던 행복일까.
- 또한 물음의 말로 놀람이나 항의의 뜻을 나타내는 경우에 쓴다. 예 이게 누구야! 내가 왜 나빠!

## 07.

**정답풀이** 쌍점의 앞은 붙여 쓰고 뒤는 띄어 쓴다.

**오답풀이** ① 주석이나 보충적인 내용을 덧붙일 때에는 소괄호'( )'를 사용하므로 적절하다. 연대는 앞의 임진왜란이라는 역사적인 사실의 보충적인 내용에 해당한다.
③ 괄호 안에 또 괄호를 쓸 필요가 있을 때 바깥쪽의 괄호로 대괄호를 쓴다. 대괄호 안에는 소괄호가 온다.
④ 같은 범주에 속하는 여러 요소를 세로로 묶어서 보일 때 중괄호 '{ }'를 쓴다.

**정답**

06 ② 07 ② 08 ② 09 ② 10 ③

## 08.

**정답풀이** 고유어에 대응하는 한자어를 함께 보일 때에는 '나이[年歲]'처럼 대괄호[]를 쓴다.

**오답풀이** ① 문장의 연결 관계를 분명히 하고자 할 때 절과 절 사이에 쉼표를 쓴다.
③ 주석이나 보충적인 내용을 덧붙일 때는 '춘원(6.25 때 납북)'처럼 소괄호를 써야 한다. '6.25'와 같이 특정한 의미가 있는 날을 표시할 때는 마침표를 원칙으로 쓰되, 가운뎃점도 쓸 수 있으므로 이는 옳다.
④ 끼어든 어구 안에 다른 쉼표가 들어 있을 때에는 쉼표 대신에 줄표를 쓴다.

## 09.

**정답풀이** 글자가 들어가야 할 자리를 나타낼 때 쓰는 문장 부호는 '빠짐표(□)'이다. 따라서 "○○○의 석 자다."를 "□□□의 석 자다."로 고쳐야 한다.
숨김표(○, ×)는 금기어나 공공연히 쓰기 어려운 비속어임을 나타낼 때, 또는 비밀을 유지해야 하거나 밝힐 수 없는 사항임을 나타낼 때 쓴다.

**오답풀이** ① 문장에서 중요한 부분을 두드러지게 하기 위해 드러냄표 대신에 작은따옴표를 쓰기도 한다.
③ 제목 다음에 표시하는 부제의 앞뒤에는 줄표(―)를 쓴다.
다만, 뒤에 오는 줄표는 생략 가능하며 줄표의 앞뒤는 띄어 쓰는 것을 원칙으로 하되, 붙여 쓰는 것을 허용한다.
④ 책의 제목이나 신문 이름 등을 나타낼 때는 겹낫표(『 』)와 겹화살괄호(≪ ≫)를 쓰며, 겹낫표나 겹화살괄호 대신 큰따옴표(" ")를 쓸 수도 있다.

## 10.

**정답풀이** 의존 명사 '대'가 쓰일 자리에 쌍점( : )을 쓴다.

**오답풀이** ① 쌍점의 앞은 붙여 쓰고 뒤는 띄어 쓴다.
② 빗금의 앞뒤는 붙여 쓴다. '3/4 분기'로 쓰는 것이 바르다.

다만 시의 행이 바뀌는 부분임을 나타낼 때는 띄어 쓰는 것을 원칙으로 하되 붙여 쓰는 것을 허용한다.
- 시의 행이 바뀌는 부분임을 나타낼 때 쓴다.
예 산에 / 산에 / 피는 꽃은 / 저만치 혼자서 피어 있네

④ 연월일을 숫자로만 쓸 때에는 마지막에도 마침표를 찍어야 한다. '2022. 4. 2.'로 고쳐야 한다.

**06. 다음 중 문장 부호와 그에 대한 설명이 옳지 않은 것은?**

① 열거할 어구들을 일정한 기준으로 묶어서 나타낼 때 가운뎃점을 쓴다.

② 쌍점( ; )은 마침표의 일종으로 작은 제목 뒤에 간단한 설명을 붙일 때 쓰인다.

③ 바로 다음 말과 직접적인 관계에 있지 않음을 나타낼 때 쉼표를 쓴다.

④ 의문문의 끝에 마침표나 느낌표를 쓰는 경우도 있다.

**07. 문장 부호의 쓰임이 잘못된 것은?**

① 임진왜란(1592)은 우리 민족을 비참하게 살게 하였다.

② 분야 : 총무 관리

③ 사랑[나무(木)와 같은 넉넉함]은 필수 덕목이다.

④ 국가의 성립 요소 { 국토 / 국민 / 주권 }

**08. 문장 부호의 사용이 옳지 않은 것은?**

① 콩 심으면 콩 나고, 팥 심으면 팥 난다.

② 나이(年歲)는 숫자에 불과하다.

③ 춘원(6 · 25 때 납북)은 우리나라의 소설가이다.

④ 어머님께 말했다가 — 아니, 말씀드렸다가 — 꾸중만 들었다.

**09. 다음 문장 부호의 쓰임으로 가장 적절하지 않은 것은?**

① 지금 필요한 것은 '지식'이 아니라 '실천'이다.

② 훈민정음의 초성 중에서 아음(牙音)은 ○○○의 석 자다.

③ '환경 보호—숲 가꾸기—'라는 제목으로 글짓기를 했다.

④ 윤동주의 유고 시집인 ≪하늘과 바람과 별과 시≫에는 31편의 시가 실려 있다.



**10. 문장 부호의 용법 설명 중 옳은 것은?**

① 기한 : 2015. 9. 19

② 제목 : 3 / 4 분기 경력사원 모집에 대한 안내

③ 청군 : 백군(청군 대 백군)

④ 2022. 4. 2

박혜선 亦功 국어

**콤단문** 문법

콤팩트한 단원별 문제풀이

# 로마자, 외래어 표기

PART 07

# Chapter 01 로마자 표기 : 기본 원칙

## 제1장 표기의 기본 원칙

**제1항 |** 국어의 로마자 표기는 국어의 표준 발음법에 따라 적는 것을 원칙으로 한다.

**제2항 |** 로마자 이외의 부호는 되도록 사용하지 않는다.

## 제2장 표기 일람

**제1항 |** 모음은 다음 각호와 같이 적는다.

### 1. 단모음

| ㅏ | ㅓ | ㅗ | ㅜ | ㅡ | ㅣ | ㅐ | ㅔ | ㅚ | ㅟ |
|---|---|---|---|---|---|---|---|---|---|
| a | eo | o | u | eu | i | ae | e | oe | wi |

### 2. 이중 모음

| ㅑ | ㅕ | ㅛ | ㅠ | ㅒ | ㅖ | ㅘ | ㅙ | ㅝ | ㅞ | ㅢ |
|---|---|---|---|---|---|---|---|---|---|---|
| ya | yeo | yo | yu | yae | ye | wa | wae | wo | we | ui |

(붙임 1) ‘ㅢ’는 ‘ㅣ’로 소리 나더라도 ‘ui’로 적는다.

예 광희문 Gwanghuimun

(붙임 2) 장모음의 표기는 따로 하지 않는다.

**제2항 |** 자음은 다음 각호와 같이 적는다.

### 1. 파열음

| ㄱ | ㄲ | ㅋ | ㄷ | ㄸ | ㅌ | ㅂ | ㅃ | ㅍ |
|---|---|---|---|---|---|---|---|---|
| g, k | kk | k | d, t | tt | t | b, p | pp | p |

### 2. 파찰음

| ㅈ | ㅉ | ㅊ |
|---|---|---|
| j | jj | ch |

### 3. 마찰음

| ㅅ | ㅆ | ㅎ |
|---|---|---|
| s | ss | h |

### 4. 비음

| ㄴ | ㅁ | ㅇ |
|---|---|---|
| n | m | ng |

### 5. 유음

| ㄹ |
|---|
| r, l |

(붙임 1) ‘ㄱ, ㄷ, ㅂ’은 모음 앞에서는 ‘g, d, b’로, 자음 앞이나 어말에서는 ‘k, t, p’로 적는다.
([ ] 안의 발음에 따라 표기함.)

구미 Gumi　영동 Yeongdong　백암[배감] Baegam
옥천 Okcheon　합덕 Hapdeok　호법 Hobeop
월곶[월곧] Wolgot　벚꽃[벋꼳] beotkkot　한밭[한받] Hanbat

(붙임 2) ‘ㄹ’은 모음 앞에서는 ‘r’로, 자음 앞이나 어말에서는 ‘l’로 적는다. 단, ‘ㄹㄹ’은 ‘ll’로 적는다.

구리 Guri　설악 Seorak　칠곡 Chilgok
임실 Imsil　울릉 Ulleung　대관령[대괄령] Daegwallyeong

## 제3장 표기상의 유의점

**제1항 |** 음운 변화가 일어날 때에는 변화의 결과에 따라 다음 각호와 같이 적는다.

### 1. 자음 사이에서 동화 작용이 일어나는 경우

백마[뱅마] Baengma　신문로[신문노] Sinmunno
종로[종노] Jongno　왕십리[왕심니] Wangsimni
별내[별래] Byeollae　신라[실라] Silla

### 2. ‘ㄴ, ㄹ’이 덧나는 경우

학여울[항녀울] Hangnyeoul　알약[알략] allyak

### 3. 구개음화가 되는 경우

해돋이[해도지] haedoji　같이[가치] gachi
굳히다[구치다] guchida

**4. 'ㄱ, ㄷ, ㅂ, ㅈ'이 'ㅎ'과 합하여 거센소리로 소리 나는 경우**

좋고[조코] joko　　놓다[노타] nota
잡혀[자펴] japyeo　　낳지[나치] nachi

**다만**, 체언에서 'ㄱ, ㄷ, ㅂ' 뒤에 'ㅎ'이 따를 때에는 'ㅎ'을 밝혀 적는다.

묵호 Mukho　　집현전 Jiphyeonjeon

(붙임) 된소리되기는 표기에 반영하지 않는다.

압구정 Apgujeong　　낙동강 Nakdonggang
죽변 Jukbyeon　　낙성대 Nakseongdae
팔당 Paldang　　합정 Hapjeong
샛별 saetbyeol　　울산 Ulsan

**제2항 |** 발음상 혼동의 우려가 있을 때에는 음절 사이에 붙임표(−)를 쓸 수 있다.

중앙 Jung-ang　　반구대 Ban-gudae
'준강'과 구별　　'방우대'와 구별

세운 Se-un　　해운대 Hae-undae
'순'과 구별　　'하운대'와 구별

**제3항 |** 고유 명사는 첫 글자를 대문자로 적는다.

부산 Busan　　세종 Sejong

**제4항 |** 인명은 성과 이름의 순서로 띄어 쓴다. 이름은 붙여 쓰는 것을 원칙으로 하되 음절 사이에 붙임표(−)를 쓰는 것을 허용한다.[( ) 안의 표기를 허용함.]

**1. 이름에서 일어나는 음운 변화는 표기에 반영하지 않는다.**

한복남 Han Boknam(Han Bok-nam)
홍빛나 Hong Bitna(Hong Bit-na)

**2. 성의 표기는 따로 정한다.**

민용하 Min Yongha(Min Yong-ha)
송나리 Song Nari(Song Na-ri)

**제5항 |** '도, 시, 군, 구, 읍, 면, 리, 동'의 행정 구역 단위와 '가'는 각각 'do, si, gun, gu, eup, myeon, ri, dong, ga'로 적고, 그 앞에는 붙임표(−)를 넣는다. 붙임표(−) 앞뒤에서 일어나는 음운 변화는 표기에 반영하지 않는다.

제주도 Jeju−do　　양주군 Yangju−gun
의정부시 Uijeongbu−si　　신창읍 Sinchang−eup
도봉구 Dobong−gu　　인왕리 Inwang−ri
삼죽면 Samjuk−myeon　　당산동 Dangsan−dong
종로 2가 Jongno 2(i)−ga
충청북도 Chungcheongbuk−do
봉천 1동 Bongcheon 1(il)−dong
퇴계로 3가 Toegyero 3(sam)−ga

(붙임) '시, 군, 읍'의 행정 구역 단위는 생략할 수 있다.

청주시 Cheongju　함평군 Hampyeong　순창읍 Sunchang

✓ 도로명 주소 등 표기에 관한 법률(2008. 2. 29.) 및 시행령(2007. 4. 5.)에 따른 새 주소 체계에서 기존 행정 구역 단위를 대체하는 '대로(大路)', '로(路)', '길'은 각각 'daero', 'ro', 'gil'로 적고, 그 앞에는 붙임표(−)를 넣는다.
예 강남대로 Gangnam-daero　개나리길 Gaenari-gil
세종로 Sejong-ro

**제6항 |** 자연 지물명, 문화재명, 인공 축조물명은 붙임표(−) 없이 붙여 쓴다.

남산 Namsan　　속리산 Songnisan
금강 Geumgang　　독도 Dokdo
경복궁 Gyeongbokgung　　무량수전 Muryangsujeon
연화교 Yeonhwagyo　　극락전 Geungnakjeon
안압지 Anapji　　남한산성 Namhansanseong
화랑대 Hwarangdae　　불국사 Bulguksa
현충사 Hyeonchungsa　　독립문 Dongnimmun
오죽헌 Ojukheon　　촉석루 Chokseongnu
종묘 Jongmyo　　다보탑 Dabotap

✓ 로마자 표기 시 붙임표를 쓰는 경우
1. 붙임표를 반드시 써야 하는 경우
행정 구역 단위('do, si, gun, gu, eup, myeon, ri, dong, ga'), 길('daero', 'ro', 'gil')
2. 보통은 붙임표를 안 쓰지만 쓰는 것을 허용하는 경우
① 발음상 혼동의 우려가 있을 때
② 사람의 이름 사이에

07 PART

## 01.

**정답풀이** '도, 시, 군, 구, 읍, 면, 리, 동'의 행정 구역 단위와 '가'는 각각 'do, si, gun, gu, eup, myeon, ri, dong, ga'로 적고, 그 앞에는 붙임표(−)를 넣는다. 따라서 '종로 2가 Jongno 2(i)-ga'는 옳다.

**오답풀이** ① 붙임표의 위치가 잘못되었다. 'Min Yong-ha'로 고쳐야 한다.

③ 붙임표의 위치가 잘못되었다. 'Se−un'으로 고쳐야 한다. 여기에서의 붙임표는 발음의 혼동의 오류를 피하기 위해 붙여야 하기 때문이다.

④ '독도'의 '도'는 행정 구역 단위가 아니라 자연 지물명'섬(島)'의 '도'이므로 붙임표(-) 없이 'Dokdo'라 적는다.

## 02.

**정답풀이** '삼죽면 Samjuk−myeon'은 '제5항ㅣ'도, 시, 군, 구, 읍, 먼, 리, 농'의 행정 구역 단위와 '가'는 각각 'do, si, gun, gu, eup, myeon, ri, dong, ga'로 적고, 그 앞에는 붙임표(−)를 넣는다'에 따라 붙임표를 넣은 것일 뿐이다.

**오답풀이** 'Jungang(중앙)'을 '준강'으로, 'Bangudae(반구대)'를 '방우대'로, 'Haeundae(해운대)'를 '하은대'로 발음할 혼동의 오류가 있다. 따라서 붙임표를 쓰는 것도 허용하는 것이다.

**정답**

01 ② 02 ④ 03 ② 04 ①

## 03.

**정답풀이** '도, 시, 군, 구, 읍, 면, 리, 동'의 행정 구역 단위와 '가'는 각각 'do, si, gun, gu, eup, myeon, ri, dong, ga'로 적고, 그 앞에는 붙임표(−)를 넣는다. 따라서 '세종로 Sejong-ro'는 옳다.

**오답풀이** ① 인명은 성과 이름의 순서로 띄어 쓴다. 따라서 'Min Yongha(원칙), Min Yong−ha(허용)'로 써야 한다.

③ 붙임표(-) 바로 앞뒤에서 일어나는 음운 변화는 표기에 반영하지 않으므로 [삼중면]으로 표기해서는 안된다. 'Samjuk−myeon'이 옳다.

④ 받침 'ㅊ'은 'ch'로 표기하지 않고 't'로 표기한다. 이름에서 일어나는 음운 변화는 표기에 반영하지 않는다. 따라서 비음화가 적용된 결과를 표기에 반영해서는 안 된다. 단, 이름에서 음절의 끝소리 규칙까지는 적용된 채로 표기된다. 따라서 'Hong Bitna(원칙), Hong Bit-na(허용)'로 써야 한다.

## 04.

**정답풀이** 표기는 예사소리이지만 된소리로 소리 나는 된소리되기는 표기에 반영하지 않는다.

예 압구정 Apgujeong, 낙성대 Nakseongdae, 울산 Ulsan

**오답풀이** ② 수목, 가옥, 하천, 산(맥), 다리 같은 자연 지물명, 문화재명, 인공 축조물명은 붙임표(-) 없이 'Dongnimmun'으로 붙여 쓴다.

로마자 표기 시 붙임표를 쓰는 경우

1. **붙임표를 반드시 써야 하는 경우**: 행정 구역 단위('do, si, gun, gu, eup, myeon, ri, dong, ga'), 길('daero', 'ro', 'gil')
2. **보통은 붙임표를 안 쓰지만 쓰는 것을 허용하는 경우**
   ① 발음상 혼동의 우려가 있을 때
   ② 사람의 이름 사이에

③ 이름에서 일어나는 음운 변화는 표기에 반영하지 않는다.

예 한복남 Han Boknam (Han Bok-nam), 홍빛나 Hong Bitna (Hong Bit-na)

④ 체언에서 'ㄱ, ㄷ, ㅂ' 뒤에 'ㅎ'이 따를 때에는 'ㅎ'을 밝혀 적는다.

예 집현전 Jiphyeonjeon, 오죽헌 Ojukheon

빈출 순위별 예상 문제

# 7편 로마자, 외래어 표기 CH.01 로마자 표기 : 기본 원칙

## 亦功 최빈출

**01. 붙임표 사용으로 옳은 것은?**

① 민용하 Min-Yongha
② 종로 2가 Jongno 2(i)-ga
③ 세운 Seu-n
④ 독도 Dok-do

**02. 로마자 표기법에 관한 다음 규정이 적용되지 않은 것은?**

> 발음상 혼동의 우려가 있을 때에는 음절 사이에 붙임표(-)를 쓸 수 있다.

① 중앙 Jung-ang
② 반구대 Ban-gudae
③ 해운대 Hae-undae
④ 삼죽면 Samjuk-myeon

**03. 〈보기〉의 로마자 표기법을 고려할 때, 다음 중 로마자 표기가 올바른 것은?**

> 〈보기〉
> 제3항 고유 명사는 첫 글자를 대문자로 적는다.
> 제4항 인명은 성과 이름의 순서로 띄어 쓴다. 이름은 붙여 쓰는 것을 원칙으로 하되 음절 사이에 붙임표(-)를 쓰는 것을 허용한다.
> (1) 이름에서 일어나는 음운 변화는 표기에 반영하지 않는다.
> (2) 성의 표기는 따로 정한다.
> 제5항 '도, 시, 군, 구, 읍, 면, 리, 동'의 행정 구역 단위와 '가'는 각각 'do, si, gun, gu, eup, myeon, ri, dong, ga'로 적고, 그 앞에는 붙임표(-)를 넣는다. 붙임표(-) 앞뒤에서 일어나는 음운 변화는 표기에 반영하지 않는다.

① 민용하 MinYongHa
② 세종로 Sejong-ro
③ 삼죽면 Samjung-myeon
④ 홍빛나 Hong Bichna

**04. 국어의 로마자 표기와 그에 대한 설명으로 가장 적절한 것은?**

① 샛별 - 'saetbyeol' - 된소리되기는 표기에 반영하지 않는다.
② 독립문 - 'Dongnim-mun' - 자연 지물명, 문화재명 등은 붙임표를 붙여 쓴다.
③ 한복남, 홍빛나 - 'Han Bongnam, Hong Binna' - 인명에서 일어나는 음운 변화는 표기에 반영한다.
④ 묵호 - 'Mukho' - 'ㄱ, ㄷ, ㅂ, ㅈ'이 'ㅎ'과 합하여 거센소리로 나는 경우 거센소리로 적는다.

07 PART

## 05.

**정답풀이** 보통의 행정 구역 단위('do, si, gun, gu, eup, myeon, ri, dong, ga')에는 붙임표를 반드시 써야 한다. 하지만 '시, 군, 읍'의 경우에는 붙임표와 함께 '시, 군, 읍'의 행정 구역 단위는 생략할 수 있다.

**오답풀이** ② 용언에서의 자음 축약만 표기에 반영한다. (좋고[조코] joko, 잡혀[자펴] japyeo) 하지만 체언에서의 자음 축약은 인정하지 않으므로 'h'를 밝혀 적어야 한다. ['오죽헌(Ojukheon)', '집현전(Jiphyeonjeon)']
③ 이름은 붙여 쓰는 것을 원칙으로 하는 것은 옳다. 그러나 음절 사이에 붙임표(−)를 쓰는 것을 허용한다. '홍빛나 Hong Bit-na', '한복남 Han Bok-nam'도 가능하다.
④ 자연 지명물, 문화재명, 인공 축조물명에는 붙임표(−)를 붙여 쓸 수 없다.

## 06.

**정답풀이** 'ㄱ'은 모음 앞에서는 'g'이므로 '곡성'의 첫소리 'ㄱ'은 'g'로 표기한다. 하지만 '곡성'의 받침 'ㄱ'은 'k'로 표기해야 하므로 '곡성'은 'Gokseong'로 표기해야 한다.

**오답풀이** ① '종로'가 비음화되어 [종노]가 된 것을 그대로 반영하는 것은 발음대로 로마자를 표기하는 전사법(=전음법) 체계라고 볼 수 있다.
② 원래 '도동'은 'Todong'로 발음되는 것이 맞다. 단어의 첫소리의 'ㄷ'은 무성음 't'로 소리나지만, 한국인들은 유성음과 무성음의 대립을 인식하지 않으므로 그냥 유성음 'd'를 써서 'Dodong'로 표기하는 것이다.
④ 자음을 초성으로 가지는 'ㅢ'는 [ㅣ]로 발음이 되어도 항상 'ui'로 표기한다.

**정답**

05 ① 06 ③

**05.** 국어의 로마자 표기법에 대한 설명으로 가장 적절한 것은?

① '청주시 Cheongju', '함평군 Hampyeong', '순창읍 Sunchang'처럼 '시, 군, 읍'의 행정 구역 단위는 생략할 수 있다.
② '오죽헌(Ojukeon)', '집현전(Jipyeonjeon)'처럼 체언에서 'ㄱ, ㄷ, ㅂ' 뒤에 'ㅎ'이 따를 때에는 자음 축약이 일어난 것을 반영하여 적는다.
③ '홍빛나 Hong Bitna', '한복남 Han Boknam'처럼 이름은 붙여 쓰는 것을 원칙으로 하되 음절 사이에 붙임표(-)를 쓰는 것을 허용하지 않는다.
④ '남산 Namsan', '독도 Dokdo'처럼 자연 지명물, 문화재명, 인공 축조물명에는 붙임표(-)를 붙여 쓸 수 있다.

**06.** 다음의 〈국어의 로마자 표기법〉에 대한 진술 중에서 틀린 것은?

① '종로'를 'Jongro'로 적지 않고 'Jongno'로 적는 것은 <국어의 로마자 표기법>이 발음과 로마자를 대응시키는 전사법 체계를 따르기 때문이다.
② '도동'을 'Todong'처럼 표기하지 않고 'Dodong'처럼 표기한 것은 유성음과 무성음의 대립을 인식하지 않는 한국인들의 언어 감각을 고려한 조처로 볼 수 있다.
③ 평음 /ㄱ/과 로마자 유성자음 /g/가 대응하므로 '곡성'의 로마자 표기는 'Gogseong'처럼 된다.
④ 자음을 초성으로 가지는 'ㅢ'는 [ㅣ]로 발음이 되어도 항상 'ui'로 표기해야 하므로 '광희문'은 'Gwanghuimun'으로 표기해야 한다.

Chapter

# 02 로마자 표기 용례

### 01.

정답풀이 '시, 군, 읍'의 행정 구역 단위는 생략할 수 있다.

오답풀이 ① 된소리되기는 로마자 표기에 표기되지 않으므로 'Apgujeong'으로 고쳐야 한다.

② 자연 지명물, 문화재명, 인공 축조물명에는 붙임표(-)를 붙여 쓸 수 없으므로 'Songnisan'으로 써야 한다. [송니산]처럼 상호 비음화를 잘 반영해야 한다.

③ 체언에서의 자음 축약은 인정하지 않으므로 'h'를 밝혀 적어야 한다. [ '오죽헌(Ojukheon)', '집현전(Jiphyeonjeon)']

### 02.

정답풀이 ㄴ. 인명은 성과 이름의 순서로 띄어 써야 하는데 잘 지켰다. 또한 이름은 붙여 쓰는 것을 원칙으로 하되, 음절 사이에 붙임표(-)를 쓰는 것을 허용하므로 'Kim Boknam(원칙)/Kim Bok-nam(허용)'으로 쓰는 것이 옳다. 참고로 붙임표 바로 앞뒤에서 일어나는 음운 변화는 표기에 반영하지 않는다.

ㅁ. '알약'은 ㄴ첨가와 유음화가 일어나 [알략]이라 발음되므로 'allyak'이라 적는다.

오답풀이 ㄱ. 로마자 표기는 소리 나는 대로 표기하므로 비음화는 표기에 반영한다. 따라서 비음화와 고유 명사인 것을 반영하여 첫 글자는 대문자로 써서 'Jongno'라 표기한다.

ㄷ. '선릉'의 표준 발음은 유음화가 일어난 [설릉]이므로 'Seolleung'로 적어야 한다.

ㄹ. '낙동강'은 [낙똥강]으로 소리 나나, 된소리 발음은 표기에 반영하지 않으므로 'Nakddonggang'이 아니라 'Nakdonggang'이라 적는다.

정답

01 ④ 02 ②

## 亦功 최빈출

**01. 로마자 표기법이 가장 옳은 것은?**

① 압구정 – 'Apggujeong'
② 속리산 – 'Songni-san'
③ 집현전 – 'Jipyeonjeon'
④ 청주시 – 'Cheongju'

**02. 〈보기〉의 로마자 표기가 옳은 것을 모두 고르면?**

( 보기 )
ㄱ. 종로 Jongro
ㄴ. 김복남(인명) Kim Bok-nam
ㄷ. 선릉 Seonneung
ㄹ. 낙동강 Nakddonggang
ㅁ. 알약 allyak

① ㄱ, ㄴ ② ㄴ, ㅁ
③ ㄴ, ㄷ ④ ㄷ, ㅁ

## 03.

정답풀이 모음 앞에서 'ㄱ, ㄷ, ㅂ'은 는 'g, d, b'로 쓰므로 '합덕'의 'ㄷ'은 'd'로 표기한다. 또 자음 앞이나 어말에서는 'k, t, p'로 적으므로 '합덕'의 받침 'ㅂ'과 받침 'ㄱ'은 각각 'p', 'k'로 적는다. 또한 된소리되기는 표기에 반영하지 않으므로 '합덕'은 [합떡]으로 소리 나도 'Hapdeok'로 적는 것이 옳다.

오답풀이 ① '같이'는 '구개음화'가 되어 [가치]로 소리 나므로 'gachi'라 표기한다. '같이'는 고유명사가 아니므로 첫 글자는 소문자로 적는다.

② '학여울'은 '학+여울'로서 앞의 어근이 자음으로 끝나고 뒤의 어근이 반모음 'ㅣ'로 시작하므로 ㄴ첨가가 일어난다. 그 이후에 비음화가 일어나므로 [항녀울]로 발음된다.

④ 체언에서의 자음 축약은 인정하지 않으므로 'h'를 밝혀 적어야 한다. ['북한산(Bukhansan)']

## 04.

정답풀이 • Yulgongro(×) → Yulgok–ro(○)

'율곡로'의 '로'는 행정 구역 단위이므로 제5항에 따라 붙임표(–)를 넣는다. 참고로, 행정 구역으로 인해 붙은 붙임표(–) 앞뒤에서 일어나는 음운 변화는 표기에 반영하지 않는다. 따라서 상호 비음 동화도 일어나면 안 되기 때문에 'Yulgongro'가 아니라 'Yulgok–ro'가 적절하다.

오답풀이 ② '백두산[백뚜산]'은 된소리되기가 표기에 반영되지 않기 때문에 'Baekdusan'이라 적는다.

③ '시, 군, 읍'의 행정 구역 단위는 생략할 수 있으므로 'Jillyang–eup(원칙), Jillyang(허용)이다.

④ '시' 앞에 붙임표를 쓰는 것이 원칙이나 쓰지 않는 것도 허용하므로 'Yangju–si'는 옳다.

## 05.

정답풀이 '신문로(新門路)'는 '2+1'의 한자어 구성이므로 유음화 환경이지만 비음화가 일어난다. [신문노]로 발음되므로 'Sinmunno'로 고쳐야 한다.

오답풀이 ① '독립문[동님문]'은 상호 비음화가 반영되어 'Dongnimmun'이라 적는다.

② '정릉[정능]'은 비음화가 반영되어 'Jeongneung'라 적는다.

④ '좋고'는 용언 어간과 어미의 결합에서 거센소리되기(=자음 축약)이 일어나므로 'joko'라 표기한다. '좋고'는 고유 명사가 아니므로 첫 글자는 소문자로 적는다. (단, 체언의 거센소리되기(=자음 축약)는 로마자 표기에 반영되지 않는다.)

## 06.

정답풀이 행정 구역 단위의 로마자 표기법에 관한 문제이다. 행정 구역이 나오면 붙임표를 써야 하므로 집중해야 한다. '도, 시, 군, 구, 읍, 면, 리, 동'의 행정 구역 단위와 '가'는 각각 'do, si, gun, gu, eup, myeon, ri, dong, ga'로 적고, 그 앞에는 붙임표(–)를 넣는다. '신리'의 '리'는 행정 구역 단위이므로 붙임표를 꼭 적어 'Sin–ri'로 적어야 한다. 참고로 붙임표 앞뒤에서 일어나는 음운 변화는 표기에 반영하지 않으므로 'Sil–li'로 적지 않음에 유의하여야 한다.

오답풀이 ②③ 붙임표 앞뒤에서 음운 변화가 일어나지 않는 것을 잘 반영하였다.

④ '시, 군, 읍'의 행정 구역 단위는 생략할 수 있으므로 'Hampyeong–gun(원칙), Hampyeong(허용)'이다.

## 07.

정답풀이 '밀양'은 연음되어 [미량]으로 발음되므로 'Millyang'이 아니라 'Miryang'으로 표기해야 한다.

오답풀이 ① '시, 군, 읍'의 행정 구역 단위는 생략할 수 있으므로 'Sinchang–eup(원칙), Sinchang(허용)이다.

④ 상호 비음화가 일어나 [뱅녕도]이므로 'Baengnyeongdo'는 옳다.

## 08.

정답풀이 '촉석루'의 경우 [촉석루 → (된소리되기) → 촉썩루 → (상호 비음화) → 촉썽누]로, 상호 비음화와 된소리되기가 일어난다. 로마자 표기에 비음화는 반영되나 된소리되기는 반영되지 않으므로 'Chokseongnu'라 적는 것은 옳다.

오답풀이 ① '독도'의 '도'는 행정 구역 단위가 아니라 자연 지물명'섬(島)'의 '도'이므로 붙임표(–) 없이 'Dokdo'라 적는다.

② '불국사'는 [불국싸]로 된소리되기가 일어난다. 된소리되기는 반영되지 않으므로 'Bulguksa'으로 표기하는 것이 옳다.

③ '극락전'의 경우 [극락전 → (상호 비음화) → 긍낙전 → (된소리되기) → 긍낙쩐]으로, 상호 비음화와 된소리되기가 일어난다. 로마자 표기에서 비음화는 반영되나 된소리되기는 반영되지 않으므로 'Geungnakjeon'으로 표기하는 것이 옳다.

**정답**

03 ③ 04 ① 05 ③ 06 ① 07 ③ 08 ④

**03.** 다음 중 제시된 단어의 표준 발음과 로마자 표기가 모두 옳은 것은?

① 같이[가티] – gati
② 학여울[하겨울] – Hakyeoul
③ 합덕[합떡] – Hapdeok
④ 북한산[부칸산] – Bukansan

**04.** 로마자 표기법으로 가장 옳지 않은 것은?

① 율곡로 Yulgongro
② 백두산 Baekdusan
③ 진량읍 Jillyang
④ 양주시 Yangju-si

**05.** 로마자 표기의 예로 옳지 않은 것은?

① 독립문 Dongnimmun
② 정릉 Jeongneung
③ 신문로 Sinmullo
④ 좋고 joko

**06.** 로마자 표기법이 가장 옳지 않은 것은?

① 신리: Sin-li
② 일직면: Iljik-myeon
③ 사직로: Sajik-ro
④ 함평군: Hampyeong

**07.** 〈로마자 표기법〉에 맞지 않는 것은?

① 신창읍–Sinchang-eup
② 춘천–Chuncheon
③ 밀양–Millyang
④ 백령도–Baengnyeongdo

**08.** 다음 중 로마자 표기법이 옳은 것은?

① 독도: Dok-do
② 불국사: Bulgukssa
③ 극락전: Geungnakjjeon
④ 촉석루: Chokseongnu

## 09.

정답풀이 '설악'은 연음되어 표준 발음이 [서락]이다. 'ㄹ'은 모음 앞에서는 'r'로 표기되므로 'Seolak'이 아니라 'Seorak'으로 표기해야 한다.

오답풀이 나머지는 모두 옳다.

① '백록담'은 상호 비음화와 된소리되기가 일어나 [뱅녹땀]으로 발음된다. 된소리되기는 로마자 표기에 반영되지 않으므로 'Baengnokdam'으로 적는 것은 옳다. 고유 명사이므로 대문자로 표기하는 것도 옳다.

③ 고유 명사이므로 대문자로 쓴다.

④ 어말의 'ㅂ'은 'p'로 표기해야 하므로 'Dabotab'이 아니라 'Dabotap'으로 표기해야 한다.

## 10.

정답풀이 '대관령(대관령)'에는 유음화가 일어나 [대괄령]으로 발음되므로 'Daegwallyeong'은 옳다.

오답풀이 ① '영등포'는 'Yeungdeungpo'가 아니라 'Yeongdeungpo'라 적어야 한다.

② [종노구]로 발음이 되므로 'Jongro-gu'가 아니라 'Jongno-gu'로 표기해야 한다.

④ 'ㅢ'는 'ui'로 표기해야 하므로 'Yeoeuido'가 아니라 'Yeouido'로 표기해야 한다.

## 11.

정답풀이 '청와대[청와대]'는 표준 발음에 따라 적을 경우 'Cheong wadae'로 표기해야 한다.

오답풀이 ② '울릉[울릉]'은 'Ulleung'로 표기된다.

③ '백마[뱅마]'는 비음화를 반영하여 'Baengma'로 표기된다.

④ '별내[별래]'는 유음화를 반영하여 'Byeollae'로 표기된다.

## 12.

정답풀이 '훈민정음(訓民正音)'은 옳은 표기이다.

오답풀이 ① '워'는 'wo'로 표기해야 하므로 'Wolgot'으로 고쳐야 한다.

② 단어 자체에 된소리가 있는 것은 그대로 된소리를 밝혀 표기해야 한다. 'beotkkot'으로 고쳐야 한다.

④ 행정 구역 단위인 '리'는 'li'가 아니라 'ri'가 옳다. 따라서 'Inwang-li'가 아니라 'Inwang-ri'가 옳다.

정답

09 ② 10 ③ 11 ① 12 ③ 13 ④ 14 ① 15 ②

## 13.

정답풀이 'Hahoetal'이 옳다. 'ㅚ'는 'oe'로 표기해야 한다.

## 14.

정답풀이 Hallasan[할:라산](○) : '한라'에서 뒤의 'ㄹ'로 인해 'ㄴ'이 'ㄹ'로 교체되는 역행적 유음화가 일어났다. 이렇게 자음 사이에서 동화 작용이 일어나면 이를 반영하여 적는다.

오답풀이 ② Gukmangbong(×) → Gungmangbong(○) : '국망'에서 'ㅁ'으로 인해 'ㄱ'이 'ㅇ'이 되는 비음화가 일어났다. 이렇게 자음 사이에서 동화 작용이 일어나면 이를 반영하여 적는다.

③ Nangrimsan(×) → Nangnimsan[낭:님산](○) : '낭림'에서 'ㅇ'에 의해 'ㄹ'이 비음 'ㄴ'으로 교체되는 비음화가 일어났다. 이렇게 자음 사이에서 동화 작용이 일어나면 이를 반영하여 적는다.

④ Dalakgol(×) → Darakgol(○) : '다락'에서 모음 'ㅏ' 앞의 'ㄹ'은 'r'로 적는다. 'ㄹ'은 모음 앞에서는 'r'로, 자음 앞이나 어말에서는 'l'로 적기 때문이다.

## 15.

정답풀이 '인왕리'는 단순 지역명이 아니라 행정 구역이므로 'Inwang-ri'로 고쳐야 한다. (참고로 행정 구역 단위인 '리'는 'li'가 아니라 'ri'가 옳다. 따라서 'Inwang-li'가 아니라 'Inwang-ri'가 옳다.)

오답풀이 나머지는 모두 단순 지역명이므로 행정 구역 단위를 쓸 필요 없이 음운 변화에 따라 표기한다.

**09** 우리말에 대한 로마자 표기법으로 바르지 않은 것은?

① 백록담 – Baengnokdam
② 설악 – Seolak
③ 경복궁 – Gyeongbokgung
④ 다보탑 – Dabotap

**10.** 다음 중 로마자 표기법에 따라 올바르게 적은 것은?

① 영등포 – Yeungdeungpo
② 종로구 – Jongro-gu
③ 대관령 – Daegwallyeong
④ 여의도 – Yeoeuido

**11.** 국어의 로마자 표기가 옳지 않은 것은?

① 청와대–Chungwadae
② 울릉–Ulleung
③ 백마–Baengma
④ 별내 – Byeollae

**12.** 로마자 표기법이 바른 것은?

① 월곶 – Weolgot
② 벚꽃 – beotkot
③ 훈민정음(訓民正音) – Hunminjeongeum
④ 인왕리 – Inwang-li

**13.** 다음 중 국어의 로마자 표기법에 따라 바르게 표기하지 않은 것은?

① 거북선 Geobukseon
② 세종로 Sejong-ro
③ 샛별 saetbyeol
④ 하회털 Hahuetal

**14.** 다음을 현행 〈로마자 표기법〉에 따라 표기한 것으로 가장 적절한 것은?

① 한라산 – Hallasan
② 국망봉 – Gukmangbong
③ 낭림산 – Nangrimsan
④ 다락골 – Dalakgol

**15.** 로마자 표기법이 옳지 않은 것은?

① 왕십리 – Wangsimni
② 인왕리 – Inwangni
③ 청량리 – Cheongnyangni
④ 답십리 – Dapsimni

## 16.

**정답풀이** Amrokgang(×) → Amnokgang(○): '압록강[암녹깡]'으로 발음된다. 여기에서 비음 동화가 반영되어야 하므로 'r'이 'n'으로 바뀌어야 한다.

**오답풀이** ③ Bok Yeonpil(Bok Yeon-pil)(○): 이름을 발음할 때의 음운 변화는 표기에 반영하지 않는 것이 원칙이며, 인명은 성과 이름의 순서로 띄어 써야 한다. 또한 이름은 붙여 쓰는 것을 원칙으로 하되 음절 사이에 붙임표(-)를 쓰는 것을 허용하므로 '복연필[봉년필]'은 'Bok Yeonpil(Bok Yeon-pil)'로 표기해야 한다. ('ㄴ' 첨가가 일어나 'Bok Nyeonphil'로 표기하면 절대 안 된다.)

## 17.

**정답풀이** ㄷ. 석빙고: Seokbinggo
ㅁ. 천마총: Cheonmachong ㅂ. 첨성대: Cheomseongdae

**오답풀이** ㄱ. '분황사'는 'ㅎ'은 'h'로, 'ㅘ'는 'wa'로, 'ㅇ'은 'ng'로 표기되므로 'Bunwhangsa'가 아니라 'Bunhwangsa'로 표기되어야 한다.
ㄴ. 안압지(雁鴨池): 어말의 'ㅂ'은 'p'로 표기해야 하므로 'Anapjji'로 고쳐야 한다.
ㄹ. 신륵사(神勒寺): 유음화와 된소리되기가 일어나므로 [실륵싸]로 표기해야 한다. 하지만 된소리되기는 로마자 표기에 반영되지 않으므로 'Silleuksa'로 고쳐야 한다.

**정답**

16 ④ 17 ④

## 16. 다음 중 로마자 표기법이 옳지 않은 것은?

① 예산 Yesan
② 울릉도 Ulleungdo
③ 복연필(사람 이름) Bok Yeonpil
④ 압록강 Amrokgang

## 17. 국어의 로마자 표기법에 맞게 표기한 것은?

(보기)
ㄱ. 분황사: Bunwhangsa
ㄴ. 안압지(雁鴨池): Anabjji
ㄷ. 석빙고: Seokbinggo
ㄹ. 신륵사(神勒寺): Sinreuksa
ㅁ. 천마총: Cheonmachong
ㅂ. 첨성대: Cheomseongdae

① ㄱ, ㄴ, ㄷ ② ㄱ, ㄹ, ㅁ
③ ㄷ, ㄹ, ㅁ ④ ㄷ, ㅁ, ㅂ

# Chapter 03 외래어 표기: 기본 원칙

## 제1장 표기 원칙

**제1항 | 외래어는 국어의 현용 24자모만으로 적는다.**

이 조항은 우리말에는 없는, 외국어의 소리를 나타내기 위해 맞춤법에 정한 24자모 이외의 특수한 기호나 문자를 만들어서는 안 된다는 것이다.

| 자음(14개) | ㄱ, ㄴ, ㄷ, ㄹ, ㅁ, ㅂ, ㅅ, ㅇ, ㅈ, ㅊ, ㅋ, ㅌ, ㅍ, ㅎ |
|---|---|
| 모음(10개) | ㅏ, ㅑ, ㅓ, ㅕ, ㅗ, ㅛ ,ㅜ, ㅠ, ㅡ, ㅣ |

**제2항 | 외래어의 1 음운은 원칙적으로 1 기호로 적는다.**

[f]의 경우 'ㅎ'과 'ㅍ'으로 쓸 수 있지만, 1 음운은 1 기호로 적는다는 원칙에 의해 일관되게 'ㅍ'으로 적는다.

| 구 분 | 바른 표기(○) | 틀린 표기(×) |
|---|---|---|
| family | 패밀리 | 훼밀리 |
| fighting | 파이팅 | 화이팅 |

**제3항 | 받침에는 'ㄱ, ㄴ, ㄹ, ㅁ, ㅂ, ㅅ, ㅇ'만을 쓴다.**

| 구 분 | 바른 표기(○) | 틀린 표기(×) |
|---|---|---|
| racket | 라켓 | 라켇 |
| diskette | 디스켓 | 디스켇 |
| biscuit | 비스킷 | 비스킽 |
| market | 마켓 | 마켇 |
| chocolate | 초콜릿 | 초콜릳 |
| workshop | 워크숍 | 워크숖 |
| Gallup | 갤럽 | 갤렆 |

**제4항 | 파열음 표기에는 된소리를 쓰지 않는 것을 원칙으로 한다.**

1. [p, t, k]나 [b, d, g] 등의 파열음은 국어에서 된소리나 된소리에 가깝게 발음하는 경향이 있으나 표기에는 된소리를 쓰지 않는다.

| 구 분 | 바른 표기(○) | 틀린 표기(×) |
|---|---|---|
| Paris | 파리 | 빠리 |
| conte | 콩트 | 꽁트 |

2. 서구 외래어의 경우에는 마찰음 'ㅅ'과 파찰음 'ㅈ'을 된소리 'ㅆ, ㅉ'으로 표기하지 않는다.

| 구 분 | 바른 표기(○) | 틀린 표기(×) |
|---|---|---|
| self service | 셀프 서비스 | 쎌프 써비스 |
| Mozart | 모차르트 | 모짜르트 |
| suntan | 선탠 | 썬탠 |

**제5항 | 이미 굳어진 외래어는 관용을 존중하되, 그 범위와 용례는 따로 정한다.**

1. '카메라(camera), 라디오(radio)' 등 이미 굳어진 외래어는 외래어 표기법 원칙을 준수하지 않고 관용에 따른다(캐머러×, 레이디오×).

| 구 분 | 관용 존중(○) | 원칙이지만 인정 안 함(×) |
|---|---|---|
| camera | 카메라 | 캐머러 |
| radio | 라디오 | 레이디오 |
| mania | 마니아 | 매니아 |
| observer | 옵서버 | 옵저버 |
| 九州 | 규슈 | 큐슈 |
| condenser | 콘덴서 | 컨덴서 |
| accent | 악센트 | 액센트 |
| technology | 테크놀로지 | 테크날로지 |

2. 뜻에 따라 외래어 표기 원칙을 준수하거나 관용 표기가 모두 사용되는 경우도 있다.

| 구 분 | 외래어 표기 원칙 | 관용 표기 |
|---|---|---|
| cut | 컷(인쇄물의 작은 사진) | 커트(머리를 자름) |
| type | 타이프(글자를 찍는 기계) | 타입(유형) |

## 01.

정답풀이 이미 굳어진 외래어는 관용을 존중한다. 하지만 그 범위와 용례는 따로 정한다. '파마(펌×), 라디오(레이디오×), 카메라(케머러×) 등을 예로 들 수 있다.

오답풀이 ② 외래어는 국어의 현용 24자모만으로 적는다.

| 자음(14개) | ㄱ, ㄴ, ㄷ, ㄹ, ㅁ, ㅂ, ㅅ, ㅇ, ㅈ, ㅊ, ㅋ, ㅌ, ㅍ, ㅎ |
|---|---|
| 모음(10개) | ㅏ, ㅑ, ㅓ, ㅕ, ㅗ, ㅛ ,ㅜ, ㅠ, ㅡ, ㅣ |

③ 받침에 'ㄷ' 대신 'ㅅ'이 표기된다. '로봇, 로켓'처럼 'ㄷ'은 받침 표기에서 제외되어야 한다.

④ '취리히(쮜리히×), 코냑(꼬냑×), 파리(빠리×)'처럼 파열음 표기에는 된소리를 쓰지 않는 것을 원칙으로 한다. 다만 일본어나 중국어, 동남아권 외래어 중에는 된소리로 표기하는 예외가 많이 있으므로 따로 봐야 한다. '빵, 삐라, 껌' 등이 있다.

## 02.

정답풀이 Othello의 발음은 [ouθélou]인데 여기에서 th[θ]을 대체할 수 있는 현용 24자모는 없다. 하지만 그렇다고 해서 이를 위해 새로운 문자를 만드는 것은 경제성에 위배되는 것이다. 따라서 현용 자모 중 하나인 'ㅅ'으로 th[θ]을 표기한 것이므로 옳다.

오답풀이 ② fighting : '제2항 외래어의 1음운은 원칙적으로 1기호로 적는다'에 따라 'f' 음운은 'ㅍ'과 'ㅎ' 중 'ㅍ'만 1기호로 삼기 때문에 '파이팅'으로 고쳐야 한다.

③ coffee shop : '제3항 받침에는 'ㄱ, ㄴ, ㄹ, ㅁ, ㅂ, ㅅ, ㅇ'만을 쓴다.'에 따라 받침은 'ㅍ'이 아니라 'ㅂ'으로 써야 한다. 따라서 '커피숍'으로 고쳐야 한다.

④ jazz : '제4항 파열음 표기에는 된소리를 쓰지 않는 것을 원칙으로 한다.'에 따라 '째즈'가 아니라 '재즈'로 고쳐야 한다. 'ㅈ'은 파열음이 아닌 파찰음이지만 파찰음(ㅈ,ㅉ,ㅊ)과 마찰음(ㅅ,ㅆ) 모두 된소리를 쓰지 않는다.

정답

01 ① 02 ① 03 ③ 04 ①

## 03.

정답풀이 (다)의 예시는 'f'는 'ㅍ'으로만 적는다는 것을 보여주는 것이므로 '외래어의 1음운은 원칙적으로 1기호로 적는다.'와 연결되어야 한다. '화이팅, 훼밀리, 화일'이라고 적는 것은 안 된다.

오답풀이 ① '워크숖, 비스킽, 라켙, 갤렆'이 아니라 '워크숍, 비스킷, 라켓, 갤럽'으로 적는 것은 'ㅍ, ㅌ' 받침이 'ㅂ, ㅅ'으로 적히는 것이므로 해당 조항과 연결되는 것은 옳다.

② '쎌프 써비쓰, 모짜르트, 꽁뜨, 썬탠'처럼 된소리로 적지 않는 것이므로 해당 조항과 연결되는 것은 옳다.

④ '옵저버, 매니아, 캐머러, 레이디오'로 적지 않는 이유는 관용을 따르기 때문인 것이므로 해당 조항과 연결되는 것은 옳다.

## 04.

정답풀이 'shirimp'는 '샤, 섀, 셔, 셰, 쇼, 슈, 시' 중에서 '슈'로 발음이 되어야 하므로 '슈림프'가 옳다.

오답풀이 ㉡ mirage[mirɑ́:ʒ]에서 어말의 [ʒ]가 있으므로 '미라지'로 적는 것이 옳다.

㉢ 'carpet[kɑ́:rpit]'에서 짧은 모음 다음의 어말 [t]가 있으므로 '카펫(받침 ㅅ)'으로 적는다. 참고로 'ㅌ, ㄷ'은 받침 표기 자음에 해당하지 않으므로 'ㅅ'으로 적는 것이다.

㉣ cake[keik]에서 중모음 [ei]와 어말 [k]가 있으므로 '으'를 붙여 적어 '케이크'로 적는 것이다.

빈출 순위별 예상 문제

# 7편 로마자, 외래어 표기 CH.03 외래어 표기: 기본 원칙

## 亦功 최빈출

**01.** 다음 중 외래어 표기법에 관한 설명으로 옳은 것은?

① 이미 굳어진 외래어는 관용을 존중하되, 그 범위와 용례는 따로 정한다.
② 외래어는 국어의 현용 28자모만으로 적는다.
③ 받침에는 ㄱ,ㄴ,ㄷ,ㄹ,ㅁ,ㅂ,ㅅ,ㅇ만을 쓴다.
④ 파열음 표기에는 거센소리를 쓰지 않는 것을 원칙으로 한다.

**02.** 다음에 제시된 외래어 표기법의 기본 원칙에 연결된 예시로 옳은 것은?

> 외래어 표기법은 외래어를 한글로 표기하는 방법에 대한 규정으로 현행 표기법은 1986년에 고시되었다. 현재 영어, 독일어, 중국어, 일본어 등 21개 언어에 대한 표기 세칙이 마련되어 있다. 외래어 표기법의 제1장에서는 표기의 기본 원칙을 다음과 같이 밝혔다.
> 제1항 외래어는 국어의 현용 24자모만으로 적는다.
> 제2항 외래어의 1음운은 원칙적으로 1기호로 적는다.
> 제3항 받침에는 'ㄱ, ㄴ, ㄹ, ㅁ, ㅂ, ㅅ, ㅇ'만을 쓴다.
> 제4항 파열음 표기에는 된소리를 쓰지 않는 것을 원칙으로 한다.
> 제5항 이미 굳어진 외래어는 관용을 존중하되, 그 범위와 용례는 따로 정한다.

① 제1항 Othello 오셀로
② 제2항 fighting 화이팅
③ 제3항 coffee shop 커피숖
④ 제4항 jazz 째즈

**03.** 다음 예시들에 연결되는 조항으로 적절하지 않은 것은?

> (가) 워크숍, 비스킷, 라켓, 갤럽
> (나) 셀프 서비스, 모차르트, 콩트, 선탠
> (다) 파이팅, 패밀리, 파일
> (라) 옵서버, 마니아, 카메라, 라디오

① (가) 외래어를 표기할 때는 받침으로 ㄱ, ㄴ, ㄹ, ㅁ, ㅂ, ㅅ, ㅇ 만을 쓴다.
② (나) 파열음 표기에는 된소리를 쓰지 않는 것을 원칙으로 한다.
③ (다) 외래어의 1 음운은 원음에 가깝도록 둘 이상의 기호로 적는 것을 원칙으로 한다.
④ (라) 이미 굳어진 외래어는 관용을 존중하되, 그 범위와 용례는 따로 정한다.

**04.** 다음 외래어 표기의 근거를 잘못 제시한 것은?

> ㉠ 어말의 [ʃ]는 '시'로 적고, 자음 앞의 [ʃ]는 '슈'로, 모음 앞의 [ʃ]는 뒤따르는 모음에 따라 '샤, 섀, 셔, 셰, 쇼, 슈, 시'로 적는다.'
> ㉡ 어말 또는 자음 앞의 [ʒ]는 '지'로 적고, 모음 앞의 [ʒ]는 'ㅈ'으로 적는다.
> ㉢ 짧은 모음 다음의 어말 무성 파열음([p], [t], [k])은 받침으로 적는다.
> ㉣ 중모음[ei]과 자음 사이의 어말과 자음 앞의 [p], [t], [k]는 '으'를 붙여 적는다.

① ㉠ 쉬림프 ② ㉡ 미라지
③ ㉢ 카펫 ④ ㉣ 케이크

07 PART

# Chapter 04 외래어 표기 용례

## 01.

**정답풀이** ㄴ. 카레(○)
ㄷ. lobster : 로브스터(○)
ㄹ. cardigan : 카디건(○)

**오답풀이** ㄱ. 챔피온(×) → 챔피언(○) : champion[tʃǽmpiən]의 [ən]은 '언'으로 표기한다.
ㅁ. 콘테이너(×) → 컨테이너(○)

## 02.

**정답풀이** ㄴ. 시뮬레이션(○)
ㄹ. 비전(vision)(○) : 외래어 표기에서는 'ㅈ', 'ㅊ' 다음에 'ㅑ, ㅕ, ㅛ, ㅠ, ㅒ, ㅖ' 같은 이중모음을 쓰지 않으므로 '젼'이라 쓰지 않고 '전'이라 표기함은 옳다.
ㅁ. 옐로(○) : [ou]는 '오'로 적는다. '옐로, 윈도, 스노' 등이 있다.

**오답풀이** ㄱ. 카톨릭(Catholic)(×) → 가톨릭(○) : 개! 가톨릭! (교회 개!)
ㄷ. 캐리커쳐(×) → 캐리커처 (○) : caricature[kǽrikətʃùər] 외래어 표기에서는 'ㅈ', 'ㅊ' 다음에 'ㅑ, ㅕ, ㅛ, ㅠ, ㅒ, ㅖ' 같은 이중 모음을 쓰지 않으므로 '*쳐'라 쓰지 않고 '처'라 표기함에 유의한다
ㅂ. 숏컷(×), 숏커트(×) → 쇼트커트(○) : short cut[ʃɔ́ːrtkʌ̀t]

## 03.

**정답풀이** '플랫폼'은 옳다.

**오답풀이** ① 레이더(×) → 레이다(○)
② 플래트(×) → 플랫(○) : flat[flæt]에서 외래어는 원칙적으로 된소리를 쓰지 않으므로 'f'는 'ㅍ'으로만 표기된다. 또 짧은 모음 다음의 어말 무성 파열음([p], [t], [k])은 받침으로 적으므로 '플랫'으로 표기하는 것이 옳다.
④ 코루스(×) → 코러스(○) : chorus['kɔːrəs]에서 'u'는 [ə]로 소리나므로 '코러스'로 표기하는 것이 옳다.

## 04.

**정답풀이** 미네랄[mínərəl](○). '미네럴'은 옳지 않다.

**오답풀이** ② 알러지(×) → 알레르기(○) 독일어 Allergie의 발음 자체가 알레르기이다.

**정답**

01 ③ 02 ② 03 ③ 04 ① 05 ④ 06 ④

③ 수퍼마켓(×) → 슈퍼마켓(○) 영어에서 들어온 외래어는 영국식 발음을 기준으로 삼는다. 'super-'의 영국식 발음은 '*수퍼'가 아니라 '슈퍼'이다. 그래서 'superman', 'supermarket'은 '슈퍼맨', '슈퍼마켓'이라 표기한다.
④ 섕크(×) → 생크(○) '제3항 어말의 [ʃ]는 '시'로 적고, 자음 앞의 [ʃ]는 '슈'로, 모음 앞의 [ʃ]는 뒤따르는 모음에 따라 '샤, 섀, 셔, 셰, 쇼, 슈, 시'로 적는다.'에 따라 '섕크'가 아니라 '생크'로 고쳐야 한다.

## 05.

**정답풀이** '스펀지, 로터리'는 옳다. (다만, '스폰지, 로타리'는 틀리다.)

**오답풀이** ① 'symposium'은 '[simpóuziəm]'에서 [ə]이므로 '심포지움'이 아니라 '심포지엄'으로 표기하는 것이 옳다.
바리케이트(×) → 바리케이드(○) 'barricate'라는 말은 이 세상에 없다. 대신, 'barricade[bǽrəkèid]'가 맞기 때문에 '바리케이트'가 아니라 '바리케이드'가 올바르다.
② 달마시안(×)→달마티안(○) : 'Dalmatian'은 [dæl'meiʃn]으로 소리 나지만 '달마티안'으로 표기한다.
(소셔드라마(sociodrama) : 집단생활에서 발생하는 갈등과 문제를 해결하기 위한 일종의 사이코 드라마)
③ 커피샵(×)→커피숍(○) : '커피샵'이 아니라 '커피숍(coffee shop)'이다. 비슷한 것으로 '워크숍(workshop)'이 있다.
재스민(○)

## 06.

**오답풀이** ① 컨텐츠(×) → 콘텐츠(○), 컨셉트(×) → 콘셉트(○)
리모콘(×) → 리모컨(○)
② 콘테이너(×) → 컨테이너(○)
콘사이즈(×) → 콘사이스(○) '휴대용 사전'을 뜻하는 'concise'의 바른 표기는 '콘사이즈'가 아니라 '콘사이스[kənsáis]'이다.
콤파스(×) → 컴퍼스(○)
③ 콘트롤(×) → 컨트롤(○)

✓ con(컨 vs 콘) 구분
1. 컨 : 컨트롤, 리모컨, 에어컨, 컨설팅, 컨디션, 컨베이어(운반 장치), 컨소시엄(은행이나 기업이 공동으로 참가하여 형성하는 차관단 또는 융자단), 컨테이너(화물 운송에 쓰는, 쇠로 만든 상자 모양의 큰 용기), 컨벤션
2. 콘 : 콘택트 렌즈, 콘덴서(축전기), 콘서트, 콘셉트, 콘텐츠, 콘테스트, 콘퍼런스, 콘사이스(휴대용 사전), 콘도미니엄

✓ com(컴 vs 콤) 구분
1. 컴 : 컴퍼스(제도용의 기구), 컴퓨터, 컴플레인
2. 콤 : 콤팩트(휴대용 화장 도구), 콤플렉스

빈출 순위별 예상 문제

# 7편 로마자, 외래어 표기 CH.04 외래어 표기 용례

## 亦功 최빈출

**01.** 외래어 표기가 옳은 것만을 모두 고른 것은?

ㄱ. champion : 챔피온　ㄴ. curry : 카레
ㄷ. lobster : 로브스터　ㄹ. cardigan : 카디건
ㅁ. container : 콘테이너

① ㄱ, ㄴ, ㄷ　② ㄱ, ㄴ, ㄹ
③ ㄴ, ㄷ, ㄹ　④ ㄴ, ㄷ, ㅁ

**02.** 외래어 표기가 맞는 것을 〈보기〉에서 있는 대로 고른 것은?

(보기)
ㄱ. 카톨릭(Catholic)
ㄴ. 시뮬레이션(simulation)
ㄷ. 캐리커쳐(caricature)
ㄹ. 비전(vision)
ㅁ. 옐로(yellow)
ㅂ. 숏커트(short cut)

① ㄱ, ㅁ　② ㄴ, ㄹ, ㅁ
③ ㄱ, ㄹ, ㅂ　④ ㄴ, ㄷ, ㅁ

**03.** 외래어 표기가 옳은 것은?

① radar – 레이더
② flat – 플래트
③ platform – 플랫폼
④ chorus – 코루스

**04.** 외래어 표기 용례로 올바른 것은?

① mineral – 미네랄
② Allergie – 알러지
③ supermarket – 수퍼마켓
④ shank [ʃæŋk] – 생크

**05.** 다음에 쓰인 외래어 중 외래어 표기법에 맞게 표기된 것만 묶인 것은?

① 심포지엄, 바리케이트
② 달마시안, 소셔드라마
③ 커피샵, 재스민
④ 스펀지, 로터리

**06.** 외래어 표기가 옳은 것만으로 묶인 것은?

① 컨텐츠, 컨셉트, 리모콘, 컬렉션
② 에어컨, 콘테이너, 콘사이즈, 콤파스
③ 콘트롤, 콘서트, 콘테스트, 커미션
④ 콘덴서, 컨소시엄, 콤플렉스

07 PART

## 07.

정답풀이 모두 옳다. (부페(×), 칸풍기(×), 밀크쉐이크(×), 도너츠(×))

오답풀이 ① 케찹(×), 케이크(○), 캐러멜(○), 요거트(×)
'케찹'이 아니라 '케첩'이 옳은 표기이다.
'요거트'가 아니라 '요구르트'가 옳은 표기이다.
나머지는 옳다. (케익(×), 카라멜(×))
② 초콜렛(×), 비스켓(×), 소세지(×), 크로켓(○)
'초콜렛'이 아니라 '초콜릿'이 옳은 표기이다.
'비스켓'이 아니라 '비스킷'이 옳은 표기이다.
'소세지'가 아니라 '소시지'가 옳은 표기이다. 나머지는 옳다. (크로킷(×))
④ 커스타드 푸딩(×), 카스테라(×), 로브스타(×)
'커스터드(custard) 푸딩(pudding)'으로 고쳐야 한다.
'castella'는 '카스텔라'로 고쳐야 한다.
'lobster'는 '로브스터, 랍스터'로 고쳐야 한다. 모두 '터'로 끝난다.

## 08.

정답풀이 모두 옳지 않다. '마늘종(마늘의 꽃줄기)'으로 고쳐야 한다. '마늘+종'으로 '종'이란 '꽃줄기'를 의미하는 명사이다.
'셔벗'으로 고쳐야 한다. '바게트'로 고쳐야 한다. '뜨'는 파열음의 된소리 표기이므로 옳지 않다.

오답풀이 ① 애피타이저(○), 쉬림프(×), 엔도르핀(○), 라즈베리(○)
'쉬림프'가 아니라 '슈림프'가 옳은 표기이다.
나머지는 옳다. (에피타이저(×), 엔돌핀(×), 라스베리(×))
② 쥬스(×), 스넥(×), 수프(○), 멜론(○)
'쥬스'가 아니라 '주스'가 옳은 표기이다. : 'ㅈ, ㅊ'은 반모음 'ㅣ'와 함께 올 수 없다. 따라서 '비젼'이 아니라 '비전'이며 '챠트'가 아니라 '차트'이다.
'스넥'이 아니라 '스낵'이 옳은 표기이다. 나머지는 옳다. (숲, 숩(×), 메론(×))
④ 바베큐(×), 알콜(×), 오믈릿(×), 코냑(○)
'바베큐'가 아니라 '바비큐'가 옳은 표기이다.
'알콜'이 아니라 '알코올'이 옳은 표기이다.
'오믈릿'이 아니라 '오믈렛'이 옳은 표기이다.
나머지는 옳다. (꼬냑(×))

정답

07 ③ 08 ③ 09 ① 10 ① 11 ③

## 09.

정답풀이 • 잠바(jumper) : '점퍼, 잠바' 모두 바른 외래어 표기이다.
• 스태프(staff) : 'staff[stæf]'에서 어말 또는 자음 앞의 [f]는 '으'를 붙여 적기 때문에 '스태프'로 표기한 것은 바르다.

오답풀이 ② '파마'는 옳다. 하지만 '멤버쉽'은 틀리다.
'~ship'은 '-십'으로 적으므로 '멤버십, 리더십, 쇼맨십'처럼 적는다.
③ '냅킨'으로 고쳐야 한다. '스케줄'은 옳다.
④ '샌달'로 고쳐야 한다.

## 10.

정답풀이 앞말의 받침과 뒷말의 첫소리가 같은 계열의 자음일 때는 빼는 것이 올바른 표기이다. 'ㄱ과 ㅋ', 'ㅅ과 ㅈ', 'ㅅ과 ㅌ'이 겹치는 것은 앞말의 받침을 빼는 것이 옳다. 따라서 '뱃지'가 아니라 '배지'로 표기하는 것은 옳다. '브리지(bridge), 스위치(switch)'도 같은 경우이다.

오답풀이 ② 'soul'은 [sɔul]로 소리 나나 [ɔu]는 'ㅗ'로 적으므로 '솔뮤직'으로 고쳐야 한다.
③④ '앙콜'은 '앙코르'로 '콩쿨'은 '콩쿠르'로 고쳐야 한다.
(외우는 방법 : 콩쿠르에서 앙코르를 외쳤다.)

## 11.

정답풀이 모두 옳다. (그라데이션(×) – 아이섀도우(×) – 팬더(×) – 링겔(×))

오답풀이 ① '서비스'만 옳다. 쇼파(×) → 소파(sofa)(○)
씽크대(×) → 싱크대(○) : 된소리 표기 ×
팜플렛(×) → 팸플릿(○) : '햄릿의 팸플릿'으로 외우기
② 리더쉽(×) → 리더십(○) : '~ship'은 '-십'으로 적어야 한다.
스카웃(×) → 스카우트(○) : 우사인볼트를 스카우트한다.
스프링쿨러(×) → 스프링클러(○) : 'sprinkler'의 바른 표기는 '스프링쿨러'가 아니라 '스프링클러 [sprɪŋklə(r)]'이다. ('u' 발음이 어디에도 없음)
바디로션(×) → 보디로션(○) : '보디, 보디빌더, 보디로션'이 옳다.
④ '액셀러레이터'만 옳다. 포크레인(×) → 포클레인(○) : 'Poclain'에서 어중의 [l]이 모음 앞에 오므로 'ㄹㄹ'로 적어야 한다.
코스모폴리턴(×) → 코즈모폴리턴(○)
자켓(×) → 재킷(○)

**07.** 외래어 표기가 맞는 음식끼리 묶은 것은?

① 케찹, 케이크, 캐러멜, 요거트
② 초콜렛, 비스켓, 소세지, 크로켓
③ 뷔페(buffet), 깐풍기, 밀크셰이크, 도넛
④ 커스타드 푸딩, 카스테라, 로브스타

**08.** 음식 표기가 틀린 것끼리 묶은 것은?

① 애피타이저, 쉬림프, 엔도르핀, 라즈베리
② 쥬스, 스넥, 수프, 멜론
③ 마늘쫑, 샤베트, 바게뜨
④ 바베큐, 알콜, 오믈릿, 코냑

**09.** 외래어 표기가 모두 옳은 것은?

① 잠바(jumper), 스태프(staff)
② 파마, 멤버쉽(membership),
③ 내프킨(napkin), 스케줄
④ 마사지(massage), 샌들(sandal)

**10.** 〈보기〉의 밑줄 친 외래어 표기 중 옳은 것은?

(보기)
- 배지(badge)는 그 사람의 신분을 알려주는 표지이다.
- 소울 뮤직(soul music)은 우리의 마음을 울리는 흑인 음악이다.
- 그녀의 음악이 너무 아름다워 관객들은 앙콜(encore)을 외쳤다.
- 그녀는 콩쿨(concours)에 나가 우승을 하였다.

① 배지(badge)
② 소울 뮤직(soul music)
③ 앙콜 (encore)
④ 콩쿨(concours)

**11.** 다음 중 외래어 표기법에 따라 바르게 표기된 것으로만 묶인 것은?

① 서비스 – 쇼파 – 씽크대 – 팜플렛
② 리더쉽 – 스카웃 – 스프링쿨러 – 바디로션
③ 그러데이션 – 아이섀도 – 판다 – 링거
④ 포크레인 – 액셀러레이터 – 코스모폴리턴 – 자켓

## 12.

정답풀이 'symbol'은 [símbəl]이므로 '심벌'이 맞다.
'아웃렛'은 '아웃(out)'과 '렛'이 합쳐진 말이다. 따로 설 수 있는 말의 합성으로 이루어진 복합어는 그것을 구성하고 있는 말이 단독으로 쓰일 때의 표기대로 적는다.

오답풀이 ① 플룻(×) → 플루트(○): [flu:t]에서 [u:]은 장음이므로 '으'를 붙여 적어야 한다. 따라서 '플루트'가 옳다.
'타깃'은 옳다. (타겟(×))
② 심포지움(×) → 심포지엄(○): '전문가들의 의견 토론회'를 뜻하는 'symposium'의 바른 표기는 '심포지엄[simpóuziəm]'이다.
판넬(×) → 패널(○): 'panel'은 [pǽnl]이므로 '패널'이 맞다. '패널'은 널빤지를 이르는 것이다.
③ 런닝(×) → 러닝(○): '커닝(cunning)하면 러닝(running)'해야 한다. '캐럴'은 옳다.

## 13.

정답풀이 'nonsense[nɒnsns]'이므로 '난센스'가 옳다.
'report[ripɔ́:rt]'이므로 '리포트'가 옳다.

오답풀이 ① 모두 옳다.
③ 모두 옳다. 'shirts'는 '셔츠, 샤쓰' 모두 옳다.
④ '호치케스'가 아니라 '호치키스'가 옳다. '부르주아'는 옳다.

## 14.

정답풀이 buzzer: [bʌzə(r)]로 발음되므로 '버저'의 표기는 옳다.

오답풀이 ① 팡파레(×) → 팡파르(○): 'Fanfare['fænfer]'는 외래어 표기법에 따라 '팡파르'로 적는다. '축하 의식이나 축제 때에 쓰는 트럼펫의 신호'를 뜻하는 프랑스어이다.
② 플래쉬(×) → 플래시(○): '샤, 섀, 셔, 셰, 쇼, 슈, 시' 중에서 '시'로 발음이 되어야 하므로 '플래시'가 옳다. 참고로 저 발음 중에서 '쉬'로 발음되는 것은 없다.
③ 화일(×) → 파일(○): [f]의 경우 'ㅎ'과 'ㅍ'으로 쓸 수 있지만, 1 음운은 1 기호로 적는다는 원칙에 의해 일관되게 'ㅍ'으로 적는다.

## 15.

정답풀이 '텔레비전'은 옳다. [텔레비젼(×)]

오답풀이 ① 로케트(×) → 로켓(○): 'locket'은 [lάkit]이므로 받침 'ㅅ'이 와야 한다.
③ 환타지(×) → 판타지(○)
④ 앙케이트(×) → 앙케트(○): 사람들의 의견을 조사하기 위하여 같은 질문을 여러 사람에게 해서 회답을 구하는 일

## 16.

정답풀이 '프러포즈(propose)'는 옳다. [프로포즈(×)]

오답풀이 ② 캐비넷(×) → 캐비닛(○): '캐비닛'이 옳다.
③ 까스(×) → 가스(○): 파열음, 파찰음, 마찰음은 된소리로 표기할 수 없다.
④ 빽(×) → 백(○): 된소리는 예외적인 경우를 제외하면 파열음, 마찰음, 파찰음에서 표기되지 않는다.

## 17.

정답풀이 '소나타'는 옳다. (된소리 표기인 '쏘나타'는 옳지 않다.)

오답풀이 ① 디스킷(×) → 디스켓(○)
② 밧데리(×) → 배터리(○): 'battery'는 [bǽtəri]이므로 '배터리'가 옳다.
④ 메세지(×) → 메시지(○): 'message'는 [mésidʒ]이므로 '메시지'가 옳다.

## 18.

정답풀이 '코미디'는 옳다. [코메디(×)]

오답풀이 ① 네비게이션(×) → 내비게이션(○)
② 애드립(×) → 애드리브(○)
③ 헐리웃 액션(×) → 할리우드 액션(○)

## 19.

정답풀이 플랭카드(×) → 플래카드(○): 'placard'는 [plǽkɑ:rd]이므로 '플래카드'가 옳다.

오답풀이
② '로봇'이 옳다. 로보트(×)
③ '마니아'가 옳다. 매니아(×)
④ 중국 인명 '毛澤東'은 '마오쩌둥, 모택동' 모두 표기 가능하다.

정답

12 ④ 13 ② 14 ④ 15 ② 16 ① 17 ③ 18 ④ 19 ①

**12.** 외래어 표기가 모두 맞는 것은?

① 플룻(flute), 타깃(target)
② 심포지움(symposium), 판넬(panel)
③ 캐럴(carol), 런닝(running)
④ 심벌(symbol), 아웃렛(outlet)

**13.** 다음 중 외래어 표기법에 맞지 않는 것으로만 짝지어진 것은??

① 랑데부, 어댑터
② 넌센스, 레포트
③ 색소폰, 샤쓰
④ 부르주아, 호치케스

**14.** 다음 중 외래어 표기법에 맞게 표기된 것은?

① 축제의 시작을 알리는 팡파레가 울려 퍼졌다.
② 주변이 너무 어두워 플래쉬를 켰다.
③ 준비된 화일을 가져오셨나요?
④ 버저를 눌러 퀴즈의 답을 맞혔다.

**15.** 다음의 밑줄 친 표현들 중에서 외래어 표기법에 따라 바르게 적은 것은?

① 로케트를 쏘아 올렸다.
② 나의 취미는 텔레비전을 보는 것이다.
③ 그는 귀여운 환타지를 가지고 있었다.
④ 대선 관련 앙케이트 조사를 하였다.

**16.** 다음 중 외래어 표기가 올바른 것은?

① 프러포즈(propose) ② 캐비넷(cabinet)
③ 까스(gas) ④ 빽(bag)

**17.** 외래어 표기가 맞는 것은?

① diskette－디스킷 ② battery－밧데리
③ sonata－소나타 ④ message－메세지

**18.** 다음 중 외래어 표기법이 옳은 것은?

① 네비게이션 ② 애드립
③ 헐리웃 액션 ④ 코미디

**19.** 밑줄 친 부분이 외래어 표기법에 맞지 않는 것은?

① 합격을 축하하는 플랭카드가 동네에 걸렸다.
② 다양한 기능의 로봇이 등장하고 있다.
③ 나는 치킨을 좋아하는데, 마니아 수준이다.
④ 마오쩌둥은 중국의 유명 인물이다.

## 20.

**정답풀이** [ou]는 '오'로 적어야 하므로 '윈도우'가 아니라 '윈도'로 표기하는 것은 옳다. (같은 것들로 옐로, 스노, 솔뮤직 등이 있다.)

**오답풀이** ① '앰뷸런스'로 고쳐야 한다.
② '라이선스'로 고쳐야 한다.
④ '플래시'로 고쳐야 한다.

## 21.

**정답풀이** 모두 표기가 올바르다. 참고로 '발란스(balance), 스윗치(switch), 스켈링(scaling)'은 옳지 않다.

**오답풀이** ① 카달로그(catalog)(×) → 카탈로그(○)
'벌브, 워크숍'은 옳다.
② 써클(circle)(×) → 서클[sə́ːrkl](○)
배드민튼(badminton)(×) → 배드민턴(○)
boat[bout]에서 [ou]는 '오'로 표기하므로 '보트'로 표기하는 것은 옳다.
④ 렌트카(rent-a-car)(×) → 렌터카(○)
'presentation[pre-]'과 같은 발음을 기준으로 하므로 '프레젠테이션'으로 표기한 것은 올바르다.

## 22.

**정답풀이** ㄱ. 지그재그(zigzag)
ㄷ. 브리지(bridge)
ㄹ. 시그널(signal)

**오답풀이** ㄴ. 브러쉬(×) → 브러시(○): 'brush[brʌʃ]'에서 어말의 [ʃ]는 '시'로 적으므로 '브러시'로 적는다.
ㅁ. 인디안(×) → 인디언(○)
ㅂ. 유니온(×) → 유니언(○)

## 23.

**정답풀이** ㄱ. 파카는 발음 기호로는 'parka[pɑːkə]'이므로 '파커'로 표기하는 것이 옳지만 이미 언중들이 '파카'를 많이 쓰므로 관용을 존중하여 〈표준국어대사전〉에 '파카'로 표기되었다. 파카는 '에스키모가 입는, 후드가 달린 모피 웃옷'을 뜻한다.
ㄴ. 'lobster'는 '로브스터'가 원칙이었으나, '랍스터'도 너무 많이 쓰여 바른 외래어 표기로 인정하게 되었다. 다만, '랍스타'는 옳지 않다.

**오답풀이** ㄷ. 메타세콰이어(×) → 메타세쿼이아(○): 'Metasequoia'는 [mètəsikwɔ́iə]이므로 '메타세쿼이아'가 옳다.
ㄹ. 다트(×) → 도트(○): 과녁에 화살을 던져 승패를 가리는 게임인 'dart'는 '다트'로 표기한다. 그러나 '점'을 뜻하는 'dot'의 바른 표기는 '도트'이다.
ㅁ. 아쿠아마린(×) → 아콰마린[ǽkwəməríːn, ὰːk-](○): '청록색을 띠는 녹주석'을 이르는 'aquamarine'의 바른 외래어 표기는 '아콰마린'이다.
단, 단순히 물을 의미하는 'aqua-'의 경우는 '아쿠아'로 표기한다.
예 aquarium: 아쿠아리움[əkwέəriəm]

**정답**

20 ③ 21 ③ 22 ③ 23 ① 24 ④ 25 ② 26 ② 27 ④

## 24.

**정답풀이** wander[wɑndə] – 완더

**오답풀이** ①② 제9항 [w]는 뒤따르는 모음에 따라 [wə], [wɔ], [wou]는 '워', [wa]는 '와', [wæ]는 '왜', [we]는 '웨', [wi]는 '위', [wu]는 '우'로 적는다.
③ 제9항 반모음 [j]는 뒤따르는 모음과 합쳐 '야, 얘, 여, 예, 요, 유, 이'로 적는다. 뒤에 [ɔː]가 오므로 '욘'으로 표기하는 것은 적절하다.

## 25.

**정답풀이** '탤런트, 레크리에이션'은 옳다. 하지만 '탈렌트, 레크레이션'은 옳지 않다.

**오답풀이** ① 화이팅(×) → 파이팅(○), 딸러(×) → 달러(○)
③ 로얄티(×) → 로열티(○), 메카니즘(×) → 메커니즘(○)
④ 레스비언(×) → 레즈비언(○)
드라이크리닝(×) → 드라이클리닝(○)

## 26.

**정답풀이** barricade: 바리케이드(○)

**오답풀이** ① carburetor: 카뷰레이터(×) → 카뷰레터(○): 기화기
③ towel: 타올(×) → 타월(○)
④ top class: 톱크래스(×) → 톱클래스(○)

## 27.

**정답풀이** ㄷ. 네트(net) ㄹ. 지프(jeep) ㅁ. 브레이크(break)

**오답풀이**
ㄱ. 보이코트(×) → 보이콧(○)
ㄴ. 스노우보드(×) → 스노보드(○): [ou]는 '오'로 표기해야 하므로 '스노보드'가 옳다.

**20.** 다음 중 밑줄 친 부분이 어문 규범에 맞는 것은?

① 그녀가 쓰러졌으니 앰뷸란스를 불러라.
② 라이센스 획득을 위한 노력이 절실하다.
③ 윈도 사용 방법은 놓고 가겠습니다.
④ 후레쉬 촬영 시 눈이 빨갛게 되는 현상을 방지합니다.

**21.** 다음 중 외래어 표기가 모두 옳은 것은?

① 벌브(bulb), 워크숍(workshop), 카달로그(catalog)
② 보트(boat), 써클(circle), 배드민튼(badminton)
③ 밸런스(balance), 스위치(switch), 스케일링(scaling)
④ 프레젠테이션(presentation), 렌트카(rent-a-car)

**22.** 외래어 표기가 맞는 것만을 〈보기〉에서 모두 고른 것은?

〈보기〉

| | |
|---|---|
| ㄱ. 지그재그(zigzag) | ㄴ. 브러쉬(brush) |
| ㄷ. 브리지(bridge) | ㄹ. 시그널(signal) |
| ㅁ. 인디안(Indian) | ㅂ. 유니온(union) |

① ㄱ, ㄹ　② ㄴ, ㅁ
③ ㄱ, ㄷ, ㄹ　④ ㄴ, ㅁ, ㅂ

## 赤功 중간 빈출, 제3빈출

**23.** 〈보기〉의 외래어 표기 중 옳은 것을 모두 고르면?

〈보기〉
ㄱ. parka – 파카
ㄴ. lobster – 랍스터
ㄷ. Metasequoia – 메타세콰이어
ㄹ. dot – 다트
ㅁ. aquamarine – 아쿠아마린

① ㄱ, ㄴ　② ㄱ, ㄴ, ㅁ
③ ㄴ, ㄷ, ㄹ　④ ㄷ, ㄹ, ㅁ

**24.** 다음 중 외래어 표기법에 따른 표기로 옳지 않은 것은?

① woe [wou] – 워
② wag [wæg] – 왜그
③ yawn [jɔ：n] – 욘
④ wander[wɑndə] – 완다

**25.** 다음 중 외래어 표기가 모두 옳은 것은?

① 화이팅, 딸러
② 탤런트, 레크리에이션
③ 로얄티, 메카니즘
④ 레스비언, 드라이크리닝

**26.** 다음 중 외래어 표기가 옳은 것은?

① carburetor – 카뷰레이터
② barricade – 바리케이드
③ towel – 타올
④ top class – 톱 크래스

**27.** 다음 〈보기〉의 밑줄 친 ㄱ~ㅁ의 외래어 표기 중 옳은 것을 묶은 것은?

〈보기〉
ㄱ. 그 회사의 비윤리적인 행위로 보이코트(boycott)가 선언되었다.
ㄴ. 그는 스노우보드(snowboard)를 굉장히 잘 탄다.
ㄷ. 네트(net)를 잘 사야 경기가 잘된다.
ㄹ. 튼튼한 지프(jeep)를 사고 싶다.
ㅁ. 앞에 사람이 있어서 브레이크(break)를 걸었다.

① ㄱ, ㄹ　② ㄴ, ㅁ
③ ㄱ, ㄷ, ㄹ　④ ㄷ, ㄹ, ㅁ

## 28.

정답풀이 ㄱ. 휘슬(whistle) ㄴ. 다이내믹(dynamic) ㅁ. 갭(gap)

오답풀이 나머지는 모두 옳지 않다.
ㄷ. 옥스포드(Oxford)(×) → 옥스퍼드(○)
ㄹ. 쿵푸(〈중〉功夫[gōngfu])(×) → 쿵후(○)

## 29.

정답풀이 '루스벨트, 콜럼버스, 마르크스'는 옳다. 하지만 '루즈벨트, 컬럼버스, 맑스'는 옳지 않다.

오답풀이 ① 도스토예프스키(×) → 도스토옙스키(○)
② 호치민(×) → 호찌민(○): 타이어, 베트남어에 한해서는 된소리 표기를 허용한다.
징기즈 칸(×) → 칭기즈 칸(○)
(카이사르, 시저 모두 인정한다.)
④ 바하(×) → 바흐(○)
쉐퍼드(×) → 셰퍼드(○): '샤, 섀, 셔, 셰, 쇼, 슈, 시' 중에서 '셰'로 발음이 되어야 한다. '쉐'로 발음되는 경우는 없다. 따라서 마찬가지로 '쉐이크'가 아니라 '셰이크'가 되는 것이다.

## 30.

정답풀이 ㄱ. 'Arab Emirates'는 페르시아만 남쪽 기슭에 있는 연방 국가로 '아랍 에미리트'가 바른 표기이다.
ㄷ. 아이티(Haïti): 'Haiti[héiti]'는 공용어인 프랑스어의 영향을 받아 '아이티'가 바른 표기이다.
ㅁ. 키리바시(Kiribati): 태평양 중부에 있는 33개 섬으로 이루어진 공화국

오답풀이 ㄴ. 베네주엘라(×) → 베네수엘라(○) 'Venezuela'의 바른 외래어 표기는 '베네수엘라'[vènəzwéilə]이다. 최근 극심한 경제난을 겪고 있는 남아메리카 북부의 공화국이다.
ㄹ. 하바나(×) → 아바나(Havana)(○): '쿠바'의 수도로, 멕시코만에 접한 서인도 제도 최대의 항구 도시

정답
28 ② 29 ③ 30 ② 31 ④ 32 ③

## 31.

정답풀이 기타큐슈(Kitakyushu): 일본 규슈(九州) 동북부 후쿠오카현에 있는 해안 도시 (기타규슈(×), 기타규수(×))
슬로바키아(Slovakia): 중부 유럽의 국가
타슈켄트 (Tashkent): 우즈베키스탄에 있는 도시 (타쉬겐트(×))

오답풀이 ① 'Grenada'의 올바른 외래어 표기는 '그레나다'[grənéidə]이다. '서인도 제도의 Windward 제도 최남단에 있는 입헌 군주국'의 이름이다.
('Sicilia'는 이탈리아의 원지음에 따라 '시칠리아'로 표기하는 것은 옳다.)
② 'Portugal'의 바른 외래어 표기는 '포르투갈'[pɔ́ːrtʃəgəl]이다. 남유럽에 있는 나라이다. (이디오피아(×))
③ '독일'을 뜻하는 'Deutschland'의 바른 표기는 '도이칠란드'가 아니라 '도이칠란트[dɔ́itʃlɑːnt]'이다.
'Manhattan'의 바른 외래어 표기는 '맨해튼'이다.

## 32.

정답풀이 외래어 표기법 제3장에 러시아어 표기법은 있으나 우크라이나어 표기법은 없다. 따라서 우크라이나어 기준으로 표기하는 것은 ⓒ 제3장에 포함되어 있지 않은 언어권의 인명, 지명은 원지음을 따르는 것을 원칙으로 한다는 규정에 부합하는 것이다. 외래어 표기법 제3장 표기 세칙에는 영어, 독일어, 프랑스어, 에스파냐어, 이탈리아어, 일본어, 중국어, 폴란드어, 체코어, 세르보크로아트어, 루마니아어, 헝가리어, 스웨덴어, 노르웨이어, 덴마크어, 말레이인도네시아어, 타이어, 베트남어, 포르투갈어, 네덜란드어, 러시아어 표기법이 명시되어 있다.

**28.** 다음 〈보기〉의 밑줄 친 ㄱ~ㅁ의 외래어 표기 중 옳은 것을 묶은 것은?

(보기)
ㄱ. 달리기를 할 때 휘슬(whistle)을 불렀다.
ㄴ. 다이내믹(dynamic)한 춤이 멋있었다.
ㄷ. 옥스포드(Oxford)로 이사를 갔다.
ㄹ. 중국의 무술인 쿵푸(<중>功夫[gōngfu])는 대단하다.
ㅁ. 갭(gap) 차이가 점점 난다.

① ㄱ, ㄹ
② ㄱ, ㄴ, ㅁ
③ ㄱ, ㄴ, ㄹ
④ ㄷ, ㄹ, ㅁ

**29.** 외래어 표기법 규정에 맞는 인명으로만 짝지어진 것은?

① 도스토예프스키, 셰익스피어, 아서왕
② 호치민, 카이사르, 징기즈 칸, 페스탈로치
③ 루스벨트, 콜럼버스, 마르크스
④ 바하, 고흐, 뉴턴, 쉐퍼드(shepard)

**亦功 난이도 조절용**

**30.** 외래어 표기가 옳은 것만을 〈보기〉에서 모두 고르면?

(보기)
ㄱ. 아랍 에미리트(Arab Emirates)
ㄴ. 베네주엘라(Venezuela)
ㄷ. 아이티(Haïti)
ㄹ. 하바나(Havana)
ㅁ. 키리바시(Kiribati)

① ㄱ, ㄴ, ㅁ
② ㄱ, ㄷ, ㅁ
③ ㄴ, ㄷ, ㄹ
④ ㄷ, ㄹ, ㅁ

**31.** 외래어 표기법 규정에 맞는 지명으로만 짝지어진 것은?

① 그라나다, 에콰도르, 시칠리아
② 에티오피아, 포르투칼, 라스베이거스
③ 싱가포르(Singapore), 도이칠란드, 맨하탄
④ 기타큐슈, 슬로바키아, 타슈켄트

**32.** ㉠~㉤의 외래어 표기법 규정 중 〈보기〉의 내용과 관련성이 높은 것은?

제1장 표기의 기본 원칙
제2항 ㉠외래어의 1 음운은 원칙적으로 1 기호로 적는다.
제4항 ㉡파열음 표기에는 된소리를 쓰지 않는 것을 원칙으로 한다.
제2장 표기 일람표
제3장 표기 세칙
제4장 인명, 지명 표기의 원칙
제1절 표기 원칙
제2항 ㉢제3장에 포함되어 있지 않은 언어권의 인명, 지명은 원지음을 따르는 것을 원칙으로 한다.
제3항 ㉣원지음이 아닌 제3국의 발음으로 통용되고 있는 것은 관용을 따른다.
제4항 ㉤고유 명사의 번역명이 통용되는 경우 관용을 따른다.

(보기)
안녕하십니까? 12시 뉴스입니다. 오늘부터는 우크라이나 지명을 러시아어가 아닌 우크라이나어를 기준으로 전해드립니다. 대표적으로 수도인 키예프는 '키이우'로, 제2의 도시 하리코프는 '하르키우'로, 서부의 리비프는 '르비우'로 바꿔 부릅니다.

① ㉠
② ㉡
③ ㉢
④ ㉣

MEMO

**박혜선**

주요 약력
고려대학교 국어국문학과 최우수 수석 졸업
고려대학교 국어국문학과 심화 전공
고려대학교 국어국문학과 중등학교 정교사 2 급 자격증
前) 대치, 반포 산에듀 온라인 오프라인 최연소 대표 강사
現) 박문각 공무원 국어 1 타 강사

주요 저서
2024 박문각 공무원 입문서 시작! 박혜선 국어
박혜선 국어 기본서 출좋포 문법
박혜선 국어 기본서 출좋포 문학
박혜선 국어 기본서 출좋포 어휘·한자/한손 어휘책(박혜선 국어 어플)
박혜선 국어 기본서 출좋포 독해
박혜선의 최단기간 어문 규정
박혜선 국어 문법 출.좋.포 80
박혜선의 최단기간 고전 운문
박혜선의 개념도 새기는 기출 문법
박혜선의 개념도 새기는 기출 문학&독해
박혜선의 콤팩트한 단원별 문제 풀이(문법 편)
박혜선의 콤팩트한 단원별 문제 풀이(독해 편)
박혜선의 ALL IN ONE 문법의 왕도
박혜선의 ALL IN ONE 문학의 왕도
박혜선의 ALL IN ONE 비문학 쌍끌이

# 박혜선 국어

## 콤·단·문 문법

**초판인쇄** | 2023. 11. 20. **초판발행** | 2023. 11. 27. **편저자** | 박혜선 **발행인** | 박 용 **발행처** | (주)박문각출판
**등록** | 2015년 4월 29일 제2015-000104호 **주소** | 06654 서울시 서초구 효령로 283 서경 B/D 4층
**팩스** | (02)584-2927 **전화** | 교재 주문·내용 문의 (02)6466-7202

저자와의 협의하에 인지생략



정가 21,000원 ISBN 979-11-6987-607-0

* 본 교재의 정오표는 박문각출판 홈페이지에서 확인하실 수 있습니다.